文化研究基础理论（第二版）

Cultural Studies: The Basics (Second Edition)

Cultural Studies: The Basics (Second Edition)

文化研究基础理论（第二版）

[澳] 杰夫·刘易斯 著

郭镇之 任丛 秦洁 郑宇虹 译

清华大学出版社

北京

内容简介

本书全方位介绍了与文化研究相关的各类主题视角，体系完整，阐述清晰，是一本非常适合新闻传播学专业师生使用的教材。

Jeff Lewis

Cultural Studies：The Basics 2e

EISBN：978-1-4129-2230-2 English Language edition published by SAGE Publications of New Delhi，London，Thousand Oaks，and Singapore，© by Sage Publications. Inc，2008

北京市版权局著作权合同登记号　图字：01-2012-5655号

图书在版编目(CIP)数据

文化研究基础理论：第2版/(澳)刘易斯著；郭镇之等译. --北京：清华大学出版社，2012.12(2019.12重印)

书名原文：Cultural Studies：The Basics，2e

ISBN 978-7-302-29918-9

Ⅰ.①文…　Ⅱ.①刘…　②郭…　Ⅲ.①文化研究—基础理论　Ⅳ.①G0

中国版本图书馆CIP数据核字(2012)第202659号

责任编辑：纪海虹
封面设计：傅瑞学
责任校对：王凤芝
责任印制：丛怀宇

出版发行：清华大学出版社
网　　址：http：//www.tup.com.cn，http：//www.wqbook.com
地　　址：北京清华大学学研大厦A座　　**邮　　编**：100084
社 总 机：010-62770175　　**邮　　购**：010-62786544
投稿与读者服务：010-62776969，c-service@tup.tsinghua.edu.cn
质量反馈：010-62772015，zhiliang@tup.tsinghua.edu.cn
课件下载：http：//www.tup.com.cn，010-62795954
印 装 者：北京九州迅驰传媒文化有限公司
经　　销：全国新华书店
开　　本：185mm×235mm　**印　　张**：24.75　**插　　页**：2　**字　　数**：512千字
版　　次：2013年1月第2版　　**印　　次**：2019年12月第2次印刷
定　　价：78.00元

产品编号：035577-02

新闻与传播系列教材·翻译版

总　序

尹　鸿

从20世纪90年代中期开始，新闻与传播学教育从人民大学、复旦大学等为数甚少的几家高校的“专有”学科，迅速成为一个几乎所有综合大学乃至相当部分如财经大学、工商大学、农业大学以及师范、艺术类院校的“常规”学科。中国最著名的两所高等学府清华大学、北京大学也相继成立新闻与传播学院。这样一种“显学”局面的形成，一方面是进入信息时代以后，新闻与传播的社会地位、角色、影响不仅越来越重要，而且也越来越被人们所意识到；另一方面是媒介行业近年来的迅速发展为青年人提供了职业前景和想象。尽管与美国大约有14万在校学生学习新闻学与大众传播学课程的数量相比，中国的新闻与传播学教育的规模并不十分庞大，但是就中国国情而言，这种新闻与传播教育的繁荣局面还是可能因为一种“泡沫”驱动而显得似乎有些过度。但是，超越传统的新闻学，将更加广义的媒介政治、媒介舆论、媒介文化、媒介艺术、媒介经济、媒介法规、媒介伦理纳入新闻与传播学科，将传播学理论以及各种量化的社会科学研究方法纳入新闻与传播学领域，在大众传播之外将人际传播、组织传播、公共关系等纳入传播学视野，都证明了新闻与传播学的转向和扩展，也正是这种转向和扩展使新闻与传播学教育有了更加广阔的发展空间和学科魅力。

在目前这种情况下，对于中国的新闻与传播教育来说，也许缺少的不是热情、不是学生，甚至也不是职业市场，而是一大批真正具有专业水准的教师，能够既与国际接轨又具国情适应性的教学体系和内容，既反映了学科传统又具有当代素养的教材。人力、物力、财力、知识力资源的匮乏，可以说，深刻地制约着中国的新闻与传播学向深度和广度发展，向专业性与综合性相结合的方向发展。新闻与传播学是否“有学”，是否具有学科的合理性，是由这个学科本身的“专业门槛”决定的。当任何学科的人都能够在不经过5年以上的专业系统学习，就可以成为本专业的博士、专家，甚至教授、博士生导师的时候，当一个经过4～7年本科/硕士新闻与传播学科的专业学习以后从事传媒工作却并不能显示出与学习文学、外语、法律，甚至自然科学的学生有明显差异的专业素质的时候，我们很难相信，新闻与传播学的教育具有真正的专业深度。

作为一种专业建设，需要岁月的积累。所以，无论是来自原来新闻学领域的人，还是来自其他各种不同学科的人，我们都在为中国的新闻与传播学科积累着学科基础。而在这些积累中，教材建设则是其中核心的工程之一。10年前，“南复旦北人大”，作为原来中国新闻与传播学的超级力量，曾经推出过各自的体系性的教材，后来中国传媒大学(北京广播学院)也加入了传媒教育的领头行列，进入21世纪以后，清华大学、武汉大学、华中科技大学以及北京大学的新闻传播学科也相继引起关注，并陆续推出各种系列的或者散本的翻译、原编教材，一些非教育系统的出版社，如华夏出版社、新华出版社等也整合力量出版了一些有影响的新闻与传播学图书。应该说，这些教材的出版，为全国的新闻与传播学教育提供了更多的选择、更多的比较、更多的借鉴。尽管目前可能还没有形成被大家公认的相对“权威”的教材系列，尽管许多教材还是大同小异，尽管相当部分教材似乎在观念、知识、方法以及教学方式的更新方面还不理想，但是这种“自由竞争”的局面为以后的教材整合和分工提供了基础。

清华大学新闻与传播学院与过去基本不涉足新闻与传播学教材的清华大学出版社相互合作，近年来陆续出版了多套相关的著作系列和教材系列。除《清华传播译丛》以外，教材方面目前已经陆续面世的包括《新闻与传播系列教材·英文原版系列》以及原编系列的部分教材。而现在呈现给大家的则是《新闻与传播系列教材·翻译版》系列。

本系列的原版本都是从欧美国家大学使用的主流教材中选择出来的，大多已经多次重印，有的已经被公认至少是本学科最“经典”的教材之一。其中一部分，已经由清华大学出版社推出了英文原版，中英文版本的同时出版还可以帮助读者进行对照学习。这些教材包括三方面内容：

一、传播学基础理论和历史教材。这类教材我们选择的都是经过比较长时间考验的权威教材，有的如《麦奎尔大众传播理论》，虽然过去曾经有中文译本出版，但是这次我们尽量选择了新的版本，以反映传播学近年来的快速变化的成果。《大众传媒研究导论》也是国内少见的有关媒介研究量化方法的教材。这次我们特别还选择了一本由James Curran和Jean Seaton撰写的《英国新闻史》，弥补了国内欧洲新闻史方面的教材空白。

二、新闻与传播实务类教材。主要选择了一些具有鲜明特点和可操作性的教材，弥补国内教材的不足。如《理解传媒经济学》、《传播法》等。

三、新闻与传播前沿领域或者交叉领域的教材。例如《全球传播》、《媒介政治化》等。

这些教材中，有的更加普及、通俗，适合大学本科使用；有的也适合目前受到广泛欢迎的媒介文化方面的通识课程使用，如《大众传播理论》；有的则可能专业程度比较高，更加适合高年级专业学生和研究生使用，如《人类传播理论》。但是从总体上讲，为了适应目前中国

新闻与传播学教育的现状和需要，我们选择的书籍更偏向于大众传播、大众传媒，而对传播学的其他分支的关注相对较少。因为考虑国情的特殊性，新闻学教材也选择比较少。当然，由于新闻与传媒本身所具备的相当特殊的本土性以及文化身份性、意识形态意义等，这些教材并非都适合作为我们骨干课程的主教材，但是至少它们都可以作为主要的辅助性教材使用。

人是通过镜像完成自我认识的，而中国的新闻与传播教育也需要这样的镜子来获得对自我的关照。希望这些译本，能够成为一个台阶，帮助更多的青年学生和读者登高临远，建构我们自己的制高点。

于清华大学

2004 年 9 月 13 日

序 言

> 我们一起从相互的经验中尽力编织我们的经纬。对这个学者，我猜想他已一身轻松……他在此留下了他的所知，为我头脑中的地图贡献了重要的信息。(詹姆斯·柯万：《一个地图绘制者的梦想》)

我在本书第一版的导论中提到了詹姆斯·柯万(James Cowan)的小说《一个地图绘制者的梦想》(*A Mapmaker's Dream*)。绘图者试图将广袤的原野变为山川河流等概念；然而，他的绘制却永远要被世界的精细、奇妙和生动所困扰。尽管如此，绘图者和追随他的学者，却因其旅程的辉煌而备受尊崇——知识的远征既是过眼烟云，也永无止境，它是我们单独的，也是共同的梦想的最终表达。

我写作《文化研究》第一版的目的就是希望对知识的旅程作出类似的贡献。我试图创造一种文本的绘制法，将丰富、复杂的知识谱系汇聚一堂，标记出学科形成的过程，以及我们对当代文化的理解。然而，自从第一版完成以来，我发现，在全球化的文化背景中，自己的视野扩展了，对于意义生成本性又产生了新的洞察。类似"9·11"这样的国际性重大事件，以及看来难解的全球化动力，导致创造文化意义的意识和形成模式方面的清晰转变。因此，在第二版中，我除了再次试图描绘世界的动态之外，也提出了自己对这个奇妙的文化领域的理解和担忧。

同第一版一样，在新版中，我试图呈现并且批评文化分析的主要模式，从中发展出一种特别的文化理论，然后用于研究特殊的文化场景和空间。不过，在新版本里，我还试图阐释学科本身的变化，及其对文化场景分析的意义变化。我增加了一个全新的章节，即对恐怖主义文化的分析。事实证明，这是必要的，不仅因为恐怖主义是当代全球文化的重中之重，还因为新的变化刺激了学科本身，做出必要的内部修正。特别是像“9·11”事件、“反恐战争”、“石油战争”以及“全球气候变暖的争议”事件，都会刺激文化研究中最深层的文化政治学的复兴。

对政治暴力和全球恐怖主义的关注在某种程度上是更广泛的文化发展和学科发展的一部分，特别是——它们与全球化联系在一起。正如我在新版第一章中罗列的，全球化带来多种影响，而文化研究特别适合社会科学和人文学科对这种“扩展的地平线”做出解释。本着这个目的，新版的《文化研究》投入了更多聚焦全球的文化考问。这种对全球主义和全球不安全状况的更宽泛关注，是我本人学术旅程的一个关键部分。

新版文化研究代表了对这种探险以及对我们共享的当代文化绘图工程的另一种维度。

目　录

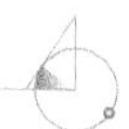

表、图与插图目录

表

图

插　　图

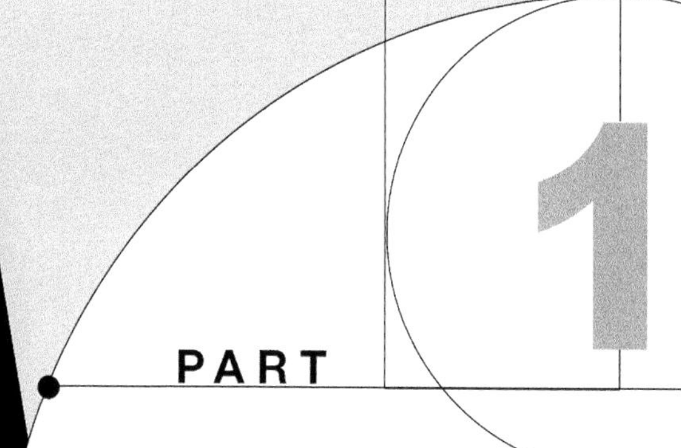

第一部分 了解文化构成和文化理论

第 1 章 当代文化、文化研究与全球媒介领域

导论：当代场景

1997 年，威尔士王妃戴安娜·斯潘塞在巴黎死于一场车祸。司机的酒精测试结果大大超过法定限度，而当时的驾驶速度则超过了每小时 200 公里。虽然我们或许可以谴责一小群人的鲁莽，但是，全球有大约 25 亿人观看了"人民的王妃"下葬的过程，却使之成为整个人类历史上观众人数最多的事件。也是在 1997 年，电影史上投入最高的电影《泰坦尼克号》发行了。在接下来的 10 年中，这部电影在 120 个国家放映，赚了大约 6 亿美元。大约同年，北美流行歌手席琳·迪翁的年收入为 5.55 千万美元；而这个数字还远低于滚石乐队在 2005 年巡演中的收入：1.35 亿美元。2006 年，电影导演史蒂芬·斯皮尔伯格的年收入高达 3.6 亿美元，几乎等于 CNN 这家全球性新闻频道一年的利润。然而，同福克斯娱乐集团的年收入相比，前面这些数字都会显得微不足道，该集团创造的年收入高达 100 亿美元，在世界各地持有的媒介资产约为 240 亿美元。

如此巨大的数字是由扩张的媒介巨头以及被纳入全球联网传播系统中的观众创造出来的。卫星、有线电视和无线数字技术使媒介机构能够跨越世界上绝大部分地区，从富足的中心城市向苏拉威西岛、尼日利亚和亚马逊三角洲的偏僻乡村到处散播产品。但是，技术本身并不是全球媒介在过去二三十年间显著增长的原因。媒介文本——音乐、电视、电影、印刷品、互联网——在一个复杂的互动系统和个人的想象空间中与它们的受众相遇。为此，将世界转变为全球化的媒介领域是宏观的进程(历史、经济、技术、政治和社会组织模式)与高度私密和错综复杂的个人生活微观世界(个人主体领域)之间不断互动的结果。在一个相当深刻的意义上，文化便形成于这些互动的过程：通过个人主体与意义创造系统之内和之间互为交响、动态卷入的集合，形成一个结合体。

以此参与方式，群体的"受众"和每个个体对形成与再现类似戴妃葬礼这样的事件贡献巨大。观看葬礼的观众，与观看2001年"世贸双塔遭袭击"和2006年观看"世界杯足球赛"的观众一样，是动态文化和将全球空间转变为新的媒介领域的参与者。值得注意的是，许多人始终认为戴安娜之死是由媒介造成的。这种谋害不仅是实际上的，也是比喻性的：因为事故发生时，戴安娜和她的同伴正试图躲避专门报道名流八卦的狗仔队侵扰。当然，戴安娜也是更广泛的公众关注与想象的一部分。她经常出现在重要的主流媒介上，她的生活故事和个人抗争已经成为"普罗大众"日常生活经验有意义的一部分。在这个意义上，戴安娜同其他的"文本"和名人一样，是媒介和文化的产物。通过媒介创造出的人物、事件、名流和文本，无论如何局部，如何短暂，都成为我们文化的一个基础部分。

战争、灾难、爱情、期望、抗争、关系——所有这些都通过媒介传达给我们，并卷入我们的日常经验中。滚石乐队、汤姆·克鲁斯、"纽约世贸中心双子塔遇袭"和"科伦拜恩高中枪杀事件"，都成为我们的现实——在情绪层面和认知层面呈现于我们每日的思索、交谈、欢乐、想象和痛苦中。它们提供了一种资源，供我们掌握自己的问题、关系、行动、政治、判断，以及说服的过程。它们已经成为我们是谁以及我们如何理解周围世界的一部分，成为我们的现实生活。

因此，媒介不仅是将意义从传播中心输送至受众的特殊渠道，也是语境和意义创造相互作用的普遍现象。媒介并非存在于"他处"，而是融入我们的生活实践，浸入全球个体和社群的意义创造：媒介是形成和构建当代文化的重要资源。

然而，文化是通过两种相反的驱动力形成的：一种朝向更集中的共享意义(价值观、实践、文本、信念)；另一种朝向变革和分散。虽然我们后面会更多谈论分散的现象，但在这里，我们先接受这样的观点：媒介深刻地卷入了集中意义的过程，这个过程穿越文化形成的全部梯度，并对所有部分都至关重要。也就是说，所有的社会都必须通过重叠或者相邻的社会想象(亦即通过共享的和互相依赖的意义创造获得参与到"团体"里的感觉)来沟通和联系。因此，文化是媒介和受众互相作用的共享(想象意义的)空间。图1.1向我们展示了这种相互作用是如何发生的。

图1.1中，三角形的每一个顶点都与其他的元素相互作用。这是一个动态的、连续不断的流动，经由不同的社会梯度运动，目的是创造意义——

- **媒介生产者** 包括所有对文本的形成有所贡献的人、机构、法规和程序。文本的生产者可能是专业的人和机构；也可能是创造在线文本、照片、家庭录像、艺术、诗歌等

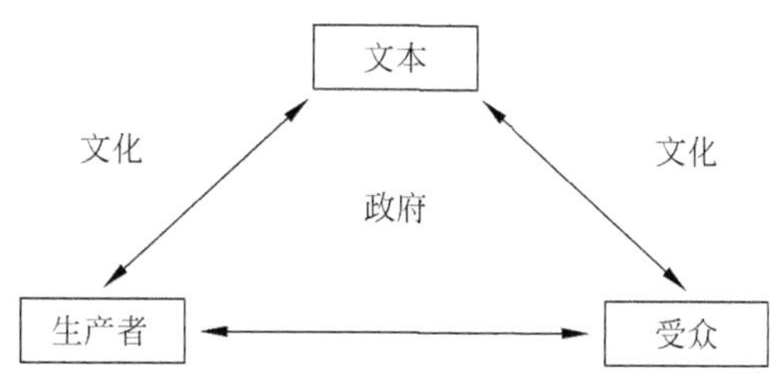

图 1.1　文化、媒介和意义创造

资料来源：Lewis 2005, p. 6

其他形式作品的非专业人士和群体。生产者依靠已经存在于文化中的巨大意义"库"，也包括自己的专业判断，去创造他们的文本。

- **文本**　包括以语言、声音、气味和形象为中介的任意形式。媒介文本可能包括家庭录像、车库音乐、电影大片、网站、书籍、互联网下载物、电视新闻，等等。这些文本可能是广泛发送的(包括全球范围的广播)，也可能是小范围传播的(包括人际传播)。
- **受众**　包括处于任何生产或接受层次的任何形式的文本消费者。受众并非消息的被动接受者，如早期的媒介理论想象的那样(见第 8 章)。他们更像是意义的主动创造者，借助先前存在的经验和个人储备的意义、特定的文本以及文化本身所具有的巨大想象和意义"库"而产生。为此形成的某个受众群体可能覆盖广泛的社会阶层，从人数巨大的全球受众到高度地方化和特殊性的消费群体。

如下文将要描述的，这些文化中既存的意义"库"，可能被认为与无形的"知识"相等，这些知识形成了某个特定社会群体中个体和集体的意识，并且反过来被这些意识所塑造；而这种意识本身既按照意义的外在"符号"方式被塑造出来，同时也被更加不可言喻的人类内在的心智状态(那些在意识边界及潜意识层面的活动)产生出来。因此，虽然意识可以指用某种形式的语言和文本明确表达的知识和意义，但人类认知的阈限(意识临界处)和潜意识却一般不能被清楚说明。用来描述这种人类心智的"超语言"维度的词汇有许多——直觉、潜意识、"无意识"、感觉、情绪、精神、想象、直感，等等。这种文化、意义创造和认知的维度将在以后的章节里讨论，在这里我们仅提出"成像"(imagining)的概念，作为描述人类认识和意义产生各层面意识汇合的一种方法。

在关于此点的讨论中，同样值得注意的是，这些意义，甚至受众自身，都被卷入了社会和政治的复杂组织过程中；而在当代资本主义经济的背景下，这些组织通常又是分等级的。因此，不同的群体拥有或多或少的渠道，去接近文本构建和分配的资源，一个特定群体偏好的意义可能优先于其他的群体。非常明显，重要的媒介公司如福克斯广播网，比起其他小型广播公司、社区广播者，或者个人，更有权力制造并传送他们对世界(如"伊拉克战争")的观点。因此，特定的意义可能传递了占支配地位的社会和经济群体的利益与意识形态。

因而,一个女人——戴安娜王妃——之死,携带了特别丰富的意义群,因为它似乎不仅与占支配地位的社会精英的兴趣和意识形态相一致,还与更广泛的大多数“普通”人的文化价值观相呼应。类似地,对“9·11”袭击的报道在很大程度上是被美国政府的观点以及深植于美国文化中的意义所影响的;这些意义要比其他种类的意义,如对美国外交政策及美国在中东的经济剥削的批评,更占优势。

- 因此,**文化**是由集合而成的意义所构建的,这些意义与特定社会群体的价值观、道德规范、利益和意识形态相联系,受其影响并与其协调一致。文化可以通过物质文本(演讲、形象、声音、词语)和具体实践(人类行为、受众表现等)凸显出来。然而,如我们前面已经说过的,文化是动态的,充满了对意义的辩论和对主导意义地位的争夺。新的意义的形成,要在人类及其多种沟通形式持续不断的互动中实现。我们将在后面讨论这些动态的情形,它们对意义的转化、内爆、创造和再创造都会产生影响。
- **政府**及其规则是一种重要的亚文化,因为它们能够对媒介运行的法规环境施加相当大的影响。例如,20世纪八九十年代媒介公司的全球化扩张便得益于美国媒介行业的解禁,它使公司呈指数般成长,吸引了更大的市场。

当代文化的场景混合了被媒介引导的政治意义,需要被理解为一个新的公共领域。从历史上看,现代欧洲民族国家建立于一种公民自由表达和参与治理的理想。自由表达发生于公共领域——最初是在公共广场和其他的公共论坛,最终通过印刷媒介得以实现。大众社会现在已经发展到依靠电子广播媒介作为民主传播力量的阶段。这种新的公共领域可以被看作意义通过各种沟通渠道(包括人力和技术增强的模式)自由流动的**媒介领域**——一个关键的“文化出口”(Lewis,2005;Lewis and Lewis,2006)。媒介领域是媒介和公共领域的混合物,是传播和社会参与的宏观和微观过程的交汇。

全球资本、文化价值和新的电视现实

因此,最好将“媒介”理解为通过传播和文化构建的一套动态关系,而不仅是一种特定的行业集团或者公司组织。尽管不是一回事,但是媒介沟通植根于文化之中,同时,文化亦植根于媒介沟通之中。这种更加综合的媒介概念显然是我们理解当代电视文化及其遍布现代化、全球化人类社会各种变化形式的关键。事实上,大多数当代社会理论学家都注意到,新的跨国经济大部分建立于信息的即时传递;都认为,传播和文化是现阶段全球化的主要事件与核心变化(参见 Castells,1997;Sklair,2002;Roseman,2003;Urry,2003;Nairn and James,2005)。大多数评论家也都同意,这种压缩的时空开启了一个新的历史阶段,在这个“邻接距离”(contiguous distance)的时代,即时传递的财务、新闻或者娱乐消息可以将人们从遥远的文化和物理空间中吸引过来,进入媒介化(及其与众不同的电视文化)的虚拟世界

中。因此，尽管资本主义总要携带产品突破空间与文化的边界；新的信息经济却还是能将价值浓缩为穿越遥远距离瞬间交易的形式。

皮埃尔·布尔迪厄(1977,1984,1990；亦见鲍德里亚，1981)提出，这种象征形式的新型交换奠基于20世纪初。据布尔迪厄的说法，由于现代社会的基本需求大部分都得到了满足，附着于资本主义商品的意义和社会价值观已经变形。正如卡尔·马克思指出的，资本主义的生存依赖于持续且不受限制的增长：也就是说，依赖于发明新产品、满足新市场和新需求的能力。20世纪早期，随着吃、穿、住等基本需求得到满足，资本主义变身为消费资本主义，个人和家庭成为消费的单位。但是，这个过程并非单纯经济或社会的重组，媒介、文化和传播居于转型的中心。从20世纪20年代开始，直至电视的出现，无线电广播是电力的“魔幻之声”，是让一个现代家庭可能拥有全部美好事物的新产品。营销、品牌和广告策略对于形成新的文化和社会意识也有贡献，这种文化和意识可以使社群、家庭和个人以一种新的集体秩序(亦即共享意识形态和国家轨道的“社会”)来重新定位自身。因此，愉悦成为一种融合剂，将政治意识形态注入新的社群感和共享文化，通过民族归属感和资本主义消费的群体实践，将在城市化和工业化阶段严重紧张及分裂的社会重新凝聚起来。

为此，资本主义产品不仅成为发达社会经济上可持续发展的支撑，也为社会提供了产生价值观和意义(亦即生存理由)的一种新材料，并给新的消费家庭指明了方向和焦点。在一个高度竞争和等级分殊的社会里，财富的分配通常是不公正的。因此，在很大程度上，正是这种快乐的理想和对快乐的渴望使资本主义系统本身得以持续。在布尔迪厄看来，社会精英群体已经变得特别精于“阅读”铭刻在特定资本主义产品和实践中的价值观及意义。因此，产品本身并非政治中立的，因为消费强化了隐含在资本主义生产过程中的差别。

“品位”的概念成为区分社会差别的醒目标志，而这种差别是由收入、教育、社会精炼过程和阶级造成的。消费者或者消费者群体会以某些特殊产品和服务的价值为基础，形成他们的自我意识和身份认同。简单地说，开着德国宝马汽车上班，或者骑着意大利韦士柏摩托车上班，就把他/她同其他人区分开了；在大众化的百货商店买衣服，如果希望衣服被误认为昂贵的设计师服装，就得更加精挑细选；在餐桌上失仪和用错餐具，都会暴露一个人的社会背景。

当然，总是有某种程度的象征价值附着于产品上，限制了多数收入和购买能力有限的人。然而，发达社会中中产阶级的不断扩大和可消费产品的不断增加，刺激了象征性交换价值的飞跃增长。从20世纪早期开始，家庭越来越多地装备了家具、时尚用品、装饰、饰物、餐具、洗涤用品以及一大堆舒适的产品，提升了新资产阶级的生活方式。不同的社会集团实际上通过对产品的选择偏好，以及其中表现出来的“生活方式”分辨彼此。一些文化评论员提出，对生活方式的表达不仅有关社会权力的差别，而且在更普遍的意义上有关分化：不同社会集团或“亚文化”群体，会穿某种特别样式的裙子或采取某种特殊的消费习惯，以便在当代社会的大片沼泽中寻找自我(Stuart,1984；Muggleton，2002)。

让·鲍德里亚的著作(特别是 1981,1984a)对布尔迪厄关于象征物和社会区别的解读,在某种程度上持批评态度。他主张,当代的符号系统不能如此简单地与社会权力的形式互相联系。按照鲍德里亚的观点,一辆宝马车的象征力量较少通过消费和阶级的区分得来,而在更大程度上来自"唤起"消费者的能力。鲍德里亚的出发点与布尔迪厄的理论基础很不相同。他认为,当代文化是信号、象征和形象的泛滥。通过媒介的放大音量与分辨和创造当代文化的信息过程,这些"信号"正在激增。然而,尽管其他理论家相信这些符号是意义的传输方式,鲍德里亚却认为,这些意义本身是空洞无物的,因为社会对其价值和持续性并没有共识。从这个意义上说,它们仅仅是幻影,是仿制品的仿制品,甚至在还未被媒介受众理解之前,就已消散不见。"戴妃现象"、"科伦拜恩高中枪杀事件"、"帕里斯·希尔顿的性冒险故事",这些都是通过一种新的电视文化建立起来的。而电视文化是一种新的现实或者超现实,这种超现实创造了新形式的刺激、新形式的唤起和需求、新形式的不稳定消费。产品被极大地夸张和性感化(通常借助对年轻女性身体的摆弄)了,但这种唤起是一种刺激,并且永远得不到满足。消费者被鼓动着去行动,去消费;然而,形象和信号的泛滥是无尽的,对消费的推动永无餍足,永远不能充分完成。

因此,按照鲍德里亚的观点,信号取代了产品,成为刺激消费、唤起行动和经济活动的基本来源。因为,没有什么会比一个信号,一个强有力的性感信号更有魔力,使消费者永远难逃。信号的大量增多形成持续刺激。宝马的形象是性感化的,它鼓励了某种形式的消费——如果不是车,那就是其他东西,唤起鼓动了购买的欲望,但是最终,那里空无一物。信号是空洞的,只是引向另外一个信号,另外一个无形的刺激,另外一个虚无的化身。

鲍德里亚认为,当代文化就铭刻着这种物质现实的缺失,任何事情都是媒介性的。在鲍德里亚的极端观点看来,这意味着,任何事物都是对一个仿制品的再仿制——是一个幻影。于是,鲍德里亚(1995)才可能很认真地提出"海湾战争并未发生"的论断,因为整个事件是为电视消费预先准备的,它的结果是经预先假设并且预先知道的。

然而,弗雷德里克·詹姆逊(1990, 1991)提出,这种新文化是通过一种更深层的逻辑来体现的,按照这种逻辑,新闻媒介"永远求新"的条件要求它们不断地重建自身。电子媒介及其信号和象征的大量繁殖,通过压缩时间和空间,实际上降低了人类的价值和人类的文化。按照詹姆逊的观点,当代文化已经"最终超越了人类身体安置自己、有意识地安排直接环境和在一个可辨别的外部世界中凭借认知寻找自身位置的最大能力"(1990: 85)。也就是说,新闻媒介以集中时间和信息的功能,以一种把我们同过去分隔开来的特别方式,将全部知识构成一种历史的遗忘症。在这个意义上,媒介化的文化既是一种幻觉也是一种严重的缺失状态。我们对文化和意义创造的现实感,在媒介和信息系统大量繁殖、无所不在的影响下,已经大打折扣了。

尽管许多当代文化的分析家同意詹姆逊的批评观点,其他人却以更加乐观的态度对待信号和形象的剧增。例如,理查德·戴尔(1985)、约翰·费斯克(1987,1989b)、戴维·马格

尔顿(2002),以及亨利·詹金斯(1992; Jenkins 等,2002),他们都在流行媒介文本的制造与受众的认知和感官满足之间看到了重要的联系。尤其是,“名人”被确认为一种公共的连接,使消费资本主义与当代大众社会中个体的日常实践和愉悦协调起来。这些作者以及其他一些对大众媒介的社会功能和个人潜力印象深刻的人认为,不必害怕以形象和信息表达人类经验的做法;而应当让人们探索、享受并利用它,将这些文本与他们自己的生活世界和想象结合起来。在互联网和虚拟文化的研究领域,这种观点已经变得特别流行了。

全球化与一种当代文化的政治学

我们已经意识到,当代文化的形成与电视以及全球联网媒介的突出形式有关。我们也承认,决定着文化、也被文化所决定的意义和创造意义的过程,总是与受众以及他们的日常生活世界和社会实践有关。当然,意义的形成也与其他一些重要的传播节点相关,包括其他媒介(印刷品、录音产品)、社会机构(政府、法律、教育、家庭)、友谊和社群团体,以及个体对其历史的想象。所有这些互动都发生在一个更加普遍的集合性历史背景中,其中特定的记忆受到优待并被保存于文本,于是便可用于对现实的意义创造(de Certeau,1988)。

许多社会科学领域的近期研究对与全球化进程和新传播技术相关的文化与经济变革特别感兴趣。形象作为各种传播(特别是经过全球联网媒介系统进行的传播)模式的首要地位,一直是这些转型的核心。德国哲学家马丁·海德格尔(1952,1977)在提到活动影像的出现和电影形象的巨大比例时,将其认作历史性的转型:在“图像的世界”里,形象变得“非常巨大”,它们以欺骗视觉的惊人规模和对某些实际不存在的事物的虚拟呈现,湮没了人。

尽管海德格尔并没有活到见证媒介全球化的全部威力,但非常清楚的是,他认识到形象奇观将会极大地影响人类意识的转变——而这种转变将逐渐渗透回来,进入所有层面的人类社会经验。海德格尔担心这种新的意识会使人类思想偏离深层的沉思和书写的文字,进而剥夺人们理性思考、分辨是非的能力。这种催眠的魔力加上形象和(美式)个人主义,将最终转移人类对思想自由的追求;取而代之的,是看似有理的对(消费)选择自由的追求。马克思主义文化理论学者西奥多·阿多诺(1994)进一步强化了这种观点,他认为,消费主义和流行文化将人们变成虚假的个体,像仆从一样追随时尚以及强有力的文化工业的指令。阿多诺特别担心流行音乐和情节剧对人类创造性的控制力和束缚力。

罗伯特·麦克切斯尼(2004)是众多新近作者中的一位。他指出,媒介的全球化总体上降低了个体进入媒介的能力,由此限制了观点的多样性,并且在全球范围巩固了精英意识形态。由于美国的媒介集团支配了全球市场,因此,对于讲英语的社群来说,这个问题尤其尖锐。在纽约“9·11”袭击和全球“反恐战争”的大背景下,诺姆·乔姆斯基(2001,2003a,2003b)争论说,媒介公司和美国政府将自己的利益和精英意识形态完全强加给美国民众,甚至整个世界。同样地,道格拉斯·凯尔纳(2005)认为,全球强权与媒介奇观主导的联合已经削弱了民主,削弱了公民做出明确政治选择的能力。

尽管在这些主张中确实有某些事实根据,但它们只能部分地解释全球联网媒介在塑造全球文化与新媒介领域中的作用(Lewis,2005)。媒介并不仅仅以支配政治空间的欲望为动机,它还被自己内部的不足和缺陷所驱动——

> 媒介的每一个报道或者文本都是通过一种延迟的叙事形成的,在这个叙事中故事的意义永远都与附加物联系在一起——如下一则新闻、插曲、CD播放、电影、公关宣传或者广告等。每一种新的话语或者说文本,都是逐步发展的,也就是说,有其自身的开端和结尾,酝酿的过程连接着过去和未来的文本。这种连接的系统造成了一种财政与符号方面的债务,只能通过下期支付,通过下一个紧急事件,下一个重大活动,下一个突发奇观来偿还。为了支持这种符号的苛求,产业联合体中的媒介组织必须投资新技术、新战略、新生产和新人员。所有东西都必须是最新的和最近的:接收率、市场数据、广告合同、许可证、董事会、股东、议会听证、受众和债权人——所有这些,都为媒介专业人员带来一种必须追求信息的压迫感。这种"信息强迫症"驱使记者和编辑们以一种日益加速的动力,在一个日益充满活力和加剧竞争的符号与财政环境中,向一种不断升级的生产和产出发展。(Lewis, 2005: 35)

在全球日益不安全的背景下,这种信息加速的形势使许多文化分析学者得出结论:全球联网媒介是其他支配性(霸权)组织的政治附属物。尤其是像麦克切斯尼、凯尔纳和乔姆斯基这些作家,更是将全球媒介的巨大容量与流行程度视为某种形式的文化帝国主义。这些观点与全球化理论相一致,认定西方和美国的经济与军事优势为一种新的世界秩序,其中文化正在变得越来越同质化(见第10章)。全球的媒介公司与以美国为首的政治霸权合作,通过"自由市场"的意识形态和实践以及资本主义的经济,保证西方利益的传播。于是,这些经由上述资本主义新形式制造出来的意义和产品便都受到支配性意识形态的支持——而这种意识形态本身则是通过以西方文化为基础的符号和象征物进行传播的。

尽管以美国为基地的文化产品无处不在的情况十分明显,但是,这种定型化立论仍然受到广泛的挑战。如我们已经注意到的,人口和文化更加聚集并进入一个单一经济和社会/政治秩序的趋势已经产生了广泛的影响。的确,研究全球化的理论学者如阿君·阿帕度莱(1990,1996,2006)、戴维·赫尔德(Held et al.,1999)和约翰·厄里(2003)一直主张,经济和文化更大程度联合的趋势必然引起向本地化转型和社会碎片化的反向动作。罗兰·罗伯逊将这些在全球和本地影响下发生的逆向潮流界定为"全球本土化"(glocalization):地方社群和文化吸收并且转变文化和经济中全球化成分的过程。曼威尔·卡斯特尔斯(1997)曾经调查过身份革新的反向过程,亦即地方社群根据全球趋势和本地历史不断调适自身感觉的一种变化。

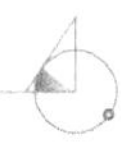

在这个框架内，全球化和全球文化回归到“普通”人群和他们的日常生活层面。某些理论学者将这种对文化产品及其内在意义再吸收和适应的过程定义为一种“混杂化”(hybridization)的形式。也就是说，媒介公司和其他权力集团在全球范围内生产产品、意识形态和文本；这些材料和意义被不同地方的社群所“消费”；但是它们的内在价值观和意义会发生改变，与当地人群自己的利益、历史、价值观、制度、信仰、身份和习俗联系起来。其后，这些社群会从混杂的文化成分中创造出他们自己的意义和文本来。其中最壮观的例子也许就是宝莱坞现象，它将好莱坞的电影风格、制作体系与技术和财政模式改造成为印度的表达方式。因此，印度电影工业在混杂西方电影与本地习俗、叙事风格和娱乐模式的基础上建立起来。宝莱坞现在是世界上最庞大的电影工业，它的体制正在被许多更小的国家和文化模仿并改造。这些模仿和改造以再次混杂的方式适应自己的本土环境与文化实践。

插图 1.1 印度洋海啸发生 6 个月后的斯里兰卡阿鲁甘湾

全球性灾难带来的全球团结和分化

2004 年 12 月 24 日，发生在印度尼西亚苏门答腊岛北端的一场大地震引发的海啸在当地造成了令人震惊的死亡和破坏。在印尼本国，死亡人数超过 20 万，在泰国、印度南部和斯里兰卡，死亡人数数以万计。与其他的自然灾害——疾病、飓风、洪水——一样，海啸造成的影响主要是当地人的生存环境。不同于周边国家经济和技术都比较发达的太平洋地区，印度洋没有海啸预警系统，也没有对海岸地区有效的保护设施。上面的照片摄于海啸发生后的 6 个月，遭到重创的小渔村位于斯里兰卡东海岸的阿鲁甘湾。混凝土水井填满了沙土,看起来仿佛是为那些曾经在海岸边兴盛一时的社区树立的墓碑。

尽管国际救援组织迅速深入受灾地区,支持恢复和重建工作,但是它们的出现造成的伤害和带来的好处一样多。原本就复杂的种族、文化与政治情况被搅乱了,当地的3个主要社群——泰米尔人、穆斯林和僧迦逻人——互相争夺救援和重建资源。穆斯林社区尤其感觉被人数占优的僧迦逻政府以及来自美国的援助机构所疏远,这被视同反恐战争中反穆斯林的举动。泰米尔人同样也感觉委屈,认为自己成为政府同分离主义的泰米尔猛虎组织之间正在进行的内战的代人受过者。当政府在城中建了一座佛教寺庙,希望给海啸受害者以希望时,一场族群之间的争斗却爆发了,每个种族群体都指责其他族群腐败和劫掠。

于是,海啸造成的可怕的破坏被报道给全世界,虽然这些新闻引起了发达国家的无比同情,并给受害国家带来巨额的捐助。然而,作为全球化的一个悲剧性回响,自然灾害加上跨国界的干预似乎加深了创痛。全球化有可能使不同的人种和文化走得更近;但这种新形式的接近更加剧了原本就复杂的紧张和不稳定局势:甚至在传播和信息分配日益增加的条件下,世界仍旧严重分裂。

案例研究1:定义戴妃

我们肯定已经很清楚,这种文化的话语和想象的集合永远不会被缩减至包罗万象的单一“宏大叙事”(Lyotard,1984a)。事实上,在近期的文化理论学者中,一个重要的共识就是当代文化是多样构成的、充满分歧的、不断争论的。“语言战争”不仅发生在实际的军事和物质冲突中,而且要通过所有的意义创造和文化条件才能形成,戴安娜王妃的名人身份有助于说明这种多向性。尽管在表面上,戴安娜的葬礼似乎是人类历史上最团结的一次经历。戴安娜·斯潘塞的生活与死亡需要被当作一个多灾多难与不断抗争的话语来解读,它吸引成千上万的人投入到他们自己的欢乐与痛苦中。戴安娜的葬礼使全球的媒介消费与文化参与达到了一个新的水平:20～30亿人观看了追思仪式,埃尔顿·约翰的挽歌成为音乐史上销量最高的单曲。甚至在她去世后的10来年里,对于“人民的王妃”的想象仍然在世界各地刺激着图书、音像制品的出版,网站、新闻故事的创作,以及慈善活动的举办。电影《女王》(Stephen Fraser,2006)就是一个最新的例子,说明戴安娜神话对于大众想象的持续影响力。

戴安娜本人——无论她曾经是谁——是被大众媒介以及与媒介文本互动的一般公共话语再现和构建出来的(Davies,1999)。她的衣服,她的发型,她的住所,她的头衔,她的“形象”,她的性别,她的恋爱史——都是再现或者文本,因为我们加入了从日常经验和随口交谈中获得的如此多意义。尽管这种意义对我们每个人来说都是真的,而且意义也一直是确定文化的特征,但是,戴妃现象说明了当代文化的一种特殊能力,即构建并且发射——甚至通

过个人认知的真空发射——意义的能力。也就是说，我们的社会和文化能够成为各个部分的聚合体，因为经由媒介传播的知识能够取代我们对那个巨大的社群组织（当代社会）中其他成员直接和亲身的了解。尽管我们个人对这个巨大社群的成员所知甚少，但是，通过大众媒介及其形象、叙事和信息，我们仍然能够想象和辨认出另外种类的人们及其文化和社群。我们并不亲身认识戴安娜，但是我们通过媒介的运作发展出一种对她个人的了解和情感的卷入。

因此，名人在社会中的位置基本上是矛盾的（参见 Marshall，1997；Turner，2004；Jaffe，2005）。戴安娜是"人民之一员"；然而却是我们中间的突出一员。她是由我们自己创造意义的能力构建出来的；然而却由大众媒介的散播力量传送给我们。"不管她是谁"肯定呼应着我们对她的想法和感觉；然而我们却贡献了大量的话语包围她，依恋她，从而造就了她。我们知道并对之做出反应的戴安娜逐渐与我们的生活经验联系在一起，她并非"身在他处"，并非特殊的、单独的客观事实。相反，戴安娜被我们了解，是因为她是"媒介化"的，我们是通过媒介塑造她的文本和话语来认识她的。于是，她成了我们当中的一员，成为生活在我们自己繁复的情感关系、爱情、恐惧以及家庭中的活生生一员。

让我们更仔细地考虑这一点。当然，在最单纯的层面，戴安娜·斯潘塞代表了大众想象的魅力、自发性、迷人等特质（Drew，1998）。这位皇室美人的故事重复了一批业已存在的文本、形象以及想象，这些文本、形象和想象贯穿了儿童时代的童话书，直至今天的流行作品。雅克·德里达（参见 1979，1981）把文本和相互依赖的累积意义之间的联系称作"互文性"。因此，我们对戴安娜的感觉是建立在其他文本和文本经验之上的，其中有些部分我们可能认作改编的神话：如此经常地被重复的叙事，已经植入我们的信仰系统，被视为理所当然的真理和意识形态。大众媒介也依赖于——并在文本中挪用（借用）——这些文本经验，去丰富、激活并在感情上投入对戴安娜及其人生故事的特殊讲述（参见 Richards et al.，1999）。

对戴安娜的名人制造及其名人"庆贺"只能在其他文本的基础上，在消费资本主义文化将人转化成媒介商品的基础上来理解。正如约翰·泰勒（2000）提出的，戴安娜的吸引力肯定源自其皇家风范的优雅、美丽、慈善形象，但是这种商品化的过程不可避免地也会包含一定的政治与意识形态考虑。特别是，这种形象是自我合法化的：它确认了这种形象自身给予受众愉悦的价值和权利；同时，又确实承认资本主义、资本主义制度及其大众媒介，包括皇室继承权本身地位与本质的有效性。约翰·哈特利（1996）曾提出，通过大众媒介对皇室家庭的不断再现，君主立宪制思想本身继续被合法化。"小报"和"八卦"媒介专注于大肆报道皇室绯闻，就像过去政治新闻在这种环境中大打擦边球一样（Hartley，1996：12）。这种形象以及支持它的制度完全是自利的，被一种预期生产、消费、权力和利润的意识形态所驱动。政治与意识形态必定暗含于对戴安娜个性的构建中，如同暗含在媒介制造电影明星、流行音乐明星等名流的过程中一样。

然而，正如哈特利本人进一步思考的，文化的意识形态背景本身是极其隐晦的。戴安娜的形象是通过一个权势组织传递给我们的，这个媒介组织在形成和维护精英权力集团中享有既得利益：因为制造的是"名望"，所以，媒介所有者完全可以通过兜售名人，为自己创造财富、合法性与地位。尽管如此，我们也得承认，正是普通人的兴趣及其消费行为，实际上决定了那些构建出来的形象是否"成功"。人民最终会为自己的日常生活目的和愉悦满足而挑选形象。从这个意义上说，戴安娜在文化中享有的特权与权力是由她的观众——她的媒介臣民——对她的兴趣认可与批准的(Turnock,2000)。

但是，即令这样，也不能解释戴安娜形象生前死后都具有的难以置信的受欢迎程度和持久的影响力。如果我们更仔细地研究，便可发现，戴安娜的人格是围绕着一系列极具竞争性的信号和象征建立起来的。是的，她迷人、高贵、美丽，而且这些品质最终能够转为更加成熟的叙事，如母性、遗弃和深广的女性德行。但同样重要的是，戴安娜的政治出场似乎具有奇异的和谐作用。由于戴安娜更慈善、更亲民的行为举止塑造出广受欢迎的象征，使君主制世袭特权与专制统治的不公正形象被缓和了很多。那些原本可能让戴安娜与消费大众隔离的冠冕与礼服变得相对中立了——成为她的善举和她为世界上贫苦不幸的人努力工作的符号。作为有益于慈善组织的神话，戴安娜的善举既是她广受欢迎和积极参与社会事务的体现，也确认了她自身的显贵与特权。后来显示，这些"慈善"行为是能够掩饰社会特权的：正是这种社会特权使戴安娜穿过的一件礼服在1997年卖出了超过20万美元的价钱(这是一条丝绸长裙，戴安娜穿着它在白宫与美国影星约翰·特拉沃尔塔共舞)。

因此，戴安娜的名人地位是非常政治化的，尽管"权力"的方向和运用一直是隐蔽的或者至少是回避的。在她死后的悲哀喧闹中，似乎根本没有批评或者负面评价的余地。这种富贵的生活方式以及造成事故的醉酒行为大部分已被严肃的或者大众的报刊所忽略，尽管同样的命运也会降临到社会认定的坏人们(罪犯、黑人、单身母亲)身上，但是社会对事件的态度可能截然不同。在戴安娜的案例中，狗仔队(亦即那些贪婪抢掠的媒介鬣狗)为公众的谴责提供了一个有效的焦点，因为他们拒绝服从对戴安娜形象的那种高度控制性生产。很奇怪的是，公众似乎忘记了：狗仔队与正规报纸都曾是他们自己狂热消费戴安娜叙事的管道。

的确，作为名人，戴安娜被人们谈论最多的一个特点就是对控制她形象和再现的持续战斗。尽管戴安娜的名望有一种巨大的能量，能够增加观众收视率和报刊销售额；但是，在不同的商业、伦理和机构利益之间，对戴安娜形象的控制一直在激烈地进行斗争。这种现象被斯图尔特·霍尔称为"表意斗争"(struggle to signify)，在戴安娜死后尤其明显。戴安娜的官方媒介机器责骂小报，小报则指责狗仔队。而狗仔队，亦即非正规的娱记，却将自己打扮成"言论自由"和编辑独立的卫道士，说他们讲述的是真实的故事，没有受戴安娜公关机器的限制。而正是狗仔队发布的有关戴安娜生活的"非官方"照片，激起了普罗大众的兴趣和欢乐。狗仔队满足了大众对戴安娜的狂热和色情兴趣，对她的名人形象和神秘魅力贡献很大。

戴安娜刚刚去世的那段时间，这些媒介内部的吵闹显得出奇的缓和。正如米克·休谟(1998)指出的，小规模的道德争吵转化为一种普遍的情绪，如果不是羞愧的话，至少也是尴

尬的。戴安娜的消费者通过谴责他人表达了他们的悲伤。竭尽全力满足消费者感官欢乐的媒介文化突然处在一种审视之下。当全球电视观众看到马车拉着皇室棺木经过伦敦大街直至西敏寺时，虽然媒介因戴安娜之死而受到谴责，但人们呼吁停止伦理攻击。因为媒介虽然走得太远，以致造成了她的死亡，但在我们表达自己哀悼的时候，媒介至少还有用处。

那么，十分清楚的是，我们现在理解自己生活世界的能力，绝对取决于我们同媒介的关系。我们并非被各种信息和娱乐媒介"摆布"，我们已经成为它们的一部分——因为我们关于自己和关于世界的知识已经被媒介的形象和语言所过滤。非常有可能是这样：世界被日益虚幻化的结果，实际上召唤出一个同样强大(尽管矛盾和无意识)的欲望，追求道德和意识形态的实质——一种"实打实"的现实，一个不那么容易消散、不那么短暂和偶然的现实。戴安娜的神话、她的王室身份和与深远历史的真实联系，代表了一种将世界想象为主体亦即公民"社群"的方式。也就是说，戴安娜的叙事，非常可能为人们提供那种社群感和社会共识；而当代文化，就其全部的愉悦、丰富和潜能而言，提供的却更多是抽象，如果不说是逃避的话。

文化与文化研究

文化的定义

正如我们注意到的，许多最新的评论都是从全球传播系统和时间、空间压缩的角度来区分当代文化的。名人现象的形成只是这些新的历史条件的一个维度；名人和电视文化提供了那些熟悉的不寻常感和不寻常的熟悉感，对于创造一种全球社群的印象贡献良多。然而，我们同样也指出了：这些印象伴随着一种同样强大的区分等级和差异的政治学，这种感觉便是——全球社群和全球文化的概念只是由权力精英散布的；从一个整体的、同质的社会秩序的幻想中，他们受益最多。不论在哪种情况下，文化都是通过传播形成的关系，文化都存在于个人和群体的意义创造中。媒介领域将文本—制作者—受众带入一种动态关系中，形成了文化，并被文化(包括政治文化)信息所充实。因此，我们可以给文化定义如下：

文化是一种由特定的社会群体创造的想象和意义的集合。这些意义可能是一致的、分离的、重叠的、争论的、连续的或者间断的。特定的社会群体可能围绕很宽泛的各阶层人群、活动和目的而组成。传播是核心的力量，将社会群体与文化结合起来，在当代文化中，这些传播的过程是由各种形式的全球联网媒介支配的。

我们可以仔细考察这些定义的每个部分：

1. **文化是一种想象和意义的集合**。我已经提出，文化是围绕集体和个体的人类意识建立起来的。“意识”这个术语通常指人类的思维方式,它是自觉的,被社会经验和社会知识所塑造。很明显,一个个体的“意识”形成,会受到社会群体支配性价值观、信仰和重要“知识”的影响。但是,个体自己的“智力”和个人的历史也会过滤这些经验,形成一种独特的个体意识。精神分析的创始人,西格蒙德·弗洛伊德声称,后者的过程要复杂得多,因为人类的“潜意识”在个体直接感知的意识层面之下活动着。

因此,意义创造是非常复杂的一系列过程。正如在本章前面提到的,使用“成像”的概念是为了抓住意识、阈限和潜意识的精神活动——在创造意义时,这些活动被个体和群体动员起来。“成像”这个术语并非专指可能用来与“推理”能力相对的人类创造性活动的某些区域(想象)。“成像”是指形成智力、感性、情绪和经验的能力,它们成为认知的起源,并能够用语言清晰地表达。这种“体验”(experience)可以通过大众媒介传播,也可以通过其他重要机构和组织,如政府、法律、教育或者家庭传递。经验也可以指内容广泛的大量互动和行为,它们构成了个体的日常经历。“知识”是意义的核心,因此,可能通过态度、信仰、价值观、意见、思想、身份、艺术甚至行为清楚地表达出来——所有这些,便构成了“表达性”(expressivity)(Deleuze and Guatarri,1987)和一个“可读的”文化文本。

正如文本的意义可能随着时间发生变化一样,个体对于他/她自身和对外部世界的想象也是如此。因为想象可以是理性的、非理性的、创造性的和情绪化的——因此,它是变化的酵素和场所,是自我秩序的重新调整。“想象的”(imaginary)是个体情结卷入文化的场所,夹杂了个人对变化、迷惑和启示的审美再处理。于是,我们完全可以重新设置或者重新想象我们与另外一个人的关系:举例来说,曾经的恋人可能变得无关痛痒,甚至反目成仇。想象的概念也有助于解释:通过不同的社会和时代环境,例如通过移居或者教育的经历,我们的个人身份可能重新建立。它解释了:一个工业社会劳工阶层聚居的贫民窟,如何可能通过重新定位,被再想象为时髦的城中流行生活方式。物理空间的变化可能微不足道,但是对文化的想象却根本改变了。

于是我们延伸了文化的定义,大大超出了“生活方式”的概念,这个概念是人类学研究中发展出来的(见第2章)。虽然如此,社会经历、信仰、仪式和人造物都是富有意义的,因此也是普遍定义的一部分。

2. **这些意义可能是一致的、分离的、重叠的、争论的、连续的或者间断的**。正如我们将要看到的,语言和意义系统通常被看作牢固的和固定的形式。然而,意义系统和语言一样,都有可能既产生意义,又产生误解和无意义。在任何时候,一种文化都可能会陷入无穷无尽的意义争辩和意义分裂。可能存在“支配性”的意义、价值观和意识形态,试图决定一种特定的社会秩序。然而,一种文化永远不可能被完全关闭,因为它是由相互竞争的利益和许多不同的个人(主体)及其群体组成的。即使是相对孤立的部落社会,也是由不同年龄和性别的群体组成的,而且要涉及多种形式的外部互动。现代社会极其复杂,相互异质性强并且混杂,更使它们极易面对无穷无尽的外部和内部的意义之争。

3. **特定的社会群体可能围绕很宽泛的各阶层人群、活动和目的而组成。** 正如我们已经注意的,文化和社会并非同一事物,尽管很明显它们是偶然相互碰到的。个体属于各种形式的社会集群,每个群体都有它们自己的"文化"。这意味着,我们可以谈论一种家庭文化、一种民族文化、一种种族文化、一种全球文化、一种工作文化、一种宗教文化、一种大学文化、一种足球文化、一种技术文化、一种同性恋文化,等等。许多这类文化都与重要的社会制度相联系,这种制度可以对其文化整体拥有强大的影响力。例如,国家和民族的文化都表现出持久性和巨大力量,它会创造条件,让个人为保卫它们而牺牲自己的生命。

所有文化,无论是宏观的还是微观的,都要通过包含特定意义的话语、规则、信仰体系、价值观、仪式和实践来发挥作用。这种创造意义的部分包括个体身份(或"主体性")的构建,通过将特定文化的独特品质内化和再投射的过程来实现。在复杂的现代社会里,一个个体可能会参与一系列不同的社会群体和文化,对身份构成会产生相互矛盾的影响。因此,一个个体或多或少都会遇到来自不同文化关联和身份构建来源的争夺。例如,放荡不羁的人,可能也是爱国的,但却违犯国家对毒品的法律。实施"2005 年伦敦地铁袭击案"的多是第二代移民,这些年轻的穆斯林男性明显地被两种文化价值观撕裂了:一方面是来自国家和民主制度的法律和价值观;另一方面是发动圣战的价值观——它为了报复英国入侵并占领伊拉克而宽恕谋杀。

4. **传播是核心的力量,将社会群体与文化结合起来;在当代文化中,这些传播的过程是由各种形式的全球联网媒介支配的。** 正如我们先前讨论过的,在 20 世纪,电子媒介强化了独特的文化趋势和过程。电子传播的独特特征提供了文化争论、不和谐、不稳定,以及更加剧烈的转变。先前在相距遥远的地方各自形成的人类文化被卷入一体,更加接近,为文化话语的繁殖创造了环境。这种话语的繁殖不断激发出新产生意义、无意义亦即传播鸿沟的可能性。

举例来说,当美国的文化产品进入了非盎格鲁/欧洲文化时,便出现了大量新增的话语和争论。第二次世界大战(1939—1945 年)期间,美国电影给一些地方文化带来了浪漫爱情和用嘴亲吻的"话语",而其时,用嘴亲吻在当地文化中仅是一种极少的做法,是表达崇拜的一种方式。用嘴亲吻的意义及与其相联系的性习惯在日本、韩国和印度尼西亚等国家受到广泛的批评。尤其是在印度尼西亚,随着全球化与西方文化风格和产品的流行而来的文化转变,在比较保守的社群领导人中造成了相当大的恐慌。这些领导人支持了一项新的"反色情"立法,立法的目的是禁止诸如印尼版《花花公子》的出版,以及同性恋、易装癖性习俗和公开接吻。具有讽刺意义的是,这些捍卫传统道德价值观、反同性恋和易装癖的号召,似乎不顾或者践踏了印度尼西亚长期以来承认并宽容这些习俗的历史。因此,并非这些性习惯本身似乎是个问题,而是在新的全球化文化背景下,它们所代表的"现代"或者"西方"意义成了问题。

解读面纱：一个当代文化现象分析

2004 年法国议会通过立法，在所有公立学校禁止穿戴任何宗教服饰。这项法案导致法国 600 万穆斯林中许多人相当大的恐慌，以及众多人权组织的担忧。尽管禁令是针对所有宗教标志的，但是人们普遍认为，穆斯林女性的头巾(hijab)是这项新法案的主要目标。法国的这项新法案出现在围绕穆斯林的好战主义、西方反恐战争和美国主导的对伊拉克的灾难性占领等背景产生的全球躁动氛围中，产生了明显的争议。一方面，许多人将这项法案视作重申现代民主原则，尤其是“政教分离”的又一次宣言；另一方面，它被视作西方世俗主义的过度宣扬，践踏了法国穆斯林社群的宗教权利和人权。

法国政府对国内伊斯兰教的焦虑似乎令其他西方民主国家多少有些不满，它们倾向于通过一般意义上的宗教自由及反对种族歧视的方法，而不是一种普遍控制和禁止的方法来管理穆斯林社群。据猜测，法国对“过分”宗教表达的敏感源自其深厚的宗教政治化历史，它导致天主教会被排除在国家事务之外。尤其是法国大革命(1789—1799 年)造成的裂痕，持续影响着当代的法国文化和政治生活。

然而，由于两名曾经报道过“伊拉克战争”及占领的法国记者被绑架，对法案的抗议被打断了。尽管法国并未参与军事占领，伊拉克的绑架者却用这两名记者作为人质，要求法国政府废止这项涉及宗教标志的法案。尽管最终记者被释放，且并未受到伤害，但法案却继续存在。而在 2005 年，发生了伊斯兰好战分子袭击伦敦地铁的事件，同样的争论又在英国响起。如“9·11”袭击后在美国、“巴厘岛爆炸”之后在澳大利亚发生的情景一样，7 月 7 日英国地铁遭到袭击，激起了社会对更广泛的穆斯林社群和伊斯兰宗教的某种深层敌意。由于地铁袭击案，穆斯林的面纱经常被当作是反民主价值观、反公共“透明性”的象征。前英国内政大臣杰克·斯特劳拒绝会见任何“遮住她面孔”的人。据说，小说家萨尔曼·拉什迪将面纱描述为“狗屎”(shit)。

这类观点受到一些“现代”伊斯兰妇女的支持，她们认为面纱和罩袍是压迫妇女的令人憎恶的东西。伊斯兰社群的其他成员，包括那些自称为伊斯兰女权主义者的人，则认为罩袍是女性特质的合法表达，它将妇女从男性注视以及基于性吸引力的社会评价中解放出来。因此，尽管许多西方国家的人士将罩袍和面纱视作压迫，伊斯兰女性却将她们的这种传统服装当作自由和个人权益的表达。

后现代文化_www. the. postmodern. turn. com

在过去的数十年里，“后现代”、“后现代性”、“后现代主义”等概念已经越来越广泛地被应用于各种形式的社会分析与文化分析中。尽管本书有一整章将讨论这个题目，但是，现在

就有必要提醒读者：对这些术语的使用并非完全一致，事实上，许多评论者甚至完全拒绝采用(参见 Habermas，1984b；Kellner，1995；McGuian，1997)。尽管如此，对于所有文化研究的学生来说，理解这些术语及其在当代文化分析中的应用方法都是非常关键的。因此，自20世纪80年代起，众多跨越不同学科领域的评论者都将我们一直描述的文化转变特征定义为“后现代的转折”：意思是说，作为一个新的历史时期，这个时代可以从以前的“现代”阶段区分出来。对两者区别的总结见表1.1。

表1.1 现代/后现代

现代	后现代
启蒙运动	后启蒙运动
以逻辑为中心	形象/媒介
科学的方法	混沌理论/量子论
绝对真理	相对主义
人文主义/自由主义	文化的特异性
同质的	异质的
欧洲中心的	全球的/多元文化的
普遍规律	解构
社会结构	个人快乐
产业主义	后产业主义
唯物主义	象征主义
原子	信息
父权制	性流动性
高雅艺术	流行媒介
年代学	时间/空间的压缩
广播	多样创作者
现实	仿真
结论	非决论性的/语言游戏

关于这个类型表有以下几点需要说明：

1. 一些文化评论者拒绝承认我们已经进入一个全新的历史时期，他们争论说，现今的阶段只是现代主义的一些变形。对他们来说，当代文化确实已经变得越来越全球化、自由市场化、“媒介化”、“网络化”，并日益复杂。但是，这些特征本质上都是“现代”的，是过去几个世纪形成的文化、政治和社会经济制度的扩展。这些评论者通常对围绕西方资本主义社会构建的各种形式的权力结构最感兴趣。尽管他们可能承认文化正在变化的事实，但是他们将表1.1中列出的两类文化要素视作连续的，而不是对立的成分。

2. 一些政治保守的学者则完全拒绝时代变迁的概念，认为表1.1中的要素是社会和美学极端主义的双重危险产品。许多这一派的学者争辩说，后现代主义的思想(尤其是相对主义)是危害社会的,应当被抛弃。然而,不像他们的左派自由主义对手,他们认为:不需要新的社会、经济或者政治体制。

3. 某些评论者接受一个"全球后现代"的概念(参见 Hall,1991a,1991b),但是试图采用一种本质上属于现代主义的文化批评。也就是说,他们使用表 1.1 左侧的要素(现代逻辑和政治策略)去批评表右侧的要素(全球后现代)。其中弗雷德里克·詹姆逊(1991,1998)最引人注目,他建立了一种对后现代意识的批评方法,很明显地来源于新马克思主义传统的理论。

4. 有些评论者欢迎新的历史阶段以及它从现代主义社会结构及受到批评的局限中解放出来的潜力(参见 Jencks,1987b,1995;Hutcheon,1988;Giddens,1994;Duvall and Dworking,2001)。因此,后现代主义者主张,与其用一套潜在的不同压制性制度替换压制性的现代主义制度,不如提倡一种新形式的个人主义和自由表达性(Deleuze and Guatarri,1987),以表的右侧取代左侧,创造出发掘个人自主性和另类价值观的新条件。

5. 对于许多学者来说,这种新的批评方法是诸如"文化研究"等新学科的领域。许多从事文化研究的学者和学生即使没有详细阐明,也在采用某种后现代的观点,这种观点鼓励跨学科的交叉模式、创造性思维、多样性以及相对主义。现在,许多学者都直接接受:这些特质是看待文化景观的一个真正公认的维度,不管是否贴上了"后现代"的标签。

所有这些立场在当代文化研究中都有一席之地,因为每一种立场都有其独特的洞察力与价值。这些不同观点之间的辩论大部分集中于对权力的定义、批评的策略以及对"价值"、"结构"、"美学"和"意识形态"等各种概念的构想。围绕着"后现代主义"这个术语之分析是否有效的争论,在很多方面掩盖了对"文化"本身意义更广泛的学科争论,以及文化与其他分析焦点(如社会和社会制度、政治、政策与物质主义等)相关的重要性。本书的基本策略是表达这些相对的主张,目的在于阐明这些不同的路径;它们通过文化分析、理论和文化研究的广泛谱系,检验并形成了文化和意义创造的方法。通过将这些广泛发展的洞见纳入文化的**概念**,我们将揭示当代"文化"的演进和作用。也就是说,这些概念成为一个透镜,通过它们,学者和研究人员可以审视这个他们完全沉浸的、亲密接触的世界。

当然,本书提供的分析既非政治立场上中立,也非认识方法上中立的。文化研究的一个教导就是:语言总是形成于一个特殊的政治空间内;也就是说,它是根据分析者自身的观点、阅读与表达模式的需要而"定位"的。换言之,这本书也只是另外一种文化发声,另外一种文化文本。我的声音和你们的声音一样,同任何其他的文本一样,也要受制于同样复杂的权力、意义创造以及观点争论的构成体。我已经获得了发表独特观点和模式的特权;随着我们的前行,我对意义创造的复杂性和抵抗行为的冲突感的偏好,将会越来越多地显示出来。

尽管如此,本书的主要目的仍然是以最宽泛的角度呈现文化研究,亦即承认不同模式的文化分析的重要贡献。基于此,本书不使用自 20 世纪 80 年代以来兴起的文化研究的两分法(参见第 3 章和第 12 章)。在某种程度上,这种两分法是与"后现代主义"的概念相联系

的，某些特定的学派接受这种概念，而其他的学派则拒绝它。但是，在更广泛的意义上，我们对两分法可作如下总结：

1. 一些学者相信物质生活条件决定符号(意义创造)和文化的方向。文化是作为社会结构、制度和政府政策的一个结果而被研究的。这些学者通常都受教于马克思主义、自由派政治学和社会学的学术训练。

2. 第二群学者聚焦于文本的美学、意义构建和文本解读。在这个群体内部，还存在一个分野：有些人特别关注审美；有些人则关注文本构建和消费的政治方面(文化政治学)。研究政策和唯物主义的文化学者倾向于将聚焦于审美的研究视为唯我主义、过度理论化和不切实际。这些人通常被唯物主义者称为“后现代主义者”。

插图 1.2 2006 年德国世界杯足球赛

插图 1.3 印尼度假地蓝梦岛上的火葬仪式

全球性与地方性的交流

文化的形成以特定的社会群体为中心——包括他们的风俗、信仰、习惯、价值观和意义创造的主导模式。2006 年在德国举行的世界杯足球赛将大约 35 亿人带入了一个单一的电视社群。尽管这个社群是短暂的，由一种极端脆弱的媒介想象构成，但它仍然表现为一个清晰的全球文化组合体。尽管它们内部存在巨大的多样性，但是，通过对世界杯文本的体验，这个电视社群的确分享了重要的价值观、惯例、规则、标准和意义。插图 1.3 展示的是一种非常地方性的宗教事件。在一个名叫蓝梦岛的印度尼西亚小岛上，差不多 150 名当地部落成员见证了这次火葬。这种形式的火葬仪式与古老的吠陀——印度习惯有关；在大约 10 世纪伊斯兰教传入之前，这种文化曾经统治南亚和东南亚。

于是，一方面，世界杯很明显地是一个围绕着正在发展的全球文化形成的全球性事件；另一方面，在蓝梦岛上发生的高度地方性的火葬仪式同样也回应着"全球"对历史仪式的共鸣需求。在当代背景下，这样的仪式为保留地方的"传统"和文化作出了贡献，虽然它们是被电视收编(就像被摄影术收编一样)，以此方式服务于全球的游客。因此，就像世界杯一样，这些风俗习惯现在也成为一种新形式的全球化——国际化的旅游业——的对象。

本书的编纂方法更偏重包容性，而较少区分性。为此，两分法本身显得大部分无效。因为，如第 12 章讨论的，辩论的双方强调的是文化过程的不同维度，使用的又是相同方法论框架的不同变种。因此，在后面的章节对当代文化作出阐明时，本书探讨的是文化分析的多个谱系，运用的是其自身概念的混杂体。

案例研究 2：恐怖主义：对美国的一次后现代袭击

基地组织对华盛顿和纽约的袭击在美国历史和世界历史上，都代表着一个关键的时刻。我曾用很长的篇幅(Lewis，2005)讨论过，袭击不仅在纽约的天空创造了一片空白，而且制造了一个"美国"意义的裂痕——特别是在美国民众的心中，在他们坚信美国为全球第一和美国不得冒犯的信念中。尤其是，袭击挑战了曾经深深烙在美国文化、身份认同和历史使命感中的很多假设。无疑，这种新的虚弱性给美国社会现状带来许多损害，亟须采取步骤填补空白，以恢复"美国"地位和状况的意义。

记者与政客特别会援引"民族主义"、传统和"悠久历史"的话语——这是处于民族危机和不稳定状态时常用的策略。这些策略的目标是为现代国家奠定"起源"和目的感的基础，因此提供一种更强烈的持久命运感。于是，为了阻断出现碎片化和其他(也许是革命)意义的可能性，美国总统乔治・W. 布什努力用国家、行动、复仇和使命这些高度整合与同质化的

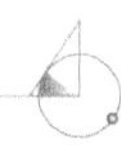

意识形态来填补符号的空白。在灾难过后的演讲中，这种意识形态集中于一种绝对真理（一种无法挑战或者拒绝的论点），围绕着复仇的使命构成。“无限正义行动”是这项任务的最初名称；当然，一种“无限的”正义，就是调集神圣力量对抗邪恶。对其号召的这项报复行动，布什命名为“反恐战争”，虽属仓促造词，却异常奏效。祈祷仪式与对国家、人民及其意识形态的交错祝福，构成了一种新的“圣战”，它将恢复美国的意义及其作为“上帝之选”的神圣命运（Nairn and James，2005）。一位典型的美国记者和作家诺曼·梅勒强化了这些观点，如其宣称的，他在许多媒介上鼓吹：

> 对“9·11事件”最好的解释是恶魔那天赢了一场重要的战役。是的，撒旦是领航员，引导着那些飞机进入邪恶的结局……是的，仿佛艺术中魔鬼的智胜部分即将完成，与我们看了多年的同类动作电影几乎一模一样。可能这才是“9·11事件”对美国巨大冲击的核心。我们的电影离开银幕，在高楼林立的深谷中发现我们。（Mailer，2003：110-11）

这样，一直在流行文化中清楚表达的美国意义，现在以一种过去和现在极端分裂的方式“离开银幕”。银幕上的荣耀和英雄主义现在被调用来解决这种分裂。

在如此集中化的令人意乱神迷的政治话语背景下，缓和克制的声音都被强力湮没，遑论不同意见。苏珊·桑塔格（2001）质疑了美国文化政治自我构建的广泛美学原则。令桑塔格感到困惑的是人们将“9·11”袭击描述成“懦夫行为”。她争辩说，“9·11”本质上不是要攻击“自由”、“文明”或者“自由世界”，而更像是对美国自己在外国领土上所作所为的反应。《伦敦书评》的“9·11”特刊也呼应了这种观点，其中玛丽·比尔德大胆提出：“无论如何巧妙地装扮自己的行为，美国终究要迎来这种反应。”这样的评论马上招来潮水般的反应，大多数人攻击比尔德的观点。例如，一位来自斯坦福大学的美国学者被英国杂志表现出的麻木不仁激怒了，声称她拒绝那种认为袭击是美国“咎由自取”的观点，并将取消她一直以来订阅的《伦敦书评》，以示抗议。一次同样有力的回击对于美国外交政策的批评，则直指比尔·马赫，他是一档美国电视脱口秀节目《政治不正确》的主持人。为了说明嘉宾迪奈斯·杜泽提出的观点，马赫指出“从2000英里之外发射巡航导弹，才是怯懦之举”。同桑塔格一样，马赫遭到媒介、公众和白宫的围攻。一位主要的赞助商取消了合同，马赫被他所在的电视网抛弃；几个月后，该档节目被停播。

如此，在许多美国记者和社会评论者看来，“9·11”袭击浓缩了这个国家的文化地位——它的价值观、遗产和政治。在如此惨烈的攻击和如此深刻的悲痛中，那些胆敢批评美国外交政策或者意识形态正直的人，就不单单是麻木不仁了——他们简直是“叛国者”。为此，许多公共评论者辱骂像桑塔格那样被“后现代主义”及其浅薄道德相对论俘获的知识分子。世界鲜明地分为正义与邪恶两个阵营；而那种“后现代主义”的相对论看起来与恐怖分子一样软弱和劣质。伦纳德·派考夫在《纽约时报》撰文,声称美国"反恐战争"胜利的最大障碍是"我们自己的知识分子……亦即那些拒绝客观概念的多元文化主义者"。与此一脉相承,约翰·里奥指责那种"危险的思想",即"激进文化相对论……和一种相信没有任何道德真理值得捍卫的后现代信念"(引自 Fish,2002:28)。

以上引用的全部评论,连同美国总统本人的郑重声明(参见第 12 章),在很多方面都是基于某种形式的文化分析——它们都围绕着对美国文化本性的关键假设而形成,因此,都隐含着特定的概念框架,并界定了说话人的利益、观点和文化政治。毫无疑问,那些试图强加一套同质化的绝对价值观与意识形态的人,受到一种独特的"美国"视角和意义的启发,将美国和西方在更普遍的"文明的冲突"中(Huntington,2002)定义为优等。我们将在第 12 章中讨论:这些有关优势文明的话语构成了一种新的全球文化鸿沟的基础,现在正在破坏那种优势文化的基础本身,亦即民主的社会秩序。因此,文化分析的一个重要作用,就是质疑这些假设和占支配性的话语基础。通过全球媒介网络发动的语言战争,使自己陷入了对强制优势秩序的争论中。"反恐战争"首先是一种文化修辞,它力图将自己的意义嵌入所有意义创造者的想象及其各自对动态的全球文化的解读之中。

方法论与研究方法

我们这本书的任务就是探询构成文化、建立文化理论和进行文化研究的各种途径。其中重要的一个部分就是呈现最有价值的文化研究分析模型和方法论。我们所说的方法论意味着理论性的、认识论的(即知识)和启发式的(即探索)语境,其中需要应用特别的调查技术(即方法);尽管不同的文化研究者使用的模型组合不同,某些人更倾向于使用某种特别的技术和调查方法(参见 McGuigan,1997; Giles and Middleton,1999; White and Schwoch,2006)。事实上,在人文社会科学领域里,文化研究以使用多种设计方法而著称。这种"跨学科"的文化研究将人文领域(文学、媒介研究、历史、美学、哲学)和社会科学领域(社会学、人类学、政治科学)的许多知识和方法论传统结合在一起。尽管这些不同的传统对文化研究的"真正使命"产生了相当激烈的辩论和意见分歧,但它们的汇合同样也产生了异常高产且深刻的成果。这些方法论模型可以按照理论分析、批判性调查、解构主义、文本研究、经验研究和政策研究进行总结。

理论分析

多数文化分析学者使用理论和概念性的框架,目的在于确认、澄清和推测特定的文化领域和研究话题。一些文化理论家力求建立文化分析实际发生的概念参数,他们提出了这样

的问题：什么是文化？什么是文化研究的适当焦点？权力与文化之间的关系是什么？在构建文化的过程中，媒介扮演着什么角色？再现（包括再现的美学）如何帮助文化知识和文化认识的形成？社会实践与文本分析，哪一个更重要？这些问题已经在本章中提出了。在这个意义上，我们可以把理论定义为语言的一种概念化形式（参见 Milner，2002；Lewis，2002a）。

因此，文化研究的一个关键部分就是"概念"的明确表述。一个概念提供了一个透镜，通过它可以观察文化场所、实践及其他理论化的过程。例如，安东尼奥·葛兰西采用了"霸权"的概念（文学词语，意为"领导权"），描述一个社会中的制度性精英与受他们领导的民众之间"协商"其权力的方式。这个概念在文化研究中已经变得流行起来，因为它提供了一种解释权力集团与相对弱势集团之间互动方式的有用机制。对于文化研究学者来说，霸权的概念使各种形式的组织和社会等级都得到描述，而没有取消更广泛的社群追求解放的潜在可能性。因此，葛兰西的概念得到改造，重新配置，用于描述媒介及其受众之间的关系。

其他的文化分析学者（如 Hall，1991a，1991b）则争辩说，理论只是达到目的的一种手段：理论建立了研究问题的框架，即为研究特定的文本、政策、社会实践、制度和关系，此后应当采用的特定思路。无论如何，理论仅仅是我们通过语言转换认识世界的方式，既不多，也不少。理论把我们带出了日常生活的狭隘经验，让我们看到各种元素是如何联系和交叉的。换句话说，理论的作用就像一幅认知地图。理论化的过程使我们超脱于这个行动的世界：因为我们能够退步反思，将思索纳入一种有序、确定和系统的方式。

批判性调查/文化政治

文化研究深深植根于权力和意识形态的问题。尽管"意识形态"有多个定义（参见第 3 章），但我们这里谈论的却是一种来自政治信仰、价值观和话语的系统性表达方法。关于权力与意识形态的这些问题会通过社会习惯、制度和文本等象征形式清楚地表达出来。不同的文化分析学者或者偏向于将政治凌驾于象征物之上，亦即物质的或者"有形"的维度；或者相反。某些学派特别关注话语参与政策构成的方式，它将直接影响公民的实际物质状况。在所有的情况下，这些分析都结合了一种与政治条件相关的对意义的调查方法。

为了进行这些研究，文化分析发展出了变化多样且极为有效的技术，特别是区分经济、社会和文化权力的确认技术。在很多领域，如后殖民/去殖民化研究、同性恋研究和女性主义研究，文化研究已经相当有意地挑战特定的权力体制，尤其是通过话语和文本表达的权力体制。这些批判性研究以激烈争议和公然挑战的方式，以一种特殊的反对立场，"批评"正统的、支配性的和压制性的意识形态。雷蒙德·威廉姆斯和伯明翰当代文化研究中心（参见第 4 章）的早期工作，便直接聚焦于一项社会和政治改革的议程。

近期，批判性文化研究聚焦的是解放和身份的问题。身份的形成以文化经验为中心，它推动了某种程度的自我选择，以决定"我是谁"。这种身份政治学经常检验以支配性意识形态“再现”特定社会集团的方式。支配性意识形态试图规定个人的身份；而某些分析学者则试图推翻这种规定。例如，对戴安娜故事的一种女性主义解读可能强调对女性身份的政治构建及其对戴安娜(及其他妇女)主体性的限制。同样地，一项对当前“反恐战争”的后殖民主义分析会批判美国主导的对“伊斯兰”文化的构建，按照后殖民主义的批判，是“西方”把穆斯林民众塑造成顽固、好战和必然反自由、民主及西方价值观的形象。

我们已经提出，文化不能脱离其象征化和想象过程，而这些想象也不能脱离形成并且充实它的权力关系。在这个范围里，我们对文化的质询总会遇到关于权力、解放和抵抗的问题。权力是普遍存在的，正如米歇尔·福柯宣称的，所有的权力都包含指示和构建意义、控制语言及普遍中介过程的斗争。因此，政治和权力并非简单的偶然事件，如民主或者治理的过程。权力更像是流动的、普遍的过程，不可避免地与意义创造、争论和解体的整个过程联系在一起。在本书中，我们自始至终可以看到，每当说话的时刻，每当话语构成想象的时刻，权力和意识形态的问题便出现了。无论他们承认与否，所有的文化理论和分析学者都会卷入到语言争论和语言战争中。

解构

解构技术已经成为批判词汇中一个重要而突出的部分。雅克·德里达(1974,1979)首创了这项技术，用于对欧洲哲学的研究。德里达力图说明的基本上是支撑特定统治思想形成及其文化地位的某些历史和语言学假设。德里达检验了这些思想的“构成”，质疑它们基本的合法性；而一旦这种社会合法性受到怀疑，这些思想便开始被拆散，或者说被“解构”了。德里达的解构策略特别针对欧洲哲学使用的语言结构和修辞技巧。德里达争论说，这些修辞基于“二元对立”的形式，两种元素并列比较，目的是显示其中一个优于另外一个：例如理智优于非理性，文明优于自然，男人优于女人，西方优于东方，演说优于写作，等等。解构力求打破这种二元构成方式，它表明，既然任何事物都仅仅是语言的构建，那么，二元对立中的任何一方都不能脱离另一方而独立存在。对立的两方都与对方相对存在，因此，没有一方是绝对的、永久真理性的：它们的“真理”只是相对于另一极的宣称。既然语言是可拆解的，真理也一样。

文化研究者们改造了德里达的方法，用于对更广泛的文化现象的分析。尤其是，分析学者力求揭露并且解构鼓吹某些特定文本、制度和社会实践的话语(权力和语言)。例如，爱德华·萨义德(1993)曾证明，支撑19世纪英国文学的自由主义和中产阶级道德规范，是如何充斥着帝国主义、仇外和种族主义意识形态的。同样地，对戴安娜王妃的再现，也证实了特定的政治和社会态度，尤其是资本主义等级制的合法性与女性通过传媒展示魅力的技巧。解构方法也被用于争议性不太明显的情况，如特定种族群体在各种当代广告形式中的再现。例如，在一个英语广告中安置一个日本人，并不一定表达东方主义或者公开的种族主义，而

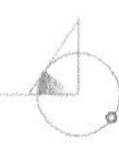

很可能带有一种新的种族类型意味：代表创新、数码专长及组织的高效。解构力图从这些文本化的类型中找出构成它们的假设。

文本研究

对文本(书籍、新闻、杂志、电影、电视节目、网页和音乐制品)的研究已经成为人文学科的一个重要组成部分。传统形式的文本分析力求说明一件高品质的艺术品或者文艺文本(高雅艺术)所蕴涵的审美品质、道德价值观和内在含义。当代文化研究大体上已经摒弃了这种路径和以此为基础的高雅艺术与流行艺术的区分。事实上,文化研究已经发展出一种独特的文本分析方法,将文本置于历史的、物质的和文化的背景之中。因此,文化研究不认为意义是文本所固有的内容,也不认为意义是将艺术提到高于生活其他方面的杠杆,文化研究将文本当作文化的记录。这些记录不会与生产和消费它们的环境与条件分离。于是,文化的文本基本上且不可避免地植根于社会习惯、制度过程、政治和经济；对意义的理解不可能脱离文本存在的更广阔文化流通与文化作用的环境。

当然,文本与背景的相互联系可以用很多方式来研究,而构成"一个文本"的定义也确实非常多变。某些文化分析学者力图将媒介文本从日常实践和日常经验中分离出来。其他学者,如罗兰·巴特(1975,1977)则宣称,既然任何事物都是象征性的或者充满意义的,那么,任何事物也都可以被当作文本。按照米歇尔·福柯(1974,1977a,1980)的观点,任何事物都是以权力关系为中介的,所以,任何事物都可以被视为"话语"(语言与权力)。在任何情况下,文本的象征性条件总是文化研究的中心和批判的焦点。对某些分析学者来说,文本是语境首要的指标；对其他人来说,语境展示了对文本及其再现的洞察。

在文化研究中,流行媒介的文本与更加复杂和深奥的艺术形式同样重要。电视肥皂剧和广告反映出日常文化的重要方面。某些形式的文化探究关心文本叙事(讲故事)的结构,尤其是当这些叙事反映了更广泛的解决冲突的文化方式和文化过程时。这种"结构主义"或称"符号学"的思路认为,文本叙事是深植于文化形式中的美学表现：如"神话"是某种特定文化的基本组成方式(参见 Barthes,1973；Fiske et al.,1987)。更近时期的分析已趋向离开了这种思路,而采用了一种更加开放和流动的分析方法,研究再现与文化。这种思路可能是批判性的或称解构性的,也可能被设计出来,说明通过文化发生作用的复杂关系。我们对戴安娜故事的分析便组成了一个文本分析,力求阐明身份构建、文本再现与文本接受之间的复杂特性。它也反映了参与名人推销的制度过程。

经验方法

某些从事文化研究的人喜欢将"经验主义"突出为一种方法论,并采用经验性研究方法。

在这个意义上,经验主义是一种认识论(知识)框架,因此世界可以用一种客观的形式(事实—资料)被描述并测量出来。然而,经验方法也可以被认为是一种策略,用它说明事实,或者说明产生于人类互动或者现象世界(自然和人造物)的各种观点,亦即多种真相。后一种思路在文化和媒介研究中变得越来越流行。由此技巧产生的发现并不被当作一种公认的真理,如自然科学的发现一样,被当作一幅多元构成图画的某些部分。在这个更普遍的意义上,"经验的"(empirical)或许应该简单地定义为"经验"(experience)。

当社会科学的早期形式变得越来越对社会经验的象征维度更感兴趣时,一系列经验的方法得到发展和应用。尤其是,人类学和社会学日益关注记录社会和象征实践——亦即属于某个特定社会群体的"生活方式"。这些"生活方式"包括所有的象征性活动(如仪式和经济行为)与人工制品(如工具、艺术品、绘画),二者都带有重要的含义。"民族志"研究方法的设计目的,在于记录并且展示人类群体参与和构建文化的各种方式。

社会学分析应用各种民族志方法研究所谓"脱轨亚文化"(如摩托车党、吸毒者、裸体主义者)。尽管某些此类研究会直接深入到亚文化中(参与观察),但也可以采用各种其他形式的访谈策略和被称作"焦点群体"的讨论方式进行研究。在直接通过文化理论表达的研究中,迪克·赫伯迪吉(1979,1988)便采用这些方法研究了英国的青少年和"时尚"文化。同样,某些受众研究领域力图阐明受众在其日常生活中"消费"和使用媒介文本的多种方式。民族志这种方式记录了普通人民的实践和对文本的使用。例如,莫利和西尔维斯通(1990)采用经验方法,显示受众/消费者在他们的日常家庭生活中是如何使用电视技术的。研究处于特定文化语境中的人们以及他们与文本的关系时,录像、调查问卷和焦点群体都是常用的方法。

这种民族志方法在文化研究领域得到相当大的欢迎。这种方法因为始终深植于"生活方式"的观念,倾向于产生极具描述性或称"定性"的资料。伊恩·昂对《达拉斯》受众的研究(Ang,1985)并不属于民族志的类别,而是搜寻普通观众经验的信息。不过,有些研究却使用更加严格的定量或者统计学方法收集数据,例如采用大量调查的技术方法,从电视收视率排行榜或政府部门收集统计数据。但是,这种研究模式难以证明它们与文化研究之间的理论联系,因为它们是以客观真理的方式展示这些数据的。文化研究倾向于将现实和真理都当作文化构建的形式:也就是说,真理永远是不完整的,因为它是由不稳定也不确定的语言和文化材料组成的。

基于政策的研究

政策研究一直是文化研究的一部分。然而,自20世纪90年代以来,某些文化研究学派正是以文化政策分析,特别是以主流技术如电视和电子通信的政策分析为中心,确立自己的地位(参见Lewis and Miller,2002)。采用这种更单一的研究焦点可能有许多理由,其中并

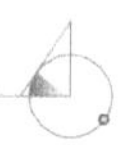

非不重要的一个是，政府倾向于资助经验的和政策导向的社会科学研究。政策研究运用一系列策略去阐明或多或少特殊的文化/媒介议题所包含的经济、社会和文化意义。例如，戴安娜王妃之死给公众带来的痛苦立刻促使各级政府考虑个人隐私与媒介之间的问题。文化研究提供了对隐私与大众媒介争议问题的各种观点；文化政策研究则提出，是否需要更高层次的立法保护。文化政策研究还检查了国家对电影和电视节目的公共资助、公共和社区广播资金、媒介公司所有权和电话服务的公共所有权等议题。公众进入、媒介监督和政府监管也一直是文化政策研究定期讨论的话题。

经验和统计的方法，个案研究和直接访谈都是政策研究常用的策略。精细阅读、文本分析和解构方法在研究中不那么常用，研究的结果常常产生“报告”，面向学术圈以外的受众。

文化研究方法的优势

通观本章，我们注意到，当代的发达社会具备以下特征：

1. **日益增加的差别和多样性**。在全球范围，人与人之间在社会、经济、文化方面互动的层次日益增加。移居、工作场所的结构和实践、旅游业、商务旅行、教育交流以及全球传播正在创造日益多样、不再单一的社会和文化条件。人类个体生活在一个日益复杂的环境里，由此他们不断接触不同的生活、行为和意义创造的方式。

2. **日益增长的消费主义**。资本主义继续演变，努力为新的不同市场开发新的不同产品。消费习惯导向因追求新奇、品位、时髦而产生许多问题，导向性别化和环境灾难。

3. **日益增多的视觉产品与认知模式**。视觉形象的大量增加给思考和体验世界带来了新的问题。文化中充满了听觉和视觉形象。数字化和电脑网络导致了工作、信息和娱乐实践的转型。主体每天都暴露在多种模式的视觉刺激中。

如我们在本章中列举的，文化的概念提供了一种宝贵的工具，对文化特征和更普遍的当代世界做出说明和分析。当然，我们解释和分析文化的任务是很有难度的：文化是持续发展的，从头到尾包含着人类的行为与思想。不过，艰巨的任务会有相应的回报。文化是多种意义和意义创造过程与实践的集合体，这是一个迷人且回报巨大的探索领域。本章明确了我们面临挑战的范围，第一部分的其余章节将会以多种分析和理论模式更详细地检验文化形成的方式。

第2章 社会理论与文化研究的基础

导论："文化"的基础

在第1章中，我们区分了"社会"与"文化"的概念。"社会"是一个组织起来的人群集合体；"文化"是一个社会群体的意义和意义创造过程的集合体。许多早期的定义将文化视作相对同质的、一体化的象征"网络"，它为一个特定的社会提供了稳定性与一致性。这些定义将社会本身视作高度一体化，是因为它的形成以持久有力的社会"结构"为中心。为了定义和解释这种相对新形式的社会组织(大众社会)，17世纪、18世纪的社会理论家改造了来自自然科学与工程学的"结构"概念。按照这些术语，社会结构是无形的架构，一个社会以物质、制度和组织的材料编织成了这个架构；也像在"原始"社会一样，文化提供了象征性的编织材料，给予这个新形式的大规模社会以一致性和意义。

因此，文化研究能够发展成一个独立的学科，很明显地得益于社会理论和社会科学的出现，尤其是人类学和社会学(参见Lewis，2002b：40～56)。启蒙主义哲学思想对认识论或认知的问题，以及人与人、人与自然之间互动的方式特别感兴趣。许多启蒙主义的哲学家不满于传统神学提供的解释。他们宣称，人类的智力，尤其是理性思考的能力才是人类认识世界的根本源泉和人类精神的摇篮。例如，托马斯·霍布斯(1588—1679年)便相信，人类有能力用推论和理性的方式构建他们的社会，为绝大多数民众带来最大程度的社会满足。伊曼

纽尔·康德(1724—1804年)最引人注目的观点是,他争辩说,人类理性思考的能力反映了支配宇宙本身的内在创造性与井然秩序。G. W. F. 黑格尔(1770—1831年)则宣称,宇宙——包括人类的精神和社会构建的道德——是通过对立各方(正题与反题)的基本平衡而形成的。人类前进的目标通过本体的完善上升到新的阶段,将这些对立的力量带入命题的解决(合题)。

康德与黑格尔的著作代表着一种试图理解人与自然新关系的努力,这种关系是现代社会和资本主义经济制度创造的。"社会"这个重要的概念曾经局限于精英,即"上流社会"。然而,由于需要理解城市和区域领土上不断聚集的人口,需要形成概念,这个术语最终发展为包罗万象的更广泛概念。1648年签订的结束欧洲30年战争的《威斯特伐利亚和平条约》提供了现代主权国家(state)的样板。国家成为一种实体,它为"理性"组成的社会建立了政治疆界,也为授予自己合法性的目标建立了复杂的行政和文化程序。都市化、改善的通信和交通网络、投票选举制度的建立,以及民族主义、帝国主义意识形态的扩张,都为扩大这种"男人社会"的概念作出了贡献。

卡尔·马克思(1818—1883年;参见第3章)将这个巨大的人类群体,构想为社会与历史力量的独特产物。按照马克思的观点,"大众社会"的特征就是斗争和冲突。社会构成中的大群体(阶级)会互相斗争,直到取得社会变革;然而,这种变革又会将新的群体带入冲突之中。马克思的社会及历史冲突模式与其他理论家对照鲜明;其他人认为,稳定持久是一个社会显著的和决定性的特征。奥古斯特·孔德(1798—1857年)是以科学的或者"经验主义的"研究方法最早思考"男人社会"的理论家之一。孔德的目的是产生一种自然的分析方法,以说明处在任一时刻的社会稳定状态,同时也能够解释社会随着时间发生的变革。孔德将自然科学的原则和方法——观察、实验和对比——用于研究治理人类社群的法则。

文化与社会

埃米尔·涂尔干与社会结构

就建立社会科学的理论参数,并指引探究的焦点和方法论而言,埃米尔·涂尔干(1858—1917年)也许比同时代的其他学者都更有贡献。在涂尔干看来,尽管"文化"始终是多少有些无形的概念;"社会"却按照一种紧密结合人群组织的方式,被定义为一种可以确认的封闭形式。涂尔干研究社会的方法在两个重要的方面对文化社会学的演变作出了直接贡献:首先,他对社会结构做出了说明;其次,他是通过后期研究中的象征主义和宗教分析进行说明的。的确,涂尔干关于社会结构的早期研究,显著表现于对社会结构的外部性分析,以量化方法与数据收集为特征。他在这个层面的工作似乎大量采用数学方法,并始终坚持理性和客观的启蒙主义原则。虽然如此,社会结构的概念——将社会保持在一起的无形支柱——仍是社会学最重要的组成部分,在20世纪为多数学科发展提供了焦点和原材料。

结构因其所指现象本身是无形的而成为一种很难捉摸的概念;但是它通过影响人类行为而被认知。社会结构是建立社会联系与相互关系的建筑材料。塔尔科特·帕森斯(1961:36～37)在解释一体化社会系统的功能时,改造了涂尔干定义的结构概念,这是他在解释社会行为和一体化社会系统如何为满足个人和集体需求而发挥功能时阐述的。按照帕森斯的观点,社会结构可以影响社会行为者(参与社会行为的个体)的思考、态度和行为。相对于快速的、始终起伏变化的日常"实践"经验,社会结构是庞大的、变动缓慢和持续性的。此外,这些结构是外在和客观的,因而对小群体和个人而言,难以捉摸且控制严密。虽然如此,社会结构与社会体系仍然是稳定的,因为它们呼应着社会中众多个人们的利益、共同的标准、期望和价值观。

按照涂尔干的观点,构成社会主要方面的并非是个体的特性,而是使一个群体以及它的结构成型的社会与历史力量。这是一种超过个体意识集合的东西,群体会逐步获得自己的生活。

> 决定社会事实的原因应该到先行的社会事实中去寻找,而不是到个体的意识状态中去寻找。(Durkheim,1960:110)

如果我们将一个政党认作一种社会结构,那么,政党的社会事实是由形成并维持政党存在的力量组成的。社会事实不可能由政党单个成员的意识、个人特质或者道德观点所决定。尽管这些要素的集合可能对政党的存续作出贡献,但是这些要素本身并不能解释政党的存在。

涂尔干与象征主义

涂尔干对文化研究与文化理论的第二个重要贡献来自他晚年对原始宗教和象征主义的研究。尽管对象征主义的定义有不同的方式,但涂尔干应用的这个概念是一套复杂的联合物,社会团体成员(部落、社群、会众)借此对宗教仪式、偶像以及人造物品做出解释。因此,意义是象征、社会群体与其内部个人互动的表现。这种对象征主义的解释学定义认为,在文化物品及其意义之间存在一种开放、相对和灵活的关系。这与塔尔科特·帕森斯日后的观点可能形成鲜明的对照,因为帕森斯对于象征的定义是决定论的,认为上述二者之间有一种绝对的关系。在后者使用的定义中,象征被当作一种信号,与它所代表的事物之间有一种固定的关系:象征符号和它的指代物之间是一条直线。涂尔干的象征主义概念更开放,更灵

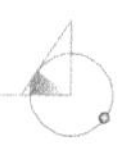

活。帕森斯感兴趣的是，一种特定的信号（如投入一辆新汽车的价值）如何适应一种社会秩序的普遍系统，以及这个信号如何激励、引导个体达到目标。而涂尔干感兴趣的，是一项宗教仪式是如何被解释的，以及如何用它来说明生活中复杂的多重体及其相互关系。

涂尔干自19世纪90年代起便热心从事象征或文化社会学的理论研究，并在其研究著作中占主导地位，直到1917年他去世。涂尔干区分了世俗与宗教的不同，但坚持认为，宗教分析必定能够说明一种文化的普遍象征性环境："一旦承认它们与宗教社会学存在联系，大量的问题便改变了模样。"(Durkheim，1960：351)于是，尽管涂尔干对原始宗教的兴趣看来更多地表现为社会学的比较人类学角度，他的意图却在于用调查到的特殊事件来说明现代社会的象征性与文化特征。当然，在涂尔干死后出版的大量演讲很直接地表明，象征系统、主体性和团结一致是分析无论早期还是当代人类群体的核心议题。教育、政治、专业组织、道德和法律议题，也都适于在整个象征性领域内进行类别分析（参见，如Durkheim，1977）。

正是分类系统使象征性文化与社会结构之间的关系出现难题。尤其是，涂尔干认为，有一种感情上的层级系统象征着社会群体中的人际关系。尽管这种情况在原始社会中最明显，但在复杂的社会中，象征性关系同样能够辨别出来：我们可能感觉与自己的直系亲属最亲近，同表亲就会疏远一些，同邻居或者社会上的人更疏远。这种感情或者"亲近"层级与更广泛的社会和宇宙层级平行，可以根据思想或"认知"的原则排列顺序，并表达出来。换言之，宇宙可以通过最紧密的与最不紧密的强度之间的等级被区分出来——从宗教到世俗。以象征表现的方式，宗教是浓缩的、坚固的、纯洁的、一体的；世俗是分散的、有潜在威胁的、分裂的、不稳定的。涂尔干解释说，许多原始宗教也以自然图腾的许多形式，象征特定的家族群体或者部落，并将这个群体置于某个地理和社会/象征系统内。图腾为这个群体提供了现世的、精神的和社会经济的身份，设置了它们在更广泛的自然和宇宙秩序中与其他群体的固定关系。

不应断言涂尔干的象征主义对德国唯心主义认识论遗产构成了一种根本的决裂，这很重要；但涂尔干确实提出了象征主义与社会结构之间关系的重要问题。因此，尽管他很愿意承认，不是所有的社会都共享相同的分级象征系统，但他确实更赞同围绕一种共同的象征系统建立起来的社会团结一致的观念。因此，虽然有普遍适用的分级模式（以宗教—世俗模式最为明显），但涂尔干通过承认解释过程中存在一定程度的灵活性，试图保留不同社会群体的特殊性。当然，涂尔干也考虑到现代社会更加开放和复杂的情况，愿意承认分级系统必定要服从更具挑战性和更加碎裂的解释过程。涂尔干著作中的这种二元论为他的追随者所认可，包括帕森斯。不过，尽管帕森斯(1967)赞扬涂尔干对象征和文化系统的关注，但他对涂尔干后期在研究中强调独立的象征过程、而不是强调价值观及其制度化却持批评观点。涂尔干的同事和学生的研究成果也显示了同样的转变，从强调系统化的社会秩序转向独立自主、自由发挥的解释，如哈布瓦赫对劳工阶级消费、莫斯对交换和布格勒对等级制度的分析都说明，象征文化并非如帕森斯宣称的，只是社会结构和社会系统的仆从。

当然,我们应当记住,这是社会学研究的奠基年代,直到帕森斯的经验实证主义在20世纪40年代崛起,延续到20世纪50年代,这门学科才真正能够宣称自己是一个紧凑强大的知识体系。在此之前,研究领域还是星星点点的,或多或少不成形的。亚历山大(1988)指出,那个时期的社会学研究对涂尔干或多或少失去了兴趣,尽管他的影响在其他对文化和象征主义感兴趣的理论与探索领域持续发展。例如,法国的结构主义人类学和语言学(参见第5章)与美国的人类学研究成果都吸收了涂尔干晚期研究中的重要观点,发展出它们自己对文化概念的定义与应用。因此,公平地说,尽管涂尔干对社会结构和象征过程的二元兴趣从未完全发展为一种现代文化的完整理论,但是他的研究成果为后来的文化理论学者提供了一个详尽研究的框架。

马克斯·韦伯

我们在第1章中提到,现代主义的一个最大问题始终是集体利益与个人利益之间持续的紧张关系,亦即社会和文化在宏观与微观层面的冲突。在许多方面,民主制度与现代国家的设计,正是以解决人类争斗冲动的需求为中心的。这种紧张关系尽管麻烦不断,但已被锁定,并为一系列人类状况的哲学性和经验性调查提供了方向。它关注康德与黑格尔试图调和的普遍—特殊之间的紧张关系;它坚持涂尔干的结构——象征主义二元性;它也以马克斯·韦伯(1864—1920年)提出的方法论规则为核心。与涂尔干一样,韦伯也被普遍认为现代社会学的奠基人之一,是发展了以社会行为概念为中心的文化理论的主要贡献者。韦伯对于文化社会学的主要贡献如下:

1. 发展了社会学的研究方法,使之不再以自然科学的假设为基础,而是直接指向对人类社会的研究。这些方法尽管围绕推理和客观事实而建立,但是它们特地被设计出来,以说明对社会行为者及其行动的调查。

2. 发展了社会学的理论,其核心是社会行为人赋予其行为的主观意义。这些社会行为(及其意义)指向彼此的利益,而且总是发生在一个特殊的社会和历史背景中。超出这些范围的行为不在社会学研究的范畴内。

按照韦伯的观点,社会行为可分为四种:

(1) 有目的的或者目标导向的理性行为,如制造蒸汽引擎以便远距离运输货物和人;

(2) 价值导向的理性行为,如追求一种禁欲主义的生活方式,目的是拯救(非理性的行为);

(3) 情绪或者感情社会行为,如一怒之下杀人;

(4) 传统行为,如复制传统制品,或者实行传统仪式。

尽管这些分类可能存在某种程度的重叠,但是韦伯最关心的是目的行为在现代社会中

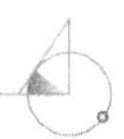

日益占主导的地位。韦伯对于法律、经济、政治和个人关系的分析在许多方面都回到了一个问题上，即现代社会如何日益受目标导向的理性化过程支配。正如经常发生的情况一样，答案的中心是人类行为与社会历史背景及相互关系转变的方式。韦伯不能决定，是采取一种(霍布斯式的)对社会现实的唯物主义形式，还是采取一种(康德式的)唯心主义形式。他将他的分析固定于共同主题的具体经验，以此作为社会学探究的基本单位：

解释性社会学将个体及其行为作为基本单位，作为它的“原子”来考虑……个体是……有意义行为的上限和单独执行者……像“国家”、“协会”、“封建主义”等概念一样，为人类的互动指明了特定的分类。因此，社会学的任务就是将这些概念简化为“可以理解”的行为，也就是说，参与其中的个体行为概莫能外(Weber，1946：55)。

按照韦伯的观点，社会研究的方法必须说明“事实”的问题。社会与文化研究不能直接与“自然”科学的规律与方法论等同，因为自然主要是静态的、物质的，并且假设为决定性的，亦即具有可直接观测的因果联系的。虽然自然法则无法穷尽一切关于自然的奥秘，但它们却可能充分地“再现”作为“现实”的自然。然而，人类更为复杂。他们的行为、知识及其象征化都不能仅仅被当作某种现实的镜子来对待和“揭示”。的确，韦伯遵循康德的理论，认为文化和自然的本质都是不可知的；只有现实的现象和表象是可被研究和查证的。因此，文化和社会科学不应追求可阐明现象本质的规律或经验的普适化。甚至可以说，研究人员的任务只是在理由和推理调查的领域内揭示作为社会行动的现象。

理由(推理)绝对是韦伯理论体系的关键所在，这并非因为他要效仿自然科学及其实证经验论的框架，而是因为他承认自己偏离普遍真实性的理论和启示的危险。也就是说，如果事实不被看作对现实的普遍和绝对的再现，那么，对社会和文化的探究立刻变为仅只是互不关联且无限多样的纯个体对世界的一系列特殊观点。韦伯之偏离经验科学标准及其对现实的假设使他的工作面临双重问题：

1. 社会和文化是否仅为个体对现实互不相关的感觉汇总，由完全分离的个人化知识微粒所构成？社会世界是否仅是主体经验的松散集合，只限于共享现实的假定而没有更高层次的联系？

2. 社会研究者的作用是否被降低为仅需记录这些特别的知识碎片，而他们自己的研究是否只是在形成另一种特定形式的观点？

作为回应，韦伯提出，文化和社会知识是通过一种主体间的共识，亦即有助于组成集体满意的意识而形成的。于是，“知晓”(knowing)成为文化行为的方式之一，在由道德、遗产、传统、共识和理由共同组成文化行为的同时，也制约着它。一个社会群体的成员为既定时代的既定目标“创造”出一种现实。这种主体间的现实并非偶然发生或思考得出的，而是通过行为个体的共同意识发挥作用的。

同样地，文化分析也是被其自身的历史环境所塑造和充实，并服从于通过制度惯例发挥作用的支配性的集体价值观。也就是说，文化和社会研究都是非常“应时”的，它们正是其所研究之语境的一部分。对韦伯而言,文化分析及其研究焦点之间的“移情”(empathy)并未降低研究者在工作中对“价值”敏感的需要。而是,它使社会科学偏离相对主义而转向某种“相互同意”(consensual)的真实范式;在此种范式中,“价值观”是被承认的,而阐释则是判断和辨别的微妙过程。因此,韦伯的经验社会和文化科学是一种既不同于相对主义,又不同于量化实证主义,是定位精细的方法论。这种方法论是科学,因为它有一套严格的、可复验的且公认的“数据”收集和分析标准。它是“客观的”;但却服从于某一特定历史时期支配某一特定地点的特定条件。韦伯试图调和知识的两极:一极是普遍适用于各种条件之下的知识;而另一极则是对特定时代的特定社会群体具有特定范式价值的知识。

韦伯有关方法论的文章(Weber, 1949)对社会科学及其研究方略的演变贡献极大,也引起了围绕其著作总体理论和思想功效的相当多讨论。特别是,马克思主义批评者对韦伯的新康德主义持怀疑态度,因为新康德主义一直在整合社会价值观,并将文化概念置于阶级与生产的结构性区分之前。韦伯与康德相似,也为集体与个人利益的冲突寻求一种近乎浪漫的解决方式。他对社会行为的强调,正是为了将个人主体性置于围绕资本主义的各种结构化歧视和政治之上。的确,认为社会与文化是由共识形式构成的观点极易掩饰矛盾与对抗,而这种矛盾与对抗持续存在于所有社会构成中,特别是大众社会构成中。

实际上,韦伯创造了“理想类型”(ideal type)这一特殊概念,用来调和普遍类型与个人行为者的现实之间存在的紧张关系。多位批评者曾提出,这种乌托邦主义实际上是将社会质疑从特定社会群体所遭受的特殊混乱和压迫方面转移开来。作为韦伯文化观念的一种比喻,理想类型的行为建立于分离的价值观周围:文化并非经济和政治的镜子,或者说“上层建筑”,而是一种自主的生产者和再生产者,文化通过社会行为将社会秩序和社会关系构造出来。因此,文化是一种认知的,而非物质的类别。文化是一种思维方式,不断由一种受到潜在威胁的差异状态回归至某种更兼容的共识和集体意识的模式。

毫不意外,现代马克思主义者一直对像《新教伦理与资本主义精神》(*The Protestant Ethic and the Spirit of Capitalism*, 1930)这类文本持强烈的批评态度,其中韦伯试图以清晰的康德语言解释资本主义的“文化”。因此,资本主义的“精神”是指世界上的一种存在方式,这个世界建立在价值观、道德和理性的基础上。追逐利润的企业主和用劳动表明自己存在的工人都互相体验到了这种理性和理性化价值观的复杂性。文化体现在各种行为之中,不能视而不见,或被视作分离的形态,或者说是经济需要的直观反映。但是,对马克思主义评论者而言,韦伯的说明不仅是对资本主义文化进程的一种描述,更充满了强烈的意识形态预设。根据他的方法论规则,韦伯对资本主义和新教主义的描述是价值中立的,或者至少是基于他所处时代的价值观。我们在后面的章节会看到,马克思主义将此种“价值中立”视为对假定正在分析的主导价值观和意识形态的投降。

现象学与文化研究

社会学的根源

韦伯和涂尔干的工作为20世纪社会探究的发展提供了一个重要的平台。正如我们所见，帕森斯改造了由韦伯和涂尔干创立的经验主义模式，发展出其明显“客观”和统计学导向的社会学模式（即美国的实证主义）。卡尔·马克思的著作（参见第3章）则为系统性研究社会和文化的路径提供了另一种视角，即关注意识形态和社会改革的视角。在20世纪早期，芝加哥大学进行的社会学研究也围绕着社会不公和“社会问题”的话题。特别是罗伯特·帕克（1864—1964年）的著作，将更广泛的美国社会视野与一种对文化亚群体（如移民）日常生活经验的研究兴趣结合在一起。这种对日常生活经验的兴趣和亚群体的视角构成了社会“现象学”的基础，这种研究集中于个体和社群从对世间万物（现象）的经验中产生意义的方式。

芝加哥学派的学者对这一社会学分支的发展至关重要，他们创立了风靡一时的社会研究的文化主义范式。他们的著作展示了权力、等级和意识形态的观点，虽然他们一般来说抵制马克思主义对社会问题和社会不公而且更复杂的分析。帕克对马克思主义的智性而非政治更感兴趣；在多数情况下，芝加哥学派对其所研究的现象持一种强烈的自由主义和多元论观点。帕克自己的新闻伦理明显地影响到他对研究项目和分析主题的构成。特别是他相信，客观提供日常生活的复杂细节，对缓和社会问题、减轻社会不公比推翻政府贡献更大。研究的任务在于阐明，而观察和记录的技术与新闻学所采纳的方法并无二致。帕克自己对广播和大众媒介的兴趣，以及该学派对更广泛调查方式的兴趣，反映了与现代新闻学伦理和传统的充分融合——这是一种基层的、现实生活的人文主义，它保护民主自由主义制度的利益，也保护普通市民的利益。

芝加哥学派在许多方面为基于大众文化的另类研究提供了一种启发性的范式。例如，新闻学和传播学研究在美国的兴起有助于社会科学聚焦于大众媒介对大众社会个体或特定亚阶层的传播效果。例如，自1933年开始，佩恩基金会资助的项目便设计了电影对儿童和其他社会亚群体冲击的分析研究。尽管研究结果不甚确定，但这一新形式的社会研究却表明，受众与其所处的文化和政治环境之间进行互动的方式是复杂且通常矛盾的。例如，布鲁默（1933）发现，罪犯和罪行可能会受某些电影的影响，但取决于电影描绘的主题、态度和角色，以及观众所处的社会环境。

此类以普通人群的日常经验为焦点的研究也为更加倾向理论的社会学科铺平了道路。现象学，亦即对世界现象的调查，借由彼得·伯格20世纪60年代的著述而被引入社会学。

然而，芝加哥学派及其后来者的工作完全可以被确认为一种现象学传统的支流。特别是像著有《中心镇》(*Middletown*，1929)的林茨(Lynds)和著有《街角社会》(*Street Corner Society*，1943)的威廉姆·怀特(William Whyte)等社会学家的面对面基层研究，始终坚持并的确增强了社会学者对以社群为基础的社会探究的兴趣。的确，虽然林茨将边缘群体(非裔美国人、离婚者)排除于他们对社区生活的速写，但怀特对波士顿北端街头生活肌理的发掘却更为冒险，并且他对波士顿日常生活的检验工作遵循了包容性和仪式化权力的人类学规训。后来的社会学家，如艾略特·莱伯(Elliot Liebow)[著有《泰利的街角》(*Tally's Corner*)，1967]、凯·埃里克森(Kai Erikson)[著有《凡事按部就班》(*Everything in its Path*)，1976]和伯格本人，对社会的描绘都得益于都市人类学研究方法的演变。

马丁·海德格尔

作为一种"社会"和"文化"的理论，现象学在社会学领域里始终都既是边缘的，也是或多或少被回避的。部分原因是因为现象学早期的两位奠基人埃德蒙德·胡塞尔(1859—1938年)和他的学生海德格尔(1889—1976年)对这个概念的定义及其应用持相当分歧的立场。不过，两者的共识是对主体性(主格"我"、宾格"我")的回归，并将其置于客观性(所有外在且现实的事物)之上。实际上，胡塞尔不同意黑格尔的先验理性主义，因其将客观置于本体论(存在于世界)的核心领域，视为优越。相反，他恢复了勒内·笛卡儿的认识论(对知识的说明)，即以怀疑方法力求证实知识的实在性：怀疑就是提供知识，使人最终不受怀疑论的影响。胡塞尔认为，为了达到科学知识的水平，认知主体必须集中于认知的过程。也就是说，认知主体必须超越对象世界的外部性。

海德格尔拒绝接受胡塞尔的先验理想主义，以及随之而来的先验自我。对海德格尔而言，"人"存在于一个超越他自身的世界中，不是不可简化的最终事实；相反，人存在于一种"被给予"(givenness)、"在那儿"(therebeing)的状态。在海德格尔看来，"它将是什么"的问题必须不断提出，因为理想主义不能回答这个问题。我们发现自己是"被抛入"这个世界，进入一个不由我们选择的时空之中。但是我们不能采取一种于己无关的观察者视角，因为我们总是，并永远都是客观构造的一部分，这种客观存在于我们的意识之中并且来自于我们的意识。海德格尔认为，正是这种"存在于世"(being-in-the-world)的观点受到了理想主义自我及其本质论的束缚。唯一重要的立场、唯一可供调查的一个领域就是胡塞尔描绘的"自然"——在那里，主体始终固定于与普通人一样的日常判断。在这个意义上，现象学成为一种存在的方式和一种方法论，而非先验的经验：

> "现象学"的表述……主要意指一种方法论概念。这种表述不以作为哲学研究主题的客体是"谁"为特征，而以"怎样"研究为特征。(Heidegger，1952：50)

海德格尔对现象学的观点与胡塞尔的明显不同之处也在于，现象的日常经验是其首要的研究焦点。我们对一棵树的经验并不取决于其在我们意识之中的先验存在，而只取决于树的存在与我们的关系。海德格尔关于我们是“被抛入”这个世界的观点，导出了“存在于世”的一派理论，这是由存在主义哲学家提出的。索伦·克尔凯郭尔、让-保罗·萨特、弗里德里希·尼采和海德格尔本人共享同一观点：我们存在于世的简单事实本身就是基本的事实。维也纳哲学家阿尔弗雷德·舒茨将上述现象学观点引入社会研究领域，为芝加哥学派对日常生活的研究方法增加了更高的精细度。

阿尔弗雷德·舒茨

自从1939年从维也纳来到美国，舒茨对促进美国社会学中现象学思路的发展贡献极大。舒茨将现象学的角度与韦伯的主体间性理论结合起来，并致力于发展以社会行为为研究焦点，能够说明主体对自身与他者关系之意识能力的社会学理论。也就是说，因为主体必须意识到某种事物，所以必然卷入对这个**事物**意义的“建构”。主体通过日常实践及与其他进行建构的意识主体之间的关系来建构意义。又是遵循韦伯的思想，舒茨对主体间性的概念很感兴趣；主体间性就是主体之间通过互动与交往产生某些可分享的意义或意义共识。舒茨为后来的社会学家分析主体在日常环境中通过互动形成的社会现实提供了理论基础。

彼得·伯格

舒茨的大部分著作与早期的现象学著作类似，对本体论和几乎是“神学的”“终极”**存在**（being），对组成人类意识的生存和意义问题特别感兴趣。当舒茨将上述问题更多地引向社会事物和社会互动的时候，莫里斯·梅洛-庞蒂和彼得·伯格却将现象学转化为更为彻底的主体性社会学。伯格与舒茨相似，也出生在维也纳，并受“主体间性”观念的极大影响，将它视为社会意义建构的基础。主体间性是说，我们对客观世界的意识主要得益于我们与其他意识主体之间的相互兴趣；我们一起创造出我们对世界的观念。另一个与舒茨类似的地方是，伯格也是移民到美国，且自他多产的20世纪60年代开始，伯格推动了一种以描述日常生活中的日常“现象”的经验性研究为基础的社会学模式的发展。伯格对当代社会学和文化研究的最大贡献是一种理论性能力，这种能力既促进了对个体经验的微观型研究——如研究价值观的内在化；也促进了对群体现象的宏观型研究——如研究社会机构的组织等（参见Berger，1967；Berger and Luckmann，1966）。

伯格并未给我们提供一个清晰的、详细的文化理论，尽管他的哲学假设和他的著作特点肯定表现出一种对意义产生的过程和支撑日常社会经验的“意识”的基本兴趣。实际上，在伯格看来，文化可能被总结为“人的问题的总和”（1967：6）。这种整体性定义也正是现象学思维的特点：社会仅是文化的一部分，并且文化似乎反映了所有人类意识的本体方向。现象学者一直孜孜以求人之所为人的本质，从而将经验主义研究者提出的对内容和概念的分析纳入一个理论框架。对现象学者而言，只有当人们意识到文化的时候，它才存在(Berger and Luckmann，1966：78)。特别是，信号系统和语言被视为主体间性和意义的首要渠道(Berger and Luckmann，1966)。

构思语言这种概念的核心在于辩证的观念，伯格(与黑格尔和马克思不同)称为主观相互作用的一种形式。此类相互作用以多种形式存在，但是伯格对文化的理解基本上是自我与身体、自我与社会文化世界之间的相互作用。例如，伯格关于身体与机体功能的讨论，就为晚近对身体及其内含意义感兴趣的文化研究打下了基础(参见第9章)。最重要的是，伯格解释了：作为生物个体，人类如何可能限制自己生活中的经验；并注意到：人所创造的世界也对人的身体产生了反作用(Berger and Luckmann，1966：181)。性和食物摄取是生物体生存的必需条件；身体活着，寻求性释放和营养，但是特殊的生活环境却影响人类的行为，并由此决定现象被体验的方式。人类是受社会环境调节的，环境赋予人们特定的价值观、信仰体系和行为模式，而这些社会文化形式必将决定个人体验营养和性释放的方式。

身体与自我的相互作用和自我与一般社会文化形式更广泛的相互作用并行不悖。总的来说，伯格认为社会和文化是个体内在兴趣的集体表现。社会和文化以及个体互为必要。个人创造现实，但并非以自己的方式；而始终和必然要参考其所处世界的集体条件。社会化就是向个体传输社会运作所需要的所有知识的一个过程。伯格争论说，个人从遗传给他们的知识中创造文化；动机推动他们这样做，以代替其缺乏本能的机体功能拒绝给予他们的推动。换言之，社会和个体互为表里，相互构成。伯格断言，这种基本的辩证关系将社会理论的对立两极，即韦伯式的个体意义的观念和涂尔干式的对事实和社会结构的兴趣，联系在一起。实际上，它们是一枚硬币的两面，每一面都要靠另一面的存在来理解。

毫无疑问，伯格的著作对社会学和社会学形式的文化研究的发展作出了极大贡献。但是，伯格的著作基本上应被视为一种对人文主义和本体论的追求。他的著作中很少表现出对基本社会改革的明显支持；也确实未表明对社会和文化经验政治方向的重要承诺。在20世纪70年代早期，虽然伯格的著作的确显现了一定程度的政治意识(如《漂泊的心灵》与《牺牲的金字塔》,1973)，他关于语言和社会现实的讨论却未能承认文化与权力之间的重要关系，而这正是他同时代英国和欧洲大陆的其他学者致力于探讨的问题。围绕伯格的著作存在一系列的争论，就像围绕他的符号互动论同事的著作一样，更多与其方法的合法性有关。伯格的现象学方法对塔尔科特·帕森斯及其追随者倡导的定量和客观的社会科学方式构成了严峻的挑战。伯格对民族志式的描绘和推测式的现象学的研究兴趣被实证主义形容为一种直觉的、描述式的叙事，缺乏经验性或者说科学的精确性。

当社会学开始更全面地引进文化的观点时，各种理论家和经验研究者将语言理论与现象学理论体系结合起来。实际上，现象学提供了一种非常特殊的文化解释，以确认一种语境和日常社会行动者看不见的**意识**的**本质**特点。这种个体意识的集合组成了一种文化的“生

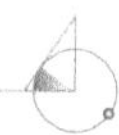

活世界”。在文本研究中，批评者的研究通常集中于分析文本中角色的“生活世界”（如日内瓦学派的文学批评）；但近期的研究已经更多试图说明文本与读者/受众之间的互相作用（参见 Wilson，1993，1995，2004）。在某种意义上，由文本中心的批评研究向对受众主体性调查的转向，反映了与现象学相同的变化：从胡塞尔的科学或客观主义的兴趣，转向海德格尔对日常人群生活世界更自由的流动式冒险。

现象学与《细细的红线》

现象学被改造，用于多种形式的文学和影视研究。“现象”一词派生于希腊语，指“出现的事物”。现象学最初被用于文本研究的时候，批评家力图揭示其模仿美学世界的本质特征或潜藏思想。在这一层次，现象学的确试图揭露人类对世界的思维和意识（认识或知识）所共享的某些基本特质。例如，希利斯·米勒检验了托马斯·哈代的小说，借以表明作者意识中特定形式的重复，这些形式是通过对距离和欲望的隐喻而产生的。

一方面，批评家用现象学的框架分析虚构的作品；另一方面，作者和影视制作者也同样受到胡塞尔和海德格尔思想的影响。特伦斯·麦利克的电影明显反映了对表达“抛入感”和意识网的一种兴趣。在电影《细细的红线》(1998)中，摄影机以丰富的艺术视角展示了战争的内外条件及其恐怖气氛。电影开场以低视角仰拍树冠，观众立刻被纳入电影主人公、“二战”中的美国士兵维特的视角。他的内心独白式的诗意幻想伴随着电影镜头中混乱、血腥的战争场面。这种主观与客观“空间”的明显脱节被维特自己视线的移动所打断。在恐怖的场面中，摄像机表现的维特视角穿过混乱，短暂地固定在突然出现的自然之美和缠绕在他的博爱上：蝴蝶的翅膀，草坪上的微风，战友间不顾一切的情谊以及对死亡的超越和肯定。这些连接与分离的镜头给电影提供了美的力量：即使是通过人类最无节制的行为——野蛮和暴力，也为维特及其观众营造出迷乱和崇高的气氛。

麦利克邀请我们分享这种意识的过程，并体会维特的感受——“被抛入”某个缺乏明确自我意义及认知意义的世界。当然，作为观众，我们被文本要求接受其细节，并反过来联系我们自身的经验和解释性的秩序。它给我们留下深远的悲剧感和荒废感，但是这一景象并非最终的虚无。相反，影片鼓励我们去揭示这种失去的深刻美丽——在维特自己牺牲的庄严时刻。他的视野、他的记忆和最终他的生命都臣服于某种难以言喻但意义重大的宇宙闭合。也就是说，人类美学的神秘最终必定战胜现实的不幸。

符号的互动

符号互动论或称符号互动主义，是社会学的另一个分支，来自芝加哥派的主观论、心理学,也是一种对兴起中的结构功能主义的总体反应。诺曼·邓津(1992: 3)解释说,符号互动论结合了行为主义语言理论和诠释性现象学。现象学路径和互动主义的主要区别在于:后者对个体社会行为者参与社会情境并在其中进行意义谈判与交换的微观世界更感兴趣。虽然邓津(1992)、贝克及麦考尔(1990)一直追寻社会心理学(特别是乔治·赫伯特·米德)、人类学和哲学实用主义(特别是约翰·杜威)产生和发展出来的符号互动主义的足迹,但是,直到20世纪50年代至60年代,完全理论化的互动主义研究方法才被用于社会学的探究。最值得注意的是,新的符号互动论者将更系统的经验主义方法论引入对意义交换的研究,同时也使象征主义和意义建构的观念变得更加持久、坚实与紧凑。

在《日常生活中的自我表现》(*The Presentation of Self in Everyday Life*)中,欧文·戈夫曼(1959)以隐约的讽刺说法,认为当代的"自我"概念其实是对给定符号语境的一系列回应。也就是说,一种本质自我的观念需要个体为满足特定情境的要求进行调节,"装扮自己"。例如,戈夫曼建构了一个框架,去解读"一个穿灰色法兰绒套装的男人",并观察到,可以依据特定情境的规范或期望,装扮出社会地位。戈夫曼的分析看来也许平淡无奇,但与当代文化分析的极端主观主义讨论相比,他的著作的确为了解社会语境的新方法打下了基础。

在20世纪60年代,贝克对偏差行为的研究使符号互动论跃升至更为包容和宽广的社会学研究主流中。社会学的活跃事实上伴随着20世纪60年代至70年代早期更广泛的社会趋势:当时,公共话语的特定领域吸引了关于社会化、另类生活方式和青年文化的思想,以及对导向"越南战争"和核决战威胁的价值体系的质问。流行电影《飞车党》(*The Wild One*)、《无因的反抗》(*Rebel Without Cause*)和青年音乐的崛起让社会学家与一般公众警觉社会偏差行为矛盾的两面性和潜在的效力。反对麦卡锡保守主义和帕森斯实证主义的趋势将社会学家拉出晦涩的立场,刺激他们更广泛地卷入现象论和符号互动论的理论与方法。

现象论和符号互动论对偏差行为和亚文化的研究无疑影响了英国文化理论学者雷蒙德·威廉姆斯、迪克·赫伯迪吉和霍尔(参见第4章)的著作。但在某种程度上我们仍然可以说,这些方法和理论是在贝克的著作中达到顶峰的;虽然互动主义持续至今,而近来语言和话语理论的发展也凸显出社会心理学方法的局限性——强调互动的微观性质,把它作为文化提问的核心单位。在某种程度上,贝克自己对偏差行为的研究使"偏差"和"正常"的整个观念合法化了;而作为一种文化研究的观点,这种二元主义当然是不可接受的——如同文化研究也不接受将"差异"宣布为负面或偏差一样。贝克的观点显然是:社会建构了"偏差"这个概念。但是,对当代文化评论来说,这种研究路径会是任何一种文化提问的"底线"或"既定现实"。更一般地说,这个信念("'社会'是由个体意义交换组成的")从未在互动论分析中完全被认识到。组成互动论传统的质性研究成果从未实际想象过、也未恰当说明过"文化"本身。它的讨论和分析只是按照一种最低标准来满足自我;个体行为者的心理状态似乎永远无法跳出自我,进入更广泛的"生活世界"的过程中。举例来说,对偏差行为的互动论分析

就似乎只满足于报告互动主体的心理状态和在高度限定的互动语境(如分享毒品、购买新摩托车)中他们对意义的编码方法。

虽然有些互动论者称他们的研究路径的确有助于对社会结构的调查(参见 Denzin,1992：61～62),但无疑,在基本针对特定社会意义交流的微观研究中,互动论者对更广泛社会形成过程的任何关注都是偶然的。有些评论家也指出,互动论事实上倾向于复制较大社会结构的微观版本,结果形成具体化的结构,如“语境”、“意义”或者“行为”(Prendergast and Knottnerus,1990)。这种对更大系统的简化产生了一种对意义交换过程合理化、认知式和无感情的呈现。

然而,很重要的是,符号互动论者基本上始终是政治上完全中立的自由派(参见 Reynolds,1990)。在 20 世纪 50 年代和 60 年代,新马克思主义写作对此的批评很常见,特别是赖特·米尔斯的著作；而更倾向文化的评论家如美国的詹姆斯·凯里和英国的斯图尔特·霍尔的著作,对此仍继续抱怨。不仅如此,近来的语言理论(后结构主义和后现代主义)还主张,所有的文本都是充满问题的表达,或者说是对现实的建构,而非现实自身的镜像。虽然现象学立足于本体论(本质真实)的基本原理,符号互动论却满足于一种经验主义,宣称它能产生自己的概念或理论基础,宣称：符号互动论的方法(民族志和参与者观察法)在体验世界的同时也获得了一种对世界的“知识论”实质。通过资料采集的过程,理论(框选和理解一个事件的方式)也必将出现,从而将一切揭示。然而,当代语言理论却认为,这样的解读本身就是对原本经验的增加。也就是说,解读不是在反映现实,而是在中介现实,并产生了本身即被建构和解释的次等文本。符号互动研究揭示的,是一种对解读的解读,几乎不能构成一个经验事实。即使接纳了许多文化分析的原理和规则,这种方法论的问题挥之不去,继续萦绕着社会学。

文化人类学

人类学可以被理解为比较社会学的一种形式。一般来说,这个学科起源于欧美学者对殖民地人民文化的兴趣。在 18 世纪和 19 世纪,自然主义、语言学、考古学和人类学等学科并没有明显的分界；入侵民族批准并鼓励对被征服民族的研究,不仅为了证实其军事、商业和行政的效率,也是想增强征服文明对其智力优越性的信心。手工制品、生物样本甚至土著人民本身,都被当成某种标本或古董,被征服民族掠夺,投入大学、博物馆和私人收藏。知识分子还为上述野蛮行为提供了道德上的正当性,如亚当·斯密(1723—1790 年)、赫伯特·斯宾塞(1820—1903 年)和罗伯特·马尔萨斯(1766—1834 年)等学者,他们对于个人追求自身利益的思想被达尔文的进化论所集成,产生了首个主要的全球化理论：适者(民族和文明)生存。我们已经看到,19 世纪的德国哲学非常着迷于"Kultur"(文化)的概念,亦即个人与文明的先进性。19 世纪的英国哲学则清楚表达了一种更实际但同样强烈的兴趣:关注有用性、繁荣和优越民族前进的必要性。

爱德华·萨义德(1978,1993)罗列了殖民国家的论述,称征服民族的整个文化都取决于合并被征服人民的土地和文化的力量大小。对萨义德来说,19 世纪的艺术和学术生产都紧密联系着一个身份,这种自我认同区分出自身文化之文明和那些"异族"文化之原始。人类学这个学科便诞生于此种二元主义,以及好奇感、浪漫主义甚至罪恶感。萨义德认为,不管是被怜悯心、冷静还是庆贺的动机所驱使,西方人在其他文化中的存在本身便只能强化调查者对被调查者的特权和优越地位。自由人文主义的伦理(民主和自由)除了慈善事业之外,似乎从未延伸到被征服人民的利益和自尊之上;而慈善事业本身就是优越地位的一种标志。

然而,从这些起点出发,人类学已经发展出社会比较与分析的精细方法。进入 20 世纪之后,人类学渐渐演变成两个广泛的分析领域:

1. 结构性或文化人类学:代表人物为克劳德·列维-斯特劳斯,费迪南德·索绪尔和玛丽·道格拉斯。这个领域着重检视区分文化的认知结构。这些结构产生自语言系统,可能表现在神话、亲属关系上;或在当代文化的情况下,以消费商品的方式展现出来(参见 Douglas,1978)。我们将在第 5 章更详细地检视结构人类学这一领域。

2. 解释性人类学:较之前者,解释性人类学更加热衷于研究文化肌理,并采用文化相对主义的形式。这种方法更少见科学的精确性,而力图阐明形成意义创造的个人或主体感受。下面将检视这个人类学领域,它最接近源自芝加哥社会学、在 20 世纪 60 年代和 20 世纪 70 年代开始流行的人文主义主观论和现象学。

克利福德·格尔茨

美国人类学家克利福德·格尔茨的著作最常被认为解释性人类学的起源。支撑格尔茨著作的是韦伯形容社会的一段名言:"人类是一种动物,悬挂于自己编织出的意义之网上。"格尔茨认为:"文化就是那个网,因此,对那个网的分析就不是一种寻找定律的实验科学,而是寻找意义的一种解释学。"(1973:5)事实上,格尔茨的著作展现了文化边界的一个模糊地带,在此,研究者作为解读者,要调动自己的经验知识以阐明他所调查的文本。所以,在他的著名的关于巴厘岛斗鸡的一篇文章(参见补白)中,格尔茨调用了非巴厘岛的心理学和美学文本(《李尔王》),以解释在巴厘岛文化中重要的社会关系和"个性"。据格尔茨说,人类学是一个多学科的领域,必然遭遇广泛的人类活动,包括"权力、变革、信念、压迫、工作、激情、权威、美丽、暴力、爱情、声望",以及它们发生的环境(Geertz,1973:21;也参见 1988)。

巴厘岛的斗鸡

格尔茨对非现代社会的人类学研究为当代文化研究提供了有用的方法和理论范式。特别是格尔茨力图说明给定社会群体成员被绑定关系的“意义之网”(web of meaning)。然而,这些意义并非单一或者同质的,而是通过斗争和冲突,也通过共识而形成的。格尔茨的研究构成了“民族志”的一种形式:调查人、行为、人造物品和意义创造的过程。下面的摘录取自格尔茨对巴厘岛斗鸡的研究。“斗鸡”的意义不是直接明显的,因此,分析者的任务就是把这些意义摆上台面,并为非巴厘岛人解读它们。

关于公鸡与男人

任何人只要在巴厘岛待过,不管时间长短,都会对巴厘岛男人深层心理上与他的公鸡的认同了解无误。巴厘岛男人对“公鸡”一词的理解与英语中的用法完全一样,甚至还产生了同样老套的笑话、牵强附会的双关语,以及了无新意的色情意味。贝特森和米德甚至认为,与巴厘岛人将身体想象为一系列分离的生命部分的概念一样,公鸡也被视为可分离的、具有生命并可自行活动的男性生殖器。

在斗鸡比赛中,人与野兽、善与恶、自我与本能、男性的创造力与释放的动物性破坏力融合成一个充满仇恨、残酷、暴力和死亡的血腥戏剧。所以,毫不奇怪,也是一种必定的规则,获胜公鸡的主人会将失败公鸡的残体——常常被其激怒的主人肢解——带回家吃了,这么做混合了各种感受,包括(失败者的)社会尴尬、(胜利者的)道德的满足、表达嫌恶的艺术方式和食肉的快感。输了一场重要比赛的失败方有时也会不可控制地去毁坏家族祠堂或诅咒神明,体现一种象征性(或社会意义上)的自杀行为。巴厘岛人也以天堂和地狱的比喻,来比较俗世中斗鸡胜利方和失败方的心情。(Geertz, 1991: 243~245)

格尔茨的著作在区分社会(社会关系)和文化(象征符号)的同时,也确认了两者之间互动的重要性。确实,当我们考虑将文化这个概念发展为一种“生活方式”的含义时,格尔茨对巴厘岛的研究提出了一个重要的问题:文化是否只是现有社会秩序的一种表达、反映或是认可?为了回答这个问题,格尔茨认为,文化实际地、主动地创造了意义:通过提供社会行为者的场所,巴厘岛人可以思考、重温和感受作为巴厘岛人的意义。也就是说,文化并非仅仅是对社会和个人进程的确认,而是一个创造和生产——符号——的领域。所以,艺术和所有其他的表达形式都成为思想实验的一些集体形式,群体成员可以借此探索与想象许多让他们迷惑与好奇的事物。艺术作品“使一种体验方法具体化了,它们以某种特殊的冲击将心智带入物体世界,人们在那里可以看到经验”(Geertz, 1976: 1478)。

格尔茨自己的解读和说明方法可以概括为“深描”(1973),这是一种经改造的民族志形式,来自文学研究,也来自涂尔干、韦伯及其更直接的导师吉尔伯特·赖尔的社会学分析。

对格尔茨而言,民族志方法事实上能够用于更广泛的资料收集技术,以掌握并呈现可被外来者理解的文化意义生产的复杂性:

> 面谈知情者、观察仪式、揭示亲属联系、追踪财产传递、户口普查……追踪他的日志。从事民族志研究就像试图阅读(在建构阅读物的意义上)一个手稿——异国的、褪色的、满是省略号、不连贯和有可疑涂改与倾向性评论的手稿;只是,这个手稿不是用习惯的语言写成,而是用形成行为的短暂实例写成。(Geertz, 1973: 10)

格尔茨的著作是通过这种调查形式和解读实践推动的,于是他分析的理论视角便从语境中浮现出来。就像文化是相对的一样,理论也是对调查焦点(文化本身)肌理的多层次表达。理论是被文化限定的。格尔茨认为,解释技术最好的一点就是它避开了概念化的必要,所以能够对"系统化的评估模式"说"不"(Geertz, 1973: 24)。格尔茨坚持认为,符号学调查的全部意义就在于,它阐明了研究对象所使用的信号和概念,研究者因而得以进入并"对话"。换句话说,格尔茨推荐的是一种"扎根于"实地、自数据中生长出来的理论或概念框架,而不是由理论家、抽象派艺术家或科学家强加的。在调用重要社会学家理论的时候,格尔茨的方法类似于那些影响了罗伯特·帕克和其他芝加哥学派学者的思想。格尔茨喜欢探索他所研究的文化主体,使得他对它们的描述尽可能接近其生活的纹理。

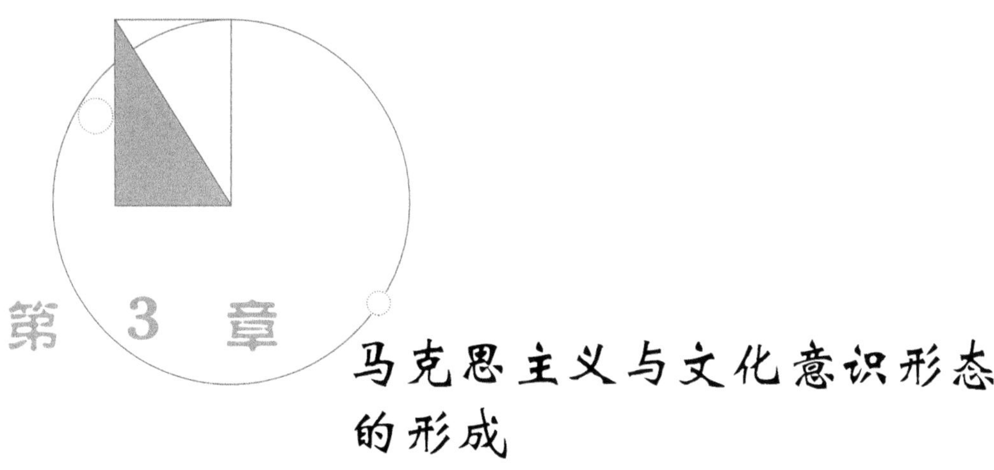

第3章 马克思主义与文化意识形态的形成

导　论

在当今文化研究领域，“权力”是一个核心概念。虽然文化美学和后现代主义的某些领域也对权力的议题略有关注，但是对于大多数文化研究学者来说，权力始终是一个关键概念和研究焦点。如斯图亚特·霍尔指出的，文化研究中的许多最重要的问题都与社会不公正、不平等相关。霍尔认为，在这样的语境中，马克思与马克思主义“从未稍远”。因此，卡尔·马克思(1818—1883年)始终是当代社会、文化、政治理论的巨擘。他关于权力与社会关系的革命性观点影响了许多代激进分子和批判思想家。尽管马克思的追随者们也随着时代变革发生了巨大变化，然而，马克思的著作至今仍是学术及公共话语中的一个重要参考点。“东欧剧变”、中越经济开放、“共产主义革命运动”在发展中国家的缩减、激进伊斯兰派的兴起、发达民主国家社会改良议程的碎片化都被引证为马克思主义理想终结的例子。马克思关于生产方式、劳动分工、阶级斗争的理论，在与19世纪欧洲相去甚远的今日文化看来，似乎已不再适用。尽管如此，支撑马克思批判的哲学基础仍然吸引着理论家的兴趣，特别是引导他们去理解当代文化中特权、压迫和社会等级的演变。

诚然，如果期待任何社会评论能脱离其直接的历史语境而长存于字面的形式中，未免太不公允。马克思理论的力量在于其同情心和对当时新兴的资本主义经济体系极大地造福于小众、而给大众带来不公与艰辛的认知。因此,虽然当代文化理论家们已经超越马克思的政治预言本身,却发现马克思对权力与意识形态的观念特别有益于发展他们自己的批判视角。这种影响的实质是相当多样的。美国的多元主义/自由主义文化理论倾向于抵制权力议题,至少直到最近还是如此。英国文化研究(参见第4章)则一直受到阿尔都塞、葛兰西式的新马克思主义分析的巨大影响。新近形式的后现代文化理论却倾向于扩展法国后结构主义对马克思主义分析的批判,尤其拒绝马克思主义分析的严厉性及其阶级基础。

马克思与黑格尔

马克思出生于德国,但在经受了屈辱的社会排斥以及"反犹太运动"之后迁居法国,后又迁居伦敦,在那里度过了大部分成年时光。虽然马克思本人并不是工人阶级(无产阶级)的一员,他却将这一社会群体视为压迫性社会条件的受害者。马克思毕生的写作都致力于社会解放,亦即通过自觉的彻底的行动纲领将整个社会从工业资本主义的病态中解放出来。但是,在阅读马克思著作时,我们一定要记住:随着社会和知识状况的改变,他的思想也的确在变化,我们不能期望它绝对一以贯之。马克思主义的一些最有趣也最重要的思想存在于其早期著作中,当时的马克思正努力把自己从其最重要的精神导师黑格尔的理论中解放出来。为了理解马克思文化研究思路的复杂性,我们需要理解支撑马克思理论的思想基础——黑格尔的辩证法与先验理性主义。

黑格尔辩证法

黑格尔的先验理性将现实世界仅仅视为潜在认识结构("真实")的表象。黑格尔相信,只有通过精神的升华,才能分辨现实的真实世界。这种精神升华是自我意识的一种形式,它能使人类思想(概念)和自然的真实条件达到完全的和谐。这种综合最终将人的思想(主体)和物的世界(客体)重新连接起来,而理性与推理思维居于这个进程的核心。

马克思反对现实的本质特征是精神,以及世界上的自由和冲突都可以通过参考自然的综合力量获得解决这种思想。他不接受黑格尔将事物及人类活动简化为几种意识模式的做法,也不赞成将人类的苦难从那些政治经济的现实条件转移开来。事实上,黑格尔的辩证理论将自然描述为一连串不断转化的冲突与和解:任何现象自身都表现为一个命题,并有一个自然的、不可避免的对立面,对立面的最后危机不可避免地导向综合。最终,这种综合自己表现为下一个命题,随之也带来新的对立面命题。黑格尔认为,获得道德的智慧与自由是一个演变的进程,是通过作为自我意识及知识的智慧及其相反主张的冲突而得到的。简言之,黑格尔的辩证法本质上如图3.1所示。黑格尔认为,人类主体的精神升华可以比喻为自

然的基本结构。然而，最主要的区别在于：人类的道德能够追求神的拥抱和终极的精神/道德知识。

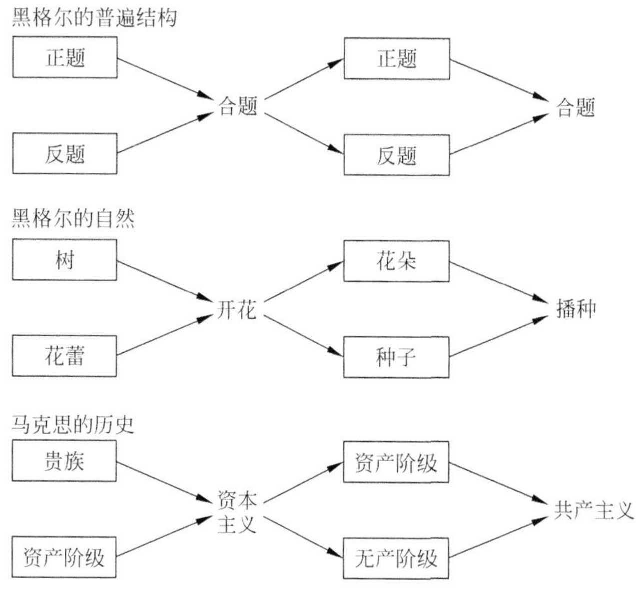

图 3.1　黑格尔和马克思的辩证法

马克思的唯物主义

马克思的唯物主义表现在，既质疑这种理论的价值；又寻求通过现实生活达到人类的价值和解放。在社会与环境堕落的背景中，马克思试图打破黑格尔及其哲学传统的形而上学。事实上，虽然马克思承认黑格尔追求的这种传统的逻辑结论是非常卓越的，然而他希望能够建立哲学自然主义的一种形式。在《黑格尔法哲学批判》(1970)中，马克思承认，他反对黑格尔关于"人"的本质是精神这种观念，而主张"现实的、有血有肉的人坚定地立足于坚实的大地，呼吸着所有大自然的能量"(原著于 1843 年，1970：206)[①]。马克思用这个对自然的比喻来表达："人"所遭受的痛苦，与他自我主张和喜悦的能力一样，是超出黑格尔概念化的绝对抽象的：

---

① 中文可参见中央编译局编译、人民出版社 2002 年版《1844 年经济学哲学手稿》，载《马克思恩格斯全集》第三卷第 324 页："当现实的、肉体的、站在扎实的呈圆形的地球上呼出和吸入一切自然力的人通过自己的外化把自己现实的、对象性的本质力量设定为异己的对象时，设定并不是主体。"

> 作为一个……自然的、有感觉的、客观的存在,人是受难的、被条件左右的、有限的存在,就像动物和植物……人是具体的、拥有自然力量的、活生生的存在这一事实,意味着他有现实的、感知的对象作为其存在的客观对象。(马克思,1970:206～207)①

因此,黑格尔的唯心主义虽然精彩,却是过于抽象的(或者用马克思的话说,是"异化的")思想。虽然马克思自己改造了辩证模式(命题—反命题)用以解读历史上的主要运动和冲突,但他最终的目的还是捍卫一种植根于人类生活现实土壤的人类经验的视角。

马克思的自然主义

不过,马克思的自然主义存在一定的矛盾(或内在的悖论),这一矛盾贯穿于其大多数著作,至今仍继续影响批判学界。这就是决定论和自由意志之间的矛盾。马克思所描绘的历史及人类经验的画卷满是磨难与结构所决定的压迫。马克思的著作留给人们最持久的印象是一种异化了的个体和社会阶级,他们寻求自由的唯一途径是革命性起义。自由意志则是一种集体决定的行动,最突出的如《共产党宣言》(1848)所设想的;但即便在这里,集体也受到"阶级斗争"的左右,无法逃脱辩证法决定论的必然结果。然而,通观马克思的著作,笔法都是自然主义的,特别像浪漫小说中的自然主义和理想主义,因而开启了个人化的愉悦,包括美学愉悦的一方天地。马克思反对劳动果实都落入资本家手中的工业化异化效应,指出了创造和自然生存的可能性。在《经济学哲学手稿》(1844)中,他特别提到,作为"物种存在"的人区别于动物的独特之处就在于:人类会依照"美的法则"将其劳动产品审美化。

因此,马克思虽然总体上反对黑格尔的精神本质观念,但在一些著作中,他仍然清楚地表明人一定会满足其生理及社会需要的信念。换句话说,虽然历史是由斗争形成的,这些冲突的结果却是:人的自然需求和人的需求都会实现。自然作为本体独立于意识。自然对人类的价值是双重的:它为人类提供满足需要的资源;也提供使人感觉满足和愉悦的审美资源。然而在这一点上,马克思再次反对黑格尔和让-雅克·卢梭等哲学家的理想主义和浪漫主义,他们都将人类的意识和自由包含于自然的精神需要里。对于马克思来说,自然并不握有纯粹理性的承诺,也没有精神升华的要求,但它的确为个体提供了机会,在审美感实现的同时塑造和体验自己的人性。

最重要的是,马克思的思想带来历史的说明。黑格尔设置出一个纯粹理性的乌托邦,马

① 出处同上:"人作为自然的、肉体的、感性的、对象性的存在物。同动植物一样,是受动的、受制约的和受限制的存在物……说人是肉体的、有自然力的、有生命的、现实的、感性的、对象性的存在物,这就等于说,人是现实的、感性的对象作为自己本质的即自己生命表现的对象。"

克思自己的逻辑则引导他走向一条实现平等的道路：在那里人与自然和谐相处，相互扶持。这种新的社群主义是通过现实生存的人的现实斗争实现的，而不能依靠对精神的想象。

> 共产主义通过人，也为了人而主动放弃私有财产，放弃人的自我异化，于是放弃了对人本性的实际剥夺。因此，共产主义是人作为社会的，也就是真正存在的，人的回归……共产主义作为一种完全发展的自然主义，就是人本主义，而作为完全发展的人本主义，就是自然主义。它一定会解决人与自然、人与人之间的对抗。它是存在与本质、对象化与自我肯定……个体与种群之间冲突的真正解决方式。它能解开历史谜团，它知道自己就是答案。（马克思，1963：155）

因此，马克思对历史和冲突问题的解答是政治性的。共产主义保证实现“人的品质与感觉的完全解放”，包括“不仅仅是五种感觉，还有所谓的精神感觉，以及对欲望和爱的实际感觉”（马克思，1963：160）。虽然在马克思的著作中，这些关于感官解放的评论大都是偶然出现、散在各处的，但他对符号化理论、意义创造理论的最重要的贡献表现在马克思对经济与文化关系的讨论，最著名的是意识形态的理论和经济基础—上层建筑的模型。

象征控制

马克思关于自然主义、个人发展的零星讨论代表了自由意志相当受局限的视角。与19世纪众多其他社会评论家一样，马克思的结构主义倾向于这样一种观点：实现个人意志机会有限，人是历史、大规模社会运动和阶级等制度化社会结构的受害者。在受马克思改革主义影响的批评家们看来，个体与群体如何能够建构其自由，始终是一个大问题。对马克思本人来讲，问题就更大了，因为他的解放主义依赖于一个阶级，而他本人甚至不是其中的一员。如果工人阶级行动起来，实现他们的自由，那么想必他们能够构想出某种方式。马克思认为，他以人类历史的辩证法解决了这个问题：似乎工人阶级必须起来反抗压迫，因为历史推动他们这样做。换句话说，无产阶级的历史似乎命中注定了一个决定他们行为的模板。

德意志意识形态

这里有一个逻辑问题。如果工人阶级可以构想他们的自由，那么一定是：他们受到的压迫已经减轻。也就是说，这种思想行为本身，可能就克服了压迫的限制。当我们没有自由的时候，很难去构想自由；它是一种不足、一种缺失、一种抽象。如果我们可以构想我们所没有的，那么，可能压迫才是那种抽象，是对我们当前状况的想象。在《德意志意识形态》

(1932)中,马克思试图说明这个难题,他提出:我们能够"思考"我们的自由本身就是由统治阶级决定的。既得利益驱使统治阶级去消灭那些威胁其合法性亦即"统治权利"现状的挑战,并通过推销意识形态(思想、信念、价值观)积极建构各种让民众服从的模式。为了实现这个目标,统治者试图把符合自己利益的现状转化为全社会的"普遍"价值观:鼓励服从、忠于权威、血统合法、宗教、社会实用主义、商业主义等,被散布为普遍标准的善。

因此,意识形态就是虚假的意识,因为它来自统治阶级的当前利益。在贵族时代,帝王的形象和仪式确认了贵族的地位和特权。"蓝色血液"的概念是一种限制性的比喻,被构想出来区分统治者和被统治者。莎士比亚戏剧中充斥着表现皇室庇护、赞美帝王及其高贵行为,和不断提及皇室血统神圣世袭的例证。在马克思的时代,资产阶级已经通过公共和流行的话语建立起自己的权力。街牌、硬币、教育机构、公共悬挂物等,都使富豪的统治合法化。无产阶级的服从是通过虚假的意识来建构的:就是让他们相信——世界本该如此,无产阶级在社会、政治、经济方面的贫困即便不是命中注定,也是完全正当的。只有在明显的社会重压下,这些意识形态的画皮才会被剥开,人们才会认识到,那是基于阶级利益的意识,而不是普遍的意识。因此,在马克思的历史辩证法中,从尊崇贵族到尊崇资产阶级的转型过程中,必然伴随着社会价值观与意识形态的显著重构。

因此,意识形态的强加不可能完全消灭发生变革的可能性。虽然如此,马克思的描述还是为我们提供了特殊的洞见,去弄清文化如何指导和决定人类的"本质"。但是他的立场是不完整的。他的自然主义认为,人必然要受苦,也必然会有愉悦;文化既可以提供对苦难的表达,也可以提供对苦难的消解。在诸多不确定之中,马克思继续以普遍模式解释社会结构的决定作用。这些结构是围绕经济和劳动构筑起来的,而不是围绕其表达或审美的方式构筑起来的。马克思承认:意识形态是阶级意识的建构,从而开创了一条全面说明象征与意义建构的途径。然而,他还缺少他需要的概念武器,因而不能像后来的分析者那样全面地攻击这个问题。也就是说,他对于语言、象征和意识形态的政治操作分析走到了某种极端激烈的边缘。但是,恰恰因为没有足够的知识资源,没有足够可用的概念和理论,使他可以更进一步。相反,他把自己局限于更集中地分析决定人类苦难和压迫的经济结构上。

经济基础和上层建筑

《政治经济学批判》(原著于1859,1976)勾勒了经济基础—上层建筑这一模式,意在阐明一个社会清晰的经济结构与这些结构在制度和行为之间的关系。"经济基础"是指经济"力量"和生产力(工具、技术、工人的技能),以及被动员起来运用这些力量的阶级关系。上层建筑是指机构(政治、教育、法律机构等),以及这些机构表现或者产生出来的"意识"形式(见图3.2)。这些"表现"可以被理解为伦理、价值观、意识形态;但是马克思和恩格斯从未充分解释它们的关系,结果,随着这种省略,出现了形形色色的解释、辩论与应用。

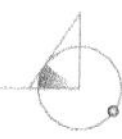

然而，重要的是，马克思和恩格斯在《批判》一书中的观点大多非常肯定地将文化作为经济的表达和仆从。马克思去世之后，恩格斯自己尝试厘清这个观点，他提出，经济基础与上层建筑（经济生产和意义创造）之间的关系不完全是前者决定后者，还存在一定程度的相互作用："经济状况是基础，但是对历史斗争的进程产生影响并且在许多情况下主要是决定着这一斗争的形式的，还有上层建筑的各种因素……"①(1994：194)。在此，恩格斯认为，上层建筑不仅仅反映了经济的潜在决定作用，而是，上层建筑如机构、符号化、文化等也会积极地参与社会和政治关系的形成与塑造。经济基础产生某一特定的上层建筑（封建社会、农业社会、工业社会）的实际特征；但是在上层建筑内部，机构和个体的关系也会产生它们的明显效果。也就是说，恩格斯还是允许在上层建筑之中存在一定程度的"自由意志"的，可以假定，这便为反抗、阶级斗争、革命提供了机会；然而最终，这些自由意志还是被潜在的历史特征和政治经济所限制。在上层建筑之中，只有一些事物是可能的，而这些可能还受限于经济基础。

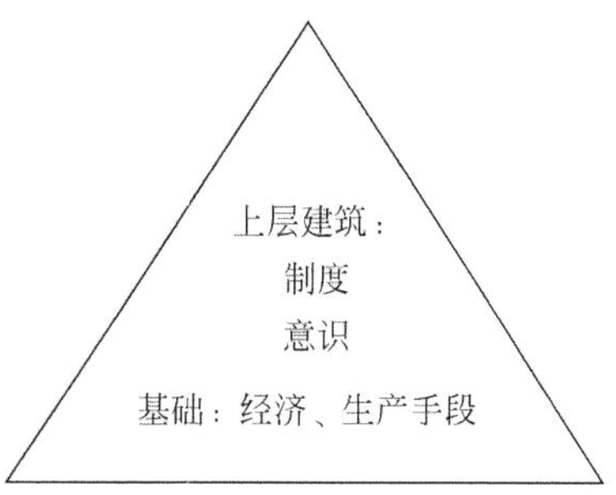

图 3.2　马克思的经济基础—上层建筑模式

马克思的理论以经济为主，限制了他对文化和象征化的视角。他对浪漫主义和先验意识理想的不屈反抗也许削弱了他在特定认识论之外思考的能力。马克思认为不是意识决定生活，而是生活决定意识。但是在许多方面，他对意识的看法限制了他对认识行进方式的概念化——作为认识世界的一条途径，意识被彻底包含在经济与生产关系中。特别是马克思忽视了认识与象征的过程如何可能创造他所追求的解放环境。即便如此，虽然19世纪的其他社会学家都在描绘公正的、"科学的"人类经验，马克思却承认权力和政治对人类行为所有方面的影响。他相信，基本上，权力根植于文化中，正是这个观点被后来的学者详加阐述。

对马克思及马克思主义假设的批评

对马克思理论的文化批判可以总结如下：

1. 马克思主要以政治经济和唯物主义的意义思考人类关系。对于文化理论来说，这个侧重点限制了分析象征抽象形式的可能性。

2. 在马克思关于劳动和生产方式的理论中，唯物主义是本质化的。阶级是主要的社会决定因素，并构成了基本的社会结构。后结构主义和后现代主义对马克思的批评认为，这种

① 恩格斯：《致约·布洛赫》，1890年。译文参见中央编译局编译：《马克思恩格斯选集》，第4卷，477页，北京，人民出版社，1972。——译者注

强调过分简单化，过度概括或者说“普适化”了(参见 Poster，1989)。

3. 以阶级亦即集合群体的视角看待世界的这种倾向限制了马克思的分析广度。尤其是马克思为个体以及个体愉悦、表达性和满足建构了一种有限的视角。

4. 马克思的异化理论认为，生产方式和劳动条件降低了个体(及其主体性)，使其沦为“商品”(用于买卖的物品)。

5. 马克思对历史的说明倾向于将所有人类经验总体化或普适化，形成一种单一的宏大理论，用来解释万事万物。

6. 马克思依靠笛卡儿/康德的哲学观点，将世界分为主观和客观两个世界。他以外部或客观力量决定主体经验和行为的方法看待人类。他将自己的主要兴趣和工作放在这些外部条件以及阶级行动的可能性上面。

7. 马克思怀疑那些建立于非理性或过度情感性、精神性或人造基础上的信仰体系。马克思认为宗教是“人民的鸦片”，这种观念显示出其对抽象主义和非理性的总体怀疑态度。他的著作大多根植于科学理性主义的传统；他的追随者则不断在他对象征化、唯心论和隐喻的有限视角中挣扎。

8. 马克思将他对人类解放的希望投向无产阶级或工人阶级的行动。解放是压迫状况带来的一种偶然结果。

卡尔·马克思和荷马·辛普森①

马克思的《共产党宣言》为19世纪和20世纪初的许多改革思想提供了基础。《宣言》解释了无产阶级或工人阶级推翻统治阶级的革命如何将导向一种较少统治者的乌托邦(无政府社群主义)。这样建立的共产主义国家暂时由无产阶级治理，最终将融入一个地球社群：个人自治与集体责任将协调一致，和谐共存。

当然，马克思的理想从未实现过。共产主义国家要在摧毁资产阶级和工业资本主义的废墟上产生出来。事实上，共产主义的社会实验大部分发生于前工业国家，在严重的社会危机时刻(通常因某种形式的帝国战争)而突然发生(例如俄国、中国、越南)。而在现代工业化的资本主义国家中，“阶级”的概念变得越来越不合时宜，越来越难以定义。例如，在美国这样一个从未发展出一种强大的劳工政治的国家，阶级意识这种观念显得特别可疑。围绕资本主义消费主义、个人致富和成功以及社会多元主义建立起来的主流意识形态似乎已经消除了任何明显的阶级表现。即使有过强烈的社会阶级认同，那它也受到新的社会流动和文化想象形式的严重威胁。制造业和重工业的萎缩一直伴随着新的信息和娱乐经济的兴起，以及人们生活方式的改变。

① 荷马·辛普森(Homer Simpson)是美国动画片《辛普森一家》(*The Simpsons*)中的主角之一。——译者注

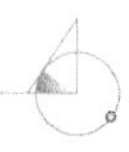

动画系列片《辛普森一家》中的荷马·辛普森是个倒霉的核电站工人，他就是当代文化中工人阶级的化身。荷马是这个动画片中多数“乐死人”的笑点来源。他似乎对压迫他的那些不公正的社会力量全然无知，而喜欢抛开冰冷的自身现实，靠电视找乐子。荷马是个彻头彻尾的失败者，他没有经营头脑，对付不了核电站老板千奇百怪、反复无常的花样；而他根本不承认自己被压迫的事实，却躲在体育运动、电视和平凡琐碎的家庭生活中逃离现实。《辛普森一家》之所以长期风靡，很大程度上是节目在哀婉与嘲弄中巧妙地互动。我们同情荷马，但我们是在中产阶级消费主义生活方式的安全距离外远远地打量他。荷马必定属于另一个社会群体，另一个时代；他不属于观众能够认出的任何一个社会阶级。他只是荷马·辛普森——滑稽、可怜、无知，正是马克思所说的无产阶级“虚假意识”的真正代表。

文化理论家对马克思的不满一般表现为对象征化的更实质兴趣，对权力的更复杂观点，以及一种更强烈的感觉——资本主义比马克思所理解的要更难懂、更复杂。虽然有理论家声称彻底抛弃了马克思主义，另一些人却试图调整、改造这些理论，使之更适应当代的知识和社会条件。本章接下来就会探讨：马克思主义是如何被改造的；特别是为了更广泛地理解权力、象征化和文化而进行的改造。

法兰克福学派

法兰克福学派是指1933年被纳粹德国驱逐的一群马克思主义学者。这批学者先是在纽约工作，1950年返回法兰克福。位于法兰克福的社会研究所实践了一种“批判理论”，它抛弃了现实主义的观念，而主张一种融合了马克思主义社会批判、美学和弗洛伊德精神分析的理论。其中主要的代表人物有马克斯·霍克海默(1895—1973年)、西奥多·阿多诺(1903—1969年)、赫伯特·马尔库塞(1898—1979年)。瓦尔特·本雅明(1892—1940年)在前往西班牙未能逃离纳粹德国时自杀身亡，他与法兰克福学派也有关系，但是其作品和经历在法兰克福学派中独树一帜。除了本雅明(我们会单独讨论他)，法兰克福学派的成员对作为“文化工业”的大众媒介与工人阶级之间的关系特别感兴趣。

十分独特的是，该学派集中关注大众文化与流行媒介文本。然而，与之前佩恩基金会资助的研究和芝加哥社会学派的工作不同的是，法兰克福学派采用了一种激进得多的方式，批判(美国的)大众媒介。于是，突然之间，法兰克福学派对现代媒介及其周围文化的系统性和充分理论化的批判压倒了传统学派对媒介冲击个体的认知影响模式调查，以及芝加哥社会学派的人类学式问题研究。如卢卡奇和布莱希特提出的，文化可以用来反抗压迫；而法兰克福学派集中关注的，是大众文化的社会控制倾向。因此，在这种革命斗争中，文化首当其冲。

毫无疑问,法兰克福学派的著作为一种崭新的、更激进的文化与媒介社会学提供了基础。

阿多诺与大众文化

法兰克福学派的知识分子在逃脱了德意志第三帝国的恐怖统治和对犹太人的大屠杀之后,很快便对美国的拜金主义及其宣扬的"虚假个人主义"大失所望。"大众"思维和社会默许曾经轻易地摧毁了德国文化;而与美国消费主义的接触令法兰克福学派对这种愚民方式更是深感忧惧。特别是,由于拥有向大规模受众传递消息的能力,"文化工业"被认为社会控制和社会操纵的主要工具。阿多诺认为,大众浸淫的经高度策划的流行文化文本堪比马克思所谓的"大众的鸦片"。换句话说,电影、广播和后来出现的电视等娱乐文本扼杀了政治想象。赫伯特·马尔库塞在《单向度的人》(1964)一书中提出了相似的观点,即流行文化文本对人们进行灌输和操纵,让人获得即兴满足,最终创造出一种"虚假意识",即符合统治阶级利益的一种意识形态立场。事实上,法兰克福学派的著作有关美国流行文化的一个共同主题是:随着社会各阶级和个人不断被肤浅的娱乐和消费享乐主义所引诱,他们必然对严肃的社会、政治议题越来越不关心。文化工业和其他所有资本主义机构一样,都在维护资本主义经济和精英特权统治的权力金字塔与信息及意识形态控制中享有既得利益。

在《启蒙辩证法》(1972年版,原著于1944年)和一系列其他著作中,阿多诺认为,流行文本的具体叙事歪曲了现实,目的是掩盖人们生活的现实境况。通过制造流行叙事和通俗剧,社会冲突得以消解。通过建构虚假意识形态,偏向权威、控制、英雄、资产阶级家庭道德和个人成功神话的叙事不可避免地将阶级对立中立化。支撑这些扭曲意识形态的是阿多诺所称的"工具理性",亦即通过进程和技术把人的行为合理化。休闲娱乐产业不同寻常的权力在于,它能够再造那些盛行于工作环境的控制规则。个体得遵守工作进度表;也必须乖乖地遵照电视广播节目时间表,他们被动地坐在媒介前,只关注追随节目的流程和间断的命令。换句话说,广播、电影和电视建构了一个合理化的环境。在这个环境中,资本所有者控制着时间和人们的行为。因此,通过技术的要素和合理化的社会权威,自由投降了。于是,大众社会本身代替了父亲式的理想自我,人们转而服从社会的"大众化"及其背后的资本主义力量,并被其控制。

很明显,阿多诺、霍克海默和马尔库塞没有将现代消费主义文化与过去的民间文化和民间艺术等量齐观。法兰克福学派的确常常将流行文化视为资本家为了维护其特权而制造的幻觉。民间艺术源于人民;而现代流行艺术则来源于大资本主义机构。一些晚近的文化理论家曾经认为,法兰克福学派对民间文化与商业流行文化的区分过分简单化和精英化。特别是法兰克福学派对流行音乐的否定致命地误解了文本、观众与意识形态之间的复杂关系(参见第8章)。例如,评论家弗里斯和霍恩(1987,参见 Bennett et al.,1993)将阿多诺的文章《关于流行音乐》视为将精英和知识分子趣味凌驾于普罗大众审美偏好之上的特权:阿多

诺欣赏的古典音乐和他声称捍卫的“劳动人民”的生活关系极小。

在这篇文章中，阿多诺提出，音乐文本的大量生产会对想象力产生束缚作用。成功的歌词和旋律范式被复制和重复，以满足受众消费者“被训练出来的”口味，在这样一种循环的过程中文本便被标准化了。这些不断重复的范式使受众消费者形成条件反射，他们只会寻找那些让自己感到熟悉、舒适，尽管是无想象力的重复的满足。阿多诺认为，这些满足源于受众的特定心理需求，特别是附属于主导社会结构的那些需求。阿多诺在别的著作中也声称，流行音乐使受众堕落，变得惟命是从，或者说投降；可能要么逃避生活中沉重恼人的一面（节奏服从），要么完全沉浸在文本的情感世界中（情感服从）。

法兰克福学派关于社会世界和文化现状存在一定的悲观论调，并经常被引征。不过，阿多诺和霍克海默确实都提出过可能的解决办法，只是都没跳出19世纪文学理论的浪漫主义和黑格尔理想主义的樊篱。具体来讲，阿多诺将自由置于辩证冲突的缝隙之中，这在艺术的复杂形式中最为明显。主流意识形态（或虚假意识）可能遭到不必与主流经济结构同谋的某种艺术形式的挑战。因此，艺术与文学不同于流行文化产品，它们与现实保持距离，因此能够揭露经济与主流社会形态的严重缺陷。于是，虽然卢卡奇批评说，现代主义文本反映了当代生活的异化条件；阿多诺却赞扬说，这些先锋派艺术挑战了正统，创造了“否定的知识”。现代文本的实验之所以被视为真实，正因为它们与现实保持距离，正因为它们试图重塑和重构那种现实。阿多诺主张，艺术至关重要之处，就是要让受压迫者意识到他们生活的真实处境，并使他们愤怒。如普鲁斯特、贝克特和勋伯格等人的现代主义作品，无论从内容上，还是从形式上都为阿多诺展示了现代社会中异化的权力。这样，艺术作品便将个体对异化的主观体验客观地呈现出来，创造了反抗与变革的新的可能性。

瓦尔特·本雅明与机械复制

瓦尔特·本雅明在其著名的文章《机械复制时代的艺术作品》（1977年版，原著于1935年）中与阿多诺的多数作品持相同观点，认可艺术在社会批判及文化中的重要性。但是本雅明不像阿多诺那样，对新技术及其传播模式如广播、电影、电话、留声机等全盘否定。事实上，本雅明颠倒了阿多诺的看法，认为新技术将艺术从资产阶级的占有和控制中解放出来。因为现在的艺术可以被机械复制并大批发行，所以必须重新思考有关艺术真品和孤本的观念。观众可以穿越国界，跨越社会樊篱，同时欣赏电影或照片。

本雅明的理论在电影和近来的文化研究领域具有很大的影响，特别是因为这些理论呼应了扎根于普通人日常生活的平等主义诉求。本雅明提出，一件艺术品的“氛围”（aura），亦即将艺术品与其观众的日常生活区别开来的独特神秘力量，被其可复制性、不可挽回地破坏了。在大量发行和大量消费面前，文本的权威（即作者）与仪式化的审美完整性不可能保留。

本雅明认为,对仪式的解构和氛围的消解将文本放逐给消费层面的政治。因此,虽然阿多诺始终认为艺术客体的内容和形式保留着政治承诺,本雅明却在消费行为中看到这种承诺;虽然阿多诺担心文化工业的力量可能为顺从的受众创造一些标准化的文本,本雅明却认为,资本主义本身才是导致自己灭亡的可能条件。

因此,意义不是一种生产方式的偶然作用,而更像一种参与性的过程,将生产者、文本和观众卷入其中。一旦意义从资产阶级仪式的局部控制中释放出来,文本的革命潜能便释放给了受众。本雅明对意义的思考方法与韦伯主义、符号互动论以及现象学的兴趣类似,也对日常实践和人类创造自身自由的潜能提供了一种更为乐观的视角。从更实际的意义上说,本雅明将这种潜能赋予文本写作者与电影创作者:他们虽然受到自己所处历史环境的制约和限制,却有能力把思想从支配性经济结构中解放出来。本雅明也像布莱希特一样,主张社会主义艺术家和作家实际上应该变成"生产者",才能为整个文本创作的过程承担责任。因此,一个艺术家应该使用正确的"技巧",积极地革新文本生产;但是,这些技巧往往从属于那个时代一系列复杂的联系、影响和局限性。

路易·阿尔都塞与结构主义马克思主义

从俄国文学的形式主义到法兰克福学派,也包括社会主义的第二国际和共产主义的第三国际,马克思主义不断审视自己的经济学和科学理性主义来源。于是,学者们逐渐对作为上层建筑之一种的意识形态在普遍的文化框架内发挥作用的方法更加着迷,这成为他们对经济基础—上层建筑模式研究兴趣的补充。路易·阿尔都塞(1918—1990 年)与其他许多西方马克思主义者不同,他决心从内部反思法国共产党结构和意识形态的重要问题。因此,阿尔都塞对批判性文化研究发展的重要贡献来自他以"科学方法",特别是通过 20 世纪 60 年代正转向本质主义和现象学对立面的法国哲学的视角,重新表述马克思的历史唯物主义。但正如格里高利·艾里奥特(1994)指出的,矛盾的是,阿尔都塞革新马克思主义结构主义的努力却成为后马克思主义思潮的温床,这种思潮在 1968 年小规模冲突的革命失败后占领了巴黎的知识生活。阿尔都塞对马克思主义规则的修正以其突出的折中主义为特色:

> 阿尔都塞对历史唯物主义的革新抛弃了……黑格尔的传统,与自成一家的体系决裂,恢复了与非马克思主义(甚至反马克思主义)传统的对话,吸收了尼采—海德格尔,还有斯宾诺莎—巴士拉式的主题,与凯尔特哲学文化的更广泛潮流相互交叉,与克劳德·列维-斯特劳斯,或者雅克·拉康、米歇尔·福柯,或者雅克·德里达等人名联系在一起……集结在……反人本主义理论的旗帜下。(Elliott,1994: viii)

超决定论

在反思马克思和恩格斯的经济基础—上层建筑模式时，阿尔都塞借鉴了弗洛伊德的"超决定论"(overdetermination)概念。于是，虽然马克思和恩格斯将经济视为上层建筑(一个人群的社会和文化特征)基本的决定要素，但阿尔都塞却设想，上层建筑即使与经济基础一致，也可能独立地发挥作用。在《保卫马克思》一书中，阿尔都塞提到列宁的一个问题：为什么社会主义革命会发生在俄国，俄国并不是最先进的工业国家(而马克思曾预言革命会在那里发生)。阿尔都塞的回答是，革命并不完全由经济决定，而要与那些丝毫不受经济控制的重要文化特征相呼应，例如民族性、传统、历史、国际事件和历史的"意外事故"。经济与"社会形式的多个层面和情况"共同起作用(Althusser，1969：101)。

于是，超决定论指的是组成社会形式的一系列复杂元素和关系。经济也许是这些复杂生活形式的最终决定者，但是它不会也不能独自发挥作用。它必须与社会生活中的其他元素互动，并将自己融入其中，成为超决定模块中的一部分。对阿尔都塞来说，这些社会构成可以大致归为三个层次：经济、政治和意识形态。在某个特定历史阶段，某一层次可能比其他层次影响力更大，更能起决定性作用。阿尔都塞的论题明显修改了马克思经济基础—上层建筑的原创概念，开创了一条更加深思熟虑的途径，用来分析语言和象征化的影响。

值得注意的是，阿尔都塞将自己的马克思主义科学分析区别于黑格尔的辩证法。他认为黑格尔的辩证法过于极权和一律。阿尔都塞对黑格尔的解读是非常重要的，因为这为他自己确认经济基础和上层建筑之间矛盾与复杂的关系提供了基础。阿尔都塞认为，黑格尔将历史视为由单一观念统治的实体阶段。这种单一观念来自至高无上的精神律令，这是意识本身最抽象的形式。也就是说，一个历史的阶段只能通过一种抽象的哲学或者宗教的意识了解自己。这种内在的、神秘的知识必然会建构起那个时代的"意识形态"(Althusser，1969：103)。阿尔都塞将黑格尔的历史观与他自己关于经济基础—上层建筑关系的马克思主义理论相互对照。他认为，黑格尔对历史阶段的观念必然是一元的，是由一种带有至高无上观念的显著因果性所控制的。阿尔都塞响应了安东尼奥·葛兰西(见下文)的观点，拒绝这种一律和极权的历史观，也反对某些马克思主义者的机械论或决定论；那些人把历史和社会变革想象为意志的线性和简单的作用。

因此，阿尔都塞力求为复杂的社会联系寻找一种解释，尽量避免对社会形成做过于同质化、一律或者简单的构想。事实上，他小心地规避一些概念，如"社会系统"(这个概念意味着结合的一律和层级)、功能主义与合作(这个概念既是虚假的，也过于顺从)。他承认，社会构成是一种人、要素和结构的集合，是对结构内部等级关系建构过程的一种解释，不能降低为单一的原因。阿尔都塞为研究压迫和解放提供了许多视角；而他的"意识形态"观念为批判文化研究的发展提供了最重要的分析概念。

阿尔都塞的意识形态

阿尔都塞发展出意识形态的概念,是为了将那些作用于各类社会构成的复杂而矛盾的联系更全面地结合起来。虽然这个概念已经被近来的英国文化研究改造了,但阿尔都塞对这一概念的使用却相对一致,始终强调一系列思想在社会结构内部起支配作用的能力。特别是,他将意识形态确认为一个实践和再现的"体系",人们借以"想象"他们生活的状态:"我所说的实践通常是将起决定作用的既定原料转化为确定产品的过程,这种转化是由确定的劳动力采用确定的生产方式实现的。"(Althusser,1969:166)然而,实践并不仅仅是指劳动力和生产方式,实践可以转变政治生活的许多方面;而意识形态实践可以把人的关系转化为社会构成的普遍条件。

那么,或许意识形态最好被理解为"个体对其现实存在条件的想象性关系的一种再现"(Althusser,1971:152)。换句话说,意识形态是指那种方法,它使我们不是生活在现实条件中,而是生活在话语和文本再现生活的层面中。我们的想象通过"上层建筑"而被鼓动,它让我们相信自己的生活比实际上要好。这一观点很重要,需要我们认真思索。因为现实与想象的关系始终是文化研究的重中之重,特别是它结合了语言理论的重要领域。阿尔都塞提出了一个问题:为什么现实条件竟有再现的需要?为什么不直来直去?他对意识形态观念的答案超出了机械论的解答(例如,可能简单地说,有权阶层设置这些意识形态就是为了控制无权的人)。阿尔都塞却认为,事实上,意识形态在社会构成的各个层面都发挥作用,同时影响着统治阶级和被统治阶级的实践、想象及信念体系。

因此,意识形态构成了一个"封闭"的系统:没有任何距离可以免受其影响,除了用科学的、分析的马克思主义话语,便不可能确认"现实"。"想象的关系"这个观念是关键的,因为它限制了出口和保持一种批判性距离及认知的可能性。我们不能解释人的想象和他们实际处境之间的关系,因为二者之间的通道也是想象的和再现的。于是阿尔都塞(1971:155)建议,必须用另外的问题来取代解释的问题:为什么再现毕竟是必要的?这些想象的本质是什么?在文本研究中,阿尔都塞运用了"有问题的"(problematic)这一概念,文本会借此根据意识形态来架构和组织它的思想。事实上,一个文本的问题性一定会根据它所包含的信息(回答文本提出的问题)和它没有包含的信息起作用。马克思主义分析者的职责就是阐明这些被包含和被排除的信息,揭示建构文本的意识形态手段。

主体位置

因此,阿尔都塞对意识形态概念的使用至少在一个非常重要的方面不同于马克思。对阿尔都塞来说,意识形态不像马克思认为的那么"虚假",而是建构了一种对存在的现实境况

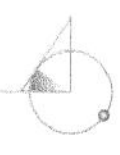

的“误认”。在这个层面上，意识形态将有关世界的重要信息和知识还给再现性文本的读者/观众。通过这些信息，读者/观众在很大程度上“被创造”或至少“被定位”。在其著作《意识形态与意识形态国家机器》(1971)中，阿尔都塞指出，意识形态质疑将具体个人视为具体主体的方法。换句话说，通过接触再现文本所创造的想象世界，个体才被有效地转变为意识形态主体。如果接受了文本对他/她的定位，那么对主体来说世界就可以理解了。在许多非常重要的方面，文本都会提供给主体各种各样的资源，这对于他们理解自己和世界都是必要的。但是主体和世界都只能以再现和“想象”的方式存在。

此外，与德国理想主义者和浪漫主义哲学家不同，阿尔都塞将个体的形象及其主体性表现为多元和“碎片”的构成。也就是说，人类主体不是单一的，是通过推理功能或由精神本质构成的。不同的再现形式创造出不同的主体位置；主体通过阶级、性别、种族和社会地位遭遇各种各样的意识形态和形形色色的主体位置。例如，阶级并不是一个单一的、固定的条件，不能被客观地描述；而是通过一系列的再现过程建构而成，主体据此确认某种现实。这种阶级认知或称阶级意识是由意识形态塑造的，而意识形态必然会在对生活的想象与生活的现实之间制造鸿沟。因此，由于这些鸿沟存在，也由于新的替代性再现形式不断展开，主体及其意识只能是部分的、不完整的，会阻碍任何完全整合的企图。

意识形态国家机器

阿尔都塞处理意识形态方法的主要问题已被详尽探讨(特别参见 Hall, 1982)。但是，我们还能通过突出他在部署这一概念时两种或多或少难以调和的目的来总结其困难，具体如下：

1. 意识形态被理解为个体对其现实存在的状况与想象关系的再现。所以，世界是再现的旋涡，主体在再现中被无法逃避的象征秩序一次又一次地重置。在这个层面上，意识形态建构了一种基本的过程，个体生活在这个过程中，并以此理解世界。

2. 意识形态由上层建筑产生，而上层建筑与超决定的条件相关。因此，阿尔都塞的政治立场是寻求确认再现的作用，不仅确认再现背后的现实，而且要澄清这个问题：为什么要再现这个世界？他的马克思主义的科学分析成为唯一有效的工具，闯入想象与现实的意识形态纽带。在这个层面上，意识形态就不仅仅是想象、碎片化或者误认了。意识形态是系统化的压迫模式，这种压迫通过重要有力的社会和经济“器官”发挥作用。

阿尔都塞的著作之所以在文化研究领域影响最大，主要因为他对意识形态的第二方面概念。阿尔都塞对意识形态国家机器的说明尤其具体：这是通过经济资本主义的主导语境推广并散布的各种意识形态。如上所述，超决定的过程通过家庭、教育系统、教堂、大众媒介等机器形成。这些机器无所不在且十分有效地推广并维护着统治秩序和权力寡头的利益。阿尔都塞和其他对意识形态的象征仿造感兴趣的马克思主义者都认为，意识形态国家机器起辅助的作用，常常导向采用威胁和身体压迫的社会控制。

对意识形态国家机器与更普遍的意识形态过程进行的分析和揭露不断成为文化研究的一个重要部分。许多学者试图将阿尔都塞理论整合为一个更连贯、更灵活的分析范式(参见Hall,1982；Laclau & Mouffe，1985)。特别是如下文说述，意识形态理论与葛兰西霸权理论的结合，使文化分析可以阐明一些更为重要、更为复杂的权力与权力关系的再现。例如，在电影《玩具总动员 2》中，我们也可以看出维护父权与资产阶级利益的意识形态。似乎是，即便玩具也有性别(对性类型的文化建构)，男主人公勇救女性受害者于邪恶。通过一个象征秩序，恢复了家庭及中产阶级价值观，告诉孩子们：女人和男人就该是这个样子。主体/观众被电影叙事中的意识形态安置在特定的身份之中，而这种安置和意识形态都明显地服务于媒介立足的公司 ISA，是它首先制作了电影。通过这种方式，资本主义、消费、工业卡特尔、社会阶层和固定劳动分工的正当性都得到了认可。少年观众们预见到了他们将被安置的生活：男女有别、阶级不同、受到限制和高度管理的社会秩序。电影的幻想作为复杂关系的解决方式和意识形态的力量，包围并挑战着主体/观众。

插图 3.1　印度的贫民窟游览

马克思主义、孟买与历史的终结

许多评论家相信，1991 年柏林墙的倒塌象征着“冷战”的结束，也象征着马克思主义的终结！特别是，全球经济自由市场理论(新自由主义)的鼓吹者们认为，随着苏联、南斯拉夫、波兰、东德等前共产主义国家转投资本主义阵营，马克思的社会经济实验已经分崩离析。随着中国、越南等现存共产主义国家融入全球资本主义经济，全球资本主义的霸主地位再一次得到确认。在弗朗西斯·福山看来，共产主义经济学的终结应该作为意识形态斗争和意识形态“历史”的终结而受到庆祝。

然而，庆祝也许为时过早。马克思曾经预言资本和财富会像水一样从高处流向社会底层。因为资本主义主要追求降低成本，以实现利润的最大化，所以它总会流向价格最便宜的劳动力和基础设施。这样看来，当今消费经济的基础正位于成本和劳动力最廉价的区域。自第二次世界大战以来，资本流向日本、韩国、中国台湾地区和东南亚其他地区，现在正在中国和印度开疆拓土。这两个人口均为10亿左右的巨大国家被视为21世纪的超级大国。它们的经济以每年10%左右的速度增长，事实上，世界上所有的廉价劳动产品(特别是纺织品)都是由这两个国家生产的。

然而，这些国家的大多数老百姓仍旧一穷二白、营养不良、没有工作。西方世界的幸福和慷慨都建立在赤贫人群的痛苦之上，而这一切却被第一世界国家商店里的丰富消费品和愉快环境所掩盖。孟买大量的贫民窟极少出现在西方广告中。即便有西方游客来探访东方的神秘情调，贫民窟的赤贫与恐怖也被转化为游客的好奇心——这又是一件为西方取乐的产品。

解放与文学

阿尔都塞式的分析存在一个问题：意识形态似乎过于成功，很少存在可以脱离其控制的空间。但是，艺术和文学可以在某种程度上创造一个批判的距离，使主体至少能够部分地脱离意识形态想象的控制权力。当然，伟大的艺术作品都从属于那个时代占支配地位的意识形态。但是，想象的生活条件与现实之间的关系本身虽然也是“想象的”，但却能或多或少破坏意识形态的坚固性，让我们“看出”意识形态来。阿尔都塞的文章《一封论艺术的信》(1971)为皮埃尔·马歇雷的文学理论大纲提供了分析范式。马歇雷不是将文本视为自主的和完整的(独一无二)的人造物，而是将其视为“产品”，是很多交错的过程和元素的产物。这些过程建构了一种社会的“无意识”。阿尔都塞解释说，意识形态的作用，通常是包容社会矛盾，将它们转化为一种表面的和谐、常识和自然主义的现实观。马歇雷认为，然而，一旦意识形态被审美化了，那么其中的不一致、罅隙和矛盾就会再次显露出来。特别是，那些服务于意识形态利益而“缺席”(被排除)的信息，以及文本中的缺陷等，都可被批评家们用于阐释他们的论点。因此，分析的职责不是掩盖罅隙和文本中的缺失，而是揭示它们及其意识形态根源。

安东尼奥·葛兰西

追随马克思的社会理论家们提出的一个重要问题是：被统治阶级明显乐意地与压迫他们的方式合作。自由主义社会学家马克斯·韦伯(参见第2章)在其关于官僚制度和资本主义的探讨中猜想,现代社会的许多象征性活动都服务于经济和政治的合法性;阿多诺认为,流行文化及其机构总是有意识地追求控制受众的“思想”;阿尔都塞则显示,主导意识形态能够转移人们的想象和实践,让人们远离现存的状况。虽然马克思主义确实非常关心暴力、威胁和社会高压的问题,但同样确实是,“左翼”传统也一直在苦苦思考这样的问题:尽管财富分配的不公平显而易见,常常也很无情,但明显的共识又使资本主义不断发展。

霸权

安东尼奥·葛兰西(1891—1937 年)的理论被改造为文化研究,意在克服阿尔都塞意识形态理论的局限性。斯图亚特·霍尔(1982)与伯明翰当代文化研究中心的其他学者(参见第 4 章)认为,葛兰西的理论是分析意识形态与权力作用的更为灵活的一种方法,具有特殊的价值。葛兰西将国家的高压与合法化视为理解共识与合作建立的关键。葛兰西是革命者、意大利共产党的创始成员,他将领导权或称“霸权”作为其理论的中枢。虽然葛兰西自己在 1926 年被法西斯分子关进监狱,但他认为,国家和其他霸权机构不能靠暴力或高压来控制反对和挑战权威的行为。社会秩序维持或共识的维系是通过“策略地管理”而达到的。葛兰西有一个观点后来被阿尔都塞采用,即他强调社会精英通过将本阶级的私利普遍化来建立他们的领导权。这些私利被大多数人认可,因为大众将它们理解为自然的或普遍的价值(常识)。这种“霸权”将不同意见中立化,将他们的价值观、信仰和文化意义植入普遍的社会结构之中。阿尔都塞关于家庭、学校、大众媒介、法律机构等都是国家意识形态机器的观念,与葛兰西相信共识是通过大量散播价值观、信仰和文化实践而达到的两种思想形成共鸣。根据葛兰西的理论,西方民主社会中资本主义的稳定性和常规化是通过霸权条件的巩固而实现的。

有机知识分子

普适化并不是简单的高压或者强迫行为。在这个意义上,葛兰西将马克思的经济基础—上层建筑模式转化为(也是追随黑格尔的)马克思自己曾经思考过的模式:国家=政治社会+公民社会。在这个著名的公式中,政治社会指社会整体中的强制元素,而公民社会指那些非强制元素,它们会产生一定的条件,吸收并广泛传播价值观、行为和信仰。这种传播有一部分是通过葛兰西所说的“有机知识分子”实现的。葛兰西坚持认为,虽然人人都有智慧的潜力,但是只有特殊的人能够发挥知识领导的作用。所有社会阶层都产生自己的有机领导者,他们负责在群体或者阶级内部组织、协商、改革和散播价值观与行为模式。也就是说,有机知识分子可以通过给予“它同质性和对自身作用的了解”建构群体认同(Gramsci,1971:5)。

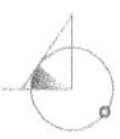

重要的是，有机知识分子要负责在其群体范围内"协商"共识并传播价值观。"协商"一词一方面暗含笼络、说服、胁迫；另一方面包括抵制、交战与不合作。其中自然也包含某种程度的妥协和改革，而且总是携带随时可能出现的暴力、迫害和镇压。统治阶级的经济利益永远是核心的议题，即便是潜在的核心议题；但是这种利益可能通过许多策略来实现，包括向个人或群体许诺会立刻或在未来实现他们的愿望。这种葛兰西所说的"妥协均衡"(compromise equilibrium)虽然可能会给人尘埃落定的印象，但也埋下了挑战和反抗的伏笔。

事实上，霸权永远不可能完全消除不平等的权力和报酬产生的差异。在资本和帝国力量流向非欧洲国家的过程中，霸权可能会激起矛盾的反应：一方面是武装反抗压迫的运动；另一方面是模仿压迫者的政治特征及其制度。胡志明领导的民族起义导致了"越南战争"，起义本身就围绕着一系列军事主义、民族主义和行政程序，这些都是从法国和美国占领者那里借鉴并改造过来的。另外，共识也可能通过妥协均衡进入更清晰的协商，从而避免武装冲突。如在澳大利亚、新西兰和加拿大等英国殖民地，均衡是通过长时间缓慢但是持续的权力下放而实现的。统治集团虽然失去了对殖民地的直接控制，但是其经济利益毫发未损。换句话说，"协商式领导"维护了压迫者的利益，同时又给被压迫者当家做主的感觉。

葛兰西与文化研究

压迫不一定就会带来反抗。葛兰西曾经自我定义为"传统知识分子"——在有机知识分子的阶级利益之外，可能保有一定程度的历史连续性，或者说批判的距离(Gramsci，1971：7)。但是，这种区分最终证明并不令人满意，而葛兰西对改革的期望最后也落在了工人阶级有机知识分子的形成上。雷蒙德·威廉姆斯(参见 1981：214～217)是英国文化研究的创立者之一(参见第 4 章)，他采用霸权理论来分析更广泛的文化和媒介现象。威廉姆斯试图拓展葛兰西关于知识分子的观念和在整个文化领域的反抗潜力。在威廉姆斯和其他对大众媒介文本感兴趣的文化评论家看来，葛兰西的霸权理论为阐明权力关系提供了一个马克思主义的框架；但却缺乏经济与生产方式理论的远见卓识。知识分子可以通过与媒介文化的消费者产生的生产关系组织起自身。不像阿多诺的分析那样对流行文本之意义强加嗤之以鼻，对其代表的工具理性与制度化结构不屑一顾，威廉姆斯所采用的葛兰西对待文本的方式承认文本有更多的"意义协商"空间。流行文本不单单是压迫和对文化的竭力控制；文本消费者在文本与文本意义作用方面有更大的话语权。

同样来自英国文化研究阵营的斯图亚特·霍尔(1982)则提出，葛兰西的霸权最终是比阿尔都塞的意识形态更为有效的一个概念。霍尔认为：阿尔都塞的意识形态与葛兰西的协商霸权相比，反抗和能动的空间都较少。而在反抗和能动的任一方面，葛兰西的霸权观念都为"上层建筑"广泛主导的复杂内部交换提供了有用的洞见。它提供了那个马克思原著中所缺乏权力集团和机构控制始终不完整的重要领域。因此，文化不仅提供了压迫的手段，也提供了解放的工具。

所以,有机知识分子可能从任何社会利益集团或社会运动中涌现出来,因为人们组织其日常生活的"常识"基本上根植于流行文化。葛兰西寄希望于工人阶级有机知识分子的反抗,但是文化研究却扩大了这种解放主义的范畴,特别是通过认同建构与其他形式的流行文化政治的拓展。文化研究承认主体定位,承认通过再现形成身份认同的方法和大众媒介的集中作用组织及理解日常生活的重要性,它一直将注意力聚焦于通过权力与反抗的复杂关系进行意义协商的各种方式。如斯图亚特·霍尔(1996)自己承认:在许多方面,文化研究知识分子是在寻找与他们所研究的寻常人们日常实践的共同基础。他们试图从被压迫阶级的声音中提炼出理论,以帮助他们疾呼。换句话说,在意义生成的激烈竞争中,他们希望自己成为引领抗争的有机知识分子。这类著作包括朱迪斯·威廉森有关广告的研究(1978)、戴维·莫利对新闻与时事节目的研究(1980a),以及托尼·班内特等人关于热门电影的研究(1986)。

科学、语言与批判理论

马克思主义知识传统对文化研究的影响一直显而易见,特别是经过激进社会学、女性主义、伯明翰当代文化研究中心和各种后殖民主义理论变种的洗礼之后。在这个淘汰的过程中,尤其是在葛兰西和阿尔都塞的影响下,马克思主义课题的主要关注由经济政治转向更普遍的文化政治。但即便如此,对语言和象征意义的极大兴趣仍然引导人们对新的马克思主义工程提出更持久的质疑。通过对文化理论的广泛扫描,我们可以总结出如下这些来源的理论挑战:

1. **政治场域的碎片化**。马克思主义对阶级的集中关注过分强调了社会构成的辩证或者二元思考。以令人无法接受的狭义界定解放,忽视了对妇女、被殖民者、少数民族、同性恋者、残疾人和其他社会亚群体的解放诉求。

2. **研究兴趣向大众文化与消费愉悦延伸**。马克思主义对资本主义的谴责,尤其是像阿多诺那样的理论家之过分严厉,倾向于夸大普通人在日常生活实践中的脆弱性。米哈伊尔·巴赫金(1984)提供了某种洞见,将"嘉年华"或民俗文化看作人们愉悦的场所,甚至看作对秩序和控制所体现的支配理性的各种潜在反抗。这些当代文化中的愉悦和消费实践引导许多社会改革者寻求理论的解放之道,这些理论包容而不是全盘否定了"资本的实践"。

3. **后结构主义的挑战**。后结构主义和其他晚近语言理论(后现代主义、话语理论、阅读理论等领域)的发展,抛开了根本性或实质性的绝对真理观念,从而挑战了马克思主义与自由人文主义的唯物主义与理性基础。

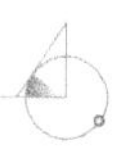

于尔根·哈贝马斯：批判理论与交流行动

我们在稍后的章节中会以他们的术语继续探讨这些理论挑战。不过，来源于马克思主义的分析如何试图抵抗或者吸收这些理论挑战，也很值得研究——因为它们引导了批判研究的新阶段。于尔根·哈贝马斯通常被视为"批判理论"的第二代，因为他的理论直接源于马克思主义的分析模式。哈贝马斯虽然不是第一代法兰克福学派的同龄人，却致力于延伸和发挥马克思主义的课题，将现代社会的主要缺陷视为"缺乏自由"。在《历史唯物主义的重建》(1975)一文中，哈贝马斯解释了他研究马克思主义的主要困难：马克思主义对社会现代化中缺乏自由的问题阐述不够。特别是，哈贝马斯挑剔说，马克思对历史与经济演变的假设是线性和决定性的。事实上，在哈贝马斯看来，现代社会的进步和上升一直很难预料。为此，哈贝马斯像其他大多数批判理论家一样，抛弃了阶级斗争是革命之源的观念，代之以对个体、群体自由和新公共领域形成的重要意义更广泛的称颂。

哈贝马斯(1983)认为，尽管如此，从纯粹的马克思主义方案撤退便意味着从现代性及其未完成的任务撤退。在与法国后结构主义哲学家让-弗朗索瓦·利奥塔的一次重要辩论中，哈贝马斯提出，将现代的理性任务从改革中滤除，将使当代社会条件无法招架不断产生的压迫模式与社会失序。哈贝马斯与利奥塔之间的辩论主要集中在两位理论家对语言、真实与社会批评所采取的不同方式。后结构主义学者相信，所有真实都是通过语言的中介而形成的，因此，并不存在绝对的或普遍的真实。社会批评的问题之所以是开放的，是因为没有一种批判立场是根植于真实之中的，批判只能存在于没有真实根基的批评家的视野之中。与之相反，哈贝马斯主张，一种由理性获得的真实及其批评，既是可能的，也是可喜的。哈贝马斯坚持认为，一种由理性获得的真实始终是知识的最高目标，但是对于后结构主义与后现代理论的着迷，将使哲学与社会科学遭到政治和知识投降主义(若非保守主义的话)的大量责难。

虽然哈贝马斯的结论仍大有问题，然而，他发现的后结构主义对马克思主义目标一致性的挑战却是重要的。而且在过去20年中，这一直是各种理论观点争议的焦点。哈贝马斯的乌托邦主义企图将语言理论的许多方面与更传统的历史唯物主义形式结合起来。虽然他是从韦伯的现代性理论出发的，但却拒绝这样的观念：将意识作为现代主义真实的核心特征，说意识是最终感知和认识现实的先验统一体。对哈贝马斯而言，批判理论(尤其是阿多诺和霍克海默在其著作中表达的理论)的局限在于他们依赖黑格尔/马克思的辩证模式和先验认识论。因此，哈贝马斯想要为批判理论恢复一种有基础的、绝对理性真实的力量，从而为一个更好的社会指明方向。

正如我们记得的，法兰克福式意识理论的主要焦点在于主体(从事认识的个体)与客体(被认识的外在现象)之间的分离。解决主体与客体之间的关系，首先通过**认知(cognition)**，在这个过程中,客体以真实的形态呈现在主体面前;其次经过**行动**(**action**),在这个过程中,客体通过主体将做的事情发生转变。这些功能都只能在自我维持的语境中实现。于是,认知与行动包含着"适者生存"的心态,为获得控制权而竞争。从韦伯到法兰克福学派,关于社会的各种理论似乎不断加强这种悲观的看法。然而,哈贝马斯企图建构一个更为乐观与务实的社会视野,它独立于先验意识的观念,也不依赖于权力关系(控制与操纵)。类似舒茨现象学的"主体间性"(intersubjectivity),哈贝马斯也创造了一个虽然没有统一意识,但围绕主体间的沟通建立的共识概念。这种"主体间性"通过一种中介的现实而形成,而这种现实则必须通过人类的沟通行为才起作用。这里的关键在于集体构成共享的现实,包括附着于认知与行动过程的意义。交流行动变成人类"真实"价值的中心主题:

> 倘若我们假定人种是通过社会成员之间的相互调整行动得以延续,而这种调整必须通过沟通(在某些中心领域,必须通过意在达成协议的沟通)而建立;那么,人类的绵延也需要满足沟通行为所固有的理性条件。(Habermas,1984a:397)

理性一直是哈贝马斯现代性理论的中心,同时也是乌托邦主义的焦点。对此哈贝马斯认为,理性将使现代性超越绝望的界限。于是,哈贝马斯用韦伯的术语思考现代性,认为它区分了科学、道德与艺术,使之成为相对独立的领域。各种领域的前进、"完善"与整合,并进入普通人的日常经验或生活世界,标志着现代主义方案的完成。韦伯从来没有提供过这些领域能够达到完美的手段;但是哈贝马斯解释说,公共领域中交流行动的理性与解放必定会为人类的真正解放提供各种适当的条件。

然而,这种理性并非"工具"理性,或者如韦伯所说,是技术理性,亦即来源于制度、经济与官僚机构,并始终冒着国家意志强加于解放潜力风险的理性。因此,哈贝马斯遵循韦伯对工具理性和沟通理性的区分:沟通理性大多直接作用于日常生活世界的实践和再现。也就是说,哈贝马斯的沟通理性是文化与文化交换的场所。这个公共领域有助于真理或正确主张自由地表现;它们也经常被挑战、被修正,而这一切都是为了产生共识的、理性的真理效果。在理想的环境中,这种自由的交换最可能产生使艺术、科学与道德变得完美,进而为人类解放提供"理想言说情境"的条件。这种理想的言说情境有效地超越了历史,因此,它的目标是普适的。哈贝马斯向我们保证,人类将自然地、不屈不挠地寻求用语言再现他们自身及其文化;而这些再现是社会的基本构成。当然,生活世界受限于特定的历史语境,但是在"发展的动力"下,周围环境必然被推向语言的最高理性,形成一种理性能够表达的条件。因此,在特定的语言互动的规定之外,理想的言说情境就变成了一个普遍理想。

哈贝马斯有关社会和批判理论的种种看法,在他的写作生涯中似乎已经出现转型。有些评论者甚至质疑"马克思主义"的称号用在哈贝马斯的理论上是否合适,特别是因为他已经离开经济基础—上层建筑模式,而转向一种更倾向于语言的行动理论。的确,哈贝马斯已

经极为明确地宣称，工人阶级政治的观念必须产生一种更为复杂的政治与科学话语集合，尤其因为它们是围绕“公共领域”的观念，围绕交流、“象征互动”和语言等普遍化的观念建立的。表面上，哈贝马斯似乎接受了那些后结构主义的语言理论，将语言置于文化的中心，认为社会代理人与意识形态已经瓦解。然而，哈贝马斯始终坚持自己的观点：沟通是历史地仿造的(如果不是必然的话)一种理性。他将历史置于马克思主义辩证法的因果结构之上，但他的视野始终以科学话语的逻辑为中心。“现代科学……被通过不受限制的讨论才能保障的客观与公正的理想所统治”(Habermas，1987b：291)。利奥塔(1984a)对这个观点提出辩论，他认为，现代科学是一种具有立场而且自我合法化的叙事，在许多方面可以与文学或政治叙事相比较。

第4章 从英国文化研究到国际文化研究

导　论

20世纪六七十年代发展出来的风格鲜明的英国文化研究与两种重要且相关的张力有关：首先，英国文化研究，特别是伯明翰当代文化研究中心(BCCCS)对当代文化的阐释和实践，致力于从“大众”和“消费”文化中将“流行”文化突出出来，作为文本模式及日常生活实践加以研究。这种辨别流行文化的需求来自英国和欧洲知识分子赋予高雅艺术优于大众或底层艺术的传统。其次，英国和德国的浪漫主义对教育和学术实践的发展发挥了极大的影响。例如，在人文学科和自由人文主义形成时期，浪漫主义美学标准主张，文明与意识的提升只有通过音乐、艺术和文学等成熟的形式才有可能实现。

我们已看到，马克思主义美学中的黑格尔主义传统也指望高雅艺术能将人从压迫、意识形态和智力局限中解放出来。然而，广泛吸收了社会历史、人类学与芝加哥派社会学语汇的英国文化研究却深深感受到浪漫主义传统的精英主义之困扰。研究文化需要广泛结合任何一种可能是象征活动的领域，消除社会“价值”与政治解放只属于复杂智力与美学形式独特领域的观念。吉姆·麦圭根(1992,1996)认为，英国文化研究的形成与大众文化、日常文化至少也是息息相关的，倘若不是为其大唱赞歌的话。这种流行观直接挑战了将大众艺术定义为“低俗”、“大众”、“商业”或是“消费主义”的艺术批评。之所以要设计“流行”这个概念以

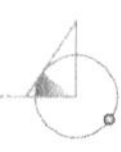

取代那些轻蔑的绰号，就是要消除高雅与低俗文化分野背后潜藏的假设。

支持英国文化研究发展的第二种张力直接源于对文学和批评传统的挑战。法兰克福学派对大批量文化生产的悲观论调与其他一些更倾向于人类学的“人民的艺术”观点之间的区别，给英国文化研究的实践者提出了重大的理论挑战，特别是当他们力图为解读文本及更广义的文化建构一种批判性框架的时候。正如格雷姆·特纳(1996)指出的，文化研究理论和实践的主要问题的确与自由和能动的问题直接相关。一个人的主体性在多大程度上才是自由的、是可以独立思考与行动的？又在多大程度上是由制度与结构的权力所决定的？英国文化研究为上述问题提供的多种答案根植于多元且常常对立的历史。

在现阶段，重要的是注意到：本章对一种民族性类型(**英国**文化研究)的强调，只是在围绕雷蒙德·威廉姆斯与伯明翰中心众多学者的著作发展而来的某些非常独特的态度和特征的意义上才是合理的。克里斯·罗杰克(2003)提出，一个独特的不列颠(British)文化研究，或者更确切地说，英格兰(English)文化研究[①]，是一个清晰可辨的历史产物：它产生于本国的历史、知识传统和文化在特定政治与政策环境中相互作用的条件。无论在哪种情况下，威廉姆斯和伯明翰中心的学术遗产都为英国文化研究的国际化以及它被纳入更广泛的全球研究领域奠定了基础。

文化研究的文学之基

F. R. 李维斯

19世纪，英国成为主导世界的工业和经济强国。然而，在之前几章我们也看到，工业化产生的巨大财富没有被恰当分配，许多英国人民还生活在水深火热之中：贫穷肮脏、环境污染、社群断裂。浪漫主义文学成为对现状的一种回应。柯尔律治、马修·阿诺德和托马斯·卡莱尔等兴趣各异的作家却努力创造一种共同的理想主义新形式，基于人性准则、美学和形形色色文化改革主义的政治。他们与包括狄更斯在内的同时期其他社会改革人士都相信，人类的自我救赎只能通过理性与艺术想象来实现，二者能促进一种上升的“文化”或“文明”的形成。

20世纪初，伴随着普选权、公共教育和公民识字率的共同作用，这些理想似乎已经实现。第一次世界大战(1914—1918年)之后，在这样的语境中，剑桥大学录取弗兰克·李维斯(1895—1978年)和奎妮·李维斯(1900—1982年)的事件在两个方面值得注意：首先，它

① “不列颠”和“英格兰”都可被称为英国。——译者注

宣告了一个新的社会阶级,即中下阶级(小资产阶级)进入英国教育与知识生活的更高等级;其次,它预示着大学研究焦点和大学课程的重大转变。英国文学这门学科不再处于边缘,而成为自由艺术教育的核心。李维斯夫妇与当时其他一些青年学者为人文学科及更普遍的英国知识生活带来了一种新鲜的社会调查方式,即将社会知识植根于道德与审美的提升。正如19世纪浪漫主义诗人、学者阿诺德的断言:人文主义、自由主义和道德完善都能推进**文化**与文化知识——在阿诺德和其他浪漫主义者看来,“文化”是提炼智慧与纯化道德的结果。

此处“文化”的概念与我们在第一章中介绍的概念非常不同。浪漫主义对待文化的思路遵循德国哲学家康德的思想,认为文化是人类进化和“文明”的最高表现。“文化”这一观念来自“教化”(cultivation,德语是kultur),指人类通过理性、精神提升和审美成长,不断强化能力的过程。正是这种“文化通过高雅艺术来表达”的观念,产生了高雅艺术—低俗艺术的二元对立。当然,这种二元对立置身于一个社会等级制度中,它清楚地区分了:参与或没有参与高雅艺术文本(文学、哲学、美术品、古典音乐)生产与消费的人。精英圈外群体的艺术/表达实践,或者意义生成,自然不被承认。(见图4.1)

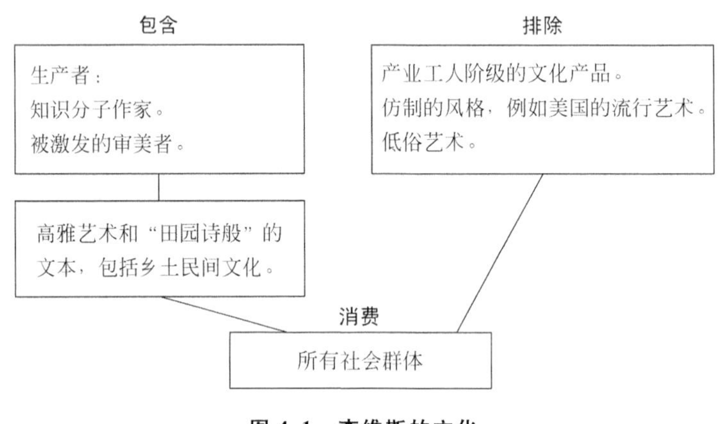

图4.1　李维斯的文化

从中下阶级进入大学的这批人似乎打破了这种二元对立。但关键的问题是,大学实体的扩大并没有导致更包容的文化定义;而只是使李维斯夫妇及其他学者认为好的、有价值的文本发行得更加有力、更加广泛而已。也就是说,文化并不要把下层阶级的意义创造囊括进来,而是要将中下阶级“收容”进来,让他们也成为附着于精英和高雅艺术文本的受众。19世纪浪漫主义改革者所倡导的公共教育现在为中下阶级提供了进入资产阶级文化的机会;而在此之前,他们是被排除在外的。于是,从20世纪早期开始,中下阶级被允许进入李维斯所称的英国文学文化的“伟大传统”及其升华的道德远见之中。

这个道德远见可以从以下几个方面来理解:

1. 它是支持自由人文主义规则的一种真正政治原则。李维斯式的浪漫主义试图解决

不断产生的异化问题。正如民主制度的设计是为了调和个体与集体的利益一样，浪漫主义和自由人文主义也试图将个体从当下的生活条件中提升出来，调和社会中每一个成员对整个群体的需要、利益和要求。共享的道德、审美和至高无上的知识，都会将所有人带入一个理性的群体中，互敬共存。

2. 审美是人文的，也是由社会秩序建构的。和经验社会科学一样，自由艺术的发展也是为了平衡当代生活中真实的恐惧。所谓的“伟大战争”(1914—1918 年)向所有“文明的”欧洲人显示：即便是他们拥有的进步科技和生活方式，也会转变为罪恶与血腥。文学、教育和批评过程所建立的道德，可以为大众打开艺术的视角，也必定能维护社会秩序。自由艺术将会帮助我们避免可能导向战争蹂躏、贫困与社会混乱的堕落与放肆。

3. 道德远见和自由艺术对民族及国家的意识形态都有重要贡献。李维斯的人文主义和他的“伟大传统”观念，都带有缺陷和可怕的仇外主义气息。李维斯建构的艺术理想通过最为乌托邦和英雄式的不列颠形象展现出来，深陷社群爱国主义。

4. 对现代生活的恐惧及战争的破坏性影响衍生出一种深深的虚无主义和绝望情绪。特别是在欧陆哲学中，战争的影响当然是最深刻的。李维斯的道德远见被视为一剂良药，解除对命运的屈服和对宗教信仰的放弃。

事实上，李维斯对“伟大传统”的描绘力图调和英国小说叙事中实质性道德与存在性紧张之间的关系，从而再现了现代主义更广泛的文化辩证法。在这个意义上，李维斯的著作代表了一种学术的出发点，将浪漫主义引入制度性的主流教育。但同时，它也是对过去的倾听。在哲学及日常否定论铺天盖地的压力之下，道德与精神理想主义的完美线索由此被理论化了。特别是，第一次世界大战和持续恶化的工业化给 20 世纪早期的常人和学者带来了巨大的恐慌与怀疑。存在主义哲学家克尔凯郭尔、海德格尔、尼采和萨特都力求打破浪漫理想主义的传统，不断提出强烈的质疑。上帝和道德终极指标的缺席激励了许多思想家。例如，受其影响，克尔凯郭尔区分了两类人：一种人会非理性且神秘地产生“信仰跳跃”(leap of faith)；另一类人则如他自己，从不相信神明。李维斯和其他英国文学学者似乎已经实现了那个跃进：尽管战争和行尸走肉般的存在带来了冲突和破坏性的经验，尽管上帝明显缺席，尽管 20 世纪早期的艺术家和哲学家们(也包括许多他们研究并尊敬的小说家)对死亡和无意义进行了铺天盖地的探讨，他们仍然相信上帝。

流行文化和李维斯传统

尽管李维斯夫妇及追随他们的学术共同体无疑在政治上都是温和派，尽管他们的文学研究新领域支持一种知识分子的乌托邦，但如果把他们定性为古怪或者完全保守的人，则未必恰当。晚近的学者在刻意将自己的解放性课题与未能欣赏流行文化重要性的知识文献做对比，力图与李维斯划清界限时，常常做这样的描述(如 Docker, 1994: 20～32)。事实上，弗兰克·李维斯和其他学者的确赞扬过后来一些英国文化分析者研究并大肆赞赏的民间文化。此外,李维斯对文本和文化形成的兴趣,以及他温和的乐观主义与政治人文主义,有时还被后现代文化分析不断重复。我们接下来将看到,后现代主义的特定领域(如查尔斯·詹克斯的美学)也构成了"信仰跳跃",即对人文主义与资产阶级美学的信仰,它将从对现代主义、表现主义、极简主义和存在虚无主义的恐惧中拯救人性。

大众文化与流行/民间文化

在第 2 章我们看到,社会学和文化研究的芝加哥学派发展出一种分析日常生活实践与文化的更包容、更多元且不太吓人的方式(参见第 2 章)。的确,这个学派试图阐明那些有助于文化形成的社会关系、经验和态度的复合体;然而,我们要记住,芝加哥学派倾向于采用新闻学与人类学的方法和思路,而他们的研究也倾向于调查了解特定一批亚群体:移民群体、都市化邻里和少数民族。无论是他们的研究方法还是理论参考框架都不倾向于芝加哥社会学家,亦即调查社会整体,将大量人群视为社会、民族和文化集体的倾向。当社会科学真的将注意力转向集群(如佩恩基金会的研究)时,常常伴随着某种疑虑感。佩恩基金会研究者提出的问题主要围绕大众媒介信息对个体市民安宁的冲击,例如,这些信息究竟如何影响了儿童对民主的敏感性、道德观念或者精神健康?芝加哥学派和佩恩基金会的研究都是以自由多元的意识形态观念设计的。二者都力求维护个人伦理、道德和民主制度;但是,这两个学派也都希望为推进繁荣和自由的意识形态作贡献,这正是围绕多数主义体制建立的持久意识形态框架。大众媒介的兴起和人们对媒介信息的强烈怀疑都可能构成对多数主义的威胁。实质上,多数主义是一种精密平衡的社会合成物,它将一个多样化的总体与同化了的美国主义民族精神结合在一起。

塔尔科特·帕森斯是一个知识分子,也是移民,他目睹过人类过度分裂与失序的最糟状况。他的理论之所以引人注目,或许可以部分地以各群体的这种不稳定组合、部分地以"冷战"衍生的动荡来解释。在任何一种情况下,帕森斯对社会秩序的关注与对复杂社会现象的实证主义描绘都代表了美国学界对同化个人主义价值观的更广泛承诺。帕森斯贡献了一套美国式的对流行文化的研究思路,既偏爱又怀疑,摇摆于彻底的恐惧与务实的承认之间。事实上,美国对大众媒介的分析存在两个重大的缺失:

1. 缺少对大众媒介意识形态与政治维度的研究兴趣。尽管法兰克福学派为大众媒介和意识形态的关系带来了关注,但是正如我们在第 3 章所见,他们的分析还是基于社会控制的观念和对抵抗的悲观描述。在许多方面,法兰克福学派呼应了佩恩基金会研究大众媒介的怀疑动机。

2. 至少在 20 世纪 70 年代之前,美国社会学和文化研究还没有发现流行文化与大众媒介的激进潜力。后来,有些社会学家,如赫伯特·甘斯(1973)提出了对大众文化—流行文化

分野的批判。其他社会学家，如阿尔文·古德纳(1976)则解释了意识形态是如何通过大众媒介技术与文本的兴起而不断被复制；这些多重的意识形态为另类社会思想与解读提供了机会。

甘斯是批评大众文化视角的第一批美国学者之一。大众文化和文化工业是由法兰克福学派提出区分民间、流行文化(人民的艺术)与大规模生产的商业(企业家为消费者生产的)艺术的概念。虽然民间艺术是正面的，而且产生了积极的和有创造性的价值，但大众文化却是公式化的、肤浅的、商业性的，并且具有道德、政治和艺术的瓦解作用。法兰克福学派和李维斯夫妇均谴责大规模生产的艺术，同时却颂扬民间艺术或者流行艺术。然而，甘斯却警觉到，这种区分存在根本的矛盾。他也警觉到，美国媒介研究中存在大批无法得出结论的发现。

> 一个……更为严肃的大众文化批评主题则控诉流行文化产生了对使用者的损害。一些特别的效果成为研究假设：因为流行文化提供了虚假的满足，并日益残酷地强调暴力与色情，所以流行文化具有情感的摧毁作用。再者，因为流行文化提供低俗和逃避性的内容，并抑制人类应对现实的能力，所以它也是对智力的摧毁。最后，因为流行文化损害了人们参与高雅文化的能力，所以它在文化上也是摧毁性的。(Gans，1973：30)

甘斯解释道，并没有确切的证据支持这样的观点：大多数暴露在流行文化中的美国人都变得"原子化、精神麻痹、残忍、逃避主义，或者说，无法应对现实"(1973：31)。事实上，他更进一步提出，对高雅文化与大众文化的批评，都来自于享有主流污染权的既得利益者。甘斯为流行文化所做的辩解否定了大众文化、流行文化与高雅文化之间的鸿沟，他认为三者之间是连续的，而且所有表达形式本身都是有合法价值的，都应纳入社会学的分析之中。

甘斯的相对主义将一个更广阔的范畴引入到美国的媒介与文化分析领域。然而，这种相对主义也为媒介批评提出新的问题，因为它使整个价值概念都出现疑问。甘斯的视角为大众媒介提供了一个当代文化分析中新的核心地位，因为他消解了那些总是将流行媒介视为劣等表达模式的二元逻辑。当20世纪英国文化研究发展之际，它也被迫面对相同的问题。换句话说，以伯明翰为基地的英国文化研究寻求通过以下方式调和存在于大众文化与流行文化之间的概念区分：首先，重新赋予工人阶级群体及其历史以尊严和社会价值；其次，消除李维斯与法兰克福学派分析范式中的精英主义；最后，采用从美国社会学以及社会历史学、语言学和人类学等诸多领域发展出来的提问模式。

即便如此，英国/伯明翰的思路仍然无法全盘接收甘斯等人提出的相对主义。特别是，它要忠于批判传统，以防止拥抱美国的自由多数主义。为了维持其批判特色，英国文化研究建立了，或至少再次确认了另一种分析的二分法：文化生产与文化消费。在消费层面上，英国文化研究打破了高雅艺术、流行艺术与民间艺术之间的隔阂。在这个意义上,"底层"、"大众"、"消费主义"、"商业"艺术等词被代以一种不含贬义的、通用的,不含等级的观念——"流行"艺术,即"人民的艺术"。对英国文化研究而言,重要的是意义生成的过程;这些过程将媒介机构与媒介消费者纳入一个特定的、由文化建构的传播语境中。换句话说,英国文化研究面临的挑战是:不依靠精英视角以及文本、读者与文化的简单概念,为批评与分析建立起一种新的前提。

文化主义与一种新的文化研究的形成

尽管威廉姆斯和汤普森与伯明翰当代文化研究中心都没有直接的联系,但是,他们的著作与该中心许多成员的著作都被视为形成一种新形式的文化探究的关键。根据伯明翰中心第二任主任理查德·约翰逊所言(1979),"文化主义"(culturalism)的概念能最简明地描述这种文化分析的新模式。约翰逊起初把这个概念应用于威廉姆斯、汤普森和理查德·霍加特等人的著作,意在说明一种对整个人文学科和社会科学都有巨大影响的特殊理论连接和分析模式。在这个意义上,文化主义是指:社会群体的行为和社会方式可以通过分析文本的生产和记录的实践来揭示。对今天的许多分析家而言,文化主义也包含着在对意识形态和霸权问题更广泛的研究兴趣,特别是当它们表现在流行文化中的时候。这种分析模式明显地体现在伯明翰学派成员的研究中,也出现在像威廉姆斯和汤普森等人所从事的各自形式的文化作品中。

伯明翰中心:概观

在审视伯明翰中心的发展过程中,某些名人对伯明翰式文化研究的贡献之前,需要概述伯明翰中心自身的起源和发展。伯明翰当代文化研究中心产生于英国社会、美学和文化研究旨趣与方向的重大转向。尽管李维斯范式在20世纪早期与中期一直处于上升地位,但是社会学、人类学和历史学研究也在寻找定义人类实践及意义生成关系的新领域、新思维。特别是受马克思主义影响的学者,正在寻找替代性的视角,来审视第二次世界大战后的社会:饱受犯罪折磨,被"冷战"紧张局势和核武器竞赛困扰,充斥着主张繁荣与秩序相辅相成的保守主义众声喧哗。但是,这种保守主义却酝酿着两项重大的社会运动:发达国家青年文化的兴起;工人阶级在文化与社会中上升为领导者。

由于从未发展出稳定的阶级体系,并且受多元主义和自由主义思潮的影响,美国政治反对形成以产业为基础的有力政党。但是,在英国和欧洲,由于有阶级辩论、批判理论和激进政治的强大传统,第二次世界大战后阶段成为英国和欧洲社会进步的重要契机。繁荣、保守

主义、年轻人口扩张(战后“婴儿潮”)、劳动力短缺以及由制造业向服务业的转变，都使得对教育和教师的需求激增。社会退化问题曾经导致第二次世界大战和“冷战”的发生，并通过强迫社会顺从的压迫性体制表现出来；而年轻教师和研究者的大量流入则带来了解决这个问题的新思想。这些年轻的教育者在质疑前代人社会价值观与思想有效性的同时，也赋予新的音乐与文化话语以合法性，从而影响了正在成长的新一代。特别是在20世纪五六十年代的英国，许多年轻教师都出身于工人阶级，他们对主流社会规范的特殊质疑导向对学术、批判性思考和一般教育问题的新思路。

当然，在20世纪早期，英国就存在对产业工人阶级文化与传统虽然边缘、但持续已久的关注。尽管李维斯范式一直将非知识分子精英圈的文化产品排除在外，但是社群研究领域和基于社群的艺术团体却把工人阶级的表达实践及模式作为一种民间文化形式加以长期关注。因此，虽然公共与学术话语的某些领域认为文化大都是同质化的、中心式的资产阶级现象，但少数学者却在为工人阶级及其社群树立一种独特的社会和文化地位。当代文化研究中心于1964年成立于伯明翰大学，霍加特是第一任主任。在研究思路普遍关注更为平等的文化、文化制度和社会实践的语境中，该中心在许多方面发挥了作用：它成为这种研究旨趣迅速发展乃至成熟的核心。似乎从一开始，该中心便在研究和表达当代都市文化、特别是工人阶级文化方面占据优势地位，因为它将大部分精力放在研究生培养和学术刊物出版上。

特别是在威廉姆斯和该中心第二任主任斯图亚特·霍尔的影响下，伯明翰中心脱离了美国社会研究的效果模式，这点非常重要。虽然莱斯特大众传播研究中心始终坚持统计及经验主义的研究方法，伯明翰的目标却是从人类学和话语分析的思路出发，探索文化和媒介的鲜活经验。莱斯特中心与伯明翰中心研究路径的差异很明显：莱斯特中心采用的是20世纪初在美国发展出来的传播研究模式。这种研究方法主要是科学的——研究者测量媒介信息对受众的认知与态度效果，测量方法则是科学、客观和量化的。然而，伯明翰中心从根本上把媒介视为意识形态与文化现象。媒介意义的生成过程本质上不可避免地是问题，而不是假设；但假设却是莱斯特研究方式的理论前提。受众、文本、生产者与文化之间的互动极其复杂，而且只能通过话语式的或民族志的方式来阐释，也就是说，通过诠释、基于语言的详细描述以及详尽的质化访谈与观察进行研究。

特别是，威廉姆斯和霍尔通过研究，将媒介视为一个政治过程和语言系统。伯明翰学者们受到法国语言学和马克思主义的影响，将文化视为语言和意识形态关系的传播复合体。文本、文本的意义和文化彼此相互作用，必然反映出权力与知识的社会性差异。特别是在霍尔的领导下，伯明翰中心及其学生发掘出一个不断扩大的文化现象库并采用了不断扩大的一系列研究方法。迪克·赫伯迪吉有关青年文化的人类学研究，戴维·莫利关于电视观众的民族志研究，以及安吉拉·麦克罗比专注的女性主义与文化研究，都拓展了认知行为的空间，伯明翰中心也因此声名鹊起。

1979年，约翰逊接替了霍尔的职位，对中心研究的多元领域进行收缩。身为历史学家，约翰逊对伯明翰中心从事的一些民族志研究有些怀疑。后来豪尔赫·拉腊因接替约翰逊监管了中心并进行标准大学科系的转型：中心开设了本科课程，研究经费则大量削减。拉腊因于1991年辞职之后，中心经历了一连串领导人的更迭，包括迈克尔·格林、安·格雷和弗兰克·韦伯斯特。而在这些变故之前，伯明翰中心从来没有超过三个全职教员，却生产出数量庞大的著作和出版物。

理查德·霍加特：工人阶级文化

对英国产业工人文化的早期分析，理查德·霍加特是一个先行者。在《识字的用途》(*The Uses of Literacy*)(1958)一书中，霍加特探讨了工人阶级文化和民间文化之间的关系，以及大量生产的流行文本所"强加"的"外在"文化。和李维斯不同，霍加特关注的是工人阶级的工业和都市化经验交织。然而，与李维斯相同的是，霍加特对外来构思的文化生产始终持深度怀疑，尤其是当它们涌入工人阶级社群中极具创造力时。莱恩(1986)和特纳(1996)指出，霍加特本身的工人阶级出身背景，和他曾经为同样工人出身的成人讲授文学的经历，都使他保持着对工人阶级状况与文化的研究兴趣。虽然这些看法很可能属实，但是在霍加特的著作(某种特定的抽象方式)中，也存在某种矛盾的心情——对工人阶级文化的价值怀有不确定感和潜意识的怀疑。在许多方面，这种矛盾是抽象本身的征候，是记录工人阶级社群文化实践本身的直接性与自发性的需要。但它同时也反映出一种改造感与丢失感，这正是霍加特为之惋惜但他又必须要做的东西。

对第二次世界大战前工人阶级文化，亦即他儿时文化的这种怀旧倾向，扭曲了他的感觉。的确，霍加特抗拒流行文化——美国的流行音乐、自动点唱机和流行小说，他指出，不仅这些文本本身肤浅，而且它们对维护工人阶级及其文化造成了威胁。也就是说，美国的点唱机文化形成了一种诱惑而分心的情境，使青少年们远离其工业与都市工人阶级文化的深层传统。尽管霍加特相信工人阶级和他们的实践及道德准则足以抵抗这种入侵，但在他的著作中始终存在一股明显的不安预感，这既来自他的"资产阶级"学术训练，也来自他对其文化传统的忠诚。的确，在他的著作中存在着对美国和美国流行文化深深的、偶尔苛刻的猜疑，对一种浅薄和感官刺激的恐惧，亦即对一种金玉其外、表面华丽的恐惧。与李维斯夫妇一样，霍加特追求一种能够作为普世道德典范的高贵性。他对于当代年轻人以及外来文化的变质效应感到失望，这反映出一种乌托邦主义——这种乌托邦主义的传播大大超过他对制度性权力和消费主义迷恋的批判。

霍加特对文化理论的发展贡献很大。《识字的用途》有助于人们再次聚焦于"自下而上"的文化概念：碎片化的、特殊的，来自于底层社群的象征与日常生活实践的文化。然而，和李维斯夫妇与法兰克福学派一样，霍加特也高度怀疑大量生产的文本所强加的文化。他直接发现了美国外来文化入侵的压迫性和必然附着于权力与生产之间关系的可疑。即便如

此，他还是于1964年成立了伯明翰中心，并于1968年成为联合国教科文组织(UNESCO)的副总干事。他从来没能调和他对工人阶级文化的人类学旨趣和他对美国"冒牌"流行文化的厌恶。在这一点上，这种矛盾不仅反映出他个人的分裂，而且反映出他的研究缺乏理论框架。理论框架可以帮助分析者在理解与同情之间进行协商，从而解决这一难题。换言之，霍加特无法充分理解大量生产的文化在工人阶级生活中所扮演的角色，因为他缺少批判性的框架方法。他看见了这些文化入侵给其年轻时的阶级结构带来的变化，但他缺乏必要的理论工具来分析这些改变。理解与分析大众生产文化意义的唯一方法，一方面是由李维斯和新马克思主义的著作提供的；另一方面是由工人阶级消费者本身对文本的共鸣性卷入提供的。在许多方面，霍加特之后英国文化研究的历史特征便是存在各种各样与这种方式的对话尝试。麦圭根(1992，1996)提出，英国文化研究通过流行民间文化与大众生产文化的联姻解决了这个问题。尽管在某种程度上确实如此，但麦圭根认为，其后英国文化研究试图模仿其分析的焦点，即民粹主义，这一结论却远非准确。正如我们即将看到的，追随霍加特的文化研究理论家为了阐明并批判媒介文本的生产与消费，建构出极其精巧的策略。

工人阶级与英国朋克音乐

许多评论家都认为，今天，第一世界的文化已经变成"后工业"的文化，因此，"产业工人阶级"这一整套观念都过时了(Bell，1973；Giddens，1994；Poster，1995)。尽管如此，产业工人阶级历史与文化的回声始终顽强地存在于当代话语和文本化的各种领域。例如，20世纪70年代到80年代之间的英国朋克音乐，便表达了一种刺耳的、具有反抗性自我意识的工人阶级心声。"性手枪"(the Sex Pistols)与"笨蛋"(the Blockheads)这样的乐队都代表了某种文化立场：虽然完全卷入全球媒介商业，但却刻意攻击资产阶级的品位、"主流"流行音乐风格和社会等级，特别是当这种等级再现为英国贵族的传统时。朋克音乐家挑战流行音乐日益导向高端制作和商业套路的趋势，以及音乐家中他们认为知识分子气或自命不凡的那些鉴赏家。具有讽刺意味的是，朋克音乐本身也很快变为商业音乐词汇库的一部分，而且现在渗透到独立风格的各种形式中，如美国西雅图车库乐风的"肮脏"(grunge)乐队。

不仅如此，朋克的服饰风格已被纳入各种形式的(资产阶级)时尚主题，通过性别化的装饰和工人阶级怀旧的产业，表达了一种大部分色情化的另类亚文化。从20世纪90年代到21世纪，这些工人阶级的主题在英国大众媒介中继续，并伴随朋克音乐和工人阶级电影经历了一次重要的复兴。虽然汤普森关于英国工人阶级的著作确立了典型的马克思主义对工人阶级与资产阶级之间紧张关系的观点；但这种张力在当代的文本化环境中已经大部分被消解了。这种张力常常被戏剧化或再现于当前音乐和电影文本中，只是介于工人阶级文化想象及其完全解体之间的可能性。它的确没有提供一种工人阶级的欢庆叙事，反而在像

《光猪六壮士》(*The Full Monty*)这样的电影中提供了一种多少令人泄气的怀旧情绪。在电影中,善良的主人公们被视为社会进步的受害者,他们的阶级尊严荡然无存。因此,我们要进一步思考:对工人阶级产业文化新的研究兴趣是否为一种怀旧的表现,可以与李维斯对19世纪地方民间文化的招魂相比拟?

城市空间的转型推动电影人和音乐人去记录正在萎缩的文化。例如,迈克·雷的电影《**秘密与谎言**》便通过揭示文化稀释的普遍现象提出了一些问题。都市空间的转换就好比一个工人阶级家庭的文化转换。但是,迈克·雷对家庭的描述并不是怀旧的。事实上,《秘密与谎言》以戏剧的方式呈现了存在于工人阶级文化转化过程中的张力:教育、职业和物质雄心的限制都在与个体和集体的斗争尊严作对。混血现象为家庭、也为英国工人阶级揭示了一个新时代,他们必须直面自身和他们条件的限制。因此,电影中"不合法的"黑人女儿超越了她的白人母亲和旧的城市工人阶级出身,为全球化的伦敦带来新的合法性和后工业世界的远景。

雷蒙德·威廉姆斯:文化的问题

雷蒙德·威廉姆斯是一个威尔士矿工的儿子,他在第二次世界大战后从事过成人教育,也试图将李维斯式的方法论与"左翼"政治观点结合起来。在1946年到1960年间,威廉姆斯参与了成人教育期刊《政治与文学》的工作,显露出对文化整体观念日渐成熟的兴趣。在许多方面,《文化与社会》(1958)是英国文化研究发展史上最重要的作品之一,代表了对文学与政治之间关系研究的成熟。威廉姆斯虽然采用的是封闭的文本阅读技巧,但他最关注的却是阐明文学文本发挥作用的语境。他的文化概念大部分始终是非理论化的;但其中有一股非常强烈的意识:围绕和形成文本的社会与政治过程必定与文本所提供的意义结合在一起。

威廉姆斯叙述的英国文学史基本上摆脱了浪漫主义的内在性与卓越性的禁锢。当然,李维斯也承认,作者是在语境中工作的。但是对李维斯传统而言,作者的"天才"总是道德与精神升华的偶然结果。作者通过想象力对社会进行筛选,因此,小说或诗文中的叙事成为非历史的、否认历史语境直接性的一种道德与精神需求。因此,威廉姆斯也拒绝美国新批评主义的指导,后者通过将"诗"理论化为不可违背、自成一体的意义库的更极端方式,试图复兴李维斯式的浪漫主义。克林斯·布鲁克斯称这种文集为"精美的骨灰瓮"。尽管美国的文学者如兰森和布鲁克斯等人都力求将文学从社会与政治语境的压迫中解放出来,建立文学作为人文表达的独特性;威廉姆斯却试图修补在当代社会情境的直接条件下意义生成的过程。对威廉姆斯来说,一个文本,必定是社会关系(包括权力关系)偶然性的结果。

当然,卢卡奇等马克思主义学者已经发展出替代李维斯范式的立场。然而,没有确凿证据表明威廉姆斯此前已经接触过批判马克思主义的观点,只是在他职业生涯的后期他才直

接承认受到马克思主义信念的影响。不仅如此，威廉姆斯并没有获得日益成熟的法国语言学经典理论的教益，因为当时复杂语言系统如符号学与结构主义的翻译作品还不可得。事实上，特里·伊格尔顿(1978：35～40)曾认为，威廉姆斯的著作缺乏真正社会学的视角，因为他始终相信李维斯式的怀旧以及乡土浪漫主义。尽管威廉姆斯的确没能直接面对工业主义议题，但他在著作中也确实传达出一种对正义与社会平等的普遍愿望。重要的是，他始终专注于文化作为美学种类(特别是文学)和文化作为一整套可以生成的及无所不在的日常生活实践(亦即人类学"生活方式"概念)的观念。在此程度上，《文化与社会》并没有完全解决或者放弃李维斯的思路，而且，在威廉姆斯更为精心地定义文化的《关键词》(1976)一书中，我们也发现了同样的含糊。威廉姆斯告诉我们，文化是"英文中最难定义的两三个词之一"(1976：76)。但是我们永远也不能摆脱一种明显是定性的，完全是组合的定义的顽强要求。

威廉姆斯对文化条目的结论反映出他的相反倾向，一方面是他的包容性；另一方面是他的知识或社会对其他人的领导性：

> 重要的是，所有(对于文化概念的)敌意……实际上都与自诩优越的知识(比较知识分子条目)，以及区别"高雅"艺术(即文化)与大众艺术和娱乐的用法相互联系。于是，它记录了一个真实的社会历史，也记录了社会和文化发展过程中相当困难与复杂的一个阶段。有趣的是，社会学与人类学对"文化"或"文化的"词语使用稳步增加……已经使得，除了在特定领域(特别是流行娱乐)中，这种敌意或与之相关的不安和尴尬要么绕道而过，要么有效地消除了。(Williams，1976：82)

从《漫长的革命》(1965)到《文化》(1981)，威廉姆斯显示出整合这些定义的愿望，将文化定义为"总体生活方式中各种要素之间"复杂关系的组织(1965：63)。威廉姆斯认为，大众艺术品质一直很低劣，这令人遗憾；但正如柯尔律治、阿诺德和李维斯所宣称的，大众艺术中也没有作为特权和优越话语"艺术"的特别地位。威廉姆斯将艺术视为复杂的日常生活总体中的实践或"要素"。特别是在《文化》(标题也为"文化社会学")一书中，威廉姆斯力求阐明一种完全介入大众艺术与媒介的社会学。特别是在其后期著作中，威廉姆斯致力于研究形成艺术并成为艺术环境，通过意识形态和制度起作用的社会条件与社会关系(Williams，1981：26～30)。然而，他始终未能受到法国结构主义的影响，甚至在其重要著作《电视：科技与文化形式》(1974)中，他对当代大众媒介的分析也存在一些失误，未能认识到它们的全部复杂含义。例如，尽管威廉姆斯揭示了电视节目与机构的独特条件，尽管他尖锐地攻击科技决定论和电视效果分析，但他对电视的娱乐意图和受欢迎的程度始终抱有明显的怀疑。

我们可以再次看到威廉姆斯对形成文本与文本意义的制度与意识形态过程的敏感。他也意识到，这些文本建构出的意义具有实在的影响力，并为建构一种作为生活方式的文化作出了贡献。然而，他的李维斯式的训练和对复杂艺术形式的个人偏好似乎限制了他的分析，将他拉回到美学和文化术语中,对电视文本的"价值"做了很有局限性的说明。换句话说,威廉姆斯虽然承认电视是当代文化的主要部分,但他仍坚持保留质疑其价值的权利。

E. P. 汤普森与历史文化研究

威廉姆斯保留着与李维斯文本价值观的某种联系;汤普森则有过之。他的里程碑式研究《英国工人阶级的形成》(1980)代表了文化理论与政治学之间实质性和批判性的联系。和法国年鉴学派历史学家一样,汤普森试图描述普通人的生活以及他们的社会与政治环境。然而,汤普森并未满足于仅仅从精英群体控制与精英群体利益的角度去扭曲历史。相反,他想写出属于工人阶级本身的历史,即在日常实践与日常文化中所体验和投入的历史。也就是说,汤普森的史料编纂避免了某种感伤主义和怀旧主义,这在李维斯的乡土主义中表露无遗;也可追溯到霍加特对"二战"前后英国工人阶级的比较研究。

此外,汤普森的研究并不仅是描述性的。汤普森从工人阶级历史阶段(直到 19 世纪 30 年代)的视角和经验出发,试图按照资本主义的历史进程解释工人阶级的状况与文化。虽然到他的著作出版时,他已辞去英国共产党的领导职务,但他仍表现出对马克思主义的忠诚。他根据马克思主义的概念,将阶级定义为"社会与文化的形成过程……这种过程可以在它们自我作用的相当长时期内被研究"(Thompson, 1980: 11)。汤普森解释说,阶级的"形成""发生于一些人由于(内在的或者分享的)共同经验的结果,感觉并表达他们之间——并相对于另一些利益与他们不同(通常是对立)者——的利益认同"(Thompson, 1980: 8～9)。这种描述将马克思主义的观点与一种研究人类群体的人类学方法联系起来,类似于芝加哥学派描述社会的方式,即通过复杂的组织与影响来解释过程与认同。与芝加哥派社会学不同的是,汤普森更加关注阶级与阶级形成的政治环境。

因此,汤普森与威廉姆斯对待文化的方式明显不同:威廉姆斯关注的人民有一种产生有机、互动以及共识性整体的能力;而汤普森从阶级和斗争的概念出发,却坚信文化永远无法组成一种单一的生活方式,只能在各种不同的生活方式间发生冲突。显而易见,他的工作建立在阶级的宏观结构之上。然而,他用于分析文化的冲突模型激发出许多关于文化与文化差异的观点,近年来正大量涌现。不过,汤普森式的马克思主义,虽然或多或少地将阶级结构视为同质范畴;却不像马克思那样将这个范畴视为经济"基础"的产物。也就是说,汤普森与威廉姆斯一样,也拒绝了经济基础—上层建筑的模式,并坚持经济与文化必须互动,才能生成认同、行为和信念。也像威廉姆斯的《漫长的革命》一样,汤普森也彻底抛弃了阶级统治的概念而假定:权力的差异有助于但并非决定了阶级文化的形成。工人阶级的尊严与自由,也和反抗的行为一样,是自我的决定。汤普森对工人阶级的描绘并非一个受压迫的、迟钝的社会组合,而是有被压迫性也有能动性,二者构成动态、复杂、混合的社群。工人阶级不仅是被决定的,也是有决定能力的。

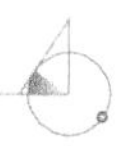

汤普森对文化理论发展的主要贡献，或许可以简要概括为：全面否定了李维斯有关高雅与底层艺术的二分法。对汤普森而言，任何事物都能对文化的建构与合法性作出贡献。值得注意的是，他致力于解释沉浸于文化中的经验，而不涉及外在的、独立于其所关注的文化群体感觉与经验的决定因素。对汤普森而言，这意味着，这些“历史的死胡同”(亦即福柯后来所谓的“断裂”碎片)必然会被整合到文化的整体拼图中。因此，汤普森的兴趣并不仅仅在于“甲(事件或者现象)导致乙(事件或者现象)”这样的历史因果性研究，而同样关注那些塑造特定历史时刻的细节和直接因素。

汤普森的这种方法使他和同时代的其他重要文化理论家对立起来。特别值得一提的是，他在20世纪70年代卷入了一场重要的辩论，即文化主义与结构主义相对价值之争(参见Thompson，1976；Neale，1987)。正如我们在有关涂尔干(参见第2章)、马克思和阿尔都塞(参见第3章)的讨论中提到的，结构主义致力于约束并决定社会与文化主要形式的社会结构。涂尔干关注法律与宗教的结构，而马克思则主要关注阶级的结构。结构主义人类学家，如列维-斯特劳斯和索绪尔(参见第5章)以及新马克思主义者，如阿尔都塞，都关注语言的结构——那些能制造主要文化与社会凝聚的宏观结构。结构主义者更倾向于关注这些实质的形式，而非造成结构的无穷细节。正如理查德·约翰逊(1979)所定义的，文化主义恰好更关注细节：本地实践以及日常生活所模仿与体验的象征性微观世界。这种区别再次展示出存在于集体范式与微观细节之间的一种张力，即集体与个人的紧张关系。汤普森、理查德·约翰逊与斯图尔特·霍尔及其他许多学者一道，辩论结构主义与文化主义倾向之间相对价值的高下，最尖酸刻薄和激情澎湃的发言登载在期刊《历史工作坊》(*History Workshop*)中。约翰逊赞成阿尔都塞关于文化历史的观点，认为它优于过度的人文主义、地方主义；反对并批判汤普森和其他人的“文化主义”。汤普森则反对结构主义的命名，批评这种方式所隐含的决定论。汤普森认为，结构主义的观念不可避免地减少了工人决定他们自己的生活经验、文化与自由的权力。它将对世界的描述与解释局限在结构的原因上。

斯图尔特·霍尔：文化研究的转型

斯图尔特·霍尔对阿尔都塞式结构主义的个人挣扎(的确，也是对整个马克思主义研究方案的挣扎)在许多方面都与伯明翰文化理论的挣扎相伴而行：都是为了创造一种分析流行文化的多产理论框架。据霍尔自己对这个挣扎的说明，他坚决主张英国文化研究必然包含于马克思主义的政治学与假设之中；文化研究的确存在于“与马克思主义不远不近的关系中，研究马克思主义，反驳马克思主义，采用马克思主义，试图发展马克思主义”(1996：265)。霍尔对马克思主义和对文化研究的理论兴趣从未完全吻合过；特别是由于马克思主义未能直接说明文化研究的主要关切：文化、意识形态、语言和象征。

这样，伯明翰文化研究转而借用结构人类学与阿尔都塞主义来解释语言和权力的问题：

“在此所涉及的权力,是一种意识形态的权力,以特定的方式来表现事件的权力。”(Hall,1982: 69)但对于特别关注流行媒介文本的霍尔而言,阿尔都塞与文化研究之间的结合仍旧疑云重重。霍尔自己作为一个西印度群岛移民者的经历,使他对结构主义权力解释的接受意愿,似乎更复杂化了。也就是,他在阿尔都塞主义的主导观念中,又加上了民族性的层面,所以在相对封闭的社会阶级类别中更进一步确认了权力。民族性、移民、社会流动以及流行文化的共享商品,似乎为霍尔创造出一种更为复杂的社会情境,无法完全以阿尔都塞的意识形态概念来解释。霍尔与霍加特、威廉姆斯以及汤普森不同,他并不属于英国工人阶级的传统;而且对霍尔而言,伯明翰理论将如此多的人群、社群、仪式和实践的特殊经验集合为一个(而且明显是英国的)象征系统之中的偏好,似乎过度简化。如果不是因为其他因素的话,仅仅因为霍尔的背景,也足以将他置于伯明翰研究中心的理论与分析活动之外;背景使他作为社会一员的地位边缘化。

在霍尔说明自己从结构主义转向葛兰西式文化分析时,他指出,马克思主义及其衍生学派,始终保持着一种断然的“欧洲中心主义”(1996: 269)。在霍尔合著的《警戒危机:恶棍、国家的法律与秩序》(Hall et al.,1978)一书中,当他提出一种强调地方主义和颠覆活动,以及积极参与对人们生活的调节这种文化观点时,他自己的种族特征凸显出来。虽然在霍尔的作品中,种族并非核心主题,但无疑,霍尔从霍加特和汤普森著作中吸取的对国家与民族文化的兴趣,远不如意识形态与权力之间的互动与他本人的研究更相关。虽然部分的原因在于霍尔自己对理论问题的迷恋;但同时也是他对更广泛的文化构成的兴趣所致:不是投入阶级和国家,而是投入更广泛的文化与文本实践的兴趣。这不是美国传播研究的多数主义——霍尔很明确地谴责多数主义的人为性和同化性——而是对压迫、特权和反抗等更广泛领域的一种探索。

从阿尔都塞到葛兰西 对可以容纳社会多元性、大众媒介、权力与反抗的理论视角的需求,使霍尔从阿尔都塞转向安东尼奥·葛兰西的霸权概念。当然,正如托尼·班内特(1997)所称的“转向葛兰西”为霍尔提供了一种更迷人、更多产的媒介文本分析方式。葛兰西关于“有机知识分子”的概念(参见第3章)展示了一种关键的空间,使自由的能动(独立的行为能力)与压迫的动作都能看到。霍尔在挑战阿尔都塞主义时指出:很难“认识为何偏偏是支配性意识形态可以从话语中再生”(1982: 78)。俄国语言学家沃洛希诺夫(有时用“巴赫金”的名字),为彻底地分析“表意的斗争”提供了基础:

> 因为,如果一种语言的社会斗争能够以相同的信号进行,接着发生的便是,那个信号(而且通过进一步的扩展,包括整个能指与话语的链条)无法以一种确定的方式被永久指定于斗争的任何一边(Hall,1982: 79)。

霍尔认为:葛兰西的霸权和有机知识分子理论为建构和抗拒权力提供了解释的便利。

所有经由媒介文本中介的实践
高级艺术—底层艺术之间的二分法消解
中产阶级—工人阶级之间的二分法消解
包括工人阶级的消费
包括所有社会群体的创造性消费实践
通过所有层次的生产与消费实践产生的政治
通过所有社会阶级与群体产生的政治

图 4.2　斯图尔特·霍尔的文化观

当领导权必须通过利益相关的"有机"部分全体协商而得时，空间便开放给所有公民，进行挑战、质问和要求。正如阿尔都塞想象的，意识形态是一种整体的效应；然而，对葛兰西而言，个人以及群体也能形成小型的抵抗，创造出他们自己的象征性交叉点，挑战强加的外来文化。因此，社会控制是由日常实践与社群中较小与"较弱"群体的能动者进行中介的。只有当领导者被这些小型象征节点所认可并尊敬时，他们才实至名归。"表意斗争"并非一个单一维度的过程，而是一个权力、抵抗与协商持续进行的行为。霍尔的这种分析权力与象征的方式，使他能够坚持其对抗性的政治理论，而又不受法兰克福学派社会控制理论的悲观主义影响。霸权及其通过大众媒介产生的作用必然为文化打开颠覆、改变和改革的各种可能性。在回顾他采用的葛兰西学说时，霍尔承认存在理论的"难解之谜"，而这些正是迫使葛兰西解决的难题：

> 葛兰西发现的关于现代世界的这些事物，始终未能在他继续工作的(马克思主义)宏大理论的框架中解决。在某点上，我依然想简短说明的问题却依然无法自行达到，除非通过葛兰西绕道而行。并非因为葛兰西已经解决了这些问题，而是因为——至少他已经说明了其中许多问题。(1996：266～267)

葛兰西关于霸权与有机知识分子的观念使霍尔得以采用挑战、斗争以及主导等概念检验媒介文本。而且也使他能够将媒介研究的触角伸入到不受制于媒介阶级与结构的文化分析之中。的确，虽然其他地方的文化分析都受到法国后结构主义和美国后现代主义的影响，霍尔自己的葛兰西式理论视角却也成功地找到了一席之地，容纳了更广泛的政治领域，包括女性主义、基于种族和后殖民的分析。尽管如此,霍尔也承认:将更广泛的政治议题纳入文化研究的做法损害了伯明翰中心理论雄心的有效性:

> 实际上,在文化研究自己的议程中放入关于种族、种族政治、反种族歧视的批判性问题,亦即对文化政治的批判性问题,本身也是一种深刻的理论斗争……再次地,只有在与一种彻底的但却无意识的静默作长期和有时痛苦(当然要痛苦地争论)的抗争,并取得结果时,这种斗争才算完成。(1996:270)

但是,霍尔也承认,这些斗争是必要的(我们也许还可以加上一句:自相矛盾的)转变过程。

编码与解码　霍尔使用的方法和他的理论遭遇一样,也是多种多样的。但是,在他的文章《编码和解码》(1980)中,他的文本分析路径却很清楚地概述出来。在霍尔看来,文本完全植根于文化的语境,而语境却是由权力和霸权的关系所决定的。在许多方面,霍尔的文本和语境分析方法解决了伯明翰文化研究发展出来的二分法:一方面是文化主义,特别是对特定文化细节的解释;另一方面是结构主义,亦即对作为权力来源的意识形态和结构的调查(参见 Bennett, 1986)。霍尔设计这个编码与解码的过程,是为了取代简单的作者和诠释观念。基本上,各种代理人都对文本性"符号"的形成有所贡献:投资者、媒介机构、创意团队等。每一部分都被特殊的文化经验所左右,包括各种意识形态的视角,以及有关如何建构一个成功媒介产品的信念。文本的编码将这些方面通过意义潜能(称为能指)的推动联系起来。因此,文本是一种由个人、霸权和文化要素生产的产品。文本携带了一系列意义的潜能,借此可以按照不同的方式"解释"能指。能被多元"解释"的这种潜能被称为多义性(polysemy)。

编码与再现

一个文本再现(重新表现)了我们周围的世界。它不是一面镜子,或对日常生活现实的完全复制,而是创造了一个对现实的印象版。换言之,文本通过生活的文化资源,中介了或在某种意义上创造了一个新的"现实"。霍尔(1980)提出,文化资源先是被塑造,进入可被分享的文本符号(语言体系)中;然后,这些文本符号被受众解码(或解释)。通过这种对世界的再现,文本制造者与文本解读者能够分享意义,并为自己创造意义,或者相互创造意义。在编码/解码的过程中,意识形态和霸权扮演了重要的角色,因为它们让社会和文化的一个成员在给定文本可能产生的意义范围内确认出特别的意义。社会构成中的支配群体能够在霍尔所称的"表意斗争"(亦即争夺文化资源的斗争)中发挥更大的影响力。这些斗争可以使某些个人或群体满足他们自己特殊的兴趣与需求。

在当代文化中最常见的主题之一乃是纤瘦的年轻女性身材。文本制造者为了性欲、叙事与商业等一系列目的，发展出这个主题或象征形式。女性主义文化理论学者如安吉拉·麦克罗比(1982)曾指出，如图4.1中的文本“定位”了读者，并因此而强化了性别主义和父权制的主流意识形态。这个广告告诉年轻女孩，她们是谁，她们应该如何举止。同样地，劳拉·马尔维(1975)认为，在当代视觉文化中，女性身体的永恒可得性满足了支配性别亦即男性的兴趣。纳奥米·沃尔夫(1991)也提出，广告中描绘的一般人遥不可及的身材，起到了规训和控制女性的作用。现实中的女性永远无法对自己的身体满意；于是，她们将过多的时间和精力花费在瘦身计划上。

在所有情况下，对年轻迷人女性不合比例的苗条身材的再现扭曲了日常生活的实际状况。霍尔的论点是，媒介通过主导群体、霸权和意识形态的利益形成并创造了自己的再现版“现实”。迷人的年轻女性(通常是白人)大量充斥于媒介，这并非偶然，而是一种特别的文化偏好。

插图4.1　美女经济

年轻女性的身体形象在现代广告和父权制文化体系中屡见不鲜。广告业通过将购物欲与性欲联系起来，以推销产品。性感形象刺激了观众，创造出“变成”那样形象的欲望，或者与广告形象发生性联系的欲望。于是，广告形象通过告诉观众她们是谁，她们与形象有什么关系，她们应该为满足新的欲望怎么做、怎么想，而将观众“投入”或者“置于”一处。

解码是一个反映的过程，在这个过程中，受众或消费者面对文本中一连串可能的意义。这些意义的潜能为胜出而斗争；但受众倾向于聚集在所谓的主导意义或者偏好解读上。主导的解读来自霸权过程，于此受众成员产生他们对文化、文化价值和文化规范的知识。如果受众之间更为相像或是同质的，那么主导解读的可能性将大为提高。然而，霍尔坚持认为，解码的过程远非单方面的,多元解读总是可能的。特定文本的意义(如资本主义、国家和个人主义的价值)是如此频繁且无限制地重复出现,似乎才成为意识形态的形式。其他价值则通过更多元的方式呈现,且可能成为霍尔所谓的"表意斗争"的主体。这些更具竞争的话语领域可能导向更多元的解码。霍尔承认,在任何一种情况下,大众传媒都提供了机会,使重要的文化价值和意识形态得以再现。这种机会可能强化了主导群体(葛兰西称他们为有机知识分子)的兴趣。然而同样地,多义性为挑战和不同的解码实践也提供了机会。由于编码/解码过程中的裂缝和不完整,社会挑战和社会改革成为可能。分析者的工作是阐明偏好的或主导的解读建构的过程;封闭式文本分析能揭示文化再现中意识形态与特定假设的结合。

身份政治 在霍尔20世纪90年代许多研究全球主义与认同的重要论文中,我们可以再次看到他自己在萎缩的马克思主义与坚定的马克思主义之间的挣扎。对碎片化的社会文化景观及伴随而来的同样碎片化理论景观的深入探讨,导致学者更进一步彻底地放弃了马克思主义的争论。的确,虽然霍尔准备坚持他对不含政治动机的精神分析和后结构主义理论的否定(参见Hall, 1988,1991a,1991b)。但他晚近有关认同的文章却似乎在寻求一个更包容、更灵活的方式,研究主体性与个人认同的易变性。这种政治反抗的范式现在变成扩散和认同创造的问题:

> 更多社会生活现在是由国际旅游和全球联网媒介的形象与传播系统通过对风格、场所和形象的社会营销来中介了。很多认同与特定的时间、地点、历史和传统分离(从中拔除)呈现为"自由的流动"。我们面对的是一系列不同的认同,似乎可以从中抉择,它们各自吸引着我们,或者不如说,吸引着我们自身不同的部分。(Hall, et al., 1992: 303)

尽管后现代主义者似乎欢迎这种新的朝个人自由的改变,但是霍尔心里还是有些纠结,暴露出他对遵从马克思主义信仰的矛盾心情。

英国文化研究的国际化

格雷姆·特纳主张,不能轻易地将文化研究划分为一个个特定的兴趣领域;它也不是一个学科的大拼盘,"文化研究是一个特定关注与方法在此相融的跨学科领域;这种融合的价值是使我们能够理解无法通过现有学科深入的现象与关系"(1996: 11)。然而,文化研究并不仅是一个特纳所说的跨学科"领域"。它也是一系列概念与理解,这些概念与理解必然使传统人文学科与社会科学所关注的焦点和方法产生问题。也就是说,文化研究提出的是

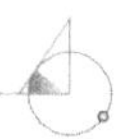

现实如何被建构的问题。它的答案是：所有现实都是文化，因为所有现实都经过话语与意义生产过程的中介。这些过程不仅仅是简单的抽象表达，而是在权力关系及其各种主题（如阶级、性别、种族、性取向、民族等社会区别）的语境中重建的行为世界。已经对现实作出假定的传统学科必须面对这样的选择：要么漠视这种洞见，要么通过学术转型进行调整。倘若文化总是现实的出发点，那么，文学、社会学、政治学、历史学与人类学就必须通过文化分析的方式重新界定自己。或者，完全臣服于这个新的人文学科，这个新的研究“领域”。

英国文化研究之所以与众不同，是因为：它也许是英语世界中第一个提出意义创造存在问题，第一个提出需要思考更广阔的人类经验领域（文化）的学派。如约翰逊与霍尔所记录的，虽然伯明翰中心的研究与历史的后见之明似乎极为契合，但学者就研究方法、策略、资源、理论和价值观也存在许多激烈的论争。到20世纪80年代伯明翰中心被召回学术主流时，这些范围很广的项目与策略已经被新兴的文化研究院校以及世界各地的传统学科以各种不同的方式接受了。虽然伯明翰中心有关文化、权力和语言的许多想法确实是以各种不同的方式探索的；但是，中心（特别是斯图尔特·霍尔）却提供了一种极为系统和连贯的研究路径，将许多想法综合为一个可操作的研究项目。

这种文化研究的模式融汇了多种文本研究形式和广义的权力分析方法，明显地与全球化的大学术产生了共鸣。阿卡巴·阿巴斯和约翰·恩古叶特·厄尼（2005）认为，文化研究的解放使命和理论力量对后殖民世界的学者特别具有吸引力。他们认为，通过文化研究中反殖民主义、亚文化和离散研究等关键概念的传播和发展，文化研究的国际化已经实现。然而事实证明，这种“跨文化性”（Lewis，2002a）对各种形式的学问也都很有吸引力，特别是对美国学者：他们对边缘（偏异、亚文化、青年文化）研究感兴趣，但又缺乏强有力的理论核心。

而且，通过广泛吸收民族志、法国后结构主义和美国后现代主义等各种形式，如今英国的文化研究与澳大利亚、加拿大或美国的文化研究已经没有什么区别。事实上，虽然传播和媒介社会学的某些领域仍旧坚守实证主义的传统，尤其是在美国；但英语世界各地区文化研究的混杂，已经显著改变了那些曾经分离的学科界限。对美国社会学与传播学来说，伯明翰理论以一种强有力的方式连接了以往由芝加哥社会学、现象学与符号互动论各自探讨过的许多思想。在一般化的文化批判中对马克思主义强硬路线的省略，似乎多少为美国文化分析注入了活力，这种活力不会对其学术的自由主义和多元主义理想造成威胁。

例如，詹姆斯·凯里的《作为文化的传播》（1989）一书，便代表了一种与美国传播研究不同的方式。凯里对传播科技的分析突出了英国的文化观念。事实上，凯里坚持认为：在“美国”形成的过程中，文化象征和政治维度的意义与经济和工业过程具有同样的重要性。同样，劳伦斯·格罗斯伯格的论文《伯明翰在美国》（1997：1～32）则通过英国文化研究的策略探讨了文化的问题性。格罗斯伯格的研究受到伯明翰学者的重大影响，如迪克·赫伯迪吉，他是20世纪70年代青少年文化分析的领军人物。在深入思考美国各种青少年和流行文化的组合之后，格罗斯伯格主张，文化不应被视为附庸，或简化为社会控制的概念。

> 文化研究相信：文化很重要，不应被简单地处理（解散）为透明的——至少对批评家而言——资本主义主导和操纵的公共面孔。文化研究强调复杂性和矛盾性，它们不仅存在于文化中，也存在于人们、文化和权力的关系中。(1997：12)

伯明翰式文化研究的这种跨大西洋改造拒绝将经济底线作为文化形式的决定者。格罗斯伯格的文化研究虽然在美国文化社会学和传播研究中不是主流，但却构成了一个集中认识权力和流行文化问题的重要启发区域。美国长期存在的对流行文化的研究兴趣现在以形成权力和意识形态的角度加以重新关照了。

但是，重要的是，伯明翰式文化研究正在被迫适应后结构主义和后现代主义新的理论转弯。虽然文化研究的一些特定领域试图抵制这些转变带来的变化，其他领域却一直都更乐意接纳它们。特别是在美国，后现代主义的美学变种已经找到了进入各种文化分析研究领域的路径。格罗斯伯格自己挣扎于后现代主义与伯明翰文化研究中残存的葛兰西式政治思路中。虽然这种紧张关系的诸多细节我们在第8章中会更清楚地罗列，但在许多文化理论研究者头脑中，却肯定有一种关于重点的危机感：直白说来，批评家相信，后现代文化研究已经过度地向消费者资本主义的主张投降，失去了它的社会和政治批判能力。

事实上，可能是美国文化研究的自由主义、多数主义学术传统引导它更完全地倾向与伯明翰式文化研究相对的后现代性。在这个意义上，芝加哥学派的自由主义、符号互动主义的地方主义与现象学的先验主义为更彻底、更本土地分析美国流行文化形成了各种预演的形式。事实上，伯明翰式文化研究已经变形为各种形式的文化政治学，开启了一种以更扩张和庆贺式的流行文化研究路数利用流行文化的方法。葛兰西式分析方法的残迹可以在全世界的各种大学中发现，但已不那么典型，肯定与霍尔和其他文化研究者喜欢的方式距离遥远。文化研究的危机可能很普遍，如格罗斯伯格(1997)悲悼的。但在其他方面，我们却见证了酝酿中的一种理论和方法论扩张主义，作为人文学科和社会科学，它们试图按照文化研究与媒介研究的方法重新定义自己和自己的研究兴趣。旧的方法和思想融入新的，各种形式的学术混杂正在发生。在会议上，充斥着回到经验主义或者政治经济学，或者更加纯粹的葛兰西概念的呼吁。但是显然，如果没有关于语言和文化的重要辩论，新的学科不能再发挥作用。这些辩论是否围绕权力、意识形态和解放的话题，只是侧重和定义的问题。当然，除此之外，英国的文化研究传统还提供了一种关于文化的思考方式，使得这些争议话题必然发生。

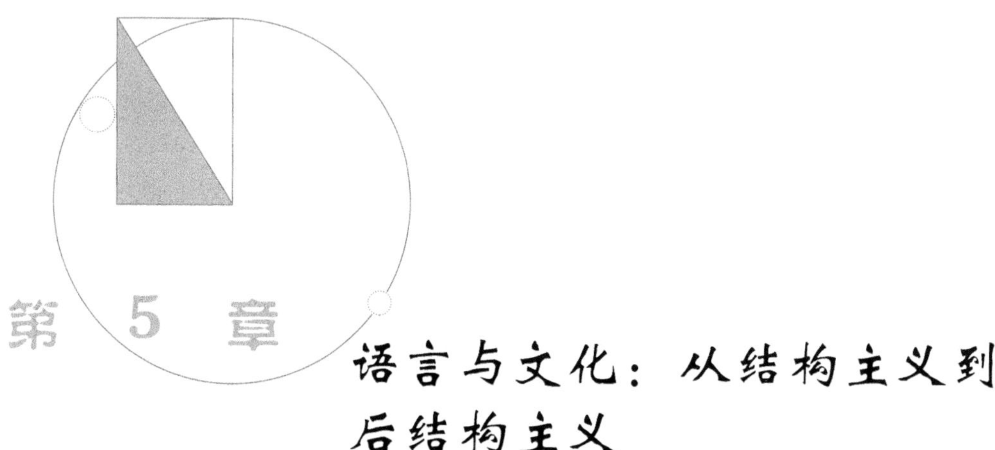

第5章 语言与文化：从结构主义到后结构主义

导　论

正如我们在前一章中注意到的，英国文化研究已经离开了以马克思主义为基础的对工人阶级生活的分析，向更广泛的文化探究领域前进。虽然政治和日常生活实践始终是文化研究的核心，但是，像雷蒙德·威廉姆斯和斯图尔特·霍尔这样的学者却把一个更重要的关注焦点带入这个领域，那就是对媒介和媒介文本的研究，认为“再现”是形成意义及形成更普遍文化的关键部分。特别是霍尔（1982），一方面，力求将文化和媒介分析从美国效果研究传统的线性简化论中解放出来；另一方面，也从马克思主义的物质决定论中解放出来。霍尔承认，效果传统和法兰克福学派的新马克思主义都对文化、媒介机构、文本和受众之间的关系提出了一种有局限性的观点。效果模式将语言看作既定的条件，将传播的过程看作一种单纯的消息传送活动：一则消息及其对受众的效果可以用“客观”的统计学方法简单地测量出来。法兰克福学派虽然认为消息是内在地具有意识形态性的，但也使用一种传送模式：媒介的消息总是携带着产生这些消息的精英们的政治利益。阿多诺、霍克海默和马尔库塞相信，情况看起来总是这样：大众是消极的，是国家和媒介机构专横权力的单向受害者。通过大众媒介文本的意识形态作用，大众遭受的物质和政治剥夺被合法化了。

但是，对霍尔和其他许多在这一领域工作的学者来说，这些传播模式不能充分解释形成意义、文化和文化政治的复杂过程。的确,符号学(semiotics,或者更准确地用 semiology)的理论对这个过程提供了最有说服力的洞见。法国语言理论与伯明翰式文化研究的结合对英国和其他地区文化研究课题的拓宽贡献极大。无疑,霍尔的个人特征和个人经验为葛兰西、阿尔都塞、法国符号学和唯物主义政治学的理论混合提供了理想的渠道。

即便如此,法国语言理论在英语世界的酝酿也最终大大超过了霍尔和其他伯明翰学者的研究兴趣。特别是,20 世纪 80 年代以来闯入到文化研究领地的一种后结构主义理论,崛起并导致了这种超越。在本章中,我们将回顾法国语言理论从结构主义直到后结构主义的发展线索。许多学者可能反对这种并列方法,说结构主义和后结构主义的分裂构成了一种清晰的类别突变。我自己的观点却是,后结构主义对结构主义的挑战虽然具有决定性的重大意义,但并未消除当代文化理论谱系中将两者联系在一起的实质性争议、研究兴趣和主题。目前文化研究领域的许多辩论,是围绕着后结构主义在分析和理解后现代文化中是否可行的问题的。

结构主义语言理论

路德维希·维特根斯坦和 C.S.皮尔斯

如我们在前面几章中注意到的,现代科学原理和方法是通过勒内·笛卡儿、约翰·洛克和伊曼纽尔·康德这些人的哲学发展起来的。例如,笛卡儿解释说,只有通过应用表现在普遍语言(特别是数学语言)中的普遍原理,通过对怀疑的排除,才可能获得知识。19 世纪和 20 世纪早期发展起来的社会科学也采用了推理和普适主义的原则。

皮尔斯(1839—1914 年)和维特根斯坦(1889—1951 年)的研究为语音"科学"提供了一种基础,特别是产生了支撑所有语言和语言功能普遍单元的"信号"(the sign)概念。据皮尔斯说,信号是人脑中指向另一种物的某物。在个人的认知中,一种信号可能建构一种"对等信号"(equivalent sign)或者一种"发展信号"(developed sign)。皮尔斯承认,对一个物体的信号必将为个人产生更进一步的信号,他称这种信号为原信号的**解释物**(interpretant)。一个信号不仅可能是一个公共通告,如"勿踏草地"或者"入口";它还可能是一种象征,向读者指示某种形式的意义。因此,一个信号可能是指示起火的烟雾,也可以是一个词或者一个视觉的图像。红色交通信号灯指示停止前行;"猫"一词指向一种毛茸茸、惹人怜爱的四足动物。信号能够代表意义的原因是它们属于一个系统,并在其中活动。

维特根斯坦在其早期著作中也对支配语言活动的普遍原理感兴趣。特别是,维特根斯坦对使用语言的可能性和局限性感兴趣——尤其是在现象世界被"翻译"为普遍真理的时候,这成为一个哲学命题。在其被广泛引证的著作《逻辑哲学论》(1922)中,维特根斯坦"发

掘”出这个翻译的过程，认为语言的逻辑形式必定作用于再造“生活世界”的逻辑形式：

> 在一个命题中，一种情形就像过去一样，以试验的方式被结构……一个名字代表一个事物，另一个名字代表另一个事物，事物和名字被结合在一起。这样，整个事物组群就像被合在一起的活人造型，表现为事件的一种状态。(Wittgenstein, 1922)

维特根斯坦后来关于“普通语言”的著作明显离开了早期对逻辑形式的分析道路。早期阶段，他在许多方面支持了语言的结构主义路径；而后期著作则集中关注意义的相互影响，他称为“语言游戏”(见 Lewis, 2002b：149～150)，这种路径更接近后结构主义的范式。维特根斯坦对发展文化理论及其特定的语言文化理论的极大贡献集中于他对语境重要性及其不严密本质的理解。信号系统和致使它们充满意义的语言游戏绝不会脱离它们的语境；规则、游戏和交流通过激活它们的语境而直接发生。

符号学：费迪南德·索绪尔

瑞士语言学家费迪南德·索绪尔(1859—1913 年)扩展了皮尔斯的许多研究论点和兴趣。索绪尔著作的出发点是一个基本的前提：标志(信号)及其指代事物(指示物)之间的关系是任意的。因此，他的任务是阐明语言的作用，特别是通过语言与文化的关系阐明其所起的作用。但是，如马克思、涂尔干和韦伯一样，索绪尔也是以主要的、决定性的力量和构成(亦即结构)的方式来理解这些作用的。不过，索绪尔不太像更早的社会理论家，而更像维特根斯坦和皮尔斯，他把语言视为这些结构的基础及其构成的主要代表。因此，在索绪尔看来，社会、文化和意义创造是语言和语言结构的偶然结果。语言以种种理性、全能和有序的框架被思考，而这些框架结合了有关人类经验多重复杂的联系和关系。索绪尔又像早期的维特根斯坦一样，为我们提供了一种语言的科学。这种科学为所有文化和语境中语言的形成及作用提供了普遍解释。也就是说，索绪尔的符号学力求阐明在给定语境中产生的任何一种语言潜在的形成原理，虽然这种语境在不同的文化中各不相同，但组织人类语言的原理却并无二致。

因此，对索绪尔来说，语言的作用只能以给定语言的系统来理解。一个系统(或者说一系列结构)将决定词语和它们形成的句子(句法)之间不连贯的关系。一个词是没有意义的；除非通过它与其他词的关系，从而在一个词语系统中通过被配置的作用而产生意义。在索绪尔的术语中，“语言没有在语音系统产生之前便存在的思想，也没有声音；只有发自这个系统的不同概念和声音(1974：120)”。一种既定的文化将产生一种特殊的需要，在两种或者更多的对象或者经验间进行区分。例如，想想在当前电脑热中迅速发明出来的新词吧：

比特、网页、网址、电子邮件、数字化、.com。文化需要区分对象和经验的新方式,因此旧词可能也被嵌入新的意义(病毒、撞车、超级高速公路)。同样地,北美地区的因纽特人(爱斯基摩人)用一大批词汇形容不同冰雪的区别,而说英语的人则把它们统统归入"雪"和"白"的语言范畴。文化及其需要决定了意义的类别。

索绪尔对离散差异及其作用系统的研究兴趣,使他得以对符号学进行科学阐述。一些作者喜欢在作为信号或者语言系统科学的"符号科学"(semiology)与作为一种文化和文本分析形式、在伯明翰当代文化研究中心(见第4章)发展起来的"符号(应用)学"(semiotics)之间作出区别。其实,在两种情况下,英语世界中的符号学实践(semiotics)都曾受到索绪尔及其符号科学(semiology)至关重要的影响。两种学术传统的差异主要在于:伯明翰的符号学实践不那么执着于科学的原理,而将最主要的关注点放在文本再现的特定形式,特别是电影和电视上。

索绪尔相信,符号学应该更关注当前(共时)的语言和语言使用的条件,而不是语言的历史发展(对结构的历时思路)。这样,符号学分析就可能以整体系统的**语言(langue)**和临时借用的**言语(parole)**的不同方式阐明语言的结构。言语是一种特别的作用和选择,它决定了既定语境中的意义。索绪尔特别主张,为了建构意义(**言语**),语言的使用者将从一种**语言**系统中所有可能获得的功能和类型选择词语、句法形式、语法;等等。索绪尔将这种做法与弈棋游戏(参见维特根斯坦的语言游戏)相比,提出结构或者系统的同质性是个人言语行为和意义创造的异质性得以建立的条件。系统就是将不同细节囊括一处的地方。

索绪尔的科学将皮尔斯对信号的概念召回,试图发展出一种包括所有意义创造或者信号系统的语言理论。据索绪尔的观察,同样的操作原理、离散的差异和相似性以及规则,可能都适用于所有的人类传播。为了解释得更清楚一些,他把信号分为两个组成部分,如下:

信号 = 能指(物质信号)/ 所指(信号的思维概念)

索绪尔认为,能指可以是声音、纸上的信号、灯光、颜色、形象等,但是没有固定的意义。思维图像(或者说概念)是在一个人与特定的能指互动时产生出来的,是意义的源泉。但是,人与信号(既是概念的又是物质的能指)的这种互动,只有在信号与其语言系统的关系中理解,才能创造意义。索绪尔也像维特根斯坦和皮尔斯一样,坚持认为:只有当信号在其系统中作用时,思维概念和物质信号才能产生意义。红灯是能指,停的概念是所指,交通信号系统就是其语言(langue)。

当然,这意味着,使用一个词及其句法集合体的人一定会不断地参考**语言**,词语及其规则正是从这个系统中汲取出来的。如同我们已经注意到的,语言系统不可避免地受**言语**(特定说法)活动的社会和文化语境束缚。同样,相片也有其物质层面(能指);但是,这种色调、形象、轮廓和纹理的集合体只有在它们发挥作用的语境中才充满意义。这种语境将不可避免地包括相片出现的空间或者说处所:报纸、艺术馆、朋友的相册、互联网。而相片和语境本身又与更大的语境——时间、地点和文化——联系在一起。**所指**是通过各种层次的**言语**

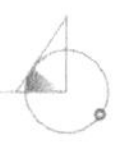

和语言的复杂互动而产生的，包括特定的事例和包含的语境。

结构人类学：克劳德·列维-斯特劳斯

法国人类学家克劳德·列维-斯特劳斯以对语言系统的同样兴趣开始，将索绪尔的符号学加以改造，用于分析和阐释文化。特别是，列维-斯特劳斯想要描述那些约束并定义了“原始”文化的无意识框架，或者说构成方式。他的分析揭示出一系列广泛的文化实践，包括语言、仪式、服饰、艺术作品、神话和语言。列维-斯特劳斯也和索绪尔一样，将这些实践行为视为文化本性的表达。列维-斯特劳斯的著作反响最大、也被阅读最多的地方，也许与他对神话的叙述有关。但是，这种神话不应该按照“非真实”或者“对精神现实的不科学叙述”的思路去考虑。事实上，在列维-斯特劳斯看来，神话的作用就像语言一样，单个的神话一定要依靠整个神话系统才能产生它们的意义。这些神话之所以可被文化成员理解，就在于个别叙述的独特之处和异质性是与神话系统互动，并从中汲取资源的。而神话系统则支配着规则、作用和可行的解释，或者说意义的创造。就像一个单独的词一样，一个单独的神话也很少产生意义。但是，与一个文化的神话总体放在一处，这个单独的神话就变得有意义了。

列维-斯特劳斯特别感兴趣的是塑造人类思想的叙述方式和通过这种基本的结构理解世界的方法。尤其是他相信，所有的神话都有一个共同的结构，这个结构将世界划分为黑白分明的两个对立面：善/恶；文化/自然；内部/外部；男人/女人；物质/精神；等等。因此，神话的一个功能，便是在叙事中解决这些矛盾。于是，虽然故事建立了基本的紧张关系，但它也提供了解决冲突的机制，根据列维-斯特劳斯的说法，这种机制以满足或者宣泄的方式留下了文化参与的空间。叙事令人满意地解决了冲突，世界也因此变得可以理解了。

在20世纪七八十年代对当代电影的分析中，列维-斯特劳斯的分析方法变得特别流行。赖特的《六只枪与社会》(1975)运用列维-斯特劳斯的分析方法和原则，揭示了好莱坞西部片的潜在结构。在赖特看来，西部片是围绕着对立的结构(如内部人/外部人)建立起来的。赖特说，支撑不同的西部片的，尽管有各种特定的因素和制度的力量，但其创造角色和进行叙事的基本对立结构方式对美国意识的形成至关重要。托马斯·沙茨(1981)推进了列维-斯特劳斯和赖特的观点，他提出，所有的商业电影制作基本上都是一种建构当代神话的过程。沙茨提出，20世纪电影类型的发展是一种“强迫性重复”，压力来自对观众兴趣和趣味的集体回应。沙茨的分析与一些更普遍的用符号学改造列维-斯特劳斯结构人类学的方法一样，认为电影制作使潜在的社会条件和民族神话变得神圣，从而建构出当代文化。电影和其他的文本应是我们观察自己的窗户。

早期的罗兰·巴特和符号学的时机

神话和意识形态

罗兰·巴特的著作常常被认为结构主义与后结构主义之间的桥梁。当然,在他讨论神话和重新起用索绪尔和列维-斯特劳斯的思想时,巴特力求以基本的神话结构阐明当代法国文化。然而,他的工作与索绪尔和列维-斯特劳斯大有区别,既表现在他更关注神话的政治层面,也表现在他更关注神话之被视为当然的重要问题。特别是,巴特力求阐明当代神话的意识形态基础,并提出,特定的叙事如此经常地在文化中重复,以至于本质化,或者说"自然化",成为绝对的、常识性的真理了。在《神话》(1973)、《流行系统》(1990)、《符号学原理》(1967)等书中,当他描述产生意义的文化运作的复杂环节时,巴特始终坚持科学的符号学原理。

巴特以一种强调了意义化(signification)过程的方式,预见了自己后续的研究。他认为,通过他所谓的"含义"(connotation)过程,意义在信号上不断积累。也就是说,一个信号可能具有它字面的、本来的或者"指示的"(denotative)意义,但是通过意义化的过程,更多层次的意义附加进来,成为原来信号的内涵。词语是字面的,但是它们在语境中的使用产生了意义,这种意义可能负载了心理学、情感或者意识形态的含义。例如,"黑色"一词有字面的意义;但是,通过词语在特定文化、社会和政治语境中的展开,更多的意义被蕴涵进来。这就是巴特唤作的第二层意义。虽然随着时间的流逝这些意义可能不稳定,但在任何既定时刻,它们都可能被附加于特定的社会知识和结构化的社会真理系统中。当"黑色"一词被附加于一个来自特殊民族、种族和社会背景的人时,它可能含有罪行、丑化、偏见或者仇恨的意思。

对巴特而言,这种意义的增殖构成了文化的神话。这些神话或者称"第二级符号系统"也可以被理解为意识形态:亦即那些支配的思想、叙事和再现,它们支持了统治性的社会文化结构。对巴特而言,当代文化神话形成了一种交织的信念,政治就建立于其上。一些批评家指出,巴特并没有在神话和意识形态之间做出截然的区分,而认为这两种概念似乎完全可以互换。然而,他的确指出了信号的多义本性,即信号携带不同意义的能力。试想"黑色"一词及其附加的人种含义。我们已经注意到,这个词可以用来支持统治性的意识形态,亦即一系列确认白人为发达世界正常或标准人种的"神话"或者叙事。白色常常被附加好的、纯洁的、清澈的和有教养的含义。相反,黑色常常被附加黑暗、好色、贫穷、边缘身份等贬义。在当代电视和电影中,白人文化始终是统治性的意识形态范式。白色将自己命名为成功、合法和美丽。

关于黑色的神话也可以按照媒介经常重复的故事来理解。新闻报道经常以犯罪、性感或者身体表演的方式展示黑色。在许多方面,黑色与基本天性的叙事联系在一起。黑人常

出现于报纸的体育页面中。在电影里，黑人与街头犯罪相关，或者作为(好的)白人英雄警察的牺牲伙伴出现。黑人常常是反当局的，通过种种叙事表现出来，包括肉体的放肆和反抗资本主义标准时的狂野。巴特曾指出，与上述叙事不同的标准也有，这些例外构成了概念的多义性。虽然所有媒介都有机会重新确定“黑色”这一术语的文化内涵；但流行音乐对围绕黑色的意识形态及神话，挑战一直特别强劲。黑人自己也已经为重建他们的身份而赋予黑色新的内涵。“年轻、才华横溢和黑色”、“黑人权力”、“黑人音乐”、“黑人风格”、“黑人解放”——这些都是用来设计挑战支配秩序的词语。

巴特承认，这种观点是斯图尔特·霍尔和其他一些学者在发展英国文化研究时已经借用过的；多义性构成了争取统治权的“斗争”——如霍尔自己所说，是表意的斗争。因此，受众“阅读”或者“观看”一个文本的行为，是历史性和政治性的。通过选择信号的有效方法生成第二级的意义，就是文本研究者的工作。阅读者依靠同一文化和社会知识系统，为的却是从文本中建构自己的意义。但是，分析的工作是对第二级意义假定的自然特征“去自然化”，或者如巴特所说，“去教义化”，特别是当它们已经嵌入支配性意识形态的时候。

后结构主义对结构主义的批评

最常发现的结构主义问题恰恰也是它的长处。那便是，结构主义及其祭为法宝的潜在语法、结构、意识形态和社会知识，常常导向一种社会和理论的普遍主义。在强调共同的社会知识时，结构主义寻求一种共同性，一种跨越时空甚至文化边界的、共同的客观空间。如马克思主义和以其他“理性”形式解释的社会知识一样，结构主义也寻求以主要的、包含一切的和普遍适用条件的方式，来解释世界和人们的行动。我们可以按照以下方式总结一下结构主义企图解决的这个问题：

1. 结构主义寻求对所有社会、文化和语言都适用的主要结构，以此解释社会和文化。特殊结构虽然从来不曾被消灭，却是被纳入普遍结构的。

2. 一种分析可以开始于一个特殊的案例和语境，例如，美国密西西比州杰克逊市将黑人排除于电视新闻广播；但是，结构主义对此案例的解释是与整体结构相关的，如：

(1) 支配性文化神话；

(2) 潜在的意识形态范式：共同的价值观、信念、准则和象征；

(3) 深植于社会权力结构中的示意形式；

(4) 穿越时间、空间和文化的共同广泛语言形式。

因此，索绪尔强调并构成的语言功能的信号之间不连贯的差异，便受制于更广大的结构性类别。这些类别是**语言**或者说参考性的语言系统。根据结构主义，特定的社会—文化案例或语境(**言语**)不可避免地指向背后的社会知识系统。因此，**语言**是潜藏的语音和社会秩序,它总是支配着特定的用语例子或称**言语**。

于是,用来将这种潜在的秩序神圣化的科学方法本身,就是围绕一种假定客观和整齐的秩序、被结构化的事实,这种发现应该不会令我们奇怪。托马斯·库恩(1970)和后来的让-弗朗索瓦·利奥塔(1984a)都认为,整个现代主义的科学方法都是以含蓄的设计体现一种自我证明的秩序:科学、科学方法和科学的原理是围绕秩序井然的过程形成的,也是用来揭示潜在形式的自然秩序的。社会科学也以非常相似的方式,并应用非常相似的方法和原理去理解社会。结构主义语言学家,如同社会的和批判的结构主义一样,是围绕着一个社会科学范式建立起来的;它假定的社会知识是用来证实社会和文化秩序的存在的。虽然这种秩序需要重新塑造,但它却根据基本的和潜在的范式存在着。结构主义批判的目标是暴露这些范式,从中产生一个新的社会秩序。

但是,后结构主义也暗示,这种潜在的语言学秩序,这种参考系统,是不顾语言和话语的实际功能,通过信念的特定跳跃进行思考的。特别是,**言语**(语言使用的例子)和**语言**(系统)之间关系的稳定性只有加入历史的丰富细节和文化的当地条件,才能达到。正是这种细节、变化和不稳定的问题持续地挑战着结构主义者声称为意义基础的系统。一般来说,后结构主义理论是将稳定和有秩序的系统的形成(包括结构主义语言分析的理论和方法)视为另一种语言姿势,只不过是另一种**言语**或者使用语言的例子而已。对后结构主义来说,语言是绝对不可与使用它的语境、言说的时刻分离的,所有把语言纳入有秩序的范式、种类、系统或者**语言**的努力,只是为了破坏使话语起作用的语境。也就是说,秩序是由结构强加的,而不是语言本身所具有的特征。

这个问题有许多面向。特别是,索绪尔和其他的结构主义者都喜欢保留信号的稳定性和统一性,尽管他们从理论上把信号分为不完全联系在一起的两个部分:所指和能指。索绪尔提出,语言的实际使用使能指倾向于特定的所指或者概念。语言的使用者需要这种可靠的联系,使所指与能指之间产生意义。然而,后结构主义却强调这一过程中的鸿沟和不完整性,认为能指和所指的相互关系是任意的,就像信号和它所指的事物一样。后结构主义认为,信号不是两个融合的部分组成的一个整体,就像硬币的两面;而更可能是,能指和所指代表两个功能层面,是高度不稳定和暂时性的意义在几乎偶然的交汇时发生的即时接触。于是,重点便是意义的**问题**性,而不是意义自成系统的确定性。

在一种语言被翻译为另一种语言时,这种问题非常明显,因为翻译中常常没有语法和词汇的完全对应;虽然如此,但它还是一种语言"系统"内的问题。例如,词典一般被认为最终的参考物,是所指(一个词)被固定于它的能指(意义)的主要方式。然而,当我们查阅词典的时候,我们常常发现,对一个词有若干定义。当然,这些定义中的每一种本身就是一种能指;但它推动读者去寻找进一步的能指和所指,以确认其意义。于是,stable 一词可被定义为:持续的事物;不变;不是不稳定的;有保障的;圈养马或者其他家畜的地方;等等。这些词可以在词典中找到定义,但在追寻意义时,我们却发现更多需要查找的词语——这种追踪无

休无止。意义是经一个复杂关系的复合体被处理的，这些关系明显地挑战能指/所指的统一体。能指的操作化是可行的——尽管不是不考虑这些发现意义的过程，而是把这种意义作为一种寻找的结果。于是，将能指置于一个语言环境的语言使用者在企图创造意义时却发现：意义充满了问题。意义是永远不会确定的，它只是在寻找中被推迟发现。

意义的这种问题化也与意识形态的争议深刻地联系在一起。认为在语言系统和意识形态之间存在必然关系的结构主义研究领域假定，在信号和表达意义的斗争中存在一定的稳定性。虽然霍尔和伯明翰传统的其他学者承认，在这些斗争中存在一定程度的不确定性，但他们的争论基于权力被固定于特定社会集团中的结构分裂。葛兰西的协商霸权和巴特的变种解释(亦即多义性观念)是英语文化结构主义者发展和展开的概念，以此逃避马克思对权力和意识形态更为极权主义的解释。即使这样，英国文化研究的谱系以其对阶级、权力区分和语言结构的特定兴趣，保留了对意识形态作为语言战争政治表现的研究兴趣(Lewis，2005)。的确，在始终对改革主义政治感兴趣的文化理论者看来，结构主义的意识形态概念已经证明极难放弃(见 Hall，1991a，1991b；Kellner，1995，2005)。然而，对结构主义文化政治而言，重要的问题是，多义性不是开始于、也不是终止于它自己的兴趣框架。在多元受众和多义阐释的压力下，意识形态开始碎裂；意义的不稳定彻底贯穿了改革主义的政治及其对变革逻辑的热望。

结构主义与后结构主义的文化路径

结构主义和符号学语言理论被20世纪六七十年代的伯明翰当代文化研究中心所采纳(见第4章)。像索绪尔、列维-斯特劳斯和阿尔都塞这样的作者影响十分巨大。特别是，文化研究将自己的兴趣从对基于阶级的文化扩大到意识形态、大众媒介和再现等更广泛的领域。但是，后结构主义的突破虽然同样重要，却分散得多。表格5.1突出显示了结构主义和后结构主义风格的文化研究在重点方面的主要区别。重要的是，这些差异不是完全时间性的；当代文化研究的特定区域也许更青睐某一种分析方法，而疏远另一种。

斯图尔特·霍尔和其他许多在当代文化政治领域工作的学者继续为此问题而斗争。霍尔(1991a)将文化确认为：媒介及其话语在一个广大全球后现代主义中的散播。当他离开阶级和其他一些文化地方主义的层面时，霍尔构想出一个文化的整体，其中权力和结构的体验及分配是不均衡的。于是，为了批评当代文化的条件，霍尔必须使此种宏观的构成与宏观的挑战匹配起来。霸权(或者称协商领导权)始终有效，因为它以结构的方式思考意义的创造。然而，后结构主义和后结构主义的理论派别也挑战了葛兰西的路径，限制了结构的作用范围和相关性。因此，思考权力和意识形态的方式已经大为不同。在许多这个领域的研究者看来，这些方法构成了一个反动的政治和对权力的投降，而这些权力正在文化中发挥其不成比例的巨大影响。

表 5.1 结构主义和后结构主义

结构主义文化研究	后结构主义文化研究
语言系统	语言作为散播
能指/所指	游走的能指,语言战争
生活方式	意义创造
阶级结构	文化社群
意识形态/霸权	万物皆为再现
制度性和固定的权力	作为人际关系的权力
结构性抵抗	在身体层面的权力
民主社会主义	民主多元文化主义
媒介制度	媒介创造

后期巴特

巴特早期的著作以对含义形成和意义创造某种程度的矛盾态度为特征。虽然巴特总体上接受了索绪尔的范式,系统地分析语言的结构和稳定性,但他也对含义形成的过程和多义的可能性或者说词语的多元阐释感兴趣。在《符号学原理》(1967)一书中,我们可以瞥见几许他对后结构主义的同样感知,否则,这部著作便堪称标准的结构主义箴言了。特别是,巴特虽然承认符号学能够解释所有语言的作用,后来却也承认,他自己的符号学话语是作为"第二级"语言在起作用的,这种语言可以被视为所研究的"第一级"文本话语的替代物。于是,他对波德莱尔的分析产生了原来文本的一个"不同版本",可以被视为一种准语言。这种新的(第二级)文本现在可以置于波德莱尔文本的位置,并可用于进一步分析。巴特承认,他自己的解释话语已经成为原始文本的替代物,而这种"第二级"的文本本身现在也可能被解释或者分析,从而显示一种替代话语正在进行的痕迹。于是,整个系列的准语言出现,不可避免地代替了原来波德莱尔的文本。所有的文本都是同样虚构的,因此,不应该作为绝对的真实或者本源来阅读。

这样的认识标志着离开符号学科学主义的一个主要出发点,它建立了一个兴趣层次,这种兴趣将在巴特后来的著作中开花结果。例如,在其论文集《图像-音乐-文本》(1977)中,巴特非常明确地宣告:作者权威性的观念不再能够肯定。在名为《相片的消息》、《作者和读者》、《作者的消亡》等文章中,巴特认为,作者、文本和读者之间的关系问题重重;并特别指出:文本应该被理解为"各种写作(其中没有一个是本源)在其中融合、碰撞的一个多向空间。文本是从无数文化中心抽取出来的引语相互交织的织物"(1977:146)。这样,当巴特力求更敏锐地洞察读者意义创造的不确定性及其后他称为文本的愉悦效果时,他关于符号

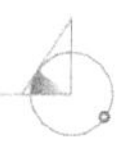

的稳定性和可靠意义创造的假设便这样被放弃了。作者在文本建构中的作用是附加了条件的；这并非一种将文本隔离于有意设计的简单姿态，而是对受众积极卷入话语多义、多重性的一种衷心承认。

在《文本的愉悦》(1975)中，巴特力图更进一步分辨读者追求他们自己反复无常喜好的力量。巴特注意到，读者在深入文本时，是自由地摆脱了能指的指点，而更倾向于他们自己的认知和情感反应的。换句话说，多义性，亦即读者的认知参与可得的多元阐释，也可为感官和身体的反应所用。不同的读者对所指产生的意义与感官愉悦的反应会不同。在许多方面，巴特寻求的对文本卷入和意义创造的一种解释已经超出了他早期对神话和二元解答的兴趣。不过即使如此，关于愉悦的观念还是建立于两个清晰的反应层次："愉悦"和更集中、更强烈的经验(他称之为 bliss，"极乐"，法语 jouissance，"享受")。在"享受"的层次，巴特再次接近一种后结构主义的立场；因为"享受"仅仅是以一种不稳定和矛盾的强度为特征，从而否定了语言稳定和可靠的条件(单纯愉悦)。

单纯愉悦典型地是指一种结合(join)，或者说两个表面的接触：如睡衣之于皮肤，或者阅读行为与文本。在阅读行为中，当读者持续地专注阅读并意识到阅读的行为时，愉悦很可能产生。如果读者在各个页面间翻来翻去，或者阅读特定的现实主义话语时，愉悦产生于接触或者结合，它使能指和所指的活动更容易进行。然而，当读者的卷入超出自己的意识，那么他们就正在接近享受的情况。这种完全沉浸于美学的时刻使读者忘记了所有外部的条件，进入阅读活动本身。于是，就产生了一种强烈经验的可能性，这种经验可能超越结合——超越语言本身——因为现在读者全身心地投入他们自己的享受之中。现在，读者要冒文化假设崩塌的风险。意义是不稳定的；政治是不稳定的；文化和语言也是不稳定的。但是，如果读者抵抗这种入迷的情况，那么，强烈的感情就可能瓦解，变成无聊。

因此，巴特的文本愉悦说，是对"后"或者"前"语言学条件的一种升华。事实证明，他的理论特别适用于对讲英语者的分析。这些说英语的人一直对文本阅读的过程，特别是对文本消费给予愉悦的层次感兴趣。也就是说，巴特后来对愉悦的研究兴趣为一些文化研究者提供了理论框架，这些研究者(如约翰·哈特利、亨利·詹金斯和理查德·戴尔)寻求以各种方式庆贺流行文化对生活、对愉悦和对大众媒介消费者日常文化的重要性。这种文化分析重点在多元意义和个体愉悦上，它提供了一种重要的理论桥梁，不仅通向后结构主义，而且扩展了后现代文化的研究领地。

无疑，巴特的著作已转向后结构主义理论的边缘；然而他对"享受"的叙述也携带了一种明白无误的浪漫主义回声。特别是，在他对文本享受的叙述里，有某种程度的本质主义，一种在"前"、"后"语言学的情况下都会有的享受感觉，类似约翰·济慈的文学和诗句中指称的"更精细音"(finer tone)。济慈解释说，这种出色气氛指一种入迷的情境，此时，在一过即逝但明白无误的强烈对立相互融化的时刻，诗歌洋溢着崇高之美。不仅如此，巴特在其后来的著作中转向日本的艺术和文化，是怀想浪漫诗人对东方的兴趣，因为东方文化超越了衰败的西方谱系和支撑欧洲文化的对立主义。

后结构主义与后现代主义的区别

在许多文化评论家看来，后结构主义和后现代主义之间很少区别。两种主义都强调文化的多样性、个人的解放、一种绝对真理的不可能性、历史的不稳定性与政治的广泛性和包含性，亦即不仅仅限于阶级或者社会等级的争议。事实上，两者都对结构的观念持批判态度，都倾向于对流行媒介、全球主义和新的身份表现形式感兴趣。

然而，在两种术语的传统和历史中，存在重要的差异。后结构主义往往是从法国语言理论的特定领域产生出来的，它的主要代表人物是后期的罗兰·巴特、雅克·德里达、雅克·拉康、朱莉亚·克里斯蒂瓦、米歇尔·福柯与吉尔·德勒兹和费利克斯·瓜塔里。尽管他们之间存在许多重大差异，但这些作者都代表了与某种哲学传统的彻底决裂，那种哲学传统将现实视为清楚可辨的事实。后结构主义提出挑战，让我们以语言和中介的方式思考世界，质疑意义和非意义之间的界限，认识视为当然之物和普遍真理之间的裂痕。后结构主义的写作常常很难，因为它承认，任何逻辑秩序和对知识(也包括他自己的知识)的拥有，在本性上均不可能。

后现代主义有两个清晰的来源。一个是哲学的，来自后结构主义。连接后结构主义和后现代主义的理论桥梁是由让-弗朗索瓦·利奥塔、让·鲍德里亚与美国马克思主义文学批评家弗雷德里克·詹姆逊架设的。后现代主义理论的另一个来源是美国的美学理论，这个名词在那里被构思出来，以形容一种特定的艺术和文学风格。

后现代主义有时可以用于描述接着现代的那个历史时段(大约前面30年左右)。这个名词也成为一种流行的方式，形容那种统治当今文化的“条件”或者思维方式。从理论上说，这是非常松散地联合在一起的许多思想，其踪迹来自后结构主义、乌托邦主义和颂扬式流行文化。

解构：雅克·德里达

主体与语言

虽然罗兰·巴特在结构主义和后结构主义观点之间不平衡地游走着，雅克·德里达却不屈不挠地追寻他自己的思路——语言和意义创造的不规则与隔阂。从他早期对胡塞尔现象学的调查开始，德里达一直怀疑：有一种结构主义的方案与基本的“语法”在支撑文化、语

言和人类头脑的思想。特别是，他挑战基底或称“本质”(essence)的观念，它们通过高度抽象的理论或经验方法论在可能的情况下为意识的再现奠定了基础。在德里达早期对人类科学的话语和结构主义的讨论(见 1970)中，他争辩说，人类科学，就像自然科学一样，都参与了一种事业，它迫使语言本性的流动性和不准确性进入各种结构之中，从而有效地使结构合法化，成为绝对的和攻不破的真理。德里达始终认为，对这些真理或者说真相的发现，只不过是一种僭用，是对语言的自然使用方法的否定。也就是说，按照德里达的观点，语言本身不是从真理、本质亦即最高参考点结构而形成的——语言背后没有本源。反而，语言是不安分的，是永远流动的不准确细节的集合体，它不断地寻找，但永远也不会找到某种意义的近似值。

德里达将这种意义说成是一种**“出场”**(presence)。也就是说，他主张，人们寻求对自我认知的某种确认，也希望确认自己能够理解与其他人的关系中的自我身份。因此，通过与绝对意义之间的交换，他们在世界上的**出场**是被证实的。在此我们需要注意到，德里达已经大大超越主体—客体之间分裂的认识论问题(见第 2 章)，而这一问题在 18 世纪和 19 世纪是被哲学和社会科学全神贯注地研究的。语言和自我(生活世界的主体)的问题颠覆了认识论作为 20 世纪哲学和文化理论主要关注的地位。在前弗洛伊德时代对自我的描述中，统一主体(亦即世界的主我和宾我统一)的观念一般是被假定存在的。西方文化产生了充足的词汇，形容这种确定的情形：本源、本质、意识、结构、中心、存在、实质、真理。

精神分析的理论，特别是雅克·拉康和朱莉亚·克里斯蒂瓦对弗洛伊德的改造，开启了将主体“非固定化”的理论方法。精神分析也将主体及相关语言之间一种更不稳定和非决定性的关系理论化了。也就是说，主体不再作为一种绝对的情况存在，不再是一种植根深入、基本不能改变的实体了；主体是动态的、可变的、开放的，是通过各种关系和经验形成的，完全是在语言中建构的。因此，德里达高度怀疑主体以某种本质的形式出现。相反，主体存在于语言的偶然使用中。于是，按照德里达的解释，本源(origin)的问题被消灭了。

不过，对这种消灭的过程德里达表述得相当机警。“本源”的概念在语言中继续承认，但是由于语言本身没有了本源，“本源”便不可能被取代或者代替了。也就是说，德里达的做法使他避免了删除“本源”概念的致命做法，因为那将要求他提出某种语言的替代物。因此，德里达的分析方法不寻求代替本源或者中心，而只是突出了与虚假正统教义论相联系的那些问题。这种情况不仅适用“本源”的概念，而且适用于任何其他的概念、其他的词。如果他以其他可能的替代物替换“本源”这个概念的本源，或者任何其他词的本源，他可能要冒为他舍弃的一个词(本源)再建一个不同本源的风险。因此，德里达的分析只是揭示了促使语言用法产生特定案例的原理和过程，而不提供替代的选择。

因此，德里达的批评策略是非常有意识地聚焦于某些特定方面。他想要从所有语言行为的出场或者本源中去除本质、中心的观念。语言作为一种特殊的、不完全的姿态存在，在一种特定的语境中活动，并不断寻求意义——虽然它永远也不会真正固定于某种意义。德里达不能以一种其他的固定意义去指代这种动力。他不承认我们能够在一个特定的概念之外或者之上思考,因为这样做会使我们踏入陷阱——追求起源的(虚假)姿态。这不是一个能够"真正地"告诉我们,或者它真正意味着什么的概念,而是本身正在消失(或者缺席)的概念。例如,在某种特殊情况下(我们极不赞同的某个人正在使用"知识"这个词),如果我们批判"知识"这个概念,我们希望替换的可能是这个人对知识的自诩,如谴责他"无知"。换句话说,我们将以替代性的"无知"概念来替换"知识"这个概念的核心地位或者出场行为。不过德里达警告我们:应反对这种批判的思路。他说,这种做法践踏了语言的根本原则。因为语言是没有中心亦即本源的,因为我们的主体是开放和不固定的,所以,我们对真理的自诩是虚假的,我们的替换是被误导的。事实上,我们所能做的,只是**揭露**(expose)这种自诩对意义和真理(知识/无知)的二元划分本性,而并不扬此抑彼;也就是,不在固定的绝对的语言出场地位上恢复一个中心。这种"解构"的过程是我们理解德里达所称的"写作"现象的基本方法。

解构

德里达的研究方法建立于他早期的两本著作:《写作学》(1974)和《写作与差异》(1979)。他对语言的兴趣基本上产生于对胡塞尔现象学以及西方哲学传统将自身组织为知识范式过程的最初分析。与德里达的关键概念"解构"相联系的方法已经被近来的文化分析以各种方式加以改造。德里达自己则使用这种技术阐明哲学在语言学(特别是写作语言学)中将自身合法化的过程。他的方法与巴特的"去教义化"方法相似:力求展现特定的写作立场如何被结构化为意义,虽然这些意义必须不断地逃避定义。也就是说,德里达通过他的著作解释了:哲学借助不断反思,亦即哲学家不断地提及自己的前辈,而使自己合法化了。于是,文本的意义围绕这些互文性的参考而建构起来。

但是,与"去教义化"的政治意图不同,"解构"的基本任务是揭露这些建构语言和历史的原理与过程,特别是在西方哲学中清楚表述的原理和过程。为此,德里达接受了欧洲思想和语言是建立于对立(好/坏,生/死,出现/消失)系统的基本观念。这些对立的两极坚持一方压倒另一方的解决方法,一方的消失使对立的另一方得以出现。习惯的"批判"方法只与系统内的移动有关,使一极统治另外一极。如上述关于"有知/无知"选择一方压倒另外一方的例子,只不过是对立两极的中心和本源转移而已,我们始终身陷系统中。解构却不同,它通过追问两极对立的合法性和承认它只是语言构成(特别是写作)的方式,寻求阐明并超越两极对立。解构方法攻击中心和系统,不是企图通过改换位置(因为那将产生另一个本源),而是通过阐明它们无限的衍生意义,通过釜底抽薪般拆除中心和系统基础的方式而进行的。

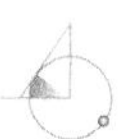

写作

实际上，德里达用非西方语言学的其他可能性来对照西方的两极对立主义。他使用了“逻辑中心主义”(逻辑＝词语)的观念来说明西方哲学是如何通过对立系统和逻辑推论来建构的。于是，命题A可能用于对照命题B，但是这种**逻辑**(logos)的推论却是命题C，就像这样：

> 男人长胡须，妇女不长胡须。我有胡须，所以，我很可能是男人

这种形式的哲学推理正是建构于我们语言基础上的。虽然这个论点在罗素、维特根斯坦和索绪尔的著作中已经说得很充分，但德里达却力求完全打破它的价值和标准，彻底颠覆通过意义创造系统动员起来的这个逻辑。德里达提醒我们，逻辑完全是逻辑学的附属物，其本源是“这个词”。正是这个词，特别是口语的词(“声音中心主义”)，将自己表现为“非本源的本源”，似乎是绝对的出场，如在《圣经》中对人的最初出现清晰表达的那样：“起初是词。”于是，“口语的词”将自己表现为我们欧洲文化的中心和起点；词是基础，我们的文明便建筑于其上。

在《写作学》中，德里达认为，并不是口语的词，而是用词语的写作，组成了信号系统的清晰表达。写作(écriture)一个想象性本源的出场中间，围绕着它，形成了自己，并取代了语言的多种可能性。写作能够：

> 不仅表明文字的象形或者表意的物质姿态，而且表明这种示意行为可能发生的整体过程；它还能够超越能指外观，表明所指本身的面貌。所以，我们将所有产生题字的行为普遍称为“写作”……由这种控制**程序**包含的整个领域都是写作的领域。(Derrida，1974：9)

然而，语言与写作永远不能完全建立这种本源与出场的关系，因为它们总是处于一种衍生的状态，每一个词和每一个文本只能在其他词和其他文本的参照下才能被理解。不仅如此，词语的意义永远也不能避开其基本的鸿沟、裂缝和游移，而这些情况总是存在于交流的过程中。为了说明这一点，德里达借用了结构主义对语言系统的阐述中如此重要的“差异”(difference)概念。在德里达看来，差异不能简单等同于将一个词归入特定意义类别的不连贯区分。也就是说，索绪尔力求按照组成语言的差异系统来理解词与词之间的差别：意义的区分是由能指的系统提供的，是在不同的能指(如狗和猫，或者猎狗和狮子狗)之间构成的。

而德里达感兴趣的是词语之间和词语之中的差异,它们阻止了意义的形成,使事物不能朝系统化类分的方向移动。他解释说,差异可能发生作用,以搅乱意义,产生歧义;这种歧义不断地推动语言,进入意义逐步消解的境地。德里达常常通过详察概念的方式说明这个问题。在法语中,按照“差异”这个词的发音方法,可以拼写出一个带字母“e”的法语词,与现在这个词本身(différence)一样;也可以写出一个带字母“a”的词,形成一个在词典中实际并不存在的词(différance)。在任何一种情况下,说这个词时,发音都是一样的,只是在写作时才能分辨出差异来。德里达接着建议用这种两元现象进一步说明词义。转换的动词différer既可以意味着“to differ”(“不同”),也可能意味着“to defer”(“推延”),德里达将这两种字面的意义合在一处,以求建构写作和“差异”的问题性。德里达解释说,“不同”是一种空间的概念,系统以此在一个词和下一个词之间设置了一些符号的或者类别的距离。而“推延”却是一个时间的概念,表意系统因此处于其意义永远推迟的一种状态。在写作中,这种衍生的情况不断地被揭示,而在口语中,这些衍生却在一般承认“出场”的掩饰之下不被发现。也就是说,一个字典上不存在的différance是隐藏的;因为口语词似乎不断地在说话者和说话在场的情况下出现。写作则以其原生的、受到刺激和始终延宕(互文的,衍生的)的状态呈现了能指。

德里达在《写作与差异》和《写作学》中提出,写作一般被认为口头语言的掺假版本。这种“强制的差序”形成了一种与上下级情境类似的条件或者状况,其中口语高于书写。于是,德里达在解读卢梭时,看出了卢梭认为(自然的)口语优于(危险的、作为一种补充形式出现的)书写的观点。卢梭认为,书写是对说话的一种补充,是在基本条件上增加一种不必要的特质的做法:

> 卢梭认为书写是一种危险的媒介,一种险恶的辅助工具,一种对困境的致命反应。当大自然像自我一样亲近的条件日益被禁止或者打断,当说话不能保护出场时,书写才成为必需。它必须赶紧加诸世界……一俟再现自诩为出场和事物的符号,书写立即变得危险。(Derrida,1979:144)

在法语中,替代(suppléer)一词不仅意味着补充,而且意味着取代。德里达力求颠倒书写—口语的位置,通过确认共同的特征,也通过争辩——任何一种优先都隐含着补充(和代替)的过程。就像精神分析理论所概述的自我和其他人相互依靠的关系一样,口语/书写、在场/缺席、自然/文明的成对概念也必须将两极结合起来,作为各自补充和替代的选择。按照德里达的术语,它们已经总是在对面出现。因此,口头语言已经总是书写的;自然已经总是在文明中出现,如此等等。差序结构青睐一种立场或者概念,而轻忽另外一种。解构便发生于文本消解了差序结构的时候,也就是,当补充被埋葬的时候。

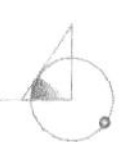

德里达和文化研究

但是，应该说，解构只是暴露这种过程的策略。德里达的解构不再是巴特"解构"的相似物了，因为它不能、也没有提供一种替代物。既然不能有替代物，特别是与巴特和福柯比较，德里达研究的政治兴趣便很有限了。事实上，德里达在文化研究中的政治立场是模糊的。许多批评家责备他抵制直接的政治行动和参与当前文化的立场（见 Dews，1984；Poster，1989），认为解构分析的省略本性产生了一种机智然而多余的修辞诡辩形式。这种诡辩术由于拒绝承认真实世界的问题，便为一种逃避和反动政治领域的形成作出贡献。然而，其他一些文化批判家却看到了解构在确定和揭露意识形态方面的巨大潜力，这种意识形态功能是通过语言特别是通过文本再现的方式实现的。尤其是，文化政治一直在用"解构"的方法阐明，规范的价值观影响了性别、种族、民族和性取向的再现。这种改造的概念早已超出德里达原本采用的概念，在许多方面与传统的批判混合了；虽然这种混杂加上了一种假定，说明纯粹的结构主义已不够用。

德里达对大众文化分析思想和方法的这种转型有时附属于一种后现代主义的观念。许多庆贺后现代主义的话语发挥了德里达的关键概念（解构、差异、逻辑中心主义），产生了许多不同的版本。特别是，这些形式的后现代主义以这些概念将自己置于反对现代主义盛行标准的立场：分析解构了现代主义的高级艺术、科学主义、科层制同质体和逻辑中心主义。然而，这些改造并未严格地限于德里达分析的领域。克里斯托弗·诺里斯（1987，1990）曾指出，事实上，德里达的著作非常适合立于西方哲学遗产之间，因为它也是使用标准的推理、批判和修辞方法。诺里斯对比了德里达的著作与后现代主义的开放性和非逻辑性。唐·赛德（1991）走得更远，认为德里达近期著作中对作品中的留白和页边的研究大部分围绕着当代解释性现象学的内部框架。赛德将德里达置于解释性现象学者之列，如保罗·利科，他也对非意义和意义的问题感兴趣。对德里达的这种定位再一次将他激进的狂想（解构）推回到他力求推翻的更普遍、更保守的哲学传统之中。

对德里达批判性接受的态度中存在模糊性，这在某些方面令人疑惑，在另一些方面则可以理解。德里达不情愿直接处理真实世界的争议和文化，特别是在 20 世纪 90 年代之前，这使人们在基本认可他的分析规则的同时，对他的著作却产生了费解的感觉。语言是一种不完美的通道亦即中介，它既联系、又分隔开人类的主体。毫不令人奇怪的是，在保守的批判与此前更具改革兴趣的批判那里，解构方法同样受欢迎。德里达的伟大洞见是，语言的过程和结构可以迅速被颠倒过来。虽然德里达反对用这种颠倒去重新发起或重新强调特定的观点，但对许多批评家而言，这种诱惑似乎不可抵抗。的确，即使在产生这种颠覆时，许多批评家也完全能够巧妙地设置两极结构的那些条件，以服务于保守主义的利益：再一次地，对那种坚持认为我们需要阐明问题而不是改变事物路线的分析策略来说，这是可以理解的。

于是,保守主义的美国文学批评家保罗·德曼曾改造这种唯我论精神,用于解构虚构性散文和诗歌中潜在的主旨。但同样地,解构方法也被彻底的后殖民主义、酷儿理论和女性主义文化研究所改造。也许,正因为德里达不情愿直接卷入文化政治的态度造成其受欢迎程度在法国的下降,而在美国和其他英语世界,对他著作的兴趣却在持续上升。不管是哪种情况,德里达似乎都做出了回应,在 20 世纪 90 年代和 21 世纪头 10 年,他的著作开始更直接地聚焦于政治和社会议题。如在《政治与友谊》(1997)与《马克的幽灵》(1994)中,德里达加入了对当代文化的道德和政治分析,虽然带有他熟悉的世事洞明的复杂反讽。

米歇尔·福柯

福柯的后结构主义写作

也许,最常接触和引用最多的法国后结构主义者便是米歇尔·福柯了。福柯的著作远不像德里达那样一致,许多批评家也质疑他对文化研究和文化历史的贡献是否有用以及特征到底为何。特别是,一些批评家认为,他的著作缠绕着矛盾和对立,提出了各种见仁见智的主张,可以称为存在主义、结构主义、后结构主义、激进主义、反革命、无政府主义、女性主义、反法西斯主义,甚至伊斯兰主义的大杂烩(见 Hoy, 1986a, 1988; Arac, 1988; Rabinow, 1991; Hekman, 1996; Afary et al., 2005)。实际上,福柯的著作是一种对语言、文化和权力各种可能性的爽快揭示。这种揭示似乎必然推动福柯进入一种自我冲突的形式,走向他自己概念化的极限。不论是在特定的文本之内,还是纵观他的职业生涯,他的著作都明显地冲击了可能被说成有关人类意义产生的边界,这种意义生成于权力与历史碎片复杂结合的语境中。的确,虽然德里达的伟大力量来自游戏式但始终不懈保持一致的论证,福柯的著作却是更刺激人心和不满足的。它在寻求创造一些条件,既促进知性解放,也追求政治解放。

然而,正如巴特和其他许多支持解放性文化政治的学者已经发现的,通过分析深奥复杂的意义创造和语言形成过程,是难于实现解放的。福柯反对经济、社会结构和物质条件的基础属性,而认为,权力是通过"话语"(或者语言)形成的,它在人们的关系中发挥作用,可以在个人身体的层面感受到。福柯在其后结构主义阶段的著作中争辩道,解放不是一种马克思主义的革命事业;也不是一种结构主义语言系统重新排列的事务。他坚持道,解放更可能是一种辨认的过程——揭露社会和文化历史寻求固定并强化话语和权力关系的假设。只有打破这些假设,将身体从话语建构身份的历史印记中摆脱出来,才可能想象自我解放。换句话说,福柯力求使个体的自我从伪造权力与主体关系的极权话语中脱身出来。这些极权话语可以通过国家及其监视及教化机器建立起来;也可以通过马克思主义的虚假解放主义产生出来,因为马克思主义将自我(个人)固定于阶级和革命的结构中。

福柯想让个人/主体从其他人和制度话语的禁锢中逃脱出来。他竟自诩自己的著作足以成为“让别人投掷的炸弹”和“对既成机器进行革命示威的工具”(见 Foucault,1977a：113～138)。在其后结构主义阶段,福柯想要确保他的解放事业不至滑落到某种其他话语的霸权形式,致使知识分子“代言他人”、引导他们进入争取其他人自由的计谋。他批评了马克思和其他一些人,说他们假装将自己的解放投入阶级战争的构想。无产阶级不会拯救世界,拯救是个体,包括中产阶级个体的责任。福柯不希望被骂成——将其他人民的解放固定于他自己话语的围墙之内,他说：

> 如果我不准备用一双相当固执的手准备我可以冒险的迷宫,你认为我会如此执著于我的工作吗？你认为我会在写作中花费这么多麻烦、也获得如此多乐趣吗？在这样做的时候,我可以打开地下的通道,推动我的话语,迫使它走得更远,发现可以减少和改变原定话语路线的多种威胁,在这个过程中,我可能迷路,最终看见我将永远不可能再遇到的情景。无疑,我不是唯一一个为了丢脸而写作的人。不要问我是谁,不要要求我始终如一。把监督我们的文章合乎秩序这种责任留给我们的官僚和警察吧。(Foucault,1972：17)

这些取自福柯职业生涯中期的文本《知识考古学》中的评论,清楚地指示出：福柯的思想从作者和知识分子(事实上,是普遍的自我)作为文本和话语建构中固定的和不可移易的一种表达的观点决然地转身了。就像巴特拒绝作者的权威、拉康对自我的松绑和德里达对本源的否认一样,福柯也要求：任何主体都应该给予移动并成为与他们在任何给定时刻表现不同的别样东西的机会。

事实上,我们可以在福柯写作生涯中辨认出三个清晰的阶段。《知识考古学》标志着福柯从其早期的历史主义立场的离去,而历史主义是基于马克思主义目的论(关于最高事业的理论)的存在主义变种。这是福柯写作生涯的第二阶段,它合并了这样一些文本：《知识考古学》(1972)、《事物的秩序》(1974)、《规训与惩罚》(1977a)和《性史·第一卷》(1981)。他的后结构主义阶段有以下一些特征：

1. 福柯拒绝了马克思主义的唯物主义。1968 年发生在巴黎街头的学生骚乱让许多“左翼”知识分子感到失望和幻灭。福柯和其他一些法国后结构主义者已经对结构主义对待权力和意识形态的思路产生了怀疑；而动乱似乎打通了这些思想,使之明确地拒绝马克思主义的事业。特别是,福柯拒绝了马克思主义对历史的解释以及在社会结构革命中对革命权威的授权。

2. 福柯拒绝了统一主体的观念,更倾向于将主体视为话语建构与交流的公开及易变的场所。

3. 福柯拒绝了生理学和社会学的命定主义理论。特别是,他反对身体是生理不可避免结果的观念；而认为,生理学服务于话语、文化和历史的利益。

4. 福柯发展了考古学及其后谱系学解释历史运作的观念。历史充满了不精确和反复无常的细节：要素、特征和话题之中断恰如其继续一样繁多。这不是说福柯不揭示历史中的范式和联系；而是如汤普森那样，福柯坚持认为，历史不是大型结构和重要历史事件的运动，而是关于人及其关系在一个广大的权力和知识语境中活动的问题。

5. 权力和知识不是植根于社会结构中的。权力是一种过程，是交换的事情。有权力的地方就有挑战。权力是不稳定过程中不停转换方向的。人和结构不占有权力，他们只是转移权力。权力总能在个人主体的身体层次、地方层次和"微观物理学"层次体验到。

权力的问题

事实上，在福柯的后结构主义看来，权力、知识和话语是历史偶然接触的核心。福柯的基本方法是检验一个在他看来构筑了文化现代主义砖瓦的历史阶段。也就是说，福柯检验了 18 世纪和 19 世纪特定的现象(医院、精神病院、监狱、性技术)，用他的历史学方法对现代文化进行更广泛的观照。他遵循尼采混合概念的策略——这些概念已经如此彻底地彼此嵌入，以致它们完全地相互依赖：权力/知识、话语/权力都互相指涉；文化则基本上围绕这些关键的混合物组成。在某一点上，福柯承认，万事万物都是话语，权力无处不在。于是，据福柯说，文化中的一切无不存在于话语(语言、形象等)的意义创造及其权力的必然结果以某种方式的中介形式。这种观点与阿尔都塞认为无所不在的意识形态不同——那是一种社会控制和统治的机制(见第 3 章)。福柯认为的权力存在于主体每日实践和日常交换的层次。权力是个人性的、直接的和不可避免的。

> 正是在话语中，权力和知识结合在一起。也正是由于这个原因，我们必须把话语当作一系列不连贯的碎片来看待，这些碎片的技术功能既不一律，又不稳定。更准确些说，我们一定不能把世界想象为分成两半的，一半是被接受的话语，另一半是被排斥的话语，或者统治的话语和被统治的话语这样两个部分；而看作各种话语成分的一个多样体，这些成分可以进入这个多样体并玩弄各种策略。我们必须重建的，正是这种话语的分配：重建其中包括的内容，说出来的和隐藏的，要求阐明的和禁止表达的；重建它隐含的各种类别和不同效果，根据谁在说、说话者在权力关系中的地位、他说话时恰巧所处的制度语境；重建它使用的为了同样目标也采用同样公式的转移和重生方法。(Foucault，1981：100)

于是，在他对性(1981)、监狱(1977a)和社会科学(1974)的分析中，福柯显示了：权力从来不是脱离于它所表达的场合的，权力和知识不可避免地可以相互确认，因为它们是互相产生的：并非简单地由知识产生权力，并作为一种普遍化和霸权式的要求，从中心开辟道路；

而是权力/知识存在于一切特定的点。

福柯和特定的权力

福柯将直接和特定层次的权力称为“微观物理学”。他描绘了在监狱和现代性关系的历史发展中这种权力微观物理学的运作情况。但奇怪的是，他不情愿将这种规则用于分析当代文化。尽管如此，我们仍然可以通过无限的个人互动和经验，观察到微观物理学的运动。例如，在电视作为媒介被消费的方式中，一种**宏观物理学**可能强调制度产生并分配消息的权力；**微观物理学**则会对受众个体之间、受众与媒介和受众与电视文本之间的互动感兴趣。在选择电视节目时，会发生一系列复杂的互动。这些协商可能动员制度的权力（公平、收入和父权）、情感的权力（创伤、愠怒、恳求）或者性的权力（互惠交换、诱惑）。在分析这些关系和话语时，权力被视为不稳定的、可变化的。于是，对选择电视节目的一种协商胜利可能是“空洞的”胜利，它会带来各种损失：家庭其他成员可能将胜利者视为自私、不讲理或者密谋。因此，胜利者最终可能要在其他语境和条件下放弃一些方面的重要权力（例如，寻求批准或者获得感情）。权力只存在于话语中，因此不能永远被结构所固定；权力总是在个人身体层面起作用。

真理和理论的问题

福柯企图超越启蒙对立关系（权力/无权）的限制，这使他如德里达和其他人一样，脱离了理性理论本身的核心假定。正是在这一点上，解放性的理论家萨义德和霍尔超越了福柯的论点，说福柯从未完全认识到他自己主张的解放潜力。然而，正如吉尔·德勒兹坚持认为的，理论是“片面的，碎片式的……功能性的，用过即扔和不可再生的”（1977：205），福柯也坚持认为，作者的理由（逻辑中心主义）应该用来破坏他自己话语和自我证实的权力。福柯像德里达一样，想要抵制再次将语言作为辩论或者批评中心的诱惑：他想要让理论自我动摇。如果不这样做，理论就仅仅是简单地重复那种宏观和包罗万象的主张了。而正是这种宏观和包罗万象的特点如此严重地阻碍着马克思主义的写作。

事实上，正如福柯在他这个职业阶段提醒我们的，权力只能作为一种地方化的“微观物理学”（Foucault，1977a）被产生出来，只是由它自己的离心冲动所产生并继续生产离心冲动的一种结果。于是“真理”就像“权力”一样，也只能永远是片面的、不完整的，是存在于人类行为的事情，超乎理论的隔绝闭合：

> 如果它最终存在……那么真理是这个世界的事情。它只是由于限制的多元形式

而产生。而且它产生了权力的通常效果。每一个社会都有它自己的真理体制、它自己的真理"政治":也就是,它所接受并作为真理发挥作用的话语形式。(Foucault,1980:131)

福柯设计了"考古学"的方法,揭示道:历史的不连续就像其连续一样常见。就是说,他的历史是那样的一种:不仅对事物朝其后事件和主体的发展感兴趣,而且对历史的颗粒和细节同样感兴趣。虽然某些批评家被这样的观念弄得有些糊涂,但其实福柯是在努力将他自己确定真理的命题与马克思主义历史学区别开来——后者是不断寻求宏观解释结构、原因与结果的一种历史学。福柯的关键文本《规训与惩罚》(1977a)和《性史·第一卷》(1981)特别显示了这种区分策略的有效性。

规训与惩罚

《规训与惩罚》显示了现代阶段的囚徒经验,特别是,如何通过话语的再现形成这种经验。在叙述"身体"被权力关系打上标记时,福柯试图保留一种解放的意图。于是,当他描述18世纪惩罚从折磨改为监禁的变化时,诘问了马克思主义和自由主义人道主义的基本假设和"话语"。马克思主义将这种变化视为一种劳动分裂的实践,是资产阶级寻求控制无产阶级和剥削他们劳动的新方式。自由派人道主义,特别是当它以边沁的功利主义哲学表达时,将监狱看作更人性地对待堕落者的改善机制。然而,福柯将监狱视为构成自我和身体的手段。他对描绘这些将身体打上权力和话语印记的机器特别感兴趣。一种由边沁自己绘制的监狱蓝图"圆形监狱",成为福柯理解国家和个人之间关系的比喻。在一个圆形监狱系统中,个人总是处于监狱看守的监视之下;对福柯而言,这种持续和无所不在的监视是现代偏好权力/话语和"规训"市民的一种反映。福柯的话语解放主义力求解脱的,正是这样的关系。

《规训与惩罚》在更广的范围内继续了福柯对现代主义隐患的研究兴趣,从世界和个人最直接的经验出发,勾勒出一个语言亦即话语建构的世界。这种对个人及其主体性的重组明显地是一种权力关系形成和再形成的实践。于是,当英国的文化研究全神贯注于结构主义语言学和"示意的斗争"的时候,福柯却在揭示权力如何在个人主体的层面被体验着。在《事物的秩序》(1974)中,他已描绘:不断增加的对语言的社会组织,特别是将个人固定于所描绘的社会和心理种类的这种需求,导致社会科学的出现。福柯认为,社会科学是一种将人的经验纳入知识框架的手段,它并不那么符合人性或者具有解放性,反而是构成的、行政的;在一定意义上,人的主体性是被社会科学发明的,它使国家管理变得可行。在《规训与惩罚》中,福柯也提出,犯罪学的出现是一种话语的过程,目的是以集中和组织化的流程管理和"监视"个人的主体性与身体。不仅如此,犯罪学的科学话语不可避免地编织了权力的实践和技术,完全破坏了科学之与利益无涉、客观公正的名声。

性史

在《性史·第一卷》中，福柯将他的论述深入到个人主体和身体在性和再生产方面的经验。他再一次检验了现代阶段话语层面的性。福柯反对近期自由主义者的观点，说18世纪和19世纪不是性压抑的时期，而是性转型的时期。福柯争辩道，性和再生产经验的直接性和公开性被转化为各种形式的话语：宗教的、教育的和社会科学的。这种转型允许性的经验既可能被刺激，也受国家监控。于是，通过对性的新形式言说与写作，与性和性特征相关的矛盾、不愉快和愉快都加入进来。一方面，通过生物医学和心理学的话语，性的话题可以方便地说出；但是另一方面，国家通过人口普查和教育过程，可以观察到它自己市民的性特征。福柯提出，这种言说与实际的身体行为方式几乎一样，都是性经验。福柯坚持说，如果没有话语，便没有性特征。

很明显，福柯此处争辩的是，生物学及唯物主义对性特征的解释是误导的，所有的现实都是通过话语和文化中介的。这种论据在《性史·第一卷》中最有力地表达出来，书中福柯勾勒了自己揭示这些话语、而不是检验这些实际行为的计划。但是，在此系列的后来一些卷中，福柯明显地从这种立场倒退了，产生了理论立场的第三次、也是最后一次转向。事实上，《性史》的后来几卷可以被看作"直接的"历史，福柯勾勒了实践和事件，而不再提出话语的问题。在系列的第一卷中，福柯对中产阶级的性困扰和性妄想感兴趣，而他的解放意图似乎投入性感化身体的话语释放潜力，亦即表达和体验个人的性主体性的新途径。然而，他从未完成他的计划，似乎是，他更倾向于准备方法，让他人采取更有心的主动步骤争取自己的解放。

福柯与文化政治

因为这种倒退，萨义德(1986)和其他一些人指责了福柯。特别是，萨义德对福柯未能完全将其研究所产生的政治推理纳入理论而感到失望。马克·波斯特(1989)曾以福柯自己的同性恋性倾向和他对解放设想的封闭性来解释他的倒退。当然，福柯最后的主要文章在他死于艾滋病的症状之前发表，也显示了一种重要和多少有些令人迷惑的企图，就是将他自己的思想和写作生涯与他对自己哲学遗产的想象协调起来。在"什么是启蒙"(1984)的文章中，福柯将他的著作置于一般的启蒙方案中间。哈贝马斯尤其觉得这种协调不可思议，因为福柯自己的后结构主义一直与结构主义、理性主义和物质主义遗产势不两立，而这些通常是被列入启蒙哲学的。福柯的后结构主义著作似乎要质疑启蒙解放事业借此立足的那个基础。他对话语和权力/知识不稳定性的强调似乎都很清楚地批判了任何社会结构的观念。然而，非常有趣的是，许多追随福柯著作的解放主义者也倾向聚焦于特定文化和制度区域中权力/话语的形成。在这个范围里，福柯的后结构主义已经为文化政治提供了某种理论实质,力求动摇集中于性别、种族、帝国主义和性倾向中权力/话语的构成。因此,事实已经证明,即使福柯在职业生涯的结尾从整个话语分析的目标后退了,他的后结构主义写作仍然具有极大的影响力。

福柯与治理

对福柯的思想遗产还存在一种持久的、在一定程度上令人困惑的改造:一些作者试图将他们关于文化、政策和民主的工作置于福柯一系列讲座和文章的基础上,而这些作品是福柯本人已经决定不再发表的。据此,文化理论家如托尼·班内特(1999)已经寻求将治理和民主的观念从哈贝马斯定义的理性主义秩序中解放出来。班内特争辩说,事实上,当代的后现代文化已经彻底地输入规制过程及实践的条件,因此,这种过程和实践可能被招募进民主化和解放的事业。换句话说,治理和政府的政策是不可避免的,所以,文化分析需要完全地介入规制的过程,在争取市民生活的自由与平等时,也提升民主的潜力。

在支持这种论点时,班内特调用了福柯的理论,特别是他对国家权力和"政府治理"的著作。在某些人看来(例如,McGuigan,1996),班内特对福柯作品的做法是盗用式的,因为他的目的是为实际分析政府的文化政策提供一些规范的价值观和原则,而福柯被他的许多追随者公认为类似一名无政府主义者。然而吉姆·麦圭根也指出,福柯游移的和总体而言无根基的历史分析使他的作品可以产生非常相反的理论解读:

> 因为福柯拒绝将他关于权力的机智和雄辩分析置于批判性判断的标准之上,他使自己的作品有助于根本不同形式的解释和应用。无政府主义者的福柯之变为实际上服务于文化行政管理咨询的一种理论来源,是一种似是而非的奇特现象。(1996:176)

不管是否似是而非,对福柯思想的应用围绕着一个基础的理念构成:"政府至上主义"是遍布于文化的现象,也就是说,它贯穿于意义的形成、传播和消费过程。对班内特来说,正是这种过程的制度和物质效果,需要成为文化研究工作的核心。

如果我们回到福柯关于"政府治理"的文章,我们肯定可以发现他对权力无所不在的专注研究。然而,政府治理的观念只是局部被发展出来,不像福柯对国家、人口、行政技术、权力、话语和知识等观念那样,更扎实地进行了理论化。事实上,福柯对政府治理的"写作"基于一系列特定的讲座,多数是被其财产的书面遗嘱执行人禁止发表的(Burchell et al.,1991)。人们对此观念表现出多少有些不合比例的兴趣,提示了政治和文化理论试图调解后结构主义和后现代主义规则,以适应实际政治操作规则的严重性。或许这种观念的发展首先是受福柯自己的愿望推动的,他希望完成自己在主要著作中仅仅宣称的改革。事实上,政

府治理被突出为一种现代政治操作，偏离了前现代基于主权的合法性理论。就是说，政府治理的观念抛弃了启蒙时代以来主权作为国家实质性要素的观点。虽然主权与守法（从而获得统治权）有关；但政府治理却与治理的策略有关。政府治理渗透于规则的实施，也包括自我规制和对物质产品与事务的管理。

> 政府被定义为处置事务的正确方式，达到的不是共好（如法理学家的教科书中所说）的形式，而是对每一件被治理的事务都“方便”的结果。这意味着许多特定目标的一个多元体，例如，政府将不得不保证尽可能最大数量的财富被生产出来，保证向人民提供足够生存的必需品和人口增殖的可能性……政府的职能不是将法律强加于人，而是处置事务。也就是说，政府使用策略而不是法律，甚至将法律用为策略，通过一定数量的手段安排事物，于是这样或那样的目的就达到了。(Foucault，1991：95)

精神分析理论：雅克・拉康

西方知识思想以各种方式发现了主体性的观念。“主体性”、“主体”、“自己”和“自我”的概念一般是指任何特定人类语境中的“我”（主我或者宾我）。笛卡儿和康德建立了分离（分裂、双重）的自我概念，区分了作为内在的和内含的主体与作为主体之外所有现象的客体（包括其他人的自我）。笛卡儿的名言“我思故我在”引导康德后来提出对认识论的构想，亦即人类主体可能以一种内在的概念框架，通过知识来“认识”客体组成的外部世界。浪漫主义哲学和美学为康德的认识论投注了主体作为极神秘的迫切需要的一种视角。例如，浪漫主义诗歌中的“我”常常力求通过一种灵魂的提升，一种神化的方式，将自我从压迫和恶化的环境中解放出来，超越琐碎而低劣的物质世界。现象学，特别是以胡塞尔和海德格尔为代表的现象学著作，也力求通过主体的直接体验来解释世界（亦即现象）的“现实”。马克思和他的各种衍生学派却都拒绝所有不固定于物质和经济条件的主体观念：对马克思及其他结构主义来说，主体必然处于物质、经济和社会组织的关系之中。

精神分析理论，特别是雅克・拉康对弗洛伊德理论的后结构主义改造详细地检验了世界上各种“我”及其更广泛的语言经验之间的关系。拉康追随埃米尔・本维尼斯特对主体位置的思想，提出：自我只存在于对其他主体的关系中。这意味着，当我说“我饿了”，而另一个人说“我给你食物”的时候，这两个“我”是在微妙的和互相之间高度不稳定的关系中起作用的。每一个“我”都仅仅存在于说话的那一刻，说话的接受者要巧妙地平衡“我”的意义，并在轮到他说话时采取“我”的主体位置。因此，精神分析的后结构主义力求理解这个鸿沟和主体在其中不稳定作用的状态，并调节这些移动中的主体位置。在自我能够确认一个合适的主体位置时，语言起关键的作用，拉康对弗洛伊德的改造集中于区别人类的语言经验(意识)和语言出现前的人类经验层面(无意识)之间的关系。

这种人类经验的意识和无意识层面的关系是复杂和常常不稳定的。拉康再次追随弗洛伊德，区分了人的一生中不同的发展阶段，将人们置于不同的语言和意识(亦即成长)层次中。但是，在这个过程中，无意识绝不是隐没不见的，相反，它潜藏在语言和意识的表面之下，随时准备在关键的时刻和经验中重新出现。于是，精神分析作品的一个核心主题便是“缺失”(lack)的观念，这是一种形式的丧失(loss)，在人的经验中有各种不同的表现。在弗洛伊德和拉康描绘的三个关键的发展阶段——镜像阶段、想象的“丧失—补偿”(fort-da，“离去—归来”游戏)阶段和俄狄浦斯(恋母)阶段，其中“缺失”的条件构成了核心和确认的特征。当我们一步步走过人生时，我们被恢复这种缺失的欲望所驱使；当我们回顾人生时，我们将我们与母亲在一起时完全和充分的条件理想化。这个神秘的充足阶段将自我完全地认同于母亲，将主体和客体完全合为一体。这种缺失和伤害的恢复指向以下三个阶段：

1. 出生打破了婴儿在子宫中与母体的连接，现在婴儿必须满足于与乳房间歇的接触。这种一体完整性的“破裂”推动婴儿朝着自我意识的方向发展。这个镜像阶段大约发生于6～19个月大的婴儿，此时儿童通过面对真实和想象的镜子自我观察，发展出一种对自我的感觉。也是在这个阶段，弗洛伊德/拉康引进了“误认”(misrecognition)的观念，此时儿童将镜子中的影像(误)认为实际的自己，但实际上这只是自身的再现而已。事实上，这种形象给予了一种比生活阶段实践证明的自我更统一和更完整的主体印象。镜像阶段以“想象的”经验为特征，拉康将其区别于“象征的”经验。这样，儿童通过一个真实的或者想象的镜子想象自我的统一，而不能完全地注意到反映自我的形象可能甚至不是自己，而可能是被婴儿断定为自己之外的另一个儿童。既然统一自我的神话依赖的是确认“客体”的能力，于是这种想象继续进行，甚至可以贯穿自我的完全形成过程。

2. 对自己(self)或者自我(ego)的构建也依赖于儿童从客体中分辨自己的能力。父亲的禁止标志着儿童进入了“象征的”领域，他们由此学着区分差异(正确/错误、男人/女人、儿子/父亲、在场/缺席等)。于是“离去—归来”游戏的阶段实际上是确认对立概念的阶段。这种游戏的主要部分是认识，事物是存在的，然后消失了；儿童通过这种简单的认识游戏将这种出入活动一点点变为语言。

在此，拉康追随弗洛伊德，也特别注意阴茎(penis)的象征性(phallus，男性生殖形象)。阴茎不仅是一个生理器官，而是以各种不同方式具有许多意义。象征的阴茎可以投射在许多方面，并可以附加在许多不同的象征语境中。在拉康看来，阴茎最重要的象征层次是它普

遍连接意义的能力：在拉康的系统中，“男性生殖形象”成为有特权的能指，因为它允许所有的其他能指(物质的符号)与它们的所指(概念或者意义)发生联系。(然而，这种关系始终是不稳定的，因为男性生殖形象也是围绕着“缺失”或者消失的问题而构成的，这些问题在俄狄浦斯阶段变得更强烈了)

这样，对语言的这种进入加强了“缺失”的经验，因为我们能够清楚说出我们的需要，并承认满足的缺失。因此，姿态以一系列话语的方式持续进行，并必然包含在语言中。正如我们已经注意到的，主体和主体性自己就是语言偶遇的结果。没有本质的或者“前语言”的自己，而只有一种想象及其生产的误认。主体因与其他主体及其位置的关系而移动。我在一句话中说到的那个“我”永远不是同样的那个在说话的“我”。于是，能指与所指的统一是在一个不稳定的前提下形成的。语言移动着；能指与主体也在移动中。

3. 在俄狄浦斯(恋母)阶段，那个儿童主体获得了性的成熟。拉康对恋母情结的再写，将无意识视同语言，仿佛它也是被结构的。正如我们看到的，索绪尔试图将能指与所指的分离系统锻造起来，以统一信号。然而，根据后结构主义者的观点，这种黏合失败了，因为这两个系统都得服从意义随时不断的衍生状态。如我们刚刚注意到的，由于这个随时说出的“我”绝不是物质信号和概念化意义的完全结合，所以，当主体被考虑时，这个问题就被恶化了。性的成熟加强了主体以再次统一自身和语言的方式恢复他们缺失的愿望。事实上，欲望代表了追求的过程，主体借此寻求将能指固定于所指：那个“其他”，那个“真的”，那个充足的时刻。为了解决这个“缺失”的问题，主体寻求将自己的身体固定于欲望的客体；但永远会遭遇进一步的能指，就像意义的寻求者在词典里发现找不完的潜在定义一样：一个能指会遇到更多的、还有更多的能指。

拉康概述的这三个阶段对我们总体了解后结构主义的主体概念很有意义。主体之沉浸于象征(语言、话语)是永远不会完成的，因为不管它自己还是它的信号都不是统一的。甚至性的欲望，虽然它可能不顾或者逃避语言，但它也是象征性的，因为一个人的欲望对象总是被语言用象征的方式产生出来。当我想要一个人时，我寻求自我的统一，去恢复隔离开我与胎儿时期完整性之间的缺失。于是，我的欲望产生于一种再统一能指和所指、意识与无意识、自己与其他人的需求。我的希望是我想要的那个人与我的性行为将使我从语言中解放出来，但我想要的那个人不可避免地存在于我的语言之中。我的欲望受制于语言。

拉康的著作在文化研究领域影响极大，不论是对那些直接走精神分析路线的人，还是那些采用他更普遍关键概念的学者。在女性主义电影研究中，拉康的理论影响了视觉化和“男性凝视”的观念(见第 6 章)。在后殖民主义理论中，他的“他者”(或者他性)以各种方式解释和应用，最常见的是指欧洲人针对非欧洲人的身份建构。在文化政治学中，拉康更普遍的关于开放主体和身份建构的理论一直非常重要。这种对非固定自我的后结构主义视角也被改造，用于后现代主义的各种领域——在那里，个人的愉悦和自我解放的潜力得到广泛讨论。

政治与差异：德勒兹和瓜塔里

反俄狄浦斯

后结构主义和文化政治之间的关系是极有问题的。我们在后面几章将会看到，后结构主义的主要批评产生于结构主义及其相关的政治视角。在许多方面，后结构主义对政治局限性的感觉触发了更尖锐的后现代主义批评，它的目标是将后结构主义对语言和权威话语的兴趣转变为更彻底和更侧重于文化的差异政治上。确实，虽然我们已经调查了福柯的政治兴趣，但他的著作始终被某种对当代社会和政治一定程度的抵抗所局限；他的著作是"让别人扔的炸弹"；他的分析一般限于现代历史的早期阶段。同样地，德里达将自己的兴趣局限于文本和意义形成、衍生或者溶解的哲学过程。虽然他关于解构和差异的关键概念明显地被流行的政治批评所利用，但是德里达本人，虽然在其职业生涯的最后阶段集中于某种道德和政治参与，他对政治却始终是躲避的。

吉尔·德勒兹和费利克斯·瓜塔里也许比福柯和德里达更加具有自觉的政治意识。在许多方面，他们的著作代表了萌芽状态的后现代主义政治批评。德勒兹是一个激进的哲学家、一位抵抗的哲学家，他力求从精英知识主义和知识分子话语的层级结构中去除社会和形而上学的思想。另外，瓜塔里是一个实践型的、受拉康方法训练的精神分析家，他寻求推翻历史的和科层的话语，认为医生/病人的关系被权力和知识打上了野蛮的分裂印记。德勒兹和瓜塔里都想要产生一种政治批评的方式，从知识霸权的计谋和马克思主义的结构主义中解放出来——这两种思路都将人类的群体固定于不变的、历史性持续的权力分野。在此程度上，德勒兹和瓜塔里的早期著作都致力于揭示三位一体的压力——马克思主义、尼采式的存在主义和弗洛伊德的精神分析，以便产生对人类欲望和政治更彻底的一种说明。

例如，在《反俄狄浦斯》(1983)中，德勒兹和瓜塔里以威权主义和建构它的编码方式检验了人类的欲望。他们像阿多诺一样，对人类欲望和权威性主体(自我的各种版本)上升之间的关系很感兴趣，这种权威在最惊人的情况下导向极权主义的形成。这种条件延伸了尼采对马克思"异化"概念的拓展，是一种普遍热望安全的表现，也是一种被引导的需求，亦即被认可和固定在他人领导下的需求。于是，德勒兹和瓜塔里调用了尼采在《反基督者》中对教堂的批判，以批判传统的弗洛伊德式精神分析的规范。德勒兹和瓜塔里认为，从一开始，精神分析就组成了某一种教会，对秩序和行为有规定的规则。它的治疗方法断言权力与神经症状定义的分离，依赖不能攻击的虔信态度，把人分为进行治疗的领导者与被治疗的芸芸众生。为神经症患者准备的主体是没有困扰的自己、没有痛楚的自己(Deleuze and Guattari, 1983：428)，一个能够如实恢复被分析者能力的镇静位置。

就像莱恩和其他力求将个体从神经症病理定义中解脱出来的精神病治疗师一样，德勒兹和瓜塔里追求的也是作为欲望、激情的表达和他们称为人类经验一般流动的(原本见识和经验)“崩溃”和“突破”的可能性。他们将自己的路径称为“精神分裂分析”(schizoanalysis)。他们提出，这种与主体结合的衡量方法在各个方面都与传统的弗洛伊德式精神分析的病理推动不同。弗洛伊德式精神分析是基于俄狄浦斯理论的区分(即“阉割”恐惧和神经衰弱症)。精神分裂分析则开始于“精神分裂”，即个人的主体性及其崩溃和突破——较之躺在分析者的沙发上，“精神分裂患者外出散步”是一种更好的治疗模式。

根据传统的弗洛伊德理论，俄狄浦斯情结指的是希腊神话中关于俄狄浦斯的故事：他错杀了父亲，与母亲结婚并获得了王位。弗洛伊德改造了这个故事，用以解释神经症患者陷入的性分裂。德勒兹和瓜塔里认为，这种精神分裂症的破坏不完全是一种病症，而是一种突破，是将特定的见识、机会和愉悦带给开放主体所产生的问题。德勒兹和瓜塔里对照了俄狄浦斯话语和个人、家庭、教会、国家的领土性与欲望和主体去领土化经验的可能性，这些欲望和主体还没有被俄狄浦斯情结和神经症的编码所局限——这些是自由的流动，是将我们导向别处的逃离路线。欲望不是被放弃或者被敬畏的，而是对限制和病理编码的超越，为更伟大的目标释放出来的东西：

> 欲望于是成为担心失去什么东西的卑鄙恐惧。但是应该注意，这不是穷人或者被剥夺者说出的话。相反，这些人知道他们亲近草地，几乎与它同为一体，他们知道，欲望需要的东西很少——不是他们碰巧遇到的残羹剩饭。(Deleuze and Guattari，1983：27)

但是，反俄狄浦斯不应该仅仅被读作一种转向享乐主义和感官愉悦的撤退及从精神分析和资本主义权威话语的逃脱。事实上，德勒兹和瓜塔里寻求一种社会和文化的批判，它一方面超越马克思主义的结构主义；另一方面超越资产阶级的精神分析。德勒兹和瓜塔里解释说，反俄狄浦斯明显是乐观的文本，但是这种乐观主义是建立在消解所有威权主义话语周围的。这本书讨论尼采对异化和欲望的说明，在许多方面抵消了马克思主义与弗洛伊德的对立。特别是在《道德谱系学》中，尼采阐明了欲望、愿望和资本主义过程之间的关系。人类的历史被确认为一种“变为反面”的异化过程。尼采主张通过一种存在主义的愿望逃离反向运动，这种观点为德勒兹和瓜塔里提供了一种革命性主体的可能，一种解放欲望、而不是将欲望限制在阶级战争的最终条件或者俄狄浦斯妥协之内的自由。

《一千个高原》

在《一千个高原》(1987)一书中，德勒兹和瓜塔里扩展了主体进入所有语言的编码领

域,包括他们自己领域的解放性推动力。像德里达一样,德勒兹和瓜塔里力求抵消他们自己的文本倾向权威的天生弱点;因此,他们为自己的著作提供了一种去中心的、非原创的结构:他们建议读者无须遵循在文本中一般都要建立的层级结构,亦即有利于特定层级、顺序、章节和字句的线性阅读过程。读者可以根据自己的愿望,从任何角度、任何起点开始读这本书。这本书没有线性,没有起点、中间和结尾,而只是话语自由流动的部分,每一部分的权威性都被其他部分抵消了。在《一千个高原》中,德勒兹和瓜塔里像巴特和福柯一样,通过对自己固定身份和作者权威的否定,继续前进,却否认了这本书自己的存在:

> 这本书既不是客观的,也不是主观的;它是各种形成物的集合,由非常不同的日期和速度造成。将这本书归于某一主题,就是忽视这一实质性的工作和它们关系的外部性……一本书是这样种类的集合,于是成为无可归属的作品。它是一个多样体——但当它不再有所归属,也就是说,在它被提升到一种实质性的地位之前,我们还不知道这种多样带来怎样的后果。(Deleuze and Guattari,1987:3～4)

于是,德勒兹和瓜塔里想象出一种与活跃的记忆和无意识轻快结合的无边界流动话语。《一千个高原》是各种思想从作者和读者的限制与结构中解放出来的"游牧思想"的一种集合。

"游牧思想"的观念为《一千个高原》组成了一个中心的主题,虽然德勒兹和瓜塔里很小心地不让任何一种观念占据一种"概念"的可靠地位。概念作为"法院的建造砖石"可能是有用的;但德勒兹和瓜塔里寻求的是一种更不稳定和临时的语言形式,一种由集合代替不连贯的组成物和分等级的成分构成的固定有机系统。于是,在分析这个世界时,德勒兹和瓜塔里坚持他们自己的沉浸方法及持续地重新安排、解散和整合各部分的可能性。"游牧思想"的基本条件是肯定,即使当思想的焦点是否定的时候。因此,相似物质的一种集合不是一种固定的概念或类别;而总是一种异质性的权宜安排。

特别是,在德勒兹和瓜塔里手里,后结构主义成为一种乌托邦,它使自己从马克思的异化理论和萨特的虚无主义中区分出来。使这种肯定的能力得以实现的是"力量"(force),这是在任何时刻都可能打破围墙、进入新思想和新条件的能力。力量与建立围墙的权力是不同的。力量有利于"平坦空间"的建造,使思想从一点到另一点之间自由旅行。结果,《一千个高原》便可以当作愉悦的力场(forcefield)来阅读。在这个力场中,思想通过许多表达的媒介——特别是数学和音乐——为创造平坦空间和创新道路带来可能性。文本的音乐以其流动和发掘的潜能特别受关注。音乐剧的副歌(它明显存在于婴儿的"离去—归来"游戏中)、民族音乐、母亲哼的小调和舒伯特的歌曲特别有利于形成人类特性永恒的潜力:

> 还不知道音乐何时起源。副歌不是一种阻止音乐,包围它,或者忘记它的方

式。而是，因为副歌也存在，所以音乐存在；因为音乐接受了副歌，抓住它，作为一种表达方式的内容；因为它形成了一个板块，可以把它带到别的地方。儿童的副歌不是音乐，但它组成了一个成为儿童的音乐板块。因此，相似东西的一个集合不是一个固定的概念或者种类，而总是一种异质性的权宜安排。(Deleuze and Guattari，1987：300)

PART 2

第二部分 文化地点

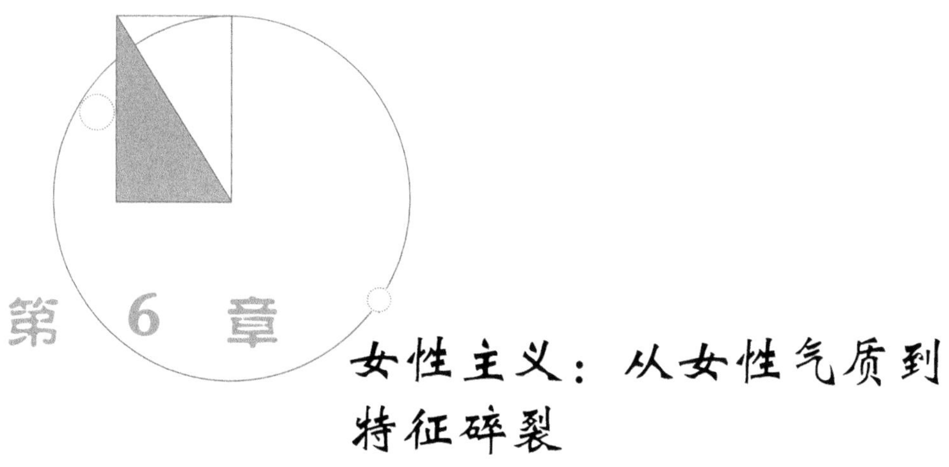

第6章 女性主义：从女性气质到特征碎裂

导　论

现代女性主义(或称“女权主义”①)的概念常常可以追溯到“法国大革命”时期。据说法国社会革命家夏尔·傅立叶在19世纪初合成了这个名词。然而，虽然人们一度可以准确无误地定义女性主义，但近来女性主义和性别研究的进展却变化很大。女性主义的基本渴望或许仍然是将妇女从基于性别的压迫中解放出来；然而，“压迫”、“解放”甚至“女性气质”的含义都已成为激烈争论的对象，而当这些概念与全球不同妇女和女性社群的文化、生活方式及其选择相联系时，争议特别明显。后结构主义、后现代主义、后殖民主义、精神分析理论与新的政治文化分析模式的影响已经打破了早期女性主义模式的一些核心假设。在这样的语境中，一部分主要的理论家主张，女性主义本身就已经四分五裂，较早的研究兴趣现在应该被更晚近的视角(某些评论家可能称之为文化政治学、新女性主义甚至后女性主义)所取代。无论如何，就女性主义理论进行的这些新辩论现在已经深深植根于当代文化理论中了。

近来的女性主义运动历史已将妇女的解放行动确认为三波明显的浪潮：

① 女性主义初期被称为“女权主义”，带有比较强烈的“权利”意识。当代女性运动更强调女性文化方面的特征。不同的名称也反映了不同时期的诉求重点。本书统一译为“女性主义”。——译者注

1. 第一波浪潮指妇女参政权运动，追求的主要是社会民主进程中的妇女政治权利。妇女参政权运动开始于19世纪，是整个中产阶级政治鼓动的一个部分。

2. 第二波浪潮发生于20世纪60年代，其时特定的选举和社会进程将妇女排除于全面平等地参与公共生活、工作和文化之外。这一阶段的动员开始于“妇女解放运动”，后来转为女权主义的公共命名。

3. 第三波浪潮指的是现在这个阶段。如今，在西方发达国家，妇女的权利已经成为法定权利；然而，在立法框架中，“文化”及其意识形态基本上还是“父权制”、性别主义和对妇女的歧视。男性的利益还主导着文化，而妇女不得不面对社会经济进步对她们权利的隐性限制。像工作/家庭的平衡、性攻击、职业困境、政治参与和同工不同酬等争议问题，仍然在激发女性主义的政治运动。

虽然这些宏观的时间分类为女性主义批评提供了某种有用的洞见，但它们也倾向于将性别关系的历史降低为一种简单的进步运动。事实上，性别关系的故事是复杂的，有很多文化的要素及其分支；“三波”理论对此却高度概括地包含于自己的目的论(因果)框架。许多妇女的生活、斗争和经验是穿越这三个阶段的；但却不一定能被女性主义的历史主义方式及其解放动力完全解释。在现阶段，“解放”的整个理想对许多不同的妇女意味着许多不同的东西：就像福柯注意到的，解放本身是一种个人的判断，而不是历史学家的知识裁决。

虽然我们将要讲述女性主义理论历史发展的关键方面，但本章的主要目的却是阐明形成性别文化及其理论视角的关键假定。本章的检视将女性主义既视为一种文化立场，也视为一种文化政治，目的是跳出对女性主义目的论(概括终极事业)的研究方法。还有，本章志在揭示形成女性主义的辩论及其延续。为达此目的，在本章中，女性主义被理解为围绕妇女解放中心的那些思想和实践的集合体。

女性主义与现代主义

现代主义和妇女参政权

在全书中，我们都提到，现代主义的主要经济体系(亦即资本主义)是围绕着一个基本矛盾建立起来的，这个基本矛盾就是受限的供给和扩张的需求。供给是一种特权，故寻求限制以创造价值；而需求被设计为无限制，以保证供给的不足及其获得价值。供给是特权和精英的；而需求是平民的和人人的。因此，供给(资本)的所有者追求维护自己的特权，但不让产品和服务疏远这些提供需求的人民(下层阶级)。在需要产品(市场)的人看来，资本主义似乎是在增进他们的利益——因为它提供的这些物质产品和服务是舒适生活所必要的。在这种情况下，资本主义通过很好地协调特权和一般利益的张力而得以存活。

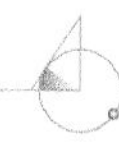

当然，资本主义并不是在文化之外独立运作的。恰恰相反，文化现代主义最大的三个支柱——资本主义经济、人道主义和民主政治制度——通过各种形式的合作和争辩起作用，目的在于维持特权和自由两个相反轨道的和谐运行。因此，为现代社会担保的复杂符号最好理解为意识形态的战场：其中机会平等、权利平等的理念与新形式的特权、文化操纵和压迫之间持续地发生撞击。

性别就像阶级一样，在展开这些意识形态和语言的斗争中一直是核心的类别。马克思主义女性主义者认为，妇女的劳动被资本主义剥削了，最明显的表现是妇女被排除于资本的所有权和财产权之外。不管是不是如此，毫无疑问的是，妇女被局限于养育孩子、做家务和性服务，这些是与妇女总体被排斥于其他领域(最明显的是文化领域)有联系的。特别是在19世纪的改革阶段，妇女在公共辩论和政治过程中的重要性大大逊于男性，妇女参政权论者(一个主要由受过教育的中产阶级妇女组成的群体)力图矫正这种形势，特地提出政治代表权和投票权的问题，认为：这种权利即使不能扩大到全体市民，至少应该推及本阶级的妇女。虽然她们的目标从某种意义上说非常特殊，但无疑，妇女参政权论者对更广泛的父权制文化中妇女的作用和权利十分关切，并受到这种意识形态的推动。特别是，她们对妇女在婚姻和财产中的法定权利的确标志着一种女性主义的文化政治；这种文化政治是随着简·奥斯丁、勃朗特姐妹和乔治·艾略特影响甚大的虚构作品出现的。

在这些文本再现19世纪中产阶级妇女遭受的不公和屈辱的同时，英国功利主义者也提出了对妇女解放的更特殊的呼吁。功利主义虽然基本忠于那种压倒性的经济与社会体系；但也力求通过社会和政治改革的策略性补充达致普遍的生活条件改善。特别是，功利主义者相信，借助每个人自己“用处”的提升，就能服务于一个社会总体的善。公共教育、公共工作以及最终的普遍选举将提升个人和公民的自尊与道德水平。如果个人可以提升他们自己的有用性和他们自己的个人道德水平，那么，社会更大的普遍改进就能出现。据约翰·斯图尔特·穆勒和哈丽雅特·泰勒·穆勒的说法(1970)，这种功利原则不应仅应用于男人，而且应推广及女人。施之于经济学和经营方面的合适教育和资讯，妇女同样也可以对公益(包括国家和政治的安宁)作出贡献。在达到她们自己的个人有用感的过程中，妇女可以调动她们自己特殊的才智，促进国家整体的改善。不仅如此，根据穆勒和泰勒·穆勒的看法，如果说妇女为教育年青一代负有更多责任的话，那么，妇女自己受到良好的教育，并能够分享她们的知识和能力，就更好了。

妇女与高级现代主义

凯特·米利特(1971：第4章)认为，20世纪30年代至60年代，对19世纪以妇女获得普遍选举参政权为顶峰的性别解放运动，出现了一个总体的反拨趋势。在米利特及其他20

世纪 60—70 年代的女性主义者看来,女性主义运动的"低落"表现了某种焦点的模糊,一种战争已经获胜的感觉。20 世纪早期消费资本主义的兴起将剥削的方式从产品转移到消费。妇女的劳动继续被剥削;但是随着家庭作为主要文化单位的出现,妇女被调教成为家庭消费者的角色。广告和新电子传播媒介正在创造对妇女进行剥削和压迫的新的文化空间——妇女不仅被生产市场作为目标,成为新型家庭消费的来源;妇女身体的性感化形象也成为新兴电视文化的核心主题。对妇女身体的再现努力构建一种理想的女性特征:性感、母性、"自然"、情感、服从于男性的欲望和理性的力量——这种女性形式持续到现在。于是,艰苦获得的妇女参政权胜利被一种新型的利用所侵蚀,这种利用是围绕大众消费、大众传播和女性身体标准的再现而建构的。

但是,据凯特·米利特的观点,弗吉尼亚·伍尔芙和西蒙娜·德波娃的作品对 20 世纪前半期这种形式的政治退化构成了一种重要的另类选择。伍尔芙的《一间自己的房间》(1978,初版 1929)和德波娃的《第二性》(1972,初版 1949)试图将妇女直接置于语言的文化再现魔方中。作为布卢姆斯伯里文学批评团体的一个成员,伍尔芙通过发展一种清晰的女性文学声音的方式,力求对马修·阿诺德美学和社会批评标准重新排序。

伍尔芙美学和文学批评不仅为今天的女性主义提供了一种文化的视角(许多评论者指为"现代主义"和"高级现代主义"),而且也提供了一种阅读和写作的框架。我们必须注意到,对现代主义概念的这种使用是很严格的,它指的是一组很窄的思想和文本,大多在 19 世纪 90 年代和 20 世纪 30 年代之间出现,这是一种通常用于文学和美学历史的分类方法(见 Woolf,1990:79)。我们使用的宽泛得多且更倾向于文化的概念指的是自启蒙时代以来直到现在的现代主义。按照美学现代主义的标准,伍尔芙受到极高评价,特别是因为她对文学艺术所产生的社会和物质条件提出了争论。伍尔芙坚持认为,先锋派文学艺术的独创性必然包含性别的争议。她敦促道,妇女需要从男性"判决"的束缚中解放她们自己以及她们的美学,而这种判决既是字面的,也有比喻的含义。伍尔芙用多萝西·理查森作为例子,说明所有妇女作者都具有表达的潜力:

> 她为自己的使用创造了,或者(如果没有创造的话)发展和应用了一种句子,我们可以称之为女性心理学的句子。这是一种比旧句子更有弹性的纤维,可以伸展到极致;可以悬挂最脆弱的颗粒,或者可以包裹最模糊的形状(Woolf,1979:191)。

因此,伍尔芙认为,妇女需要超越男人提供的句法,改编和扩展现有的话语,以便自由地、开放地表达自己对世界的感受。《一间自己的房间》成为对空间的呼唤——既是知性的空间,也是物质的空间——这是妇女为完全的文化参与必须获得的起码资源。

西蒙娜·德波娃：法国马克思主义女性主义

伍尔芙的论据保留着英国自由权主义和一种人道主义的逻辑，现在特地包括了女性。虽然20世纪六七十年代说英语的女性主义者乐意返回这个题目，但西蒙娜·德波娃对父权制资本主义、对限制妇女表达权和文化参与权的攻击却更加具有激进锋芒。德波娃不像扩展了马修·阿诺德文学人道主义的伍尔芙，她是受马克思主义和存在主义挖苦资产阶级社会标准和规范影响的。的确，伍尔芙的话语从不威胁令人敬畏的英国"高级文化"精英主义；而德波娃却采取了一种更广阔的社会话语和权力的观点。特别是她注意到，对一个妇女而言，界定自己的基本问题是："我是一个女人"——从而在身份和性别之间建立了重要的关联。而一个男人则从来不会觉得有必要以基本的性别问题开始声明自己的身份。妇女在历史中的存在总是由男性主要定义者来衡量的，这种分散的地位也阻止了妇女集体身份的发展，不像其他被压迫的群体那样集中。因此，妇女是被固定于一种与男性不对称的关系中；他是标准，是这一个；而她是非标准，是那一个。她的身份必须根据男人来衡量。她持续地和永久地被排除于公共参与之外，这限定了她的身份。

德波娃明显受到马克思主义存在主义的影响，她抨击"平等"从未完全降临妇女身上的计谋——因为意识形态假定妇女的次等地位，所以让男人，也让女人相信，这是事物正常的状态。妇女自己，而不是同情她们的男人，最好能够理解自己实际存在的条件，这样就能创造出真正的平等和解放。德波娃对匍匐在父权制资本主义脚下的合谋压迫提出了谴责。通过话语和历史的阴险过程，妇女成为男性的构造物，并牺牲了她们潜在的自由。按照女性特征的解释，妇女是令男人快乐的对象，也是男人工作的对象，因为"男人驱使她采取他者的地位"(de Beauvoir，1972：29)。德波娃认为，其解决办法是某种形式的社会主义，它更倾向于人性的联系，将男人和女人从父权制的局限性和不自由中解放出来，从根本上改变资本主义的等级性痼疾。

德波娃的存在论社会主义带有让-保罗·萨特的痕迹，他是她长期的朋友和不时的情人。萨特认定，自由是人类存在的主要任务。这种对资产阶级生活、美学和性感标准更为激进的攻击也挑战了自由派人道主义和妇女解放之间的基本联系。在一个妇女越来越沉溺于资本主义消费主义的社会中，德波娃的社会主义女性主义力图摒弃资本主义的商品化过程和资本主义强加于妇女生活的种种限制。她的愿望是将女性特征从男性所有权主义和浪漫理想主义的桎梏中解放出来。后来的事实证明，这成为对20世纪六七十年代性解放者的主要激励。

性特征与政治解放

20 世纪 60 年代是政治和文化再觉醒的一个阶段。从第二次世界大战后直到 20 世纪 50 年代，世界被社会主义和资本主义之间的“冷战”争议紧紧攫住。美国再度声称自己是世界主要的军事、经济和文化权力。它的惟我主义和强硬观点日益突出，表现为保守主义和对内镇压的种种可怕形式，当政治“右翼”越来越带有妄想狂的特征时，20 世纪 50 年代的“麦卡锡主义”斥责美国自己的公民为苏维埃的同情者、煽动叛乱和出卖国家者，从而导致深刻的国内分裂。从美国社会的各个阶层，指认出一个又一个共产主义的同情者，他们是吉普赛人、艺术家、知识分子、演员、作家——事实上，所有敢于挑战僵硬刻板的权威，挑战社会统一这种至高无上意识形态的人，都立刻被怀疑为反美分子。20 世纪 60 年代艺术、文化和知识分子活动的升温无疑是对前 10 年那种令人窒息条件的一种反弹。青少年作为新一代自主的消费者出现，避孕药丸的发明以及大众传媒技术如电视的扩张，所有这一切都催生了一种政治情绪，与妇女解放运动的复兴和高涨交相辉映。

性政治

凯特·米利特的《性政治》(1971)力图以两个清晰的社会阶级的方式定义当时的政治。这两个阶级不是无产阶级和资产阶级，而是男人和女人。虽然这个定义可能最明显地符合人类社会的结构主义思路，米利特却清楚地表明，她所谓的政治功能大多是在个人关系的层面上实现的。即使在人们认为政治平等和机会平等的时代，性政治也在超越马克思主义传统定义的层面起作用。米利特在其影响深远的尖刻批评中表明，父权制是一股阴险的暗流，它几乎不承认妇女的人性，何谈妇女的地位和尊严：

> 伴随着男性权威的强加，这个理由被委婉地称为“两性之间的战斗”，使其与两国交战的规则具有了一定的相似性。在战争中，任何可憎的恶行都得到支持，因其敌人要么是低种人类，要么根本连人都算不上。父权制思维方式编制出了一整套关于妇女的理由，也能充分地达到这种目标。这些传统的信念还在侵入我们的意识。(Millett,1971：46)

虽然米利特的书缺乏阿尔都塞“意识形态”说的理论严谨性，她在此说出的是同样严峻迫切的问题：父权制是一种经济和文化的体系，围绕整个妇女“阶级”的附属地位而形成。《性政治》的主要焦点是揭露那些对妇女形象的负面成见，揭露捍卫那些控制和压迫性别他

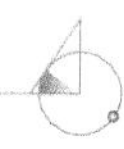

者的机制。米利特清楚地表明，她是在区分女性的生理特征与文化对性别及女性特征的建构条件。米利特据此对亨利·米勒、D. H. 劳伦斯、让·热内和诺曼·梅勒作品的分析显示了父权制的强度：它不断地确认男性作为性行为者和女性作为性焦点的观点。像德波娃和杰曼·葛瑞尔一样，米利特也将女性的性经验和性感视为满足男性物质和思想利益需要的基本约束。这样，诺曼·梅勒的《美国梦》便被视为对妇女的谋杀和鸡奸行为而受到抨击。亨利·米勒的《性》一书中"她跪在我的脚下吸吮起它来"[①]等描写，便因"一名男性对他者的使用"口气而被享受。

捍卫亨利·米勒和让·热内等作家著作的人们曾认为，米利特的解读太窄，太就事论事。米利特著作的意义，在于它对整个性经验和理想爱情的问题性引入新的批判美学焦点。米利特仅仅以镇压和贬低女性的视角看待让·热内的《小偷日记》(*The Thief's Journal*)中的超现实主义和同性恋情。这种意见认为，米利特倾向于同质化地看待这些作品所提供的复杂联系和意义，从而将它们简化为她自己单色的争辩。确实，正如批评家以前看到格奥尔格·卢卡奇以马克思主义观点解释特定小说的简单化倾向一样，米利特对梅勒、米勒和热内的解读似乎也排除了更广泛的解放和镇压的可能性。当然，这是梅勒自己在《性别的囚徒》(*The Prisoners of Sex*)中提出的观点，在这本书中，他指责米利特故意改变她所分析的文本的意义，以适应她的政治方案。梅勒回击米利特的批判，认为她未能认识到：文本也许不像镜子一样简单地反映其文化语境中的性态度。梅勒争辩说，艺术家和作家创造出经验的情境，也许挑战了外在世界的假定：一位男性作者不一定复制也不一定认可那个世界的意识形态，虽然他从中提取了他的话语。

事实上，梅勒和米利特的论战对女性主义批评策略提出了一个重要的争议问题：这个策略在后结构主义与后现代主义的女性主义政治叙述中得到更加全面的应用。那就是，文本及对文本的解释基本上是充满问题的。米利特的解读框架提供了一种观察文化和一般文化政治的特殊见解；梅勒却认为，这种框架只是到达文本的一种途径，而且可能是一种高度争论性和不充分的途径。在梅勒看来，米利特和其他人，包括杰曼·葛瑞尔在分析《女宦官》(*The Female Eunuch*)时都误解了文本，她们强加给文本的意义未必是作者的意图，也未必准确地反映了文化。这些争论还在继续，甚至通过更加精密的符号解读技巧继续进行。

男性的凝视：劳拉·马尔维[②]

在其文章《视觉的愉悦与叙事电影》(1975) 中，劳拉·马尔维试图将女性主义的批判规则与弗洛伊德/拉康基于语言的精神分析(见第 5 章)结合起来。在许多方面，马尔维对流行

① 此处似意指口交。——译者注

② 也有国内论文将马尔维译为麦维。——译者注

电影文本的解读都与伯明翰当代文化研究中心的安吉拉·麦克罗比的女性主义文本研究齐头并进。马尔维力求理解文化进程和权力关系,其中通过理想化的性别肖像,妇女(和男人)不断被再现为理想化的社会角色。马尔维特别感兴趣的是,当妇女成为男性凝视和男性欲望的焦点,并从中产生出妇女的形象时,形象的性别化和刻板化之间的关系。虽然马尔维的性别区分始终表现为典型的结构主义方法;但事后证明,她创造性地使用精神分析方法解释文本中男女之间关系的做法,对女性主义的媒介研究,特别是对20世纪七八十年代的研究,产生了巨大影响。例如,在霍尔(1988)称之为"银幕理论"的形成过程中,在《银幕》杂志上,并通过《银幕》杂志,这种做法是形成电影分析方法的核心;它在女性主义电视分析中也十分流行(Moores,1993)。

马尔维的目标是明确政治性的,她寻求解构基本的父权制条件——"阳物中心主义":"阳物中心主义似是而非,其所有表现形式就是,它依赖于被阉割的妇女形象去建立这个世界的秩序和意义"(Mulvey,1975:746)。"阳物中心主义"不仅指男性性器官的生理优势,而且指男性性别的文化优势。马尔维的分析试图显示,男性对女性外形无处不在和集中化的凝视如何是一个重要的心理过程(因而也成为文化过程)的结果。对马尔维来说,电影构成了一个"高级的再现系统",通过这个系统可以获得一系列的快感。例如,偷窥症是一种基本的性感驱动,电影观赏的条件和文本便利了这种偷看形式的实现。事实上,偷窥是一种有意识和聚精会神的"看",它造成了性冲动和性满足的感觉,这种感觉不一定指向淫欲;在最极端的情况下,偷窥症表现为一种偷看者(Peeping Tom①)综合征。马尔维认为,电影有意识地将观赏的环境改造得增进偷窥的愉悦,展示了"一个密封的、魔法般展开的世界:这个世界并不在意观众的在场,在他们的偷窥幻觉中展开,并使他们产生一种间离的感觉"(Mulvey,1975:749)。电影院的黑暗、集束的定向灯光和梦幻般的特质创造了一种隐秘的幻想情绪,仿佛观赏者是独自从远处在看。

第二种与电影观赏相联系的主要愉悦来自自恋和认同的复杂过程。观者对景象的认同是自我界定的必要部分。马尔维将这种过程类比为拉康对儿童镜像阶段的描述:在这个阶段,儿童将反射自己的形象误认为比实际的自己更复杂、更强大、更完美(见第5章)。马尔维提出,这种误判也发生于对电影的认同。这种认出/误认的复合体组成了对世界中那个"我"的重要表达,亦即观者的基本自我体验:

> 这是一个从观看获得的更早狂喜(最明显的例子如看到母亲的脸)与最初模糊的自我意识发生碰撞的时刻。因此,正是形象和自我印象之间长久爱恋/绝望的生产,从电影中发现了如此强烈的表达方式和被电影观众承认的如此快乐程度。(Mulvey,1975:749)

---

① 英国传说中因好奇而偷窥,并导致目盲的年轻男人。

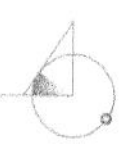

在电影观赏中的这种双重运动引导观众认同银幕呈现的完美形象，创造一种虚假的成就感；同时，也驱使观者进入无意识的前认识阶段，亦即忘记时间、地点和他们自身的那种情境。正如各种讨论所说，这种情境是一种无意识的文本浸入形式，可以比拟为巴特的文本入迷的概念与拉康所描述的在认识到"缺失"和进入语言象征世界之前沉浸在与母亲认同的阶段。

马尔维指出，这两种快乐之间存在紧张关系：偷窥快乐基于观者与景象的分离；而自恋快乐则是观者卷入景象的一种理想自我功能。但是，这个矛盾通过电影的社会功能多少得到了解决：将观者的角色赋予男人，而将景物的角色分配给女人。特别是好莱坞的电影，通过高度有效的操作，实际上将这种角色的区分系统化了。电影技巧通过将观众的眼球导入男主角视角的方法，强化了各种看的形式；女明星被男主角、也被男性观众色情化，进而强化了对女性身体规训和控制的过程。然而，这种愉悦组成了一种主导性父权制秩序，需要被挑战，以"构思出一种新的欲望语汇"（Mulvey，1975：748）。

虽然马尔维的文章曾极大地影响了女性主义媒介和电影研究的发展，近年来对受众和视觉愉悦的赞扬性研究已经对马尔维文章的有效性提出了足以消除警戒的简单问题。特别是，女性对男性身体的凝视和色情化实践已经极大地动摇了马尔维式分析的基础。那就是，马尔维的文章以意识形态的方式将电影中重复的女性形象类型与更广阔的社会控制机制联系在一起。那么，对男性身体形象的重复难道不可以提供象征材料，将性别和意识形态的偏颇颠倒过来吗？正如女性身体一再地并集中地用于观看一样，男性身体显然也为女性观赏提供了幻想和自由（见 Williams，1992；van Zoonen，1994）。不仅如此，马尔维的文章假定一种异性的卷入，而现在越来越清楚，男同性恋者、女同性恋者和双性恋者的观赏，也会将异性的"直露"形象挪用为一种经过改造的同性恋愉悦（见，如 Cowie，1984；Matthews，1997）。

当然，这些观赏过程的改变可能反映了马尔维目标（打断好莱坞电影父权制传统）的实现。当然，在 20 世纪 70 年代，妇女视觉愉悦的表达与现在的情形相比，是受到更大限制的。然而，马尔维自己的心理分析计划却明显限制了对各种视觉色情的承认，而坚持认为：父权制的潜在结构决定了男人是标准，而女人只是他者。马尔维自己（与彼得·沃伦合作）的试验电影代表了一种对父权制观看和好莱坞模式的尖锐抨击。但是，即使这种努力也遭到了批评。如许多评论责备了马尔维电影的精英主义和不可理解。在学术兴趣越来越关注流行文化和流行电影"价值"的环境里，马尔维对好莱坞与电视形象的批评，已经被视为拒绝而不是解放妇女的性感及其对色情性观赏能力，因而既限制了他人、也局限了自己的观点。

后结构主义与女性主义

以上讨论的理论家有一个共同的信念，就是两性(男性和女性)性别或多或少代表了清晰的社会阶级。父权制是一种历史形成的政治、经济和文化系统，它们必然有利于一个群体对另一个群体的支配。这两个阶级可能不是在一个社会中起作用的仅有的重要结构分裂，但是对许多女性主义者来说，它们是对个人生活经验起决定作用的主要因素——比社会阶级还要明显。因为阶级的分裂还可能被个人的努力和父权制社会流动中更大的便利机制所取消或者超越；而一名女子，虽然可能学会掩饰她出身社会阶级的说话、穿衣和举止方式，但是绝不可能逃脱她的性别记号。

很清楚，这种结构主义形式的女性主义容易将男人和女人在各自条件下的经验和文化从总体上同质化。无论是米利特指斥父权制对妇女的对象化，还是马尔维的色情化心理分析模式，都"降低"了身份、性别和文化互动的许多复杂性，使之成为一种简单的意识形态论辩。正如我们前面一章已经注意到的，后结构主义诘问意义产生过程的稳定性，从而对结构主义论辩术的对立设置和基本教义提出了怀疑。对女性主义而言，这种提问特别中肯，因为女性主义第一波和第二波的改革主义议程关键性地依赖于同质化了的男性/女性两极，依赖于对父权制体系历史性长存的批判。并不令人意外地，许多女性主义者拒绝了后结构主义强调语言和结构局限性的做法，尤其是那些已经寻找到民主和革命的方法来推翻结构性男性特权的女性主义者。

即便如此，后结构主义的特定区域也已经以政治目标的方式出现了。例如，福柯便力求揭露施加于个人或称微观物理学的权力视角，特别是在个人身体层面体验到的权力压迫。德勒兹和瓜塔里力图打破那种将人的欲望和心理作为病理现象看待的规范性话语。在这两种情况下，权力都被想象为语言和知识的一种形成过程，是进程和不稳定的交换，而不是一种固定的、内在的结构工具。对女性主义分析而言，这意味着，性别的社会和文化建构不再能够被视为社会结构的必然结果了。男性和女性的象征性构成是充满问题的，因为分类本身成为不均衡、不稳定的语言过程的偶然作用。因此，后结构主义的女性主义也不再接受那种力求推翻旧的男/女两性分立结构、以新结构取而代之的女性主义目标了。反而是，后结构主义的女性主义还得完全化解固定的结构主义立场，使性别问题向一种普遍的解构打开大门。

也就是说，一种后结构主义的女性主义需要聚焦于个体的、不稳定的权力维度，而不去降低性特征的复杂性，使之成为一种本质主义或者普遍的陈述。这意味着：后结构主义的女性主义对"男人"观看的方式(亦即满足父权制体系的特殊再现方式)不能做出宽泛的认定。后结构主义试图免除"体系"的概念，就像它放弃普遍的结构主义陈述(如"妇女是养育

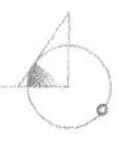

者”)一样。这样,后结构主义就能继续探索新的、但不确定和不稳定的语言形成方式的可能性。这种对语言游戏和个人即时语言体验的强调使后结构主义不愿意对权力结构进行直接的攻击。也就是说,权力是在个人、个人身体和个人主体性的层面进行分析的。结构主义力求以更公平和更富有同情心的结构来取代不公正的社会结构；而后结构主义却对说明权力在个人关系中的作用更有兴趣。于是,后结构主义拒绝了马尔维的凝视思路,争辩说,假定男性和女性“看”的方式具有结构性不同的论断是可疑的。的确,后结构主义也不能接受基本的女性主义规则,即其可能肯定：“所有的男人都是男性至上主义者”,或者“所有的男人都是强奸犯”。在后结构主义看来,这些陈述像“所有的妇女都是养育者”一样,是不能成立的。

欲望与自由：朱莉亚·克里斯蒂瓦

朱莉亚·克里斯蒂瓦是一个法国理论家。她一直致力于在拉康精神分析模式的基础上产生一种后结构主义的女性主义理论。当然,拉康的理论被劳拉·马尔维以更接近结构主义的电影分析方法所改造,以清晰地区分性别的方式解释好莱坞的电影体制。但是克里斯蒂瓦(见1980)却力图超越“体制”的界限,扩展她对文本和再现的分析。特别是,她想要发展盖尔·罗宾的性与性别(sex-gender)系统理论,探索主体性和欲望的各种可能特征；但又不求助于描述男女之间差异的方法。克里斯蒂瓦使用了拉康对主体分裂(subject-splitting)的描述,以强调认知与身份的不稳定性。克里斯蒂瓦像德里达一样,也挑战了西方哲学的“逻辑中心主义”,争辩说,一种统一的认知性主体的整个观念基本上是设计出来的,目的是排除“快感的颠覆性杂音”出现的可能性。

在克里斯蒂瓦看来,欲望解放了主体,为体验自己和身份创造了新的可能性。特别是,诗的语言显示,“新”的话语如何可能打破那种权威和将熟悉与约束性话语及主体位置标准化的做法。于是,不像马尔维的主体——最终显示为系统化男性威权制造的臣民话语的受害者；克里斯蒂瓦的主体总是在过程之中,总是能够选择不同的主体地位。克里斯蒂瓦的心理分析模式不断为一种革命性女权主义强调欲望解放的潜力。诗的语言以韵律和声音模仿了性交的感官体验。诗将个体从无意识中解放出来。只有当这种粗糙的感觉物质——符号——被规定的时候,它们才能返回逻辑、秩序、权威和固定的条件。

其他的法国后结构主义的女性主义者

这样,当马尔维似乎很少能对社会构想的无意识(也许除了她自己不可理解的电影文本以外)提供躲避的时候,克里斯蒂瓦却在不断寻求一种无政府主义的话语,以使女人和男人从逻辑中心主义的局限性和男权中心主义“象征”秩序的权威中解放出来。这种语言革命与先锋派艺术家和文学表达紧密联系在一起，与实际推翻限制妇女完全参与文化的政治和法律程序紧密地联系在一起。其他法国女性主义者（尚塔尔·查瓦芙、莎弗耶热·戈捷、露丝·艾瑞加雷、埃莱娜·西苏）也提出同样的观点，亦即女性的性特征是一种极大的和神秘的革命性重建力量。例如，艾瑞加雷和西苏各自提出，妇女需要展示她们身体上和性特征方面与男性基本不同的印记，作为令人敬畏的革命工具。

在这样的意义上，法国后结构主义的女性主义标志着与更早时期英语女性主义写作之间的分野：后者主要揭示对妇女生活的物质性和象征性剥夺。对凯特·米利特来说，男女两性之间的差别是被夸大的，因为它们已经被父权制的社会条件打上了系统化的印记，生理差异一直被用作控制和从属的修辞："软弱的性别"、"非理性"、"情绪化"、"养育的"、"被动的"。然而，对像艾瑞加雷和西苏这样的法国女性主义者来说，这些生理的不同可以被调控，用以庆祝和表达妇女的权力。因此，妇女不能被想象为仅是一件东西，而是无限的、扩展着的东西。法国的后结构主义的女性主义者不强调父权制的负面条件，而已经趋向于寻求对新的可能性、新的差异、新的视野的一种表达。

西苏在其与克莱门特合著的文章《美杜莎的狞笑》中，对女性身体及其在文本中的表达概括了一种令人生畏和几乎是快乐的叙述。虽然她们也承认：女性可能具有男性气质，而男性也可能具有女性气质；然而西苏坚持认为，女性的写作不可避免地是妇女对自己独特肉体的一种表达："在**享受**(**jouissance**)的层次上，可以最清楚地感觉到这种差异——正如妇女的本能经济不能从男人或者男性经济中发现一样。"(Cixous and Clément，1986：81)于是，作为对罗兰·巴特对"文本狂喜"观念的响应，西苏的**享受**指某种更高级、更纯粹的写作和阅读状态。文本和身体的联系是一种文化进步的条件，是女性经验新的、不能倒退的扩展。

再现的问题

很清楚，西苏、艾瑞加雷和克里斯蒂瓦对性特征和文本的思路进一步激起女性主义及其思想的复杂变化。特别是，激起对女性独特的审美和无意识(强调并庆贺差异的状态)的表达愿望。这种状况有回到本质主义(妇女基本就像这样)的风险。也就是说，虽然法国后结构主义者反对生理性的本质主义(这种本质主义可能成为被判从属的理由)，他们却在寻求另一种本质主义(这种本质主义扩大而不是缩小了妇女的性特征和主体性)。这种理论的复杂性在许多方面与后结构主义本身更广泛的困境相伴而行，特别是当它企图将自己对话语和权力的观念转换为政治策略的时候。语言不稳定(亦即能指对其所指的不固定性)的观念，开启了清除所有形式的本质主义、固定体系和类别以及结构的道路。一种想要恢复"女性"独特条件的女性主义很容易冒颠覆自己理论前提的风险。

随着女性主义与文化研究的合流，它也面临着文本如何再现妇女，以及这些文本如何在

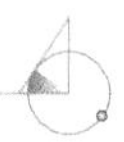

政治层面发挥作用的争议问题。许多女性主义文化分析都试图调和结构主义与后结构主义关于再现的思路。在努力展示再现的真正政治说明时，女性主义的文化研究已经提供了关于这些再现话语的缺席、到场和自然本性等一批论点，这些影响同时也困扰当代女性主义文本分析的论点，可以总结如下：

1a. 妇女历史上总是不在场的，她们被排除于公共话语之外，因为男性一直控制着再现的工具，这意味着，妇女（或者说“不理想”的妇女形象）总是缺席的，因为男人喜欢讲述他们自己感兴趣的故事，展示他们欲望的对象。这种经典的女性主义观点意味着，结构主义的力量在起作用，排除了妇女的完全参与。而最近的文本化研究方法则企图重提这种历史性的排除现象，因为这种现象在艺术、政治、经营和商业中仍然明显存在。

1b. 另外一种思路是，虽然妇女实际上在公共话语中是出现的，但这种出现却不被承认，因为妇女的话语一直被视为逊于男性：事实上，男人控制着承认的机制。虽然妇女实际上也在讲述她们自己的故事，但这种文本只是在本地流传，是更加个人性的交流，或者说，对大众市场和流行文化消费没有吸引力。这些文本（小说、诗歌、交谈，电影短片、家庭照片等）的意义和价值是被男性控制的霸权性文化话语认为不重要的。例如，认为妇女将不参与男人建立的一些激进的、对抗性的政治机构；妇女的政治是更个人化的，更日常化的，包括创造性和社群性的参与活动。

2. 男人不能准确地代表妇女，因为他们不能从肉体上和经验上知道作为“妇女”是怎样的感觉。这是以上讨论的法国后结构主义的女性主义的思路。妇女及其对她们生活和身体的经验是独特的，只能被妇女自己恰当地表现。妇女解放的实现只可能由妇女通过自己的身体、通过艺术的再现，以释放和挖掘妇女欲望的途径来完成。妇女与男人是**根本**不同的，必须给予妇女表达这种不同的方式。

3. 作为第2点的推论，接着而来的结论必然是男人和女人对他们生活的体验是各不相同的。因为只有妇女能够真正地再现女性的经验，所以妇女应该从男人从事的再现中消失，而男人也应该从女人的再现中消失。这种极端的后结构主义视角进一步提议，每个主体和主体性的经验都是独特的；因此，他们对所有的再现活动都报以疑问。

福柯和女性主义

试图克服这些困难的努力产生了一些有趣和多元的观点，女性主义阵营内外都有。特别是，一些女性主义者采用了福柯的话语/权力概念，分析更广泛的再现和性感的问题。福柯的《性史·第一卷》为女性主义者提供了一种权力的观点，承认再现（话语）的要求以及控制和解放的过程。于是，虽然马克思主义和自由主义唯物论对性特征的观点倾向于从社会革命或者立法改良的特殊条件中寻求解放，福柯式的解放却以多元话语和意识形态转型为前提。不过，我们在前面一章也注意到，福柯推出他的著作，作为“供他人投掷的炸弹”，这种

挑战已经被后结构主义的女性主义用于分析当今多元话语中再现妇女的文本了。福柯曾指出,作为一系列文本和实践(包括所有话语或者意义),性特征基本上是可争辩的。作为话语系列的身体从未终结,也从未完成,而总是处于流动状态,总是遭受攻击;总是权力和话语竞争的场所。于是,19世纪资产阶级的性特征并不像如此经常地被报告的那样,是受压抑的。反而是,性特征的话语被转化为新的不同的东西:医疗、人口、教育、社会科学甚至忏悔的话语,都提供了某种性语言和性表达的管道。于是,虽然欧洲的性科学与东方的艺术情色形成了反差,但在现代资产阶级的性权力中,却有一种话语可不断地用于提供乐趣、焦虑和争论。

福柯的后结构主义阶段说借此提供了一种对主体性和身份认同的构想:承认话语和权力的多层次性。主体,像话语本身一样,是永未完成并总是处于流动状态中的。近来的女性主义者(例如,Sawicki; Moi,1991; Meyerowitz,2002)遵循福柯的观点,已经将生理差异的问题完全放开,进一步承认:性别只是一个话语的标志,与其他标志(如阶级、民族、身份和性取向)一样。也就是说,女性主义已经试图离开将妇女经验再本质化的女性气质观念,和通过精英的先锋派艺术寻求解放的道路。因此,避免男性至上主义的方法,不再是从独特(和生理种类)的女性经验中去发现了,也无须从先锋派诗歌或者电影美学中去寻找了。而是,妇女的解放必须被视为一种包含更广,但又是个人和特殊的任务,这项任务可以与个人的身份及其对世界的经验等其他方面相互结合。简言之,妇女的解放是相对于整个集体的关于每一个女人的解放。

这种相当彻底的转向为福柯式的女性主义提供了一定的自由度:例如,一位后结构主义的女性主义电影理论家特雷莎·德劳拉提斯便以主体性的意义构思身份,这种主体:

> 可以肯定,是构成于语言的;虽然不单单被性差异,而更多地通过语言和文化的再现构成;造成一个主体的,不仅有性关系,也有种族和阶级的经验;因此,主体不是统一的,而是多元的,不一定那么分裂,但一定是矛盾的。(1987:2)

在这个意义上,性别是作为过程和交换,而不是通过固定的条件来思考的。福柯式的后结构主义因此宣称,主体最终是开放的。福柯式的女性主义也从克里斯蒂瓦勾勒的"符号—象征"的两元论中摆脱出来。克里斯蒂瓦批评象征,因为它依赖于现实主义或者对世界的直接再现,而这个世界与支配的(父权制,后俄狄浦斯)意识形态秩序一致。逃脱这种权威性话语的方法只存在于前象征(后俄狄浦斯,符号)维度的无意识/诗学。要记住,"象征"和"再现"的术语用在此处,是确认一种特殊系列的流行文本(电影、摄影、文学)。这些流行文本区别于更复杂的诗学、先锋派作品的文本化,后者反抗这些象征,因为它们产生的是一种"新的",亦即"原创的"话语,是与无意识(前语言的、在发现"缺失"之前)的前-语言行为并列的。

福柯式的思路一般拒绝承认这种区别,而将所有形式的意义生成(实践或者文本)都打

成一包，纳入“话语”的类别。但是，既然福柯的思路是把所有的意义生产都视为文化偶然，并服从于解构与话语/权力的分析策略；话语的类别便比一种语意的差别要大。因此，福柯式的女性主义会承认，需推出一种更广泛的反叛策略。它要破坏的，不仅有克里斯蒂瓦所抨击的权威的现实主义文本，也包括任何其他种类（诗歌、先锋派艺术等）的话语。这些精英话语可能将主体固定于一种特定的位置，包括性别的位置。福柯式的主体性总是在进行中，总是在寻求新的、未被发掘的可能性。基于受众的和后现代的女性主义都已经改造了这种路径，以便发掘更广阔的性别观念和性别身份。因此，福柯式的女性主义与克里斯蒂瓦路径不同，它将避免恢复妇女“独特”或者“本质”的经验，性别是向一系列无限的可能性开放的。

杂志和文化女性主义

福柯式女性主义为那些对解放和个人自由感兴趣的女性主义者提供了一种重要工具。将性别争议从固定的亦即本质的身份和性别化结构亦即阶级的决定性条件中抽离出来的这种转向，清晰地释放出个人能动和自我决定的潜力。但是，这种思路的局限性与后结构主义和文化政治之间更广泛的问题性联系在一起，也就是说：我们能够发现一种政治，它既反对压迫和不公，又不是植根于结构或者结构化的意识形态。批评福柯式思路的评论家认为，去中心化的主体，最终必须以语言的方式去构想；而语言则最终必须重新集合（重新产生，重新固定）其内容，才能自称为知识或者真理。这种批评认为，被福柯特别解构的性别知识必然组成一种另类的话语，亦即思考主体的新方式，从而将主体再度集中。这种另类的革命话语将被集合，并置于某个地方：它不可能存在于真空之中。

这些批评福柯式女性主义的评论家进一步认为，对话语的侧重不可避免地限制了对妇女真实存在的贫困、劣势等不利条件的关注。在福柯式分析中，物质世界必然是附带条件的(Mitchell，1984)。马克思主义和自由人文主义的女性主义者保留了她们对剥夺妇女的文化和经济条件的关注，如她们指出，在全球范围内，妇女的收入都不足男性的一半。后殖民主义的女性主义者也指出了：在不发达世界中妇女的高死亡率导致弱势的贫困和过度劳动负担；他们还指出：妇女持续地被排除于政治和公共生活之外，以及一些国家压迫性的法律环境，如处死失贞妇女或性攻击的受害者。通过这种有力的意识形态过程（继续将妇女表现为社会和文化中非标准的一群），这些物质和身体的压迫还在实行。

安吉拉·麦克罗比和英国的文化女性主义

我们已经详细讨论过伯明翰当代文化研究中心在20世纪六七十年代发展出的一种独

特形式的文化研究(见第 4 章)。这个中心的重点是研究一种文化中特定利益集团相对于其他集团的物质和意识形态特权，这种强调对当代文化分析的演变贡献很大。正如霍尔(1996)注意到的，这个中心进行的任何研究都从未离开政治问题。安吉拉·麦克罗比是霍尔在伯明翰的合作者，她为这种政治研究引进了一种有力的和明确的女性主义视角，挑战了中心本身对阶级、意识形态和文化主义的主导性路径。

麦克罗比的早期著作是关于性别和青年文化的，她的研究框架围绕着阿尔都塞式意识形态理论。特别是，麦克罗比举例说明，文本、受众和业界是如何互动以产生特定含义和意识形态效果的。在她关于青少年杂志《水手》(*Jackie*)的文章 (1982)中，麦克罗比以资本逻辑和反工会主义政治的特征定义了出版者汤普森集团。她指出，杂志的生产者有意识地“以女性气质、休闲和消费的标准”(1982：87)，极力生产一种社会文化秩序。麦克罗比遵循阿尔都塞的意识形态国家机器观念，指出形象、话语和思想的生产引导青年女性认同她们被压迫和被控制的环境。也就是说，这些年轻女性经过不断接触理想化的女性形式，“被驯服”而接受父权制关于她们自己及其女性气质的思维方式。

出版社在一种文化中具有看不见但是重要的特殊地位，它们能够在“示意的斗争”中发挥额外的权力——尽管青年具有颠覆强加文化的离奇能力。麦克罗比承认，可能存在从内部分裂文化霸权(社会和文化领导权)的条件，虽然就青年女性而言，这种能力因性别而受到限制。也就是说，在霸权的标准条件下，追随霸权者能够策划、“协商”领导者控制的特定方面。正如迪克·赫伯迪吉(1979) 所显示，青年文化特别擅长利用一种强制文化的人造品(晶体管收音机、服饰和发型、街角聚会等)加入它们，使之成为自己文化经验的一部分。然而，女孩受限进入公共场所的习惯限制了她们再度挪用文化产品、从而打乱控制和同意主导过程的能力。麦克罗比认为，事实上，女性青少年使用的杂志倾向于在私人场所出现，因此，女孩子从未真正获得葛兰西相信会产生的那种协商支配文化的实践。

麦克罗比使用了标准的符号学分析，以显示特定的形象和主题如何不断重复并产生基于性别的成见，性和爱成为定义生活的性质。男孩按照他们的行为和通道分为不同的人群；女孩则按照长相——金发碧眼是性感的，深色皮肤是不可靠的，相貌平平是乏味的。女孩主要的目标是吸引男孩的兴趣、爱恋和忠实。于是，女性之间的关系便被定义为竞争和威胁，“女孩的生活按照情感(嫉妒、占有和献身)来定义。充斥于女孩故事的，基本是害怕：害怕失去男朋友或者根本找不到男朋友”。(McRobbie，1982：107)麦克罗比对《水手》的分析，用她自己的话来说，总体就是：“读者被囚禁于其间的厚重意识形态砖块。”(1991：141)她后来分析青少年杂志的著作受到某些修订的受众和文本分析方法的影响，倾向于承认一种女性颠覆的更大可能性。特别是，麦克罗比似乎超越了轻视妇女杂志的叙述 (比较 Jackson，1996)，后者一概谴责这些杂志对女性形象的强加与控制。

文化女性主义和后现代主义

麦克罗比(1997)注意到，后结构主义及其心理分析已经扩展了女性主义分析的疆界，使其超越了有点“严峻”的阿尔都塞主义，而这种态度曾引导了她自己对《水手》的研究。在麦克罗比看来(也见 Winship，1987；Driscoll，1995)，后结构主义为妇女打开了意义和认同的问题，阐述了在无意识层次已知的和可能作用的因素之间更为复杂的关系。为意义、权力和身份进行的斗争像疾风一般扫过话语的广阔范围，包括商业性妇女杂志、女性主义杂志和私人心灵中的想象。随着研究工作的进程，麦克罗比开始质疑自己早期对女孩解释并拒绝文化文本及人造物的能力提出的假设。现在她对女性主义和话语转变的途径，采取了一种更接近葛兰西的思路。她争辩说，事实上，少女的身份是通过各种话语协商得来的。正是这种斗争和交换最终引导麦克罗比承认这种可能性——就是说，也许：

> 没有女性气质的真相，正如不可能有一种单独的或者真正的女性主义。权力存在于意义的潮流中，这些意义凝结于社会的文化场所，包括杂志。于是，对女性主义而言，一个重要的任务便是显示：这些杂志如何竞争，如何通过一周又一周地生产这些大把的意义，去建构数百万女性读者的主体性。我们如此熟悉这些意义，以至于它们进入我们的无意识并产生欲望和快乐——即使我们的意识可能并不希望它们进入。(1997：193)

关于愉悦的问题已经成为后现代和以受众为中心的文化理论的核心话题。麦克罗比自己承认，通过女性主义批评的筛选，正是女性的快乐最终打破了意识形态分析的单一特征。女性主义者自己，也许被流行妇女杂志的女性肖像和浪漫叙事所引诱，也体验了与她们所研究的流行文本爱恨交织的关系。

这种多元品牌的新的女性主义提供了一种重要的实效，将女性主义带回到一种对妇女的(相对于“女性主义的”)文化情感更加相通的关系。现在女性主义者可以让她们自己的快乐和焦虑进入更广阔的妇女日常经验的词汇，解构她们学术知识的高高在上或者说居高临下，以促进一种与流行文化广泛立足的政治潜力更有意义的结合。在这个意义上，麦克罗比最近的研究力图解释妇女尤其是年轻妇女杂志的转型，以及对女性气质观念的再设计。特别是，她注意到，在自己对英国杂志《更多》(*More*)的分析中已经出现一种转向，从性抑制和对男朋友的强制关注变为性特征和性身份的形象，“通过把女孩再现为赤裸裸的诱惑者和充满欲望的年轻妇女，这种形象与女性行为的传统习俗决然分裂”(1997：196)。在麦克罗比看来，这种新的身份认同标志着一个松开女性主义和女性气质之间关系的重要时刻；新的少女自由地追求乐趣和快感，虽然最终即使是在最开放的国度，权力和资本主义消费的问题始终是有疑问的。

当代政治中的女性主义

麦克罗比对当今女性主义的叙述清楚地表明：性别批评的领域远不是单声道和单动机的。从20世纪80年代直到21世纪，对快乐和身份以及性别分析的变动本性更大的研究兴趣持续地挑战结构主义的女性主义分析惯例。同时期，妇女解放深入到广阔的大众、个人和政府话语的领域，为思考和体验性别的文化方式带来重要的变化。即使这样，像西蒙娜·德波娃和凯特·米利特这样的女性主义者想象的解放在方法上却都进化了、分裂了，产生的常常是矛盾和未曾预料的后果。也许这些未预见的后果最引人注目的表现，便是保守政治对女性主义意识形态和愿望的挪用。特别是玛格丽特·撒切尔在英国政治中的升起和统治，表明了当代女性主义的双刃作用。撒切尔主义经济和社会政策的成功，不仅被其后的英国和澳大利亚政府所仿效，还曾有力地影响了一代全球政治的"右翼"女性主义者。撒切尔严厉紧缩公共福利、艺术、健康、教育和公共交通事业的经费和她对劳工组织与公共事业的恶意攻击，共同形成一种政策立场，粉碎了20世纪70年代政治性女性主义的种种乐观想象。撒切尔的自由市场哲学暴露出一种令人不安的女性主义视角：它贬低弱点和弱势——特别是男性的弱点和弱势——而看好一种表现出英国保守主义深层价值观的竞争性。这种女性主义哲学的后果可以总结如下：

1. 撒切尔主义粉碎了"女性"作为养育者和照料者，作为社群和个人福利维护者的传统形象。

2. 撒切尔主义表现出，妇女能够像男人一样刻毒、专横、沙文主义和野蛮，这粉碎了早先女性主义批评所宣称的关于男性的刻板印象。

3. 撒切尔主义权力的释放说明，权力不是仅仅与男性性别固定在一起，而是很容易转移到女性身上。对性别的本质化误解需要在阶级、教育、种族、性特征、民族等其他背景下加以修正。

4. 撒切尔主义提出了解放目标的问题。如果一个女人可以这样加入权力，并如此恶劣地对待其他妇女(和男人)，那么，女性主义达到了什么目标?

5. 一些女性主义者以父权制的另一种表现来解释撒切尔主义，说撒切尔只是在男权政治的环境下采取了一种男人的做法。如果真的如此，那么，女性权力如何能够被想象为另一种权力?女性主义权力是不是被想象为某种神秘的、不可言喻的本质力量?

6. 保守主义女性主义认为，如果一个人足够好，不论是男是女，他(她)将必定成功。这种论调的上升使女人居于性别不利地位的假定无法立足了。

这种保守派女性主义在实行威斯敏斯特体制[①]的英语国家的政府中特别突出。如英国、加拿大和新西兰，都曾有过保守派女性首相或反对党领导人。或许正因为美国的这种缺失(直到2008年的美国总统选举，都没有出现过重要的女性政治领袖)，于是采取了更加斩钉截铁的扶持行动(affirmative action)[②]立法。出现这种情况的因素也可能是，英国的女性主义政治已经被撒切尔主义女性主义的强势和严厉所缓和。无论在哪种情况下，女性主义都被迫面对深刻的经济和社会保守主义的可能前景（见 Heywood and Drake，1997)。当然，一些女性主义者不承认撒切尔主义的女性主义，要么说它根本不是女性主义，要么说它是妇女参与公共生活不可避免的一部分过程。在后一种情况下，女性主义者继续抨击一种还在限制妇女代表的社会和政治体制，她们争辩说，除非所有形式的女性经验都能在那里得到体现，议会、国会和总统府才会有真正的民主。只有妇女在政府中平等地出现，妇女参政权运动和民主本身才能完全实现。

如我们已经注意到的，女性主义政治的一种重要来源一直基于资本主义和资产阶级意识形态。甚至简·奥斯丁的小说《曼斯菲尔德庄园》(*Mansfield Park*)，也在庆贺资产阶级的繁荣和中产阶级妇女相对于西印度群岛黑人劳工被奴役和受贫困的优越状况，而她们的财富显然是建立在对后者的剥削之上的（Said，1993)。功利主义的女性主义者拥抱基于市场经济的机会，当然，这种女性主义的标志便是撒切尔主义的政治。因此，女性主义政治的成功最突出的一种表现，与经典的自由市场经济和个人成功权利联系在一起，就不令人奇怪了。这种保守主义的政治立场是撒切尔主义女性主义的核心，它将促进个人的发展作为推动社会进步的根本。或许可以说，撒切尔主义的最终教训便是：妇女的解放更可能通过一种激进的个人主义来完成，而不是通过一种复杂的运动(如“左翼”的集体鼓动)来实现。也就是说，保守的个人主义完全可能产生女性主义所追求的改革和成功。

当然，个人主义或者“右翼”女性主义的成功，与“左翼”政治自20世纪80年代便开始的普遍多元调整一道，导致女性主义事业明显的分裂。国家内部和国家之间的富人与穷人之间日益增长的鸿沟被一种独特的资本主义所恶化，而这种资本主义必然与自由市场意识形态联系在一起。保守的女性主义在这种等级法则的扩展中肯定发挥了作用，它敦促实现一种女性自己的解放，而这种自我解放却只限于赞美个人满足、庆贺个人财富积累的意识形态中。

保守主义政治家如美国国务卿赖斯的成功是女性主义成就更近的一个范例，虽然许多“左倾”的女性主义者无疑对某些妇女做出的抉择感到苦恼。例如，赖斯支持美国领导的入侵和占领伊拉克的行动，她似乎对美国统治全球的意识形态和个人成功的荣耀更感兴趣，而不是更关切她的众多伊拉克姐妹的命运。作为女性主义者，赖斯代表了个人价值自我实现

---

① 威斯敏斯特体制是指英国式的政府民主议会制，威斯敏斯特宫是议会所在地。——译者注

② 在美国，扶持行动指主张民族、性别方面的弱势群体获得同等(实际上是优惠)权利的运动。——译者注

的极致——但她显然不那么关心任何形式的女性集体意识或者责任。

然而,其他的女性主义者始终对意识形态争议不那么热衷,而将她们解放性的女性主义投注到别的改革议题中:如社会平等、社会福利、减轻贫困、教育、种族特征、性取向、环境主义。很明显的事实是,不管是哪一种女性主义,原来那种将女性经历认作历史"牺牲品"的旧式女性主义已经转型为一种新的从根本上多元化的政治运动了。

当代女性主义文化政治

扶持行动/性骚扰

对平等机会、性骚扰和扶持行动的立法在多数发达国家已经实施。立法的目的是减少歧视,增进妇女和其他弱势群体获得更多参与公共生活的机会。设计这些立法的目的是将妇女置于国家的保护之下,改变基于性别歧视的历史模式。这些立法产生了不平衡的结果,引发了对其有效性和必要性的持续辩论。除了斯堪的纳维亚和其他几个发达国家成为例外的情形,妇女在国家立法机构、行政管理和高收入领域的人数始终明显偏少。而这一情况是发生在教育水平和进入职业的早期经历皆与男性可比的条件下。

结果,职业的中断加上家庭的责任和养育孩子的负担始终是许多妇女实现职业理想的主要障碍。斯堪的纳维亚国家似乎已经采取了更精心设计的"有利于家庭"的托儿和工作制度,使妇女比那些更倾向自由市场模式的国家的妇女更早和更方便地返回工作岗位。然而,即使对那些不被生育和家庭问题阻止工作的妇女来说,企业和公共生活中的父权制准则和实践也常常成为持续影响妇女进步和全面参与社会的主要障碍(Moe,2003)。也就是说,通过资本主义的经济学和专业性的竞争,妇女作为一个劳动者的阶级是被置于偏见和男人的自我利益偏见之下的。从这个意义上说,性骚扰不仅仅是一种性欲的侵害,也是一种职业的策略,在一种竞争性的工作环境中,这种策略是被设计出来羞辱和损害妇女的。

女人、女孩和全球权力

一方面,第一世界的妇女在辩论职业和"女性气质"的不同视角;另一方面,发展中国家的许多妇女却继续生活在贫穷、疾病和政治暴力的最悲惨状况下。根据国际规划署援助机构的一份报告(2007),女性组成了这个地球人口中最贫困的一群:超过10亿的女人和女孩每天靠不足一美元生活。在世界上许多地方,尤其值得注意的是在中东和非洲,女性完全被排除于正规教育之外;全球将近8000万女孩被迫在18岁之前结婚;在重男轻女的国家,每年有超过一亿的女孩成为杀婴的受害者。

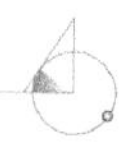

这些数据得到了联合国儿童基金会(UNICEF，2007：5)的确认，这个报告指出：在2002年，大约有1.5亿女孩被迫发生性关系，将近200万在商业性产业工作的18岁以下女孩中，许多是被全球性奴贸易业诱拐的。在这样的环境中，毫不令人奇怪的是，现在感染艾滋病的妇女比男人多了大约300万人——UNICEF将这种危机归咎于妇女总体的贫困状况、女孩缺少教育和性工作者以及妻子们相对无权的地位。UNICEF也指出，育龄妇女经历的不幸会继续进入其后的生活：年老的寡妇常常被父权制传统和社会习俗剥夺遗产继承权。

虽然许多评论家常常指出，全球贫困不仅影响妇女，也影响男人。但是，很少有人怀疑作为一个整体的"阶级"，妇女在发展中国家比可比的同类男性境况要糟糕。虽然妇女和儿童极少成为政治暴力和压迫的肇事者，他们却最容易成为牺牲品。对许多西方女性主义者来说，发展中国家妇女的贫困和悲惨是全球父权制和经济资本主义体制的直接后果——西方女性主义的争议话题，例如性骚扰、化妆品产业和"女性特征"等问题群，也可以同样联系到发展中国家妇女遭受的贫困和压迫。也就是说，发展中国家的贫困和现代社会条件下的局限都是文化构成的父权制结果。

当然，有一些更个人主义性和自由市场取向的女性主义者劝告妇女，通过个人的努力、而不是通过立法的过程去战胜这些不利条件。正如我们在讨论功利主义和撒切尔主义时注意到的，肯定有一些女性主义者反对大幅度增加福利的立法，如强制招收妇女和其他弱势群体的人员工作，以提高他们的收入份额。反对这种扶持行动策略的主要抱怨是，这些政策会冒风险——奖励孱弱表现以适应份额要求；事实将证明，这种情形会破坏其他工人的干劲，降低效率，导致工作场所风气的败坏（Bacchi，1996）。

插图 6.1　印度孟买的贫民窟，妇女和儿童是那里最穷的群体

分离的女性主义和电子人女性主义

虽然妇女解放的政策模式是为生活和工作于相对“主流”的社会环境中的大多数妇女的利益而设计的，但是，对结构性女性主义更为彻底的一种反应却提出了推翻父权制和重整社会历史的更有力措施。这种女性主义始终坚定地持对抗姿态；特别是，它还把自己和其他一些解放的雄伟计划联系在一起，如女同性恋者的分离诉求。“差异”的观念成为妇女开展社会和性实践的集合点。在这个意义上，“妇女”是一种彻底的概念，其最终目的是消除**男人**——而不仅仅是消灭父权制或者“阳物中心主义”。这种分离主义的形式是由激进的结构主义者鼓吹的，如希拉·杰弗里斯便主张，男人对女人的性进入总的来说都等于强奸。在这种宽泛的语境中，女人与女人的性结合将取代异性性行为，而再生产的“问题”则可以应用技术方法来解决。激进的女权分离主义者相信，男性的性激素宣告了男人之倾向于暴力和控制。她们主张，女同性恋者的性特征必然建立在社会平等和性平等的基础上（Jcffrcys，2004，2007）。

这种观点始终对后现代的快感和许多当代妇女的过分异性性行为抱有敌意，认为异性恋妇女的解放表现为性展示，“性感风格”、化妆、衣饰、跳舞甚至（异性恋的）“滥交”，而这种解放大部分是由当代资本主义、男人和父权制营造的一种错觉（Jeffreys，2007）。在这种语境中，不仅父权制和历史应该为妇女受到的压迫负责，而且男人也一样。杰弗里斯自己决定采取女同性恋的性行为大部分出于一种政治立场——表示对犯下文化压迫罪行的男人社会阶级的直接拒绝。

因此，性特征是一种政治武器，需要“策略性”地使用：差异是实质的、基本的条件，它必然威胁理想化的形象、欺骗性的快乐、感伤主义和后现代理论特定形式的政治相对主义。例如，唐娜·哈拉维（1991）预料说，通过电子人妇女质量的改进，性别将不复存在。通过电子人的逐步统治，男人、男性气质、父权制和资本主义都将发生内爆。

后殖民论的女性主义

后殖民论的女性主义（见 Spivak，1987，1992；Gunew，1993；McClintock et al.，1997；Gauch，2006）一般受到福柯和精神分析理论的影响。然而，后殖民论的女性主义并不是将这些理论缓缓注入关于愉快和个人创造的新模式，而是以跨国父权制或者父权制帝国主义的思路看待再现的问题。在此，“自己”和“他者”成为高度政治化的观念；白种殖民男性被视为支配的或标准的自我，而东方或者殖民地妇女被视为异类，成为性和物的“殖民”对象。这样，殖民地的女性成为“双重的被殖民者”，因为帝国主义被父权制强化了。

于是，虽然后殖民主义的理论家，如爱德华·萨义德（1978，1993），力求从帝国主义的

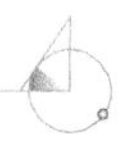

历史回声中解放被征服的人民；但女性主义后殖民论者则特别关注发展中国家妇女和发达国家(即原来的殖民民族)中移民社群里妇女的生存状况。后殖民论或者非殖民化的分析家常常将后结构主义的主体概念和语言用于她们的解放工程。通过文本进行的意义"建构"，被判定为完全是意识形态的行为：男性征服者通过一系列政治建构的文本，为自己征服、统治和剥削外国人民的活动进行正当化辩解。这些文本既包括大量的行政指令和政府文件，也包括文学、哲学和各种形式的"科学"研究。实际上，这些文本寻求的是重新塑造被压迫人民的法律、文化和社会知识，构成他们标准的"他者性"(亦即不同于殖民主义的特征)，并成为更有权力的殖民者的附庸。当然，这些文本在确认发达世界文化和知识体系优越性的同时，也支持征服者统治的合法性。殖民地妇女的地位一般是附属于男人的，现在更臣服于白人男性征服者的社会兴趣和性兴趣。于是，原始的、自然的、随时可性交的东方妇女在帝国文本中成为偶像化的人物，成为欧洲文化中审美和性欲想象的一种因素。

对东方的色情化想象必然在男性殖民者与东方女性化之间创造出一种更广泛的控制关系。这种色情化是通过将东方想象为"异国情调"、女性、神秘和不受拘束的观念来表达的。欧洲殖民民族的艺术、诗歌充斥着裸胸的妇女、像女性般柔滑的男子形象。这种性感化方法将女性特征与依附特征匹配起来。后殖民论的女性主义通过诘问赋予这些形象合法性的殖民地和父权制系统，寻求对非西方形象的"解构"。"差异"(多样化、多文化主义等)概念成为不同于被解构的文化帝国主义的别样政治选择。

跨文化主义和非西方妇女

这些分析论点和模式特别引人注目，因为它们被用于分析以前是殖民地的发展中世界的特殊问题。联合国教科文组织和其他一些机构曾做过一些研究，结果显示：非发达世界的妇女和儿童是地球上最贫穷和营养最差的人。情况也十分清楚，在这些地区，对妇女的教育最有可能推动经济发展、疾病管理和社会改良。特别是在非洲，救援组织和非政府组织现在正通过从父权制奴役中"解放"妇女的一些项目，力求减轻她们遭受贫穷和苦难的可怕程度。一名受过教育和被解放的母亲可以为儿童的教育和更广义的社会流动提供最大的希望。

即便如此，当前的后殖民论女性主义仍然被迫面对自己理论基础内一个关键的悖论，特别是当它力图将自己的政治视角强加给并凌驾于中东地区的前殖民地伊斯兰妇女时。从西方文化的自由派人道主义传统中发展起来的女性主义，在与各种形式的中东和伊斯兰"女性主义"遭遇时，有时确实显得格格不入，甚至类似帝国主义。当西方女性主义者力求从父权制传统(包括来自宗教的文化习俗)中解放她们的伊斯兰姐妹时，伊斯兰女性主义者却常常谴责她们的解放者文化方面的傲慢。一些习俗，例如一夫多妻制和用头巾包脸的做法，在许多西方女性主义者看来，是男性强加给妇女、限制她们权利和性自由的一种形式；而相反，伊斯兰妇女却相信,它们表现出一种在信仰和文化传统范围内的选择权。

在讨论“伊拉克战争”时,温迪·麦克尔罗伊(2003)认为,军事卷入的偶然事件正迫使西方女性主义者回顾她们自己对文化和妇女作用的唯我论理解。据麦克尔罗伊说,中东的女性主义者坚持认为,妇女的解放绝对是与宗教、家庭和男人结合在一起的。中东的女性主义的意识形态不像我们熟悉的第二波女性主义的意识形态,将宗教和家庭与父权制霸权混为一谈。她们寻求的是与伊斯兰文化继续协调一种性别角色,是围绕德高望重的家庭主妇的身份构成的。这便向西方的自由派女性主义者抛出了一个严肃而对抗性的问题——

> 西方女性主义者不能同时解决她们与伊斯兰女性主义者的意识形态问题。战争和战后的局势将两个运动连接到一起,带来密切的接触和冲突。结果很可能是对女性主义定义的重铸。(McElroy,2003)

这种女性主义形式的文化傲慢所呼应的,正是后殖民论女性主义力图推翻的文化帝国主义。更普遍的是,它让人想起一种女性主义的核心问题,那种围绕着精英、受过教育、富有和西方中心的社会阶级组成的女性主义的核心问题。西方女性主义,特别是它的普世主义结构主义化身,力求代表**所有**文化、环境和地域的妇女说话。这个路径不仅包含了相当不同的妇女渴望,还忽视了男人的解放需要——包括后殖民世界中那些受压迫、被侵犯和受损害的贫穷男人的解放需要。

后女性主义

一些评论家认为,我们正在进入一个“后女性主义”的文化阶段,这种转型的主要理由有三个:第一是所谓的“第二波”女性主义已经产生了期望的效果,即将人们的注意力集中到现代阶段对妇女的压迫;第二,保护妇女经济和社会权利的立法已经在世界上主要的发达国家建立起来;第三,女性主义社会工程的碎片化已经导致一些严肃的问题,亦即以单一的政治眼光将妇女视为一个单一社会种类的观点是否有效的问题。

在一定意义上,朝后女性主义视角的转变一直被女性主义的成功所推动。然而,正是女性主义领域内的严重分裂和辩论导致文化评论家对“女性主义”整个概念有效性的怀疑;一些对女性经验感兴趣的妇女质疑,她们特殊的改革工程和她们自己的身份认同是否能够因与“女性主义者”的命名联系在一起而产生结果。不管我们采用“后女性主义”的概念与否,当代女性主义的问题性可以总结如下:

1. “男人”和“女人”的严格分类是基于生理差异和文化归属的。对这些社会和文化归属的解放已经导致更加混杂的社会情形,使历史地形成的女性和男性特征在每一种性别上都可以发现。当代的男人和女人或多或少都负有养育的责任,都能从事体育运动,都很有进

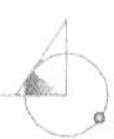

取心，都能在性的方面采取主动，等等。将女性特征本质化，但又排除了传统“女性”特征的女性主义，会冒独断和指定的风险。也就是说，女性主义可能赋予妇女一些她们的主体本不希望拥有的社会属性。

2. 男人自己的主体性可能被假定献身于解放的女性主义所规定。

3. 这种性别主体性的更多混杂已经导致女性主义内部一系列的修正。其中最重要的一个问题是：“男人”的概念是否能够直接联系到“父权制”，而男人是否应该为父权制负责？许多对妇女解放感兴趣的妇女已经逐渐将“特定的”男人与男权主义和父权制罪过区分开来(在许多方面，这个问题与沙文主义的问题异曲同工：所有白人都能为种族主义负责吗?)。

4. 妇女还能够被视为一个独立于种族、民族、性取向、教育水准、收入水平、社会群体和年龄的边缘清晰、同质和统一的社会类别吗？在当前社会中，我们能够假定作为妇女就一定处于附属性社会地位吗？它对改革政治真的是似乎有理或者富有价值的吗？

5. 父权制和资本主义的特征化已经将照料者、教育者、养育者和社群组建者的角色分配给了妇女；这些角色一直被认为总体来说低于男人所承担的任务。女性主义的鼓吹者不去努力提升照料性工作的价值和社会地位，却将大部分精力一直用于寻求妇女进入经济领域和公共活动的机会。妇女成功地进入这些领域，又进一步贬低了照料行为的地位和价值，致使一大批“社群”工作无人愿做，或者被转移到低收入和低技能的工作者身上。对家庭、抚养和社群照料的大量公共讨论集中于资源和人力的总体上缺乏，以致不足以确保社群的情感和精神健康。后女性主义却在诘问妇女和男人都从照料工作的责任出走之后效果如何这种困难的问题。

女性身体的成像

美与身体

在现代西方社会，虽然多数对妇女的制度和法律歧视业已推翻，许多女性主义者仍然认为，当前的文化依然充满歧视女性的做法和对女性各种形式的象征性压迫。特别是，女性的身体继续按照男人的性欲望与父权制对权力和控制的想象而被“定位”。在现在这个被视觉形象统治的文化中，女性性特征的商品化已经令许多女性主义者不胜惊恐。例如，娜奥米·沃尔夫传阅很广的著作《美丽的神话》认为，由于父权制的控制和规训策略无处不在，流毒甚广，妇女的主体性已受到戕害。沃尔夫说，法律和社会的解放并未保护妇女逃避“美女经济”，这种“美女经济”使妇女受制于难以企及的形象、化妆产品和各种父权制所强加的节食措施及疾病中：

> 美丽是一种类似金本位的货币系统。如任何经济一样,它是被政治所决定的。而在西方现代,它是最后的、也是最佳的信念体系,使男性的支配地位完好无损。依据文化强加的以身体标准排列妇女价值的垂直层级中,妇女必须非自然地竞争男性分配给男性自己的资源,这反映了权力的关系。(1991:10)

沃尔夫的书已被证明是所有时代女性主义文本中最有价值的一本,它简化了更早时期女性主义者如桑德拉·巴特基和安德里娅·德沃金的著作,并使其流行。

事实上,在过去的20年里,许多女性主义者已经把美容业和身体模特业的实践认作文化父权制的新化身。这种对男人性欲望和性想象的屈从,不仅是阴险和压迫性的,还对妇女身体、心理和社会尊严造成严重的伤害。饮食失调、面容留疤、胸部和性器官的损害、毒物的吸收、感染,甚至死亡——这些都是一种复活的父权制的外在体现。萨拉·肖(2002)借用了一种强烈的结构主义女性主义批评,指责父权制和男性对妇女造成了各种形式的"伤残",使其毕生使命就是迎合男人的视觉满足。在肖看来,历史上妇女就按照男人设定的美丽标准不断地伤害自己的身体。新形式的化妆技术——面部拉皮、吸脂、隆胸、生殖器矫形——对妇女强加了新的表现标准和期望。希拉·杰弗里斯(2005)认为,这种新形式的伤残符合联合国旨在禁止对妇女身体进行有害改造的情况说明书中对"有害传统习俗"的说明。细高跟鞋、支撑式胸罩,甚至唇膏,都构成了某种伤害性的社会习俗,其目的是刺激男性的欲望,强调他们控制的权力。

女性主义对性欲望和"美女经济"的批评认为,妇女只是男性控制和男性欲望的消极对象。就像马克思主义对基于阶级的意识形态的批评一样,结构主义女性主义很少提供解放的出路,除了对那些掌控父权制意识形态的结构进行革命的大修之外。然而因为父权制如此广泛地存在,完全支配了妇女的头脑和身体,在控制性的结构之外,似乎找不到任何改变的想法:妇女们简直不能看到她们所处的现实。在这个意义上,女性的"选择"或者说个人能动性的概念完全是用错了地方;因为文化产业是被男人的利益、经济权力和性欲望支配的,而妇女们也被这种文化产业所蛊惑。

如在其他文化领域中一样,选择的概念已经成为社会意义创造的核心战场。不同于结构主义对欲望、美丽和女性气质的另类视角已经通过新形式的女性主义产生出来。特别是自由派功利主义和后现代女性主义的视角认为,妇女的性愉悦是女性解放的主要源泉,超越了机会平等和反对歧视的立法保护。这种性愉悦不仅仅是与肉体活动相联系的满足,而是与更广范围的女性表达,包括衣饰、表现、化妆甚至手术相联系的——如果一名妇女自己选择的话。例如娜塔莎·沃尔特便认为,女性主义的问题就是:它力求在妇女个人生活的每个方面都永远强加社会和政治的斗争。沃尔特研究了麦当娜形象中表现的性力量,力图找到一种充盈着愉悦和自我决定能力的解放方法。在当代的环境中——

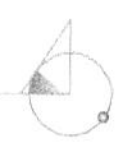

多数妇女感到自由，比她们的母亲一辈自由。多数妇女可以选择穿什么，和谁共同生活，在哪里工作，读什么书，何时养育孩子。(1999：10)

一种新的女性主义对女性经验会感觉“更容易”把握，因为妇女能“花费时间用于腿部脱毛或者涂抹指甲油”，沉溺于她们“常常在衣服与身体接触时产生的十分愉悦的关系”而不被迫感到内疚，像旧式的清教徒式女性主义那样（Walter，1999：86）。

琳达·斯科特在其著作《新鲜的唇膏》(2005）中也举麦当娜的造型为例，争辩说，“反对美丽”的女性主义者力求将极为不同的妇女及其经验同一化并纳入她们自己呆板单调的革命事业的做法只是在为自己渔利。为此，斯科特在争论中调用了后现代的视角，将权力看作一种个人之间的交换和表达，力求将所有的主体都从大众“社会”和意识形态的集体强迫中解放出来。于是，虽然像希拉·杰弗里斯这样的女性主义者可能将穆斯林面纱和西方妇女的化妆相提并论，都作为父权制压迫的表现形式（2005：37～40)；后现代女性主义者却认为，这种文化表现只是表面的紧张，集中在人类广泛的多样性难题和可庆贺价值的周围。也就是说，妇女不是一个单一存在的阶级，而是一个分布广泛，包括各种社会特征、生理特点、文化特性，以及表现、欲望和想象的无固定形状的集合体。在这个意义上，“作为女性”的条件便围绕一系列基于宗教、民族、肤色、语言、阶级、性取向、风格、年龄，甚至是选用的眼影膏等不同的文化选择而构成。因此，西方中产阶级白人知识分子提供那种自称适用于所有妇女的普世处方，是一种特殊的傲慢表现。

“女孩权力”和跨性别的身体

在分析摇滚流行音乐时，庆贺并发掘新的性感形象的现象，最清楚地显示了：女性开始自觉地利用音乐和视觉形象的审美，“开发”和展示妇女的性特征。例如麦当娜，她可能是女明星中最有这种意识的一位（见 Fiske，1989a；Walter，2002；Scott，2005)。麦当娜的形象一直被表现为(并被利用为)一种性激发、性快感及发掘身份认同的源泉。但是，这种主流的、高度工业化的麦当娜形象与其他女性摇滚音乐人被边缘化的更激进性别形象大相径庭。在围绕当今娱乐的流行和美学问题进行更广泛辩论时，许多摇滚音乐人发现自己陷入两难之中：一边是个人对艺术的控制；另一边是商业的强制。广受欢迎、CD 销售和音乐会门票是多数艺术家衡量成功的标志。然而，也有一些摇滚音乐家将自己的创造性活动看得远比热望商业成功更重要。20 世纪 90 年代的“女孩权力”(‘grrrl power’①)运动反映出：一些年轻女性乐队想要通过大众媒介保持她们的创造性与政治行为的正直，以及表达她们自己和

① “grrrl power”的名称最初来自 Riot Grrrl(骚动女孩)，这是 20 世纪 90 年代上半叶一个地下的美国女性主义朋克运动，后来被用于不同乐队的名称，有时也做“girl power”。

她们艺术的愿望。在许多方面,"女孩权力"寻求将消息和传递消息者从音像公司和媒介意义制造者的商业控制中解放出来。

在20世纪90年代,当女性音乐人和演出者越来越走红时,一些年轻的女性音乐人力图在其音乐中追寻一种更具说教性和鼓吹性的女性主义论战。在女权多数人基金会的支持下,一个以美国为基地的"骚动女孩"运动开始鼓动听众"自我教育,大声说出,登记投票,学会一切可以保护自己堕胎和控制生育权利的方法"(唱片套上的目标说明)。当这种运动扩展到英国的地铁摇滚现象时,追求权力和独立的意思更强化了,形成了一股颠覆男权统治摇滚文化的集体意识。

很明显,"女孩权力"和"骚动女孩"的目标是从男性或者说父权制的控制中夺取再现的权力,将其置于表演者的手中。然而,这种集体的意识和形成这种集体意识的女性解放理想还不受推崇。正如玛丽昂·伦纳德(1997)在她讨论"女孩权力"时指出的,这个运动完全不能将自己封闭,免受意识形态强制和商业挑战压力的影响。"女孩权力"成为市场机器手中的女孩权力,自我表达的热望已经被资本主义和商业意识形态调制好了。高度市场化和商业化的产品集群,如"辣妹"和"性感小野猫"组合已经能够利用"女孩权力"的理念,促销和消费她们的音乐及形象产品了。也就是说,女性主义就像任何其他的文化构成一样,也可能被转化为商品,到处传播,成为某种可以预见的、主流的和舒服的东西。对流行文化文本的教主来说,这种形式的女性主义实际上可能代表了文化的现实。"辣妹"和"性感小野猫"的女性主义(瞬息即逝、包装动人和定义模糊的女性主义)可能将证明是社会转型的顶点。不论在任何情况下,女性主义都已极大地影响了这种转型的实现。而这个成功是否就是它的顶峰,还需要确定。

但是麦当娜的形象已经为其他形式的性别解放作出了贡献,包括被欺压的男性、变性人和双性恋者的解放。在许多方面,麦当娜的形象非常有意识地借用性的权力和更早时期的名角(如马琳·迪特里希)的流动意义。不管在哪种情况下,妇女渴望妇女身体和跨边界身体的主题都不可避免地对反美容的女性主义者制造了难题,因为她们的解放事业主要是围绕着男人与妇女对立的僵硬观念建立的。于是,虽然女同性恋的分离主义女性主义者想象一种消灭了男人和化妆品的乌托邦,"唇膏派女同性恋者"却想象一种个人的表现,并庆贺极端女性特征及同性婚姻关系的快乐。作为女同性恋性特征的不同类别,"唇膏派"、"女同性恋者"和特殊种类的双性恋女性,围绕相同的女性性别化主题产生了各自大量的色情文艺,并刺激了男性对异性的性欲。于是,激起"男性化女同性恋者文化"的女同性恋主义政治就被后现代的、基于风格的女性展示和快乐模式所取代了。

身份和政治的问题也是一样,体现为表达的易装癖、变性和双性人模式。易装癖是生理的男性或者女性在穿着和表现上仿佛相反的性别;变性者通过医疗手段的介入(荷尔蒙或者手术)改变了他们的生理;而双性人生来便具有未定的性生理特征,常常具有两种生殖器官。当然,在所有这些情况下,结构主义女性主义的决定论模式批评几乎不适用。特别是,

男易装癖者采用了一种女性主义的形式，追求一种有保留的男性生理特征，借此否认简单地被推理为性别歧视主义建构基础的归类。易装癖者或许可以吸引他们生理上的同性，或者吸引他们自己采取的文化性别，换句话说，易装癖者既可能是同性恋者，也可能是异性恋者或者双性恋者。在所有这些情况下，变性的身体都是后现代性特征的生活模式，它挑战了反美容的结构主义者提出的单体模式和假设。

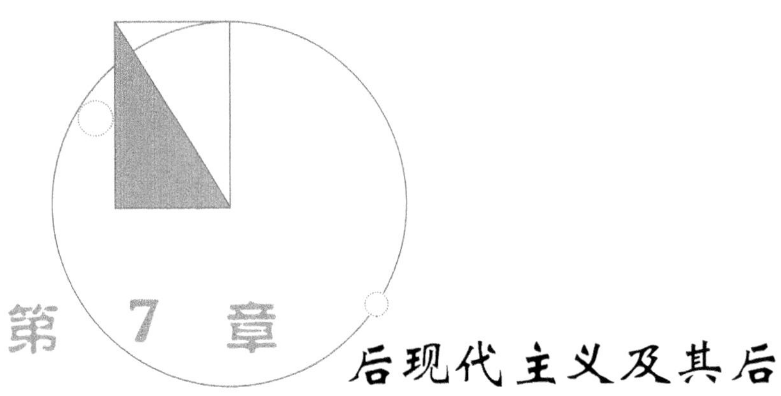

后现代主义及其后

导 论

过去的20年,后现代主义概念在文化和公共话语中变得十分流行。因此,现在讨论当代文化,实际上很难不求助于这一具有弹性又范围广泛的概念。正如“文化”本身一样,后现代主义似乎已经渗透到学术话语的各个层面,从人文、艺术学科到社会与自然科学。尽管这一概念仍然存在高度争议,其复杂交织的发展历史却引导着学者和其他评论家通过一个认知、批判和审美诸多可能性并存的矩阵。在本章中,我们将检视与这些关键文化争论相关联的后现代主义概念。但在此之前,我们有必要先澄清一些重要的定义性问题。

后现代与后现代主义

一些评论者对后现代与后现代主义的差异做出过区分。后现代代表某一历史阶段,以特殊文化元素的出现为特征。后现代取代了之前的现代历史时代。正如弗雷德里克·詹姆逊(1991)提出的,尽管许多前代的元素继续存在,但是,新元素的充分流行还是标志着:我们已经进入了一个新的历史阶段。后现代主义则更突出地强调一种思考、表达和象征的方式。换言之,后现代主义或许指一种更特殊的思想文化模式,它最终表现为话语(见

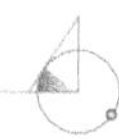

Hutcheon，1988；Connor，1989）。

文化历史的分期使得我们可以对构建某种独特时间顺序的社会要素进行设想，但是，在后现代的本质、定义和时代划分方面则几乎没有共识。例如“现代”的概念有时被限制在19世纪80年代至20世纪40年代这一艺术生产的时期（见Bradbury and McFarlane，1978；Gilbert and Gubar，1988）。让-弗朗索瓦·利奥塔在其名著《后现代的条件》（1984a）一书中，多少有点混用了认知分析法和历史描述法两种思路，创造出一种独特的感觉：对后现代主义的“认识”（knowing）基本上存在于条件本身——作为历史时代的一部分，我们必然与文化的条件一起“思考”。米根·莫里斯（1993，也见1998）甚至提出，我们说明当代（后现代）文化的能力根本就与我们采取的当代认知模式相关：保留旧有理论和分析框架的研究者显然不能理解当代条件。

后现代主义和后现代两个概念之间的相互联系，使许多评论者放弃了区分的麻烦。即便如此，如何定义后现代以及其哪些东西应该归属于后现代的问题始终在美学、社会学和文化研究中激烈争议。在本章中，我们将着眼于后现代主义概念演进的方式及其对我们理解更广泛的当代文化所起的促进作用。特别是，我们将探讨这一概念演变的途径：它是如何通过美国的美学和社会分析、法国的后结构主义与英国的文化研究发展起来并相互结合的。我们特别感兴趣的是这一概念扩展的途径：现在它已应用于多种学科——美学、社会历史学、认知（思维方式）学和文化（再现方式）学。

对后现代主义概念的学术兴趣可能多少被领域广泛的文化分析中出现的新概念和新范式所遮蔽；特别是自2001年的“9·11事件”以来，人们对全球化文化条件的研究兴趣再度活跃。但同样重要的是，我们要认识到，“后现代主义”已经成为分析词汇中一个整合的（哪怕不是标准的）构成部分：是分析构成当代文化复杂且通常矛盾的趋势和成分的一个重要标题。

后现代主义的文学和美学来源

纽约实验艺术与文学场景

总的来说，大家都同意：“后现代主义”一词是弗雷德里科·德欧尼斯在20世纪30年代最早使用的。他用这个词描绘某些针对现代主义主流美学的边缘反应（见Hassan，1985）。在20世纪60年代，一个由作家、音乐家和艺术家组成的松散团体改造了这一词语，将他们自己的先锋派、抗拒派艺术风格区别于20世纪中叶及“二战”后他们称之为高端现代主义的艺术风格。特别是纽约的艺术家和评论家，如苏珊·桑塔格、伊哈布·哈桑、约翰·凯奇、威廉·巴洛斯和莱斯利·费德勒等，都拒绝承认体制化美学形式的规则和地位。

例如，威廉·巴洛斯试图通过人类经验的外部(而非通过模仿詹姆斯·乔伊斯或威廉·福克纳的深刻和智性)再次复活语言和日常经验。与杰克·凯鲁亚克和“垮掉的一代”派诗人相似，巴洛斯的语言是经验性的，摆脱了语法和形式的束缚。选自《根除者》(*Exterminator*)的下面一个段落表现了无声而日常的灵光一现，凸显了巴洛斯宣称的作品中的后现代风格：

> 你无法确切说出什么时候熟悉和沉闷袭来就像烟头从冷却的炒蛋中挑出牙膏涂上盥洗台的玻璃为何你在像历次那样的警察日中就是感到比平常糟糕一点而它根本并非不寻常的一天那天丑陋的事情在警区爆发这个新警察殴打一个醉汉那年轻的警察带着疯狂的眼神不住地尖叫。(1966：162)[①]

这类日常的启示通常与大众的愉悦和享乐主义的形式联系在一起，巴洛斯对街头生活和街头话语的采用拉近了高雅文学与大众电影之间的距离。这是语言的表面纹理，而非威廉·福克纳及其他现代主义者揭示的个体内在的深入表现主义。巴洛斯的后现代主义是一种偏离，它直接挑战了语言与图像、幻象与崩塌、高雅艺术与大众话语之间的边界。

美国评论家苏珊·桑塔格(1966)批判了强调精英艺术形式和“诠释”行为的学术性文本研究；同时，她也表现出对英国大众文化日益浓厚的兴趣。她反对将大众艺术形式(如摄影和电影等)排斥于学术之外。她认为，只有通过彻底重组构成艺术及合法艺术表达的规则，才有可能复兴文化和文化活动，而阐释仅仅为满足学术体制和资产阶级专家的兴趣服务。特别是，桑塔格拒绝承认经典化的进程，这种过程通过资产阶级学术话语和体制巩固了先锋派现代文本(如乔伊斯、艾略特和福克纳等人的文学)的地位。曾经可能是对艺术和文化标准的彻底反叛，现在因体制的接受而被扼杀。“阐释”是将文本标准化的一种做法，文本的激进元素被转型，成为可识别的修辞美味，供各类院校使用。

在《俄耳甫斯的肢解：走向一种后现代文学》(1982)一书中，伊哈布·哈桑试图解释一种文学作品的出现：它可以既提问，同时又说明自身的文学和叙事技巧。这种后现代主义的元虚构(meta-fiction，亦参见 Hutcheon，1995)再造了一些自我反思的策略，是更早的文学形式中已经存在的，如莎士比亚和詹姆士一世时期的戏剧，劳伦斯·斯特恩的《项迪传》、亨利·菲尔丁的《约瑟夫·安德鲁斯与朋友历险记》和《汤姆·琼斯》中讲述的荒诞古怪故事。在哈桑看来，20 世纪最重要的文学作品已经超越了高端现代主义的虚无主义；而后现代主义则围绕着“沉默的文学”形成，这种文学屈从于俄耳甫斯式的肢解，却又“随着无弦的琴吟唱”(Hassan，1982：xvii)。俄耳甫斯是希腊神话中的诗人兼音乐家，酒神的女狂徒因为俄耳甫斯对青年男子的殷勤而嫉妒，杀死并肢解了俄耳甫斯。他和他的头颅被抛入西布

① 此段引文没有一个标点符号，显示一种独特的风格。——译者注

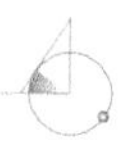

鲁斯河，在那里，这位死去的诗人仍旧吟唱并否定自己的死亡。对哈桑而言，后现代主义的诗学否定了现代主义的逻辑结论(即一切皆死亡，主不存在，宇宙不可理解)。尽管这种虚无主义的现代主义带给文化知识的，是绝望的含义，但那声音还在继续。

但是，哈桑并未过多言及现代主义感觉的断裂或抛弃，而将重点放在现代主义的装腔作势及强化的荒诞感上。后现代主义莫名其妙地卷入了现代主义的强制之中，于是，威廉·巴洛斯在其文学作品中发掘出来的荒诞主义和疏离感，便在疏离的性感化装腔作势中代表了另一种共鸣音，另一种沉默。疯狂、纵欲，形式的散乱以及悲剧和喜剧情节的不顺畅流动，均通过后现代主义的化身代表了现代主义的极端。在哈桑 1982 年版的书中，他增加了一个"编后记"，试图概括现代与后现代之间的差异。表 7.1 便是对他区分的概括。

表 7.1 现代与后现代文学

现代主义	后现代主义
浪漫主义、象征主义	荒诞玄学、达达主义(艺术无政府主义)
形式	反形式
目标	游戏
设计	机会
等级制	无序状态
掌控/理性	抽空/沉默
艺术对象	创作过程
综合	对立
优先	缺席
集中	分散
根源/深度	根茎/表面
起源/原因	差异
形而上学	讽刺
确定性	不确定性

资料来源：哈桑，1987：267～268。

文学后现代主义与流行文化

显然，哈桑对文学后现代主义的说明基于对文学表达力相当分离的观点。确实，尽管 20 世纪 60 年代与 20 世纪 70 年代初的美学观点试图将各种文学流派，包括流行的悬疑和侦探小说纳入后现代的语汇，但这些评论仍将目光固定在先锋艺术，而非流行文化大量制造的文本上。流行文化被视为先锋艺术构建自己文本的取材对象。举例来说，安迪·沃霍尔模仿流行肖像画的文本便与巴洛斯模仿街头日常谈话的语言开放性如出一辙。这种艺术的"平等主义”成为先锋派后现代主义欢迎的修辞方法。事实上，文学分析家们，如伊哈布·哈桑和布莱恩·麦克黑尔，便始终坚持浪漫主义的思想，认为文学具有一种非凡的能力，可以超越时空的限制，表达文化。比如，麦克黑尔(1987)将乔伊斯、福克纳甚至卡夫卡的现代主义文学视为正统认识论：它们是人类意识认识、理解并解释世界的方法。后现代主义则对麦克黑尔所谓的本体论(本质性)呈现(亦即对世界的建构)更有兴趣。也就是说，虽然麦克黑尔承认，现代主义对文学形式中包含的结构及进程感兴趣，但是，这种兴趣却是被试图认识个体不断疏离的这个世界的持续渴望所驱使的。后现代主义将世界放逐于“不可能的可能性”；个体屈服于疏离感；并探索建构的过程和形式的多样化，而非自身意识的疏离状态。因此，后现代主义是文本风格的建筑和作品——是风格、表情和既可标志快乐也可标志恐怖的各种可能性的一种“狂欢”。然而，这些杂音与异体始终存在于有机的文学历史的稳定进程中，以便进入谱系并被理解。于是，诸如约瑟夫·海勒的《第22条军规》、拉尔夫·埃利森的《隐形人》、托马斯·品钦的《万有引力之虹》等小说便不应读作对疏离状态的抗议，毋宁视为对荒谬的社会和人的条件的承认与忍耐。

近期的一些评论者，如安伯托·艾柯(1984)、琳达·哈琴(1988)、吉姆·柯林斯(1989)和丹尼尔·菲斯奇林(1994)，扩展了麦克黑尔的定义，坚持认为：后现代主义事实上解构了抑制文学互动的边界。特别是，文学和包括“大众文化”在内的其他形式话语的边界被消解了，有利于对媒介及其过程更加包容和全面的解读。虽然这些分析家开始于对文学的兴趣，并从文学分析的传统获得参考的分析方法，但他们的作品却反映出更广泛的对结构主义和后结构主义理论的兴趣。

后现代媒介文本

对于是什么构成了后现代媒介文本的问题，众说纷纭。有些观察家认为弗朗西斯·福特·科波拉的影片《现代启示录》标志了从现代到后现代美学风格的重要一步。现代主义的虚无主义被不确定性，也就是哈桑所谓“沉默的歌唱”所取代。在科波拉的影片里，有一种双重性或张力存在于两者之间：一、全景(“恐怖”)的可能性，如约瑟夫·康拉德在小说《黑暗之心》(影片基于这部小说)中所表达的；二、《现代启示录》的享乐主义，它远非完整，但却成为形象与不能并存的理想之荒谬游戏的组成部分。早晨的凝固汽油弹气味、无尽头的旅程、战场冲浪——所有这些，都是战争和帝国主义(及其遗传下来的渴望)不稳定快感/恐怖的一部分。

其他评论者把戴维·林奇的影片《蓝丝绒》(1986)和《穆赫兰道》(2001)以及电视连续剧《双峰》(1990-1)里面文本元素的组合视为基本上属于后现代主义的。这里的重点，主要不是文本的主题性内容，而在于各种元素的组合形式。这些文本以及其他更多20世纪八九十年代文本，结合了其他文本及文本风格的隐喻和元素。这种混合与模仿的产物意在创

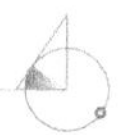

造一种文本上和文化上的包容感。总的来说，这些文本模糊了高端艺术和大众艺术的分野，创造了一种"流行"方式和用受众日常语言说话的新方法。

"后现代"的称谓也被运用到迷狂(cult)影片上，一度被称为流行蹩脚电影。如《疯狂店员》(*Clerks*)，便设计了一个动摇体制内电影和文化规范的僭越文本。电影说的是一个在便利店工作的年轻辍学大学生，被两个女人所爱，陷入情感和职业问题的故事。电影的多重讽刺、粗陋风格和淫荡本色表露了深深的失落感和无助感。制度和规范形式关系的瓦解创造了新的自由、新的主体性以及愉悦的新地带。然而，这些愉悦散发出失落与无意义的持续威胁性。这个影片是后现代的，因为它忠实地反映了后现代普通民众的日常生活经验。

按照柯林斯的解释，后现代主义的表达模式包括所有事物，从文学、建筑、电影到色情业，它建构了"一个文化生产的视野，那是去中心的，却不是非政府主义的；异质性的，却不是'民主'的"(1989：26)。柯林斯版本的后现代主义筛选出后结构主义理论的许多方面，产生了一个拒绝现代民主体制中心化、同质化冲动的政治性后现代主义。拉康解释道，后现代的文化生产总是"政治性"的，总是积极地将个人"定位于"和其他人的关系。也就是说，文本与阅听人要互动，才能形成意义；只有阅听人移动(定位)了他们对文本的观点、认同和主体性关系，这些意义才有可能出现。

吉姆·柯林斯的著作来自后现代主义的美学路线，他挑战了精英、资产阶级对高雅文化和大众文化的区别。正如我们注意到的，这些规则突出了20世纪60年代美国先锋派美学和批评的评论。安德利亚斯·胡伊森曾提出，隔离高雅艺术和大众艺术的"巨大鸿沟"已经被"后现代主义"调解，如果不是被它彻底瓦解了的话。在胡伊森看来，20世纪70年代的后现代主义取代了气息奄奄的先锋派美学：

> 到20世纪70年代，60年代先锋主义的后现代主义已经潜力尽失；虽然它的一些表现形式继续存在，并进入新的10年。一方面，70年代的新事物，亦即折中主义文化，一种抛弃了任何批判、违抗或者否定主张的肯定性后现代主义出现；另一方面，一种以抵抗、批判和否定现状为特色的另类后现代主义，按照非现代主义和非先锋派的、与当代文化的政治发展更匹配的、比旧的现代主义理论更有效的方式，重新定义了后现代主义。(1986：188)

在美国出现的这种后现代主义的分裂也在英国的文化研究领域反映出来：一边是，力求扩展后结构主义分析，进入受众和青年文化形式的研究；另一边是，想要追求更倾向政治的新葛兰西式文化政治的研究途径。在胡伊森看来，政治的或者说批判的后现代主义最明显地表现在妇女和少数族群的著作中，最主要的努力是恢复"被埋葬和被毁坏的传统"(1986：198)。

然而,胡伊森反对认为后结构主义构成了平行于美学后现代主义的批判理论,特别是在法国理论已经被美国改造的情况下。但是,他关于后结构主义对美国批判思想贡献的疑问却严重忽视了像利奥塔、德勒兹和瓜塔里以及福柯这些作者的刺激作用。的确,自从 20 世纪 80 年代早期以来,在英国文化研究、法国后结构主义与美国后现代主义之间各种话语持续不断地结合、混合,增殖如此丰富,致使这三个领域的问题有时几乎不能分清了。在试图说明当代文化和利奥塔(1984a)称为"后现代的条件"时,近来的分析实际上已经弃用实质性的沿革或者说学科的边界了。对异体性、性别化、多元话语、多元文化主义、新政治形态和被解放的主体性的共同兴趣,将后现代主义吸引到尽可能应用广泛诘问的方向。胡伊森将美国的后现代主义与法国的后结构主义隔离开来的企图,被证明非常靠不住。最早提议进行英国文化研究的迪克·赫伯迪吉注意到,"要准确说明什么是'后现代主义',似乎得涉及这个术语在跨越不同辩论、不同学科和话语边界时向所有方向的扩展,因为不同的派别都力求把它变为自己的地盘"(1988: 181);因而,这种说明的确变得特别困难。带有法国后结构主义成分的美国先锋派和美学后现代主义促成了很多这类辩论,特别是在后现代主义延伸到社会和文化领域理论的时候。

让-弗朗索瓦·利奥塔:从法国后结构主义到法国后现代主义

利奥塔作品中的现代和后现代

利奥塔结合了社会批判与对思维、艺术和美学新形式的关注。特别是,利奥塔怀疑对技术知识界和文学知识界的当代区分,据说"技术知识界献身工具理性……(而)文学知识分子则变得越来越倾向于预言、享乐和虚无"(Lyotard, 1984a: 46)。与预言了后工业时代来临的丹尼尔·贝尔(1973,1976)一样,利奥塔在寻求对当前"知识状态"的解释,这种解释应该面对历史时代演变中的张力、非连续和连续性。但又不像贝尔,利奥塔用他所谓的"文化状态"来定义这些历史和社会的转型。对他来说,经济、政治、知识、认知、艺术、工业各种要素的总集合标志着自现代到后现代条件的变化。而与此对比,贝尔的历史主义主要注重经济模式和从工业与技术统治的社会向抽象科学思维占上风的后工业社会的转变。

事实上,利奥塔从来没有完全解决现代主义和后现代主义的关系究竟是历史性还是认知性对话的问题。如同本章一开头所述,利奥塔并不区分后现代主义(认知系统或者说思维方式)和后现代性(定义一个时代的历史和文化要素)。在他看来,对文化和组成文化的种种经济、社会、政治和话语元素的思维方式,如果不是绝对地,至少也是完整地互相连接着。所以,现代和后现代表现了要素和话语与各自认知系统的相互影响("语言游戏"),彼此充实,也相互挑战。对利奥塔来说,现代和后现代是历史和(基于知识的)认知混合的参考模式;

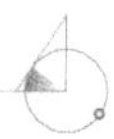

后现代主义是现代主义"孕育"的形式，一种相互依赖的置换。环绕利奥塔著作的大部分混淆都假设他倡导用后现代取代现代，而两种"状态"可以用分割方式清楚地区别开来。我们会看到，这假设并不总是能够成立。事实上，他与后现代的结合是相当矛盾的：反映了他既渴望解放，又不想完全放弃社会或美学批判之现代模式的真正意愿。

伊哈布·哈桑(1987)认为，利奥塔受美国先锋派后现代主义的影响；而由于他将这个概念延伸至对社会和历史的批评时，恢复了现代主义的框架，于是便产生了混淆。据哈桑说，利奥塔用后现代主义概念来描述当代"知识"状态的方法，不是对资产阶级美学和社会价值观的激进挑战。相反，利奥塔对现代主义和现代性的批判受限于现代主义本身的框架、它自己的原理和思维方式。哈桑认为，利奥塔无法逃离现代主义的思维模式，他将"后现代主义"这一概念用于广泛的历史和文化描述，只会破坏这个概念。哈桑自己倾向于将这个概念限制在美学或认知的类别，而不是包罗所有文化的概念。

吉利安·罗斯(1998)在她讨论利奥塔把"后现代主义"的概念从一种艺术和建筑的风格变为社会提问的工具时，也提出了类似的看法。据罗斯说，将这个词汇从文学与美学的批评转变为社会与哲学的分析，去除了它的大部分潜力和精确度。事实上，利奥塔本人详细阐述了他对美学、哲学和后现代主义之间关系的立场，提出后现代主义"毫无疑问是现代的一部分"(Lyotard，1984b：79)。同样的，"现代性组成为，也不断孕育着后现代性"(Lyotard，1991：25)。所以，尽管多数评论家从利奥塔的《后现代的条件》(1984a)中看到了对后现代到来的庆贺，综观他的全部作品，他对现代和后现代之间相互依赖的认可要明显得多。在某种程度上，利奥塔自己的详尽阐述似乎支持了安德利亚斯·胡伊森的观点，他认为，"解构主义"或"后结构主义"的后现代主义始终多少固定于现代主义自我批判的参数(Hurssen，1986：208～216)。然而，胡伊森及其他人无法欣赏利奥塔对文化和政治分析观点的有效性，尤其是当它试图超越胡伊森自己的文学后现代主义圈定范围时。

后现代条件

利奥塔的《后现代的条件》与他紧接着的论文《回答问题：什么是后现代主义?》(1984b)力图厘清目前"最高度发展的社会中知识的状态"(Lyotard，1984a：xxiii)。这种知识、文化和历史的状态以转型和"危机"为特征。这种转型的来源是话语和知识系统的碎裂，而这些系统曾形成了利奥塔定义为"现代"的进步与意识形态。利奥塔虽然也将注意力指向拆除文学、宗教、马克思主义政治学和艺术学的知识壁垒，但他最关心的却是：显示后现代主义对科学真理的声称造成的错置效果。利奥塔解释说，现代主义的科学是建立在一个自我合法化的叙事(元叙述)之上的；它通过强加自我证实和自我认可的知识标准，肯定它自己的有效性。也就是说，现代科学以自己的语言宣布自己的价值；于是，它的真理就成为一种宏大真理、普遍真理，而这种真理又强调了整个现代主义文化的方法和信念系统。以此看来，这种对后现代的定义与其他后现代主义的评论一样，基本上都是植根于对现代的定义。

利奥塔对现代主义元叙述的诘问明显地来自他对现代主义论述的想象潜力(特别是对改革主义政治学和先锋派美学)的失望。的确，他的话语在对社会和文化进程的描述与对一种文化的鼓吹之间摇摆。在《后现代的条件》中他以维特根斯坦“语言游戏”(见第5章)的方式描述了他的方法论：对话语和意义创造过程的一种重新模式化分析。利奥塔认为，他对这些语言游戏的分析提供了一种阐明和解构现代主义元叙述的途径。这个后结构主义的技巧是用来揭露和最终消融那些假设，即支持着现代主义宏大解释和理论(如马克思主义、资本主义、启蒙科学)的“真理”自诩的。然而，在利奥塔看来，这些语言游戏就像霍尔所谓的“示意的斗争”(见第4章)一样：游戏围绕着对抗的条件形成，借助这些条件，一些话语会压倒其他话语。利奥塔特别强调语言游戏的竞争一面；规则是由玩家为“游戏”或者说“斗争”而制定的，由此介入言谈行为中，“在用语轮换的无尽发明中有极大的快乐……但无疑，就连这种语言的快感也依赖于打败对手的胜利感和一个令人敬畏的胜利：对手接受了语言或者含义”(1984a：10)。利奥塔的方法事实上建立了两种语言之间的一种紧张关系：一种是创造快乐及倾向于异质性意义生产(文化和想象)的语言；另一种是产生一致性、同质性和元叙述的更广泛语言“活动”。

利奥塔将新的后工业社会清楚视为有利于产生异质性语言游戏的新模式。然而，现代的科学与技术倾向继续存在，威胁着要刷新基本上属于压制性和自我合法化的知识和话语“系统”。当利奥塔寻求重振人类想象和解构这些知识体系时，他的描述转变成了倡导：

> 规范及其再生产的功能过去曾经、将来也还会进一步从管理者和受信任的机器撤回。核心的问题越来越变成：谁具有这些机器必须储备的保证决策正确的资讯的访问权。这些访问权现在是、将来也还是各种专家的特权。统治阶级现在是、将来也还是决策者阶级。(1984a：14)

所以，利奥塔的政治或意识形态意图铭刻着他对控制系统的深沉怀疑——话语构成了优势的社会地位。然而，虽然他的理论创造了一个解构的政治空间，这种政治却是按照思想和美学的原则，而不是依据实际的行动来建构的。尽管利奥塔本人很少越过现代主义政治参与的范畴进行探险，但他另类的政治话语为后来的后现代主义提供了进一步政治探索的工具。也就是说，他应用了现代主义的解构模式揭露现代主义的弱点。

量子力学与后现代科学

包括让-弗朗索瓦·利奥塔和查尔斯·詹克斯在内的部分评论家宣称，新的物理学揭示了大自然更深的层面和真实的特质。借用古希腊数学的启蒙科学曾经相信：宇宙是根据

相对直线的因果规律在三维空间运行的——宇宙如同一部机器一样运转。科学家的工作是通过客观的观察过程来揭露、定义和证明这些规律。爱因斯坦的广义相对论理论则确认了时间为空间的第四维度,从而要求科学家重新定义宇宙概念;然而,科学方法大部分并未改变。

然而,对次原子微粒亦即"量子"的研究,却对传统的科学观察方法提出了严重质疑。量子是物质的最小粒子,也是构成宇宙建筑的基本砖瓦。但是这些微粒并不是依照人类肉眼能够观察的方式行动。尤其是,量子有时是以"波"的形态,有时却以物质"粒子"的形态运动。也就是说,它们可能以非常不相容的特性和趋势活动。但是,这种不兼容又绝不是同步出现的。与标准的科学程序相抵触,量子的这种矛盾情况可能会在完全相同的一种实验中出现,但从不在同一时间出现。事实上,观察行为本身似乎改变了量子的行为,从而对"客观"观察本身的价值和有效性提出了致命的问题。

在利奥塔等人看来,量子物理能被理解为后现代的科学,它从根本上消解了传统形成的知识系统。后现代物理开启了想象和创造知识维度的新途径,暴露出:启蒙(现代)科学的元叙述是基于虚假的假设上。科学只是另一种话语,另一种语言游戏。如同语言,量子的机制提供了这些游戏的物质证据,因为它就像语言一样,将那些实际和技术的工具结合起来,而这些工具是人类存活于终极神秘的大自然和宇宙所必需的。如保罗·戴维斯所解释的,量子理论整合了人类知识的最广泛方面,从禅学到现代科技(如激光、电子显微镜、晶体管和半导体等)(Davis,1983:100)。对后现代主义来说,对各种层次的现实整合与重设确认了宇宙潜在的多元性及其对复杂和混乱现象的精细调节。(Jencks,1995)

利奥塔对当代物理学(量子、原子、分形理论)的解读,作用于拆解受控系统,既是比喻,也是颂扬。他解释道,新物理学将自然从现代科学的解释中解脱出来。据他说,科学声明和自然表现之间的关系似乎是缺乏完整信息的被组织起来的游戏。但科学本身需要被置于醒目位置,作为一个自我证明为基本话语的知识体。

在一个科学似乎前所未有地更完全臣服于一种支配性权力,并且和新技术一道,冒险成为知识与权力冲突的主要赌注的时代,当我们检视科学知识的当前地位时,双重合法化的问题并没有退居幕后,反而浮现上前台。因为它以最完整的形式显示了相反的一面,揭示出知识和权力只是同一个问题的两面:谁决定知识是什么?谁知道什么需要被决定?在电脑时代,这个问题比以往任何时候都超过政府的问题(Lyotard,1984a:8~9)。

知识的控制,确实正是"组成知识的东西为何"这个概念的定义,也是利奥塔说明的核心。特别是,利奥塔似乎欣喜于新科学在社会和文化上再也无法准确"测量"的潜力。利奥塔提到了阿根廷作家豪尔赫·路易斯·博尔赫斯关于一个皇帝的故事:这个皇帝需要准确地画出他整个帝国尺寸的地图;而唯一真实且绝对准确的帝国地图是这个帝国尺寸的完整复制品,建造这个复制品使得帝国最终破产。现代科学恰恰陷入完全一样的两难境地;现代科学试图产生绝对的知识,但这种知识是不可能存在的。一种根本的矛盾必然颠覆现代主义及其话语的整个事业：

> 这种不一致解释了国家与社会经济官僚制度的弱点：在控制(负面反馈)的过程中，他们窒息了他们控制的系统或子系统……就算我们承认社会是一个系统，对它的完全控制(将使对它初期状态的准确定义成为必要)也不可能；因为这样的定义是不可能实现的。(Lyotard，1984a：55～56)

对利奥塔来说，困扰现代的矛盾恰恰揭示了它们在后现代话语中的机会。不存在简单的脱离。后现代条件正反映了贯穿于这些转变而发生的对话。

什么是后现代主义？

这样，利奥塔对系统的怀疑或许将他的话语明确地置于后现代主义的范畴；虽然他对电脑和不可避免的信息“比特”聚合的怀疑(也参见 Lyotard，1991：特别是第 2 章)将他与后现代乌托邦主义的其他领域隔离开来(见 Lewis ，1997a，1998)。但是，他对于后现代科学“不可决定之物”的兴趣驱使他介入更广泛的语言游戏之争的讨论，亦即反抗中介和决定的观点差异的讨论。利奥塔自己似乎也陷入了现代主义和后现代主义的“观点差异”之中，寻求一种调节办法，在不完全放弃现代主义实验、改革和他所谓升华能力的同时，给异质性的新形式和对体系的颠覆予以发言机会。在《回答问题：什么是后现代主义？》(1984b)一文中，他既批评了哈贝马斯提出的共识性语言系统，又批评了一种无法完全包容想象(包括实验)潜力的后现代主义，借此说明了这些问题。利奥塔担心，后现代美学威胁要废除先锋派实验主义，而它构成了“另类”的现代主义。也就是说，它提供了逃离较为压抑、威权和系统化倾向的现代的一种出口。

利奥塔已经拒绝了“凡事皆可”(anything goes)的哲学(1984a：76)，但是在后来的文章里，他十分具体地批判后现代的建筑物，依他看来，这种建筑物未能追求先锋派建筑学的诸多潜力。因此，最令人欣喜的后现代主义是现代主义永远“新生”的那一部分，不是现代主义的终结；而是它的再生，它的出其不意。这种对后现代和现代关系多少有点矛盾的观点表达于利奥塔对升华的说明中：

> 如果现代性真的发生于现实的撤退，那么，根据可被表现与可被思考之间的升华关系，其中可以区分两种模式……(一方面)重点可以放在本领表现的无能为力上，放在人类主体感到的对出场的怀旧之情上，放在不管任何其他东西，他都存在于其中的晦涩和卑微的意愿之上。(另一方面)重点也能放在有本领去构思的力量上，放在它的所谓“暴虐”之上……因为人的感知和想象能否与他的思考相匹敌，不

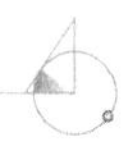

是我们理解的任务。(1984b：79～80)

利奥塔建议，现代演变为一个鸿沟，横亘在一个人所能想到的那些东西和能够作为话语真正表达的东西之间。现代主义的艺术和文学将这个问题呈现为从那些可能被认为"现实的"(realistic)东西的一种撤退。毕加索的油画、艾略特的诗歌和乔伊斯的小说全都是"真实"(the real)被这种鸿沟取代的例子。在许多现代主义美学中十分明显的绝望与"虚无主义"(生活中无意义的感觉)表达了这种失落感，这种真实不再存在的感觉。然而利奥塔认为，在这种从真实的撤退中还有另外一面。这个"次要的重点"较为乐观，因为它让我们对这种撤退、这种暴虐进行思考，而这正是先锋派的特点。

如果以美学角度来看，这个定义让现代主义对那些不再能表现，而只能思考的事物产生怀旧的感情。现代主义的艺术和文学是基本固定于形式的"慰藉和愉悦"，亦即艺术作品的外观和结构的。然而，自相矛盾的是，这种慰藉和愉悦在那些现代主义者感受的痛苦经验中也显而易见，因为他们意识到，一种艺术作品的形式在内容和意义上都已经枯竭。据利奥塔说，一种后现代主义美学也面对现代主义的问题性，只是没有好形式的慰藉和"对一种品位的共识，这种品位使集体共享对无法达到东西的那种怀旧感成为可能"(1984b：81)。利奥塔认为，由于不能有预先设立的可以统率形式亦即艺术行为本身的规则，后现代主义自己意识到一种更强的无法表达的感受。相反，规则必须重新建立，或至少建立于艺术作品存在之后。换句话说，艺术或者文学的作品仿佛是以某个事件的方式降临世间，仿佛没有内容或者形式的可能性。规则是在作品出现之后才建立的，必须被想象为"后因"；艺术作品的"实施"总是开始得太早。后现代主义必须以"未来先行"的矛盾性来理解。

弗雷德里克·詹姆逊

利奥塔的解构主义后现代主义影响了很多最近的评论家，特别是那些想要阐述一种文化演进总理论的人。但是，解构主义方法被附加了相当多样的后现代文化评价，有些相当悲观，高度批判；有些则较为友好，表示庆贺。在前一个群体里，特别是弗雷德里克·詹姆逊和让·鲍德里亚，对视觉化后现代文化的出现深表怀疑。詹姆逊和鲍德里亚都通过大量复杂的结构主义和后结构主义理论混合，形成他们对消费主义和电视文化的批判。然而，这些批判最终是悲观的，对无所不在的后现代运动很少提供缓解方式或替代方案。

后现代主义和晚期资本主义的逻辑

詹姆逊像英国文化理论家一样，也改造了阿尔都塞的支配性意识形态的观念，以阐明文化文本中潜藏的政治和意识形态形式。在《政治无意识》(1981)一书中,詹姆逊替美国读者表达的许多理论和批判的论点,在法国符号学和英国文化研究里早已成熟。不过,詹姆逊与英国文学评论家特里·伊格尔顿一样,调和了分化与统合的问题性,这种努力吸引他对当代文化进行更广泛的思考。在他的文章《后现代主义和消费文化》(1983)和其后修订为《后现代主义和晚期资本主义逻辑》(1984)里,詹姆逊按照阿尔都塞式的模式将后现代主义理论化了。

后现代主义于是被想象为社会分化,是一个新的历史阶段,其中主导性意识形态或"文化逻辑"的特征被埃内斯特·曼德尔命名为晚期或多国资本主义。这种第三阶段的资本主义追随市场,而后追随垄断资本主义,"组成了……最纯粹的形式,让资本进入迄今尚未商品化的领域"(Jameson, 1984: 78)。与布尔迪厄对当代法国文化的分析一样,詹姆逊承认,新资本主义是建立在"符号价值交换"上的。也就是说,一旦资本主义满足了消费者的基本需求(食物、衣物、住所),它就必须寻求新的现象出卖。因此,产品和服务也附加了新的价值,依据地位、流行、声望等"象征"价值,区别文化产品和服务的价值。举例来说,在廉价商店买的一副太阳眼镜比起"名牌"太阳镜虽然商品的功能一样,但却较少价值。在后现代文化中,这种象征价值是借由电视形象和"信息"过程"瞬间"产生的。在某种意义上,象征(名牌、代言名人等)也成为一种商品。这些高价值的"瞬间"更强调了一种文化的分化,它们正被越来越庞大的全球企业生产出来。

因此,文化无可逃避地被植入资本的进程之中。在詹姆逊看来,文化的主导性基本上就是通过象征性产品和形象被表达出来的。毫不令人奇怪,当代艺术家和作家都力图说出这种新的表达性空话,亦即后现代文化中大量生产的流行符号和文本:

> 后现代主义正是为这种整个"退化"景象着迷:如次品和劣品,如电视连续剧和读者文摘式文化,如广告和汽车旅馆,如深夜节目和B级好莱坞电影,如所谓的"类文学"(关于哥特式浪漫故事、流行传记文学、凶杀谜案、科幻小说等机场平装书类),这些材料不再"引用"乔伊斯或马勒可能做的什么,而是直接纳入他们自己的内容。(Jameson, 1984: 55)

这样,詹姆逊便承认了新的文化形式和表达模式的力量与普遍性。但与查尔斯·詹克斯等后现代主义者不同,他保留了一定程度的距离和批判,认为后现代(例如后现代建筑)仅仅是现代主义资本主义的外在表现。因此,与利奥塔有点相似,詹姆逊的批判基于这样一种被剥夺感——在新的(后现代)文化中,某些要素是丧失了政治性、社会性甚至美感的。因此,作为资本主义第三阶段的内嵌式表达和逻辑,后现代文化不仅仅是一种风格,也不仅是构成了大众表达模式的个人元素。对詹姆逊而言,后现代主义是一个"阶段化概念":

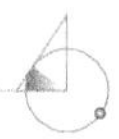

> 其最终作用在于将文化新形成特征的出现与一种新形式的社会生活和一种新经济秩序的出现联系起来——这一概念通常被委婉地称作现代化、后工业亦即消费者社会、媒介社会亦即奇观社会、或者多国资本主义。(Jameson, 1983: 113)

文化的主导当然具有隐晦的和明显的政治属性。即便如此,这种新社会秩序仍不能排除另类的要素,如先前社会实体的反对要素和文化遗产要素;詹姆逊的后现代主义理论与阿尔都塞和威廉姆斯保持一致,为冲突和抗议运动提供了空间:

> 在许多方面,20世纪60年代是转变的关键时期,这一时期新的国际秩序(新殖民主义、绿色革命、计算机化和电子信息)一度找到了立足地;但与此同时,由于其自身的内部矛盾和外部反抗,这种秩序也被冲击和动摇。(Jameson, 1983: 113)

虽然詹姆逊谨慎地避免决定论的视角,却也试图以新社会秩序的时空压缩角度来阐明这些矛盾。也就是说,"模仿大杂烩"(pastiche)和"精神分裂症"(schizophrenia)成为新文化表达模式的基本标志。模仿大杂烩在文本中连接了那种去中心的全球性资本主义,它在新经济和政治秩序中占支配地位。模仿大杂烩作为将各种要素和风格集中于一种联合体的形式,与现代主义的戏仿(parody)大异其趣:它为嘲讽而在文本中展开特定的修辞或风格。在现代主义文学和电影中,戏仿是一种滑稽技巧,它证实着文本美学方法和道德观念的核心地位;而模仿大杂烩则通过模仿各种风格和修辞,产生多元话语或视角的分散感。

从更广义的文化和政治角度看,模仿大杂烩成为释放个体及其主体性的表达渠道。依据詹姆逊等人的观点,现代主义是以对个人主体性的大量投入为标志的。高度风格化的独特作者是资本主义早先时期的文化表达方式。独特和统一的作者声音的消解及其被各种昙花一现的成分和声音的集合体所取代,提示了对主体性本身文化构想的更广泛转变。因此,后现代的模仿大杂烩代表了资产阶级主体性的消解,就像个体化想象和美学创新的终结一样。普鲁斯特、毕加索和艾略特等人的模式"不再起作用了……因为没人还有那种独特的私人世界和表达风格"(Jameson, 1983: 115)。詹姆逊尽力掩饰他对上述改变的矛盾心理,再次指出,模仿大杂烩作为一系列去中心的风格模仿,对错位的混乱产生了根本的效果:

> 在一个不可能再有风格创新的世界中,所有留下的只是对已死风格的模仿,通过面具说话,带着想象中博物馆里的风格腔调。但这意味着,当今或后现代主义的艺术将以一种新的方式与艺术本身相关;不仅如此,它意味着,它的基本消息之一将陷入艺术和美学的必然失败,陷入新风格的失败,陷入过去的禁锢。(1983: 115～116)

当代大众文化的拥趸(比较 Chambers, 1988; Grossberg et al., 1988; McRobbie,

1994)常常认定,詹姆逊关于高雅文化沦为无定形"大众"文化生产的观点复苏了法兰克福学派的批判(参见第4章)。然而詹姆逊的立场却是更为机敏甚至模棱两可的,因为他仍试图以碎片化而非简单的社会控制方式阐明新的社会秩序。他对新的社会秩序、资本主义消费和生产方式的焦虑,主要源自对其替代者的失望,而非恢复中心文化同质化模式的渴望。也就是说,在詹姆逊看来,用后现代的办法来解决现代主义的社会和政治压迫,根本就是有缺陷的。

在某种程度上,"怀旧电影"(例如《回到未来》、《蓝丝绒》、《天使之心》)是对逝去时光的幽灵般模仿。在詹姆逊看来,后现代主义的倒退不是借助历史剧的制作,而是通过对一个时代的整旧如新和过度感怀实现的,那个时代的欲望是纯粹的、特许的。这一商业再生产的过程可与后现代建筑(詹姆逊认为同样值得怀疑)相比较,后现代的建筑在商业和资本主义霸权彻底及紧密的联合中炫耀着要素的混搭。这种过去在当前中的永存造成了时间的混乱,产生了非现实或者精神分裂的效果。美学风格的历史取代了真实的历史,时间的连续性被打断了。于是,历史的遗忘强化了时间作为一种内在经验的感觉,使它变得更为鲜活,更为混乱,营造出闪耀"幻觉力量"的情绪。这种新的文化在道德和想象方面都是被剥夺的。现代主义思想的深刻认真和乐观想象都被一种四处扩散的琐事所驱逐,这种浮光掠影不断地逃避批判分析和政治希望。

当然,詹姆逊对后现代主义的失望更强烈地表现在他后来的文章《后现代主义,或晚期资本主义的文化逻辑》中。在文章中,他对掌握这一新秩序(或者新混乱)的政治和认识论含义的可能性似乎已经绝望。对詹姆逊而言,为我们提供感知世界的空间和时间坐标系已经被新文化的环境席卷而去。詹姆逊对文化后现代主义讨论的重大贡献(也见 Jameson,1998)在于他转变了结构主义和后结构主义理论的多个方面。与利奥塔相似,詹姆逊将后结构主义拽离其多少有些唯我论的诘问,即现代主义文本应聚焦于当代文化的问题性。在他的分析中、尤其明显的是在他有关文化逻辑的文章中,偶尔降临的忧郁,不仅仅是马克思结构主义悲观情绪的残余。他力求真正理解新的文化并欣赏其解放的潜能;但令人遗憾的是,他被迫承认,后现代所呈现的一系列问题与其试图取代的现代主义意识形态至少同样骇人。

让·鲍德里亚

批判詹姆逊的观点已经倾向位于后现代和大众消费主义理论的集合之中。特别是,批评者一直认为,他的批判学说来自高度现代的新马克思主义立场。根据这些批评,詹姆逊思想中残存的阿尔都塞结构主义使他无法全心拥抱后现代主义的政治和美学目标。让·鲍德里亚关于后现代主义文化的作品也受到攻击,因为它们过度悲观,且具有很少公开承认的现

代主义(尤其是马克思主义)的怀旧潜流。但是,较之利奥塔和詹姆逊的理论,鲍德里亚对后现代主义的分析却不那么容易定位。因为鲍德里亚采取了后现代诗人的立场,他自己的作品以散漫的方式为特征,似乎模仿了他正在揭示的现象。一些批评家,如克里斯托弗·诺里斯(1990)发现,鲍德里亚的分析风格令人费解、不合逻辑、刻意隐晦;其他批评者否定他,则是认为他忧郁,甚至虚无主义。不论在哪种情况下,鲍德里亚的近期作品都围绕着媒介及其影像,显示了文化分析的确认力量。鲍德里亚认为,实际上,媒介形象创造了话语,而文化,或者说文化的幻影,就是形成于这些话语的。鲍德里亚自己预言灾难和奉劝行乐的话语流露出一种特地躲避的矛盾,这种矛盾以自己的方式已被证明非常具有穿透力、诱惑力和争议性。

鲍德里亚对后现代文化的分析综合了技术决定论、悲观主义、诺斯替教派[①]二元论和奇迹论的各种元素,成为一种话语,常常逃避坚实的批判分析。事实上,他的文化理论的最突出特点,是自我反思式地介入意义、意义鸿沟和多重讽刺的后现代娱乐场中(见 Kellner, 1989; Norris, 1990; Smith, 2004)。

早期作品

鲍德里亚的早期作品,用改造了的马克思主义经济产品分析,研究资本主义消费的进程和影响,如《物体系》[②](1996 年版,原著于 1968 年)和《消费社会》(1998 年版,原著于 1970 年)。鲍德里亚运用符号学(参见第 5 章)理论理解消费文化运作方式的结果,刺激了他对传播过程的更广泛兴趣。鲍德里亚解释说,符号将自身附加于消费产品,这些产品因此被其携带的符号所确认。消费者的行为大部分也根据他们与编码产品的关系而被分为各种类别。通过消费的行为,意义转移到了消费者。

在《符号政治经济学批判》(1981 年版,原著于 1972 年)一书中,鲍德里亚开始质疑自己的分析和索绪尔的符号学(参见第 5 章)中采用的结构主义策略。在保持对马克思主义批判兴趣的同时,鲍德里亚也采用了后结构主义和解构主义关于信号二分法(物质象征的能指与头脑概念的所指)的模糊分析。索绪尔曾指出,信号及其指涉(所指事物)之间的关系是任意的,信号只有在与其他信号的关系中发挥作用,才能产生意义。也即是说,意义是在不同信号的互动中产生的,并非因为信号与其指涉之间存在"有意义"的关系:"狗"这个词之所以有意义,是因为我们知道"狗"被定义为"有毛的、有四条腿和一条尾巴的犬科动物",而非这个词语与这种动物本身具有某种内在的关系。因此,信号是在使用多种信号的语境中特定类别信号

① 一种相信神秘直觉说的早期基督教教派。——译者注

② 注意:英文名为 *The System of Objects*。中文译本:作者[法] 尚·布希亚;译者林志明,上海,上海人民出版社,2001。——译者注

的偶然使用。鲍德里亚认为政治经济学(马克思对资本主义的描述)也以相似的方式发挥作用：商品可以分为两种操作性部分——交换价值(价格)和使用价值(实际的使用和商品的"意义")。鲍德里亚告诉我们,实际上,价格亦即交换价值掩盖了物品的用处,正如象征掩盖了信号的意义。鲍德里亚用这种批判观点检视资本主义的历史,解构其隐藏的机制,以揭露其潜在的意义产生模式。

马克思主义的终结

在《生产之镜》(1975)和《象征交换与死亡》(1993年版,原著于1976年)中,鲍德里亚与政治经济学和结构主义彻底决裂,标志着他转向日益增殖的传播、图像和信息的更广泛研究兴趣。上述书籍也宣告了鲍德里亚那种灵光闪现的夸张风格的开端,由此,对一个新社会纪元的思想成为预言景观的机会。在后来的《传播的迷醉》(1988)中,鲍德里亚以所有意义终结的语言表达了他的消极观点：

> 这是劳动力的终结。这是生产的终结。这是政治经济的终结。这是允许知识积累与管理累积性话语线性语段的能指/所指二元对立关系的终结。同时,这也是唯一使资本积累和社会生产可能发生的交换价值/使用价值辩证关系的终结。这是话语线性维度的终结。这也是商品线性维度的终结。这是经典信号时代的终结。(Baudrillard, 1988：127～128)

这些基本上属于社会性的结论,因将象征和符号从历史决定的熟悉参考框架中解脱出来而产生。在鲍德里亚看来,这个新世纪以新的时空条件的出现为突出象征,是一个高度媒介化的现实,或者说"超现实",因而使所有以前的社会理论和说明都过时了。

但是,在得出这一结论的过程中,鲍德里亚力求理解其隐含的意义：新的媒介化现实是一把"双刃剑",将离心传播不受限制的可能性与迷失和异化的必然性集于一体。这样,虽然其他后现代主义者欣喜于媒介化的丰富大众文化取得支配地位；鲍德里亚的末日预言却是喜忧参半的。媒介信号和信息的增殖挑战了意义的可能性,使媒介自身内爆为一系列流动和模糊的拟像："信息吞噬了它自己的内容；吞噬了传播和社会。"(Baudrillard, 1983a：100)鲍德里亚实质上抹去了信息及其内容在传播过程中的首要地位,而将重点转至消息的渠道或载体。但是,负载消息的媒介仍然比不上传播本身单纯容量的重要性。麦克卢汉集中于媒介的思想("媒介即消息")早先被鲍德里亚视为技术决定论而加以拒绝,现在又再次遭到否定：因为媒介已经根本不能传达消息了；它不能再传达关于"现实"的信息：

> 严格说来,这正是内爆的含义：在有差别的每一个意义系统的两极之间造成

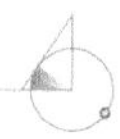

短路，将一极吸入另一极之中，从而消除了术语和清晰的对立面之间、媒介和现实之间的差别……这一关键的——但也是原始的——情形必须思考到那个尽头；这正是留给我们的仅存所有。梦想通过内容或者形式进行变革，是毫无用处的；因为现在媒介和现实处于一种单一的朦胧状态，其真相是难以辨认的。(Baudrillard，1983a：102～103)

拟像、诱惑和超现实

于是，虽然结构主义和后结构主义理论可能仍然承认"现实"的地盘——尽管这种现实可能是高度媒介化或几乎不相关的，鲍德里亚却扩展了安伯托·艾柯的超现实概念，认为一切都是拟像——一个模拟接着一个模拟。这种拟像的增殖造成了真正的迟钝，使再现形象不再必要，并完全消除了人们对知识经验理论的需求：

再也没有反映现实的存在与外观及其概念了；再也没有想象的共同扩展了。相反，类别的微型化成为现实的维度。现实从微型化的单元、模型、记忆库和命令模式中生产出来——并且可以无限次地从中复制。现实不再必须是理性的，因为它不再必须按某种理念或者用反面的实例进行衡量。它不过是一种操作式的行为。实际上，因为它不再被想象所包围，它也根本不再真实。这是一种超现实，是由许多混合模式的耀眼综合体在没有大气的宇宙空间中生产出来的产品。(Baudrillard，1984b：254)

当然，这种暗淡景象的另一面是承认：超现实的条件是永不停歇地刺激。一个人不再被设想为与外在、与客观的世界保持一种理性的关系。任何主体都是一个传播的过程，不断地被无止境的图像和没有根源也没有目标的拟像流动唤起欲望。在《诱惑》(1990，原版1979年)一书中，鲍德里亚预示了对后来的欲望被唤起和拟像自由流向的解读方法，他提出："诱惑"是人们之间互动的最恰当模式，代替了可以穿透感觉和拟像表面作用的主体间(或者说客观性)"真相"模式。但是，这种在所有传播表层下永久活动的诱惑，包括性诱惑，不能再促进那种"肉欲"，而这种肉欲曾一度发挥作用，鼓吹和挑战现代社会习俗的理性。现代主体保持了一种可以释放理性与性享乐和性压抑之间紧张关系的私人空间。在超现实中，没有私密空间，也没有深度。性特征及其传播必须不断地且无情地在表面体验："与这种有机、本能和肉欲的乱交不同，支配传播网络的乱交是一种肤浅的饱和、一种不断的引诱、一种对保护性内部空间的终结。"(Baudrillard，1983b：131)这种"传播的迷醉"为鲍德里亚确定了文化的基本条件：充斥于所有传播模式的强迫性性想象详细展示性特征，不断刺激永远无法满足、的确也不想满足的欲望。虽然鲍德里亚早期关于消费与象征交换的著作强调了(资本主义)的这种繁殖功能,他后期的写作却强调了现在伴随着无节制性欲望的浪费。

在《忘记福柯》(1987)一书中,鲍德里亚将自己关于传播和性特征的理论与福柯进行了比较。鲍德里亚希望思考后现代主义的含义,直至"那个尽头",这导致他谴责福柯有关性和权力的说明。鲍德里亚认为,实际上,福柯集中于欲望的做法,使他引人注目,正如"马克思终结阶级斗争的方法一样,因为这种方法将问题具体化并将它们掩埋于自己的理论工程中"(1987：13)。重要的是,鲍德里亚不理会福柯的政治兴趣,并提出,"权力"最终会以与其自我主张成正比的方式消解自身。因此,鲍德里亚的政治基本上不理会行动主义,因为行动主义本身依赖内容。如果内容不存在,只有刺激与拟像,那么权力自己就变成了无根基的模仿：既不像马克思主义想象的那样一种固定结构,也不像福柯式规划的那种交换过程：

> 福柯没有发现的是,权力从未存在,而其制度……只是观点的拟像——它不比经济积累更现实——这是一个多么巨大的陷阱。……在权力中也有某种抵抗的东西,我们看不出实施权力的人与臣服于权力的人有何不同;这种区分已经变得毫无意义,并非因为这些角色可以互换,而是因为权力的形式是可以颠倒的;因为在这一面或者那一面,某种东西坚持反对单边的操作和权力的无限扩张。……这种反抗并非一个"欲望";它是导致权力破灭的原因。(Baudrillard, 1987：42)

对鲍德里亚而言,不可能存在秩序地位的分级,也不可能存在享有不同地位和权力的集团之间的斗争。权力只能且永远在超现实的拟像中运作。因此,他能以相当认真的口气断言"海湾战争"并未发生(Baudrillard, 1995),这不仅仅因为图像是被编码的利益所操纵,而且因为并不存在实际的敌人、真实的挑衅或实质性的权力争议："这是一场被阉割的战争,一场战争进程的游戏,敌人只作为电脑的靶子出现,就像性伴侣们只是以代号形式出现在小型视频成人节目(Minitel Rose①)的屏幕上"。(Baudrillard, 1995：62)。换言之,在鲍德里亚看来,在以屏幕和信息为基础、模拟"海湾战争"的战争中,伴随着真实战争的冲动和身体感觉完全消失了。与电视肥皂剧和奥运会相似,"海湾战争"只是一个事件产品,缺少电视出现以前那些时期性和肉欲的东西,是一个在其发生之前就已然结束的消失性事件,是全球娱乐的一次操练。

鲍德里亚现在的写作主题仍然是关于增殖和废物的研究。我们已经如此深地卷入这种信息和想象的生产,如此彻底地植入想象本身,以至于我们不再奢望得到任何能够生产的有用东西。实际上,图像在出现之前已经是废物。人类在做任何有用的事情之前就已是废品：

① "Minitel"是法国开发的一种可视图文机器,通过电话线提供联网服务。"Rose"是一种成人服务。

> 最糟糕的是，在废物普遍循环的过程中——这已成为我们的历史使命——人类开始将自身生产为废品，并对自身采取废物处理工作。最糟糕的不是我们正被工业和城市集中的废品所淹没；而是我们自己正在变成残渣。(Baudrillard，1994：78)

鲍德里亚的后现代性很少提供能从政治或文化层面摆脱这种消极观点的方法。的确，虽然我们发现自己正在被鲍德里亚的夸张语言和理论所愉悦，也被想象和颓废的性暗示所"诱惑"，但我们永远不能从当前和文化已消失于历史废物的失落感中得到解脱。对鲍德里亚而言，人类生产的废物一代最终将在产生任何有效价值之前，就把我们构造成想象和残渣。

如前文所述，鲍德里亚的著作因其悲观和政治决定论的观点而受到后现代主义理论家的严厉批判。当然，鲍德里亚会从动摇了习惯性社会理论和社会批判的角度解释他的著作。简单来说，他对维持批判的轨迹并不感兴趣，这种轨迹尽管存在于各种意图和目标，但都是为以前的历史时期设计的，不管怎样都不能实现基本的社会改革。即便如此，鲍德里亚对我们熟悉的话语策略和共同学科的逻辑分析及测量方法的全然废除，一方面可能被视为原创的且令人愉悦的；但另一方面，又是令人困惑且没有意义的。他的方法或许看来忠于他声明分析的对象：无意义的超现实，缺少内容，缺少连贯的秩序。但是，对鲍德里亚常常提出的问题却不仅仅是他的理论的有用性和可理解性，而更在于：是否正如他可能承认的，他的作品真的缺少内容？或者他假装自己的作品有意义，而其他许多作品都无意义？实际上，鲍德里亚从未摆脱这些矛盾，有时还捍卫它们，作为其作品的优点(见 Baudrillard，2002)。

后现代的建筑

至此，我们已经讨论过或多或少清晰的三种后现代主义不同类别：

1. 先锋派后现代主义。这个类别与某种特定的美学风格有关。

2. 解构主义后现代主义(利奥塔)。这一派观点综合了更为广泛的关于美学和再现的讨论及与"知识"和历史的讨论。后结构主义触发的这些理论已经影响了后现代主义的其他形式，尤其是将后现代主义视为对广泛的文化和社会进行总体描述的后现代主义。

3. 悲观批判性后现代主义(詹姆森和鲍德里亚)。这一派观点对后现代文化高度疑虑。

4. 庆贺式后现代主义。这一派以远较解构主义者和批判性悲观主义者更欢迎和庆贺式方式对后现代主义进行理论化。实际上，它结合了解构理论的要素和对先锋派后现代主义文体论的兴趣。在许多方面，安德利亚斯·胡伊森的《大鸿沟之后》(1986)都代表了一种试图超越早期先锋派后现代主义的努力，它通过放弃其现代主义的负面主义(亦即虚无主义)的残余，赞赏一种能够吸收流行创造力和更平等精神的美学。对胡伊森而言，后现代的敏感性不同于先锋主义，而来自不断反抗自己的现代主义：后现代主义"作为一种美学和政治争议,以最根本的方式提出了文化传统和保守主义的问题”(Huyssen, 1986: 216)。因此,这第四类学派关注愉悦、多元话语、个人主义和主体解放等主题(庆贺主义的特定领域也对消费主义感兴趣,这个问题将在下一章更全面展开)。

艺术、建筑和历史

美术史学家查尔斯·詹克斯从后现代主义的先锋派本源出发,进行概念转型,将其应用于更为宽泛的建筑和美学风格。詹克斯对发展后现代主义概念的主要贡献在于其提出的“双重编码”(double-coding)观念。为此,詹克斯提出,后现代美学和智慧模式是对话性的,它将多种“声音”亦即成分团结起来,纳入一个文本,允许它们发言,而不是消解它们。换句话说,后现代的表达形式并不试图以一种声音删除或者替换另一声音(如现代主义所为),而是帮助多种声音之间进行交谈。在其早期关于后现代主义的著作中,詹克斯应用双重编码的观念特指后现代主义与现代主义之间的相互关系,这种思想始终贯穿于他的研究。在建筑领域,他认为双重译码可被理解为:

> 现代技术和其他东西(通常是传统建筑)的结合;以此让建筑物与公众和少数相关群体(通常是其他建筑师)进行交流。双重编码的要点就在于它的双重性。现代建筑失去可信度的部分原因在于其并未能与最终用户达成有效的沟通……还有部分原因在于其未能保持与城市和历史的有效连接……简言之,双重编码意味着精英/大众、适应/颠覆、新/旧的双重性。(1986: 29～30)

詹克斯对建筑的分类适用于整个系列的多种表达形式和社会进程,虽然“后现代运动以各种文化形式而多种多样”(1986: 29)。他对后现代艺术和建筑的进一步细分(也见Jencks, 1987a)强调了后现代主义为人类愉悦而重建美学的能力。特别是,后现代的新古典主义风格赞颂了人的形式,将其从现代艺术风格的虚无主义、表现主义和抽象派亦即几何理性的束缚中解放出来。人类形式的可辨识性、感知和愉悦维度的再生,将艺术重置于日常实践的语境之中——即使在上述人类形式的再现被“双重编码”而成为复数,进入后现代美学扩大的怀抱中时。因此,后现代主义包含了所有表达模式,促进了大众文化与强烈、复杂的深刻思想之间的互动。按照詹克斯的说法,后现代主义是能以人的角度表达、想象和享受的任何事物。

在此范围内,詹克斯也将后现代主义视为一个阶段化概念。艺术特别是建筑(在当代文化中以最高度的合作产生、以物质形式存在的表达性形式)是更广泛社会与历史趋势的指标。詹克斯(1987)概括了组成和确认后现代美学集成的32种特性或“变量”——包括意识形态、风格和设计的品质等。尽管这些变量常见于对后现代主义的定义中,已包括了幽默

感、混搭和语言游戏，但詹克斯后来的定义更倾向于庆贺后现代性与现代性局限的对立。

以这样的方式思考，詹克斯将世界定义为一种较以前时代明显进步的世界。这个新世界是一个通过主要的大都市（纽约、伦敦、巴黎、东京、中国香港地区、新加坡和法兰克福）安排的多国（或地区）联合体。这些城市的彻底折中主义与根据人的特点确定的建筑方式综合了跨度很广的人类文化和历史，使其各部分存在于异质的和谐之中。没有任何东西是被文化帝国主义的同化力量所包容的，资产阶级的意识形态和愉悦多样化便利资本主义追求差异和改变的欲望。这些新的城市及其发挥作用的后现代语境是愉悦和功能的基础，美貌和欢乐被重新引入不断扩大的人类空间。“现代”城市老旧、灰色和虚假平等的整栋建筑被消费性的游乐场、开放和功能兼容的环境所取代，这些设置可供各种人聚集、交谈、做生意并享受文化、空间和时间的隐喻及其相互作用。在詹克斯看来，后现代建筑“召唤出我们对与己相关的一种文化的记忆；并借助对这种联合的尊重和给予荣耀的转型方式，使它变得比现有的空间更为巨大”(1987a：8)。詹克斯认为，这个新世界是包罗万象、去中心化的，它为后文化折中主义提供了无限的可能性，将把所有人类从对现代国家的忠诚所带来的紧张、限制和危险之中解放出来。这种新鲜的跨国体验正伴随着朝向经济和工业改革的运动：后重工业、后福特主义批量生产，以及提供小型经济、弹性工作方式和商业运作与新愉悦表达模式的信息时代。

与其他许多后现代乌托邦相似，詹克斯继续倾向于减轻其观点中更负面的含义，虽然他同时也讽刺了现代主义及其失败。这种乐观主义实际上存在于他的所有著作，从而留给读者一种感觉：所有好的东西都是后现代的，所有坏的东西都是现代的。

尽管詹克斯在后现代主义中为现代主义视角留下了一定空间，但他却将这两种观点以争论的方式展示。据詹克斯认为，折磨并致命地限制了现代主义观点的矛盾已经通过后现代主义更强调个人及其个体愉悦的观点得到克服。詹克斯的彻底折中主义在一种个人范围的经验和观点内发挥作用，为更高级而复杂的生活方式提供了新的机会。资本主义现在可以被驯服了，它可以通过生活方式被重塑，为美学实验，为社会的多样性、包容性和感知的满足创造出更多的选择，甚至更大的潜力。资本主义不再是主宰，而成为一个大众化社会可挑选的仆人。公众和个人的兴趣也不再冲突——既然处在支配地位的自我总是能够在不断扩大的全球后现代折中主义领域中找到属于自己的一方地盘、一个小小的位置。

后现代的自然

詹克斯的后现代满足理论在其《跃迁宇宙建筑学》(1995)一书中达到顶峰，此书以某种自然理论的术语对后现代主义及其美学形式进行了验证。与安德鲁·罗斯的《奇怪的天气》(1991)和利奥塔的《后现代的条件》(1984a)一样，詹克斯部分地从对当代科学的解读（特别是对所谓“新物理学”的解读）发展出一套社会和文化理论。一般的后现代主义，特别是建筑方面的后现代主义,是以“复杂性”和“目的性”宇宙的理论视角来阐释的。因此,宇宙不再关注以琐碎的人类争论为特点的现代性;而是——

> 宇宙永远试图寻找几乎任何最大限度的选择结果与最可能得出的计算结果可能发生的细微位置。创造力在可预测性与随机性之间刀锋般的陡峭边缘平衡。一种完全秩序化的系统或者完全混乱的系统都不是特别有价值的,因为它不能长足发展;不能改进或者进步。相反,一个远离均衡、被推至秩序与混乱边缘——亦即转变的关键阶段——的系统则具有丰富的可能性。(Jencks,1995:85)

此类进步或过渡的阶段代表了进化的“跳跃”,其时宇宙和自然日益增长的一个复杂性平稳时期被飞速的发展所取代。宇宙的历史可以按照不同的阶段编排出年代:平稳期、复杂性适度增长期及跳跃期(其时混乱与秩序边缘的高难平衡取代了稳定)。对詹克斯而言,自然的进化与人类历史的进步几乎可以用同样的方式记入编年。现在的后现代阶段是一种过渡,它的复杂性联系结合了潜在混乱(生物多样性的急速减少、人口暴增、温室效应和臭氧层衰竭等)和新的秩序形式(彻底的折中主义、分形理论和全球村等)。其结果是一个更为复杂和更为美好的人类状态,即后现代文化。这种终极真理的复杂性可以通过建筑得以展现。詹克斯认为,这个系统(建筑设计)可能将参考意见纳入混乱和秩序、生态环境和自然进程。就是说,一座真正的后现代建筑将更像生物机体的自我修复系统,而非 19 世纪的机器。这个新的建筑可能实际上重复了计算机系统或者控制性的复杂处理,它“将软件变化作为其前进动力,正失去其机械本质。不出 10 年,‘机器’一词及其概念将变得自我矛盾,因为它将变成创造性的、可预期的、非常规的,亦即非机械性的了”(Jencks,1995:160)。

于是,对詹克斯而言,后现代主义承诺了一切。有机的建筑将与不再限于其机械祖先的“智能”机械(计算机)相结合。这种自组织文化系统既是自组织宇宙的一部分,又是它的代表。理论家如保罗·戴维斯(1987)曾提出,宇宙是根据一种特殊的组织性“蓝图”发展的。詹克斯追随了这种观点。他的观点如果不是灵光乍现和目的论的,则必定是进步主义的:

> 我们被身后破坏性的宇宙力量所驱使,又被前方建设性的力量所吸引。我们,还有许多其他抵抗恶化的生物和事物,正得益于第二种乐观的宇宙力量。这种友好的争论正是奉献给它的。(Jencks,1995:16)

詹克斯的“友好争论”观点认为,在一个碎裂和过渡的时代,当代文化所经历的生态和社会创伤并非意料之外。更重要的是,为了提高复杂性的状态,自然必须在混乱和更高层级的秩序之间推进好的一边。因此,建筑和社会的形式也必须模仿自然的复杂性——不规则形态、量子理论和波动说——以完全实现后现代主义的承诺。

插图 7.1　特里·拜特(Terry Batt)的画作:《即将到来的魅力之物》

后现代艺术以混搭、机智、多重讽刺和大众文化的形象为特点。拜特的画就像其他许多后现代主义艺术家的作品一样,充满了热烈跳动的色彩和相应程度的人类反应。作品将观众吸引到日常生活体验之中,包括大众媒介和流行特征的生活。特里的作品注意到纽约先锋派的特点,反映了对安迪·沃霍尔等画家的敬意。

后现代政治、新民主制和无形的伦理

后现代政治的观念在社会和文化理论内具有高度争议性。正如前文指出的,后现代主义理论家分为三个清晰的派别:先锋主义者、解构主义者和庆贺主义者。在我们讨论这一点时,可能要加上第四个派别①,外围也可包括丹尼尔·贝尔。但这个派别更主要基于一种唯物主义和结构主义的形式,从理论和文化维度批判后现代主义。这个派别包括马克思主义者、自由派人道主义者和自由派现象学者。在许多方面,支持这一群体批判后现代主义的主要质疑非常直接地指向后现代政治的可能性。实际上,这类理论家认为,后现代主义在理论和文化层面都是保守的。他们提出的理由分三个方面:

---

①　此处似与前文不尽一致。按照前文,四个派别应为先锋主义者、解构主义者、悲观主义者和庆贺主义者。——译者注

1. 庆贺式和解构主义的后现代主义倾向限制其理论,以拒绝普遍的改革原则。一种将社会公正、解放和改革作为原则的感觉永远无法抵达各种条件下的所有民众。普遍原则如人权、社会平等、言论自由、集会自由、摆脱贫困等,在庆贺式和解构主义后现代主义者看来,都过于广泛,过于彻底。后现代之强调“差异”,甘冒完全抛弃解放之普遍原则的危险。

2. 对话语和语言的强调有可能导致人们忽略“真实权力”和真实物质剥夺的问题。由可怕的社会权力造成的贫困和特权的问题,永远不可能被后现代主义解决。正如查尔斯·詹克斯指出的,这是另一个时代提出的问题。发达国家资产阶级的兴趣更集中于美学和个人愉悦。

3. 庆贺式后现代主义者对流行文化和消费习惯的强调倾向于赋予资本主义进程、消费主义与社会和文化的等级制形式以合法性。

在这些派别中,有一批理论家,如彼得·杜斯(1984)、戴维·哈维(1989)和于尔根·哈贝马斯(1981, 1983, 1984b)等。对这些理论家而言,庆祝一个所谓的“后现代”或“后现代主义”新时代,为时尚早。特别是哈贝马斯(1983),他对后现代条件的整个观念发起抨击,认为现代主义是一个政治和理论任务,始终基本上“未完成”。

哈贝马斯自己是一名复杂而有意思的理论家,尽管自20世纪80年代起,他的著作也对语言的社会和文化维度感兴趣,但他多少居于后现代理论阵营(见第3章)之外。他的早期著作参与了社会学理论和像塔尔科特·帕森斯和马克斯·韦伯等人方法的主要辩论;然而,当他将注意力转向逐渐兴起的法国后结构主义,特别是利奥塔和福柯的影响时,他的反应奇怪地带有敌意。在许多方面,哈贝马斯与利奥塔和福柯的辩论反映了一种专业性竞争,因为双方都试图扩展文化和改革的思想,使之超越启蒙理性和马克思主义意识形态的边界。哈贝马斯想要通过聚焦语言和主体间传播(主体间性)的问题性,完成启蒙(亦即“现代化”)的任务;这种对主体间性的兴趣与其他对个人主体“意识”着迷的现象学者形成了鲜明对比。为了发展这种针对主体间性传播的改革主义分析,哈贝马斯故意避免采用悲观主义论调,在他看来,这种悲观论调使一些群体(如法兰克福学派)不能提供一种逃离社会控制与压迫的真正出路:

> 由启蒙哲学家在18世纪创立的现代性任务,存在于他们发展符合内在逻辑的客观科学、普遍道德与法律,以及独立艺术的努力。同时,这种目标意在释放所有这些领域的认知潜力,使其从深奥的形式中解脱出来。启蒙哲学家想要利用专科文化的积累,丰富日常生活——也即是说,达到日常社会生活的合理组织。(Habermas, 1983: 9)

理想的言说情境

在其关于语言的政治和社会维度的最详尽著作《交往行动理论》(1984a, 1987a)中,哈贝

马斯解释了他对启蒙理性的不满：因其集中于认识论，或者说知识。在此范围内，他试图基于交往（传播）与行为，而非推翻或取代结构和“体系”，详细说明一种社会改革理论。哈贝马斯受韦伯（见第2章）著作的影响，韦伯在工具理性和交往理性之间进行了区分：工具理性指那些通过国家的经济制度和官僚体系形成，并构成社会稳定基础的实践；交往理性则指那些普通民众的日常实践（生活世界），它在人的社会化、促进秩序感、增加社会知识和文化再生产中发挥作用。在交往行动中，个体“行动者”能够声明自身及其知识，将自己私人的“真相宣称”（truth claims）带入公共空间。

因此，交往理性允许个体行动者表达他们自己的个人真相，并根据其他个体的真相对这些真相进行衡量，这一过程有利于形成一种社会的和共识的总体真相。这种对真相的相互建构变成了文化，哈贝马斯将其称为“理想的言说情境”，在这种环境中，各式宣称的真相理性地参与并解决分歧。虽然这种公共论坛构成了人类交往行动的一种理想化亦即乌托邦的方式，但它给哈贝马斯提供了完成现代主义任务的一个焦点：一个政治作用的发挥可以得到尊重，差异可以被承认，并得到解决的空间。在这个理想的言说情境中，交往理性推翻了工具理性的集权与过度的官僚控制。

哈贝马斯的理论作为提升民主政治理想与公共参与和公共政策制定重要性的普遍方式发挥作用。哈贝马斯认为，事实上，完全发挥作用的现代民主社会将通过其市民的真正行动主义把各个领域团结起来。哈贝马斯再次追随了韦伯对现代化的描述：艺术、科学和道德分别进入特定的领域。只有通过交往的行动和思想的融合，使各个领域得以最优化，现代化才可能实现。换言之，只有在艺术、科学和道德领域被转移至个体、他们的传播行为和生活世界，这些领域才能实现理想的承诺。解放成为这些公共言说环境的完美之道，通过这种公开形成共识的经验，理性和社会将再次融合。

而当这个体系插足行为者日常生活的时候——这是必须克服的现代性缺陷——病状便产生了。在日益技术性的社会中，国家继续把自己强加于理想的言说情境，而工具理性对交往性交换也产生了等级制的效果。当一派试图通过暴力工具打倒另一派的利益时，朝向共识的需要被交往的分裂所取代。因此，事实上，哈贝马斯认为，后结构主义和后现代主义对理性的批判只适用于工具理性，不能用于反对交往行动。在他看来，交往行动有利于个人和群体通过理性与理性化话语自由交流。要求解构国家机器和抛弃等级制话语的后现代规则是由理想言说情境和个人生活世界的主体间性概念所规定的。哈贝马斯提出，法国后结构主义和后现代理论只是使现代主义对自身的根本批判神秘化，以其根本放弃自己的积极政治抱负，或者说现代主义愿望，而使这一任务复杂化（见 Habermas，1981，1983）。换言之，哈贝马斯在后现代/后结构主义对国家机器及意识形态的批判中发现了某种价值；但后现代主义/后结构主义对提供另类政治的拒绝，完全否定了现代主义的改革目标及其自我完成的努力。

关于哈贝马斯与解构主义后现代主义的差异及各自价值的多数讨论都集中于真理与科

学的问题。哈贝马斯认为,交往理性的理想言说情境摆脱了阶层区别和占主导地位的结构性意识形态;利奥塔的观点则相反,他认为(1984b),哈贝马斯重构了普遍的系统性支配条件,不仅表现在他给予科学话语和真理有效性的宣称以特权,而且表现在他通过想象"共识"的解决办法,抹杀了差异。利奥塔欢迎的那部分后现代文化,则允许差异声明自身,因而超越了科学主义、普世价值观和共识法则的同质化冲动。任何旨在恢复真理宣称和科学强制方法论的理性都不会被信任。

作为新民主制的后现代主义

鼓吹后现代政治的最大问题在于其概念意义的可变性。在本章中,我们已经确认了四种不同类型的后现代主义,每一种都带来特殊的政治路线。的确,虽然后现代主义已经完全被吸纳入社会和文化研究的词汇,但这种可变性似乎压倒了它在分析当代文化方面的效力及其施展,特别是在"9·11"袭击和随后的"反恐战争"的语境下。

从许多方面,战争的极端暴力以及"东"、"西"方文化的分歧再次复苏(Lewis, 2005),使"差异"的概念化成为后现代的致命问题;而差异已经成为后现代政治遗产的魔咒。的确,正是"差异"这一魔咒,似乎照亮了这个概念更加充满争议和理论更加复杂的特点,使其附着于国际主义、多元文化主义和社会多元主义等西方观念。也就是说,差异和多样化已经成为许多西方国家自20世纪80年代以来社会和移民规划的核心话语平台;它们也成为通过新传播技术(参见第11章)和性表现(参见第9章)形成更激进民主制和实验性个人主义的理论基础。

但是,正如霍尔(1991a)一段时间之前便注意到的,甚至差异的魔咒也只是某种有限的改革主义理想,因为它将重要的文化"差异"转型为西方资本主义的娱乐方式——一种文化稀薄的国际"差异"美餐。不仅如此,它对民主的亦即激进的个人主义鼓吹只是证实了反集体主义的资本主义社会思潮和对社会责任的全然放弃,包括对那些生活在战乱、贫困中的数10亿地球公民的社会责任。同样,鼓吹差异和激进主体性的政治魔咒似乎不能区分两者之间的界限,如一方面是解放的性、多样的文化实践;另一方面是犯罪的暴行。两者都是既背离了同质化、标准化的社会规则,又都形成了差异表达和社会多元的激进模式。

正如第一章所指出的,"9·11"袭击及随后的"反恐战争"刺激人们对西方的多元文化社会政策进行认真的反思,也激发了保守派学者对后现代主义和更广泛的基于身份认同的解放任务的批评。依据这些"修正",在被迫面对"暴烈且不可避免"的文明分裂的残酷事实时,后现代主义和多元化魔咒多有不足。萨缪尔·亨廷顿(1993)、伯纳德·路易斯(2003)及其他多位保守派评论者认为,西方与非西方之间的战争不可避免,因为伊斯兰教基本上是反现代和反民主的。在这个意义上,多元应该仅是现代西方自由民主制这一单体庞然大物的组成部分。

在对上述评论作出回应时，各种文化理论家试图复兴后现代/后结构的解构主义者的基础性著作，如埃内斯托·拉克劳（Laclau and Mouffe，1985；Laclau，1991）、德勒兹和瓜塔里（1983，1987）等人的著作。根据迈克尔·哈特和安东尼奥·奈格里（2004）的观点，即便在战争状态下，激进民主制也只能通过"多数"的消散才能形成。"多数"（the multitudes）这一概念试图通过消解特权和群体的方式拓展多元的观念。哈特和奈格里代表许多新民主制的热情追随者发言，要求通过文化融合的多重条件形成某种新的激进的主体性，这种新的主体通过动员文化的他者，将以必须增进文化整体自由度的方式行动。在这个意义上，对主导了入侵伊拉克（2003—）和"反恐战争"行动的英国首相和美国总统的不支持，只是一个简单的表现，说明民主的激进主义不可避免，以及他者政治在当今文化政治中虽然刚刚出现，但却是不可抵抗的上升趋势。在一个新的象征秩序中，激进的民主主体正围绕着对愉悦的渴望而形成，这种愉悦渴望必然怀疑战争及其领导者：占领伊拉克及整个中东政策的失利，只是印证了这个更深层次的（多数）文化政治罢了。

受后结构主义影响的其他评论者，对"反恐战争"和当代文化，特别是对后现代主义热情追逐的愉悦和"享受"，则没有如此乐观。例如斯拉沃伊·齐泽克（2004）对主体决定行动的整个观念便提出了质疑，他的主张相反：是行动决定了主体。也即是说，双子塔遭受袭击及其后反应性的"反恐战争"并未打断民主化文化（亦即象征秩序）的总体动力，它们是这种象征秩序的组成部分，在这个象征秩序中，历史只是在一个暴力胜利中暴露了自己的无形经纬而已。这个暴力是一次事先未宣布的战争，而各种敌意都在战争中被具体化为决然的行动。齐泽克质疑"享受"的整个观念可以作为政治愿望与敏感性和激情的一种形式，因其必然遭遇保守派对等级制、意识形态和权威的推动。为此，战争领导者的当选与否大部分与总的秩序无关；借助这个秩序，文化却推动它的行动者投入行动。

但是，与自由主义和马克思主义对战争与政治暴力的批判不同，齐泽克并未被后现代主义的理想主义所困扰，他不鼓吹消灭后结构主义关于话语和语言的思想。相反，他提出了一个备选方案，在这种情境中，行为者拒绝采取行动，并仅仅以"不作为"表达他们对占支配地位秩序的反叛。这种惰性不会构成对意识形态的服从，而表示了完全的拒绝——一种极端安静的拒绝方式。他问道：

> 如果这只是对当今全球环境绝望结论的完全接受，那么，该怎么办才能推动我们投入实际的改变？（Zizek，2004：80）

这个问题是我们将要在第12章中会来讨论的。

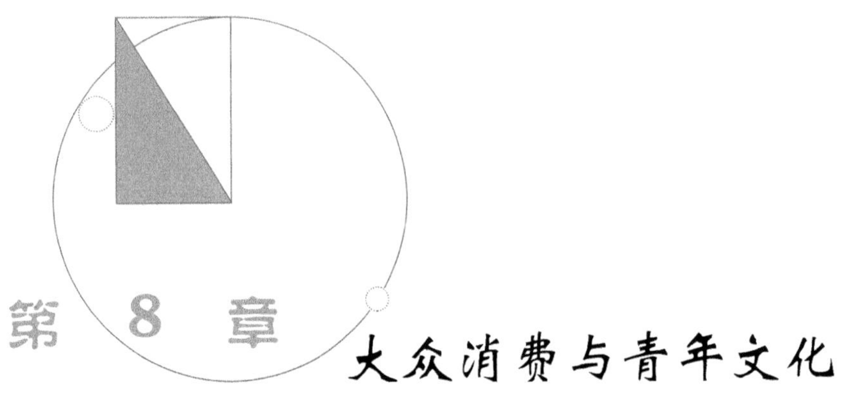

第 8 章 大众消费与青年文化

导　论

在本书的第 1 章，我们曾指出，当代文化以媒介传播(广播、电视、音乐播放器、电影和互联网)的密度与增殖为特点。尽管先前对社会与媒介的多数分析都集中在文本的生产方面，但正如我们在第 1 章中指出的那样，如果要更完整地理解文化，对文本消费的过程也需要进行分析。建立在消费资本主义之上的独特电视文化，为产品、服务和信息个体附加了重要的象征价值。也就是说，资本主义及其交换体系将某种特定的意义注入其物质的与非物质的产品(“人造物”)之中。正如我们之前也讨论到的，皮埃尔・布尔迪厄(1984、1990)认为，这些意义大都围绕各类社会区分而形成。作为一种高度竞争性的等级制经济系统，资本主义依照其显示的经济财产和品质，将个人和团体论资排辈：消费，作为资本产品的物主与展示，有助于人们社会身份的形成，帮助社会在一个阶级式的等级制度中定位个人。

然而，尽管所有资本主义的产品都携带意义，但是，只有这些意义中的某些特别方面才与布尔迪厄认为的权力和意识形态直接相关。不仅如此，正如后结构主义与后现代主义理论家所显示的那样，这些意义本身受到来自各类社会成分中的不同个人与群体的竞争与挑战。因此，对一些司机来说，他们的运动型多功能车(SUV/4WD)可能代表着自由、冒险与力量；但对其他司机来说，这类汽车也许代表着环境污染、危险和交通冒险。

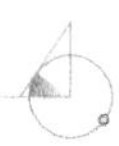

对意义的这类辩论在媒介和其他文化产品中特别常见，因为文化人造物的设计主要为了通过叙事、图像或者“风格”来传递信息。正如第1章中我们注意到的，这类“文本”的制作者可能力求将特定的意义强加给受众和消费者，而这些意义多与某些特定意识形态的观点相联系。例如，美国的福克斯电视网便大张旗鼓地支持白宫政府及其入侵/占领伊拉克的行动(2003—)。从许多方面看，这类“支配性”的政治观点是通过一种复杂的审美方法，如信息报道、故事讲述和意义制造所形成的，是由多种视觉化的方式和新的文化意识所塑造的。

尽管如此，通过像福克斯电视网一类的组织产生的这些支配性观点，既不是绝对的，也不是独裁的，而必须面对相反意义、相反解释与再解释的挑战与攻击。这些支配性意义和反向意义构成了当代“公共领域”或者说“媒介领域”的经纬与质地，是政治辩论和意义制造的空间，这个空间既是转型的对象，又是转型的力量。受众作为“文本的消费者”，不仅对媒介领域的活动，而且对文本和文本制作者都至关重要。本章将检验对受众的理论概念化、文本消费的政治学、消费“风格”等问题，特别检验一个受众的亚概念——青年文化。

早期受众理论

传输模式的使用与满足模式

美国的传播与新闻院校最早发展出复杂的受众研究模式与理论。20世纪初，美国的研究机构和社区领袖特别担心新兴的电子媒介(广播和电影)可能对儿童和个体的自由思想产生负面的影响。特别是潘恩基金研究(1929—1932年)，调查了大众媒介与儿童的负面行为和态度之间的因果关系。这些研究对于传播的“传输模式”和“魔弹理论”的发展起到了十分关键的作用。这两种理论都认为，“消息”可以通过有效的媒介部署和专业化的战略直达目标受众。

然而，当美国的自由主义学院派和社区领袖担忧媒介权力危及个人主义和自由思想之时，欧洲的马克思主义者却在担心，强大的媒介可能会向民众灌输资本主义的意识形态。在以上任何一种情况中，受众都被视为消息的被动接受者，对大众媒介制造意义的权力毫无抵抗力。这些观点延续至今，一种更为成熟的对受众的理解已然围绕“使用与满足”的媒介观念而形成。按照这种观点，受众并非被动的接收者，亦即大众媒介的愚民。他们是积极的意义创造者，用媒介文本来满足自己的愉悦、智识和情感刺激。

这种模式基本上将研究兴趣从媒介机构与消息转移到受众使用媒介消息并从中获得满足的方式上。这种兴趣的转变起始于伊莱休·凯茨的研究(1959)，并由詹姆斯·鲁尔发展得更为完整。鲁尔引进的重要方法将“使用与满足”研究从严格的心理学模式转向更偏近民族志的模式。鲁尔撰写的《电视媒介的社会使用》(1980)一文,公布了为期三年的研究项目获得的发现,在这次研究过程中,研究团队观察了加利福尼亚州和威斯康星州二百多个家庭的电视收视行为。研究团队成为“参与观察者”,与家庭成员一起用餐、做家务、参与群体娱乐并观看电视。鲁尔认为,观察者的存在最终变得不那么异常,几乎没有打断这些家庭的正常生活。鲁尔的研究工作明显地联系到社会学的现象学派,这个学派 20 世纪 70 年代在美国开始受到重视。尽管此类方法在社会学调研中已经广泛使用,大多用于对“异常”行为和亚文化活动的研究;但鲁尔的研究却是在美国媒介分析中第一次真正采用民族志技术的研究。接下来我们将看到,对这种人类学民族志研究方法的应用使鲁尔的媒介社会学非常接近伯明翰当代文化研究中心进行的初期民族志研究,特别是戴维·莫利的研究工作。

《银幕》理论

但是,受众理论朝后现代的转向,经过了欧洲后结构主义和后结构主义传统的淘洗。将主要是法文的后结构主义语言理论的思路转译为英文的做法,可以追溯至 20 世纪 70 年代关于英国媒介与电影分析的一些著作。特别是《银幕》期刊,它提供了一个讨论平台,以进一步挖掘受众研究的新路径与电影文本的受众体验。期刊的两位重要撰稿者是柯林·麦凯布和史蒂芬·希思,他们对法国后结构主义和精神分析论理论怀有特殊兴趣。希思和麦凯布结合了拉康关于电影经验的“凝视”理论和阿尔都塞关于支配性意识形态的概念,在此基础上创建了一种新的电影分析理论。尽管在文学研究领域,读者与文本的关系已经被现象学和后现代主义视为问题(见 Bleitch,1978; Iser,1978; Tompkins,1980),但电影研究却对受众观看形象并将形象与个体对自我的全部感知联系起来的行为特别有兴趣,并借此更全面地吸收了文化研究的思路。

据《银幕》理论家认为,电影研究的问题在于:**谁**是主体,主体在**哪里**以及主体**怎样**存在于和文本的关联中。例如,麦凯布(1974)回顾了贝尔托·布莱希特对现实主义文学的谴责,批评好莱坞的现实主义电影将观众/主体置于仿佛经历文本中“真实生活”的假象。经典的好莱坞电影假装透明,以对生活自然真实的再现,为观众/主体创造出一种“眼见为实”的幻象。于是,观众错将影像当作真实的生活:他们体验着摄像机的视角或凝视;却当成用自己的眼睛真的在看。当电影的形象展示时,观众仿佛直接观看虚构的文本;而当镜头的眼睛变成观众自己的眼睛时,他们也将自己投入电影的情节。布莱希特与电影导演谢尔盖·爱森斯坦的作品与此相反,将艺术生产的技巧和机械置于前景,不断将摄像机或文本的凝视转向观众,以此消解现实主义及其意识形态的强制性。

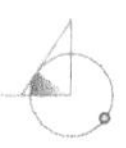

戴维·莫利的受众民族志研究

戴维·莫利(1980b)还在伯明翰当代文化研究中心求学时,就曾批评过《银幕》理论,因其对待受众的方式仅仅依据文本而“定位”。莫利对受众的开创性研究结合了伯明翰中心对经验主义日益增长的兴趣与霍尔(1980,见第4章)的编码/解码模式。据霍尔理论认为,文本制作者是利用流行文化观点对他们的叙事、想法和意识形态进行“编码”:受众则采用相似但不同的文化要素库存和经验对文本进行“解码”。这种编码/解码活动的中介过程为创造协商性、共享性和支配性意义,也为社会权力亦即“霸权主义”的持续性提供了条件。

莫利寻求以经验方式(亦即通过在行为语境中对经验进行准确记录)检验这些观点(见第1章)。在20世纪70年代伯明翰研究中心培养出的许多研究者看来,这种“民族志”的形式为分析“编码/解码”过程中的“解码”部分提供了一种机制。戴维·莫利和罗杰·西尔维斯通这样的研究者不满于美国传播院校盛行的量化效果传统,信奉一种以话语的人类学视角研究受众的观点,承认文本阅读和文本消费的文化语境的重要性。但是,与美国的鲁尔及其他研究者进行的使用与满足研究不同,伯明翰的受众研究深深植根于权力与意识形态的问题之中。虽然定性研究有多种方法,但民族志的受众研究却倾向于在正常的观看条件下检验受众的行为。因此,民族志研究倾向于在家中(亦即人们平时看电视的地方)记录他们的行为。观看电视的家庭环境是受众创造意义过程的基本特征。

《全国(新闻)》受众研究

戴维·莫利(1980a)早期对杂志风格的英国电视时事节目《全国(新闻)》的研究在文化研究发展史上标志着一个重要时刻。当时,美国文化分析受到如克利福德·格尔茨等人类学家和各种组合的现象学社会理论的影响。英国文化研究则倾向于通过发展更属思辨的文本方法融合文学和社会学的谱系。也就是说,鉴于其对意识形态问题的浓厚兴趣,以及关于“所有话语都有政治立场”的普遍信念,英国文化理论家倾向于推迟追问科学和科学方法的重要问题。即便是索绪尔的“科学主义”符号学和列维-斯特劳斯的结构主义人类学,在译介入英国文化研究中都变得缓和。英国符号学研究者对于展示科学的宏伟大厦兴趣不大,他们更关心以霸权和意识形态力量的方式展现文本编码的过程。

如我们注意到的,伯明翰的方法大多集中于文本研究,通过推测受众参与文本话语的可能方式,阐明文本的意义,以及一种文化中支配性的意识形态和霸权条件。霍尔的“偏好式阅读”(preferred reading)观念表明,受众会依据他们自己的社会地位和他们与文化的关系,从文本中选择某种特定的意义。所有文本都是多义的(有多种可能的意义),所以受众可能追随流行的文化规则、标准和思想观点,选择一种主导式阅读(dominant reading)的立场。但是,多义性也促进了协商式阅读(negotiated reading)的方式,受众成员可以**积极地**卷入文本的潜在意义,以创造一种更加个人化亦即偏离式的阅读空间。在本章后面我们会看到,这些歧义的空间实际上挑战或者违背了主导式阅读的权威。

对《全国(新闻)》节目的研究在第一阶段检视了新闻文本,并就文本阅读所处的意识形态条件提出了推测或假设。根据研究,《全国(新闻)》节目对当天主要新闻事件基于地区特点的常识性解释,是专为普通人群设计的。这一节目旨在承认英国受众的多样性,并让各种社会亚群体的利益得以发言。莫利的定性研究力图揭示实际的社会主体接受或者拒绝《全国(新闻)》节目解读新闻的程度。研究方法包括对来自不同社会群体的 29 个小组展示视频录像——这些群体包含经理、学生、工会会员和学徒工等。莫利的研究小组发现,对这个节目的风格及特定新闻事件的解读方法,不同群体之间的态度差异显著。例如,银行经理抵触节目的风格,认为它仅仅是娱乐,但却认可它的意识形态解读,即便这些解读与他们本身的观点相反。工会会员接受节目的风格,但反对其意识形态。一个黑人学生群体并未拒绝节目对事件的倾向性解读,但却选择根本不"解读"这个节目。的确,这一开创性工作得出的强烈结论是,在不同的社会经济群体与文本的偏好阅读之间,并无明显的或直接的联系。莫利认为,各种社会群体在解读一个文本时,利用了比研究假定更为复杂的信源。实际上,阅读模式与多种文化传统、政治效忠和体制性/专业性话语明显地联系在一起:如黑人青年文化、工党政治、马克思主义、专业主义和资产阶级的教育观点等,在解读文本的过程中都被调用。

家庭电视消费

自从作为一种独特的学科出现以来,伯明翰式文化研究便时刻牢记关注差异和社会边缘的各种可能性。然而,文化与当代媒介之间的显著关系,必然表现为对特定种类受众研究合法性的辩论。莫利对《全国(新闻)》节目研究的经验表明,受众解读的模式甚至比他原本预期的更为多样且复杂。毫无疑问,这一发现鼓励莫利去调查更为确定的文化领域——家庭。同时,他弃用编码/解码模式,因为这一模式集中于权力、意识形态和偏好式解读。在《全国(新闻)》研究的后记里,他承认对"偏好式解读"整个观念存有一定程度的不确定感,认为它很可能只不过是"分析家预言大多数受众会产生的解读"(1980b: 6)。莫利越来越相信,如果想要阐明受众习惯及其解读的全部含义与细节,需要一种更为普遍化的调查模式,才能将受众集中化。在这个意义上,他的工作拉近了他与某种人类学模式的距离,这种人类学是通过主体性和现象性社会学在美国发展起来的。

实际上,文本和偏好式亦即主导式解读概念的这种问题性存在于更广泛的文化分析领域,尤其是当后结构主义被纳入消费和后现代理论时。巴特、德里达和福柯都已解构了艺术品原作的观念和作者的"权威"地位;后结构主义也认为,事实上,所有的话语都是在与其他

话语的关联中建构的，任何文本，仅凭自身资格都不能自称独特和富有意义。莫利的《全国(新闻)》研究使他确信上述判断的正确性，特别是当文本的多义性似乎并未屈服于后结构主义的同质化和支配性意识形态的规定时。也就是说，他的研究似乎证实了后结构主义者的信念：在意义制造的过程中，有多少融合，就有多少分歧。在《家庭电视》(1986)一书中，莫利不再质问文本与读者互动以产生意义的行为与主导意识形态之间的关系，他将研究焦点集中于个体家庭成员之间的互动、斗争和为自己创造意义的方式。尽管《家庭电视》保留了对权力争议的某种兴趣，但这种权力思路与福柯的微观物理学即个人权利相一致：是存在于男女之间、家长与子女之间、兄弟姐妹之间的一种权力。就此看来，电视媒介内容或文本的重要性变得不如技术或者媒介本身了，因为在家庭关系中，就消费而言，最重要的是媒介的象征价值，而不是对特定文本的特定解读。莫利认为重要的问题包含以下四个方面：

1. 家庭成员个体如何使用电视？
2. 谁在哪些条件下控制着电视？
3. 当电视打开时，人们在做什么？
4. 电视以怎样的形式在家庭中确认了各种关系，包括权力关系？

莫利及其他追随经验主义文化研究模式的研究者试图描绘电视收看的文化图景。电视作为构成娱乐和信息核心方式的支配性家用传播技术，占据着极为显要的文化空间。与早期的广播和崛起的互联网一样，电视合并了公共领域与私人领域。莫利近期的研究仍致力于描绘通过家庭这种高度本地化的文化构成家用技术的方式：

> 因此，与其他家用传播技术一道，广播电视已经被理解为家庭组织的空间内主要指性别关系的内部动力学。但是，我们的兴趣是建立一个分析框架，超越家庭领域的内部关系，而包括家庭即私人领域与构成它的公共领域之间关系转变的问题。从这一观点出发，我们看到，不仅是传播技术的发展受到业已存在的家庭组织的影响，而且例如，广播电视还能在重写私人与公共领域的关系中发挥重要作用，举例来说，它使家庭作为某种休闲场所的吸引力与日俱增(Morley and Silverstone, 1990：38)。

美国的詹姆斯·凯里(1989)与莫利一样，对传播技术的象征维度感兴趣。虽然凯里的方法论明显的是历史与话语的，但无疑的是，两位研究者都承认麦克卢汉关于“媒介即消息”的判断；而一种技术与其消费语境之间的互动必然显著地促进文化的形成。并且，莫利的经验论方法确实对那些致力于传播媒介与文化政策问题的研究者产生了重大影响。所有发达国家的政府都更倾向于留意文化研究的建议，并资助按照经验性亦即科学术语结构的文化研究。莫利坚持认为，文化研究应建立于经验基础之上，这种宗旨为20世纪90年代以来寻求检验广播和广播政策的研究者提供了一个颇有价值的范式。

皮埃尔·布尔迪厄与象征性消费

莫利将关注焦点从调查文本与解读者的关系转向媒介消费，反映了文化分析领域更广泛的走向。特别是，通过现象学和后结构主义两个方面产生的对文本和文本意义的问题化质疑，已经导致研究者重新认真思考文本的地位，及其与普通人的日常实践有关的功能问题。诚然，不同的人对文本的理解也不相同，这个基本原则促使特定理论家对文本及其媒介与广义的文化生产关联的能力提出疑问。但重要的是，作为消费资本主义文化的一部分，文本的价值已经被人们集中关注。法国社会学家皮埃尔·布尔迪厄就是早期研究象征性消费问题的理论家之一，他特别勾勒了消费作为日常生活实践如何包含意识形态和资本主义等级制的那些方式。布尔迪厄力求解释：资本主义及其区隔形式和社会分层如何通过每日消费实践，而非通过生产与劳动过程维持着自身。

在《区隔：一种趣味判断的社会学批判》(1984)一书中，布尔迪厄以独特的社会学框架清晰表明了许多已经渗透到英国文化理论中的思想。特别是，他显示了，关于“品位”(消费者区分商品质量的内在能力)的思想是虚妄的。根据布尔迪厄的理论，“品位”的选择和商品消费成为代表某些个人或群体特权的社会标志。商品的选择与价值的展示必然包含消费对人们日常生活方式与实践的象征性定位。然而，布尔迪厄也认为，象征性消费并不仅仅反映一个人的社会地位，还对社会地位的形成起实际的积极作用。也就是说，日常实践者并不仅仅以各种不同的教育水平、收入和职业以及生产劳动模式中的位置来界定他们的社会地位。他们也不仅仅是意识形态和象征信息限制性效果的受害者。布尔迪厄认为，象征性消费也是特定消费实践的建构，这种实践能够产生并再生产人们在社会等级制中的地位。于是，社会中特权较少的群体被“缺少品位”的意识形态界定所传染；而他们身为消费者做出的实际选择却构建了他们的社会角色，并再生产他们稀缺特权的地位。

举例来说，不同种类酒精饮料的消费和消费方式强化了消费者的社会地位。身着西服的男士可能会在高级餐厅啜饮美酒，或在舒适的酒吧点一杯精品啤酒。相形之下，技能低下的劳工也许只在公共酒吧或合住的陋室中豪饮廉价啤酒。不同的消费行为强化了消费者的社会地位，并成为职业、教育及收入水平的象征指标。

布尔迪厄的经验性研究在许多方面阐明了罗兰·巴特在《神话学》(1973)一书中探讨的文化领域。但是，不同于巴特从法国郊区生活中检验其意识形态和神话的维度，布尔迪厄试图以实际的消费实践了解郊区生活再生产其自身的方式。也就是说，在某种程度上，布尔迪厄的经验主义研究开始于巴特结束的地方，力求对郊区日常生活视为当然的信念进行解释。《区隔》一书反映的是对大约1200个对象进行的问卷调查，样本涵盖多种职业和社会阶层。布尔迪厄的分析将消费与社会阶层相联系，比如，他注意到：社会地位与住宅风格、音乐品

位和食物偏好等密切相关(1984：1)。然而，布尔迪厄的“品位”用语既可能指正面意义，也可能包含反感、厌恶等负面意义(1984：56)。无论如何，布尔迪厄的基本兴趣是系统性积累通过消费行为呈现象征权力的经验资料。他在早期著作如《实践理论纲要》(1977)里就已讨论过关于日常实践这个后结构主义的概念，在书中，布尔迪厄解释了“象征资本”(symbolic capital，特别见 1977：70)的重要观念。但是，象征资本不仅是区分收入或可支配开支的权力差异；它也不仅是关于支配性与附属性社会角色的描述。实际上，象征价值依附于文化区分的观念，必然创造出以“品位”为基本通货的文化经济。由此观之，两个群体可能收入相等，但是一个群体却有着更高级的知识、智慧或审美判断力。在中产阶级中间，这种能力可能将缺乏品位的粗俗暴发户和受过良好教育见多识广的专业人士区分开来。

或许可以再举一个简单的例子，解释象征等级制中的这种区别。布尔迪厄指出了高品位人群与靠贸易或体力劳动积累钱财的粗俗人群的区别。高品质时尚家居、沉醉古典音乐而非流行音乐、言谈的语调和着装，都可以成为高档品位的象征。即使与收入、职业几乎无关的青年文化，也有同类歧视性动因。例如，名牌服装可以区分人们之时尚或者老土；在以学生的年龄和学业表现为依据制度化地定位年轻人的学校中，充斥着以象征价值区分的亚文化等级制。对特殊音乐或服装风格的偏好可以划分自己人和外部人；在学生社团中的权力精英固然是由学业、体育或性感表现所确认，但同样也是被其象征品位确认的。

米歇尔·德塞杜

布尔迪厄的工作显然对那些偏好社会学分析框架的文化研究领域影响很大(见 Featherstone，1991)。尽管他渴望为激进的社会调整展示一种案例(见 Jenkins，1992；Moores，1993)，但是，与阿尔杜塞相似，布尔迪厄也被指责为某种智力保守主义。特别是，布尔迪厄的经验结构主义路径倾向于加强结构，而这种结构正是他试图通过限制能动和超越的机会来颠覆的。社会行为者似乎完全被嵌入自己的象征与文化习性之中，以至于几乎不存在颠覆品位之社会标准的可能性。如阿尔杜塞一样，布尔迪厄也没有为解放提供多少空间。

米歇尔·德赛杜是批判并揭露这种局限性的最著名法国文化理论家之一。他的两本主要著作《历史的写作》(1988)和《日常生活实践》(1984)，均采用心理分析的模式为普通人和他们的日常实践扩展一种解放性空间。德塞杜(1984：45～60)对布尔迪厄的后结构主义争论显然有些不满。然而，他的不满也扩展至福柯的后结构主义，为福柯不情愿为那些他声称鼓励其解放的人们提供政治解决方案而激怒。德塞杜认为，福柯对权力机构的描述忽略了那些在历史书写中无“特权”者的活动，但这些人却以无数方式积极活动在技术机器中。对此福柯曾写道：“这些也可以操作的技术，但最初剥夺了它赋予他人力量的东西，是‘技能’，我曾提出，它们或许可以成为日常消费实践的正式指标”(de Certeau，1984：49)。人们的行为局限在公司或政府机构及其技术中，而福柯未能给予这些行为以充分的认可。正如萨义德(1986)曾对福柯最终的政治惰性表达的失望一样，德塞杜也拒绝了福柯的立场，因为福柯无意透彻地检验他本人在日常习俗过程中发现的“权力”的运作。

如福娄(Frow，1991)曾指出的，德塞杜的文章聚焦于通俗文化，将其视为一系列实践，而非一系列文本。《历史的写作》一书中的持续争论都集中于分析历史叙述与文学修辞的并行目标。德塞杜认为，历史和修辞都将“理解”视作再现的效果；换句话说，某种文化可以通过文本再现的方式，通过语言和写作的象征性力量予以阐明。与此相对，拉康的思路来自“真实”观念，亦即那个无法用语言来中介和标记的无边界空间与时间的领域，这为德塞杜提供了一个通过知识系统(如历史或文学写作)构成“现实”的强有力替代思路。也就是说，真实存在于这些系统的边缘，是在客体统治中的某种恐惧感觉和无意识的“他者”(见 de Certeau，1988，特别是第 2、5、6、8 章)。拉康确认了童年时期前语言阶段的经验。在儿童还是母亲一部分的时候，这种无意识的前语言经验是最完整的；而当儿童被领入语言和知识的世界时，他们意识到自己与那一完美状态的分离。因此，无意识是根本、“真实”，必须与象征性、再现和语言的“现实”区分开来。换句话说，“真实”属于前语言的领域，是对客体、自然、行为和实践等未被知识侵入感觉的反映；“现实”则属于知识、思想和语言的范畴。

因此，历史的写作通过迫使真实走出无意识、进入知识的理智世界的方式，侵入了真实的空间。当文化将自身强加于真实(自然)之上后，只有通过写作系统中的裂痕与沟壑，亦即无法被知识理性化的区域，历史的真正无意识和他者性才可能被揭示。作为通往真理的希望，史学将声称自己和自身的理性话语为追求真相的愿望。但是，话语本身却通过自相矛盾的准确性和不服从强加写作规则的一系列细节和意义，暴露出它的他者性。于是，描述法国大革命的历史中关于事件的叙述不可避免地迫使当时人们生活的无数细节被纳入某一系统性的话语。这种话语将无数的细节转变为(降低为)仅包括原因、政治、领导人和结果的文献。但是，这个过去阶段的他者维度将挑战合理化原则。这是人们在事件的动乱中过日子的一面：他们会洗涮、聊天、吃饭、睡觉；会保护自己避免疾病与痛苦；会生育并照顾他们的孩子。历史写作可能忽略这些琐事，因为它们从语言与书写的范畴内轻易滑走，仅存在于日常的实践和行为中。这些激励并愉悦我们的日常感知经验成为历史中不被书写的“他者”。

在《日常生活实践》一书中，我们可以看到，德塞杜对权力他者性的兴趣(这是福柯所忽略的)也来自同样的规则。不过，在当今语境下，他唤起对普通人鲜活经验关注的渴望具有更强烈的政治化倾向。对每日实践的历史他者性被当作某种形式的“现在进行时”被聚焦，被揭露，被固定。于是，另类的权力结构是在“真实”主导的文化中通过日常袭击者的实践被理解的。“书写”及其文本化的“现实”再次被揭露为一种有序的分界的知识系统。而德塞杜之所以拆解书写的表象，是为了揭露其无意识的主体性。每日生活实践者及其袭击客体和意义“技巧”的倾向，成为德塞杜式大众文化(人民及其日常实践的文化)中英雄式的“反面

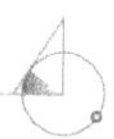

英雄”。

不过，这些英雄并非马克思主义生产模式中受压迫的无产阶级，也不是尼采哲学中的“超人”，更不是以市场为基础的资本主义经济中被解放的功利主义企业家——这些人全都被固定于后结构主义的文化与“现实”概念中。德塞杜的英雄是普通人，是被他们的行动能力、感知能力和来自前象征、前语言层次的日常生活真实的实践能力所解放的人。正是通过书写的演变，正统文化变得杰出起来：

> 但是通过这种演变，由“书写的”系统产生一个社会的观念继续将信念视为必然：尽管公众或多或少有所抗拒，但文化是由口语的或者形象的书写塑造的；它变得与它所接受的东西相似；它被强加于其上的文本留下烙印，并变得像文本。
>
> 这种文本以前在学校。现在，文本就是社会本身。它采取了都市的、工业的、商业的或者电视的形式。但是，导致教育考古学转向媒介技术统治的变化原因，并未触及消费本质上属于消极行为的假设(de Certeau，1984：167)。

于是，文本可以被确认为一系列机械、技术、仪器，包括视觉的媒介，它们可以等同于社会本身。因此，文本便被区别于抗拒其内在逻辑的活动或者实践。我们可以假设，非文本**作为活动**滑离了它的话语边界，反抗着文本性的固化要求，同时逃避社会的折中秩序。

于是，对这种官方文本化文化的抵抗，成为真实、无意识、前语言阶段的日常生活实践领域。德塞杜认为，无论是在工作还是休闲，每日实践者都被卷入“将就做”(making do)的活动中——他们必须接受社会和文化提供的条件，创造一个“横断”(transverse)的空间，这成为“机器中的游戏”，成为个体权力与自由的源头。德塞杜区分了“策略”(strategies)与“战术”(tactics)，虽然它们都产生了破坏和改变当代资本主义文化发展进程的效果(de Cerdeau，1984：29～30)。策略构成了对社会环境所提供条件的某种程度的表面顺从；“战术”则是日常实践者在这些环境的框架内进行的看不见的行为或活动。由此观之，一个北美的移民可能会(策略性地)选择在巴黎生活，并在工厂找到一份工作，保证他和家人在合理程度上生活得舒适及安全。然而，在这种普遍的策略下，这个移民可能会“(战术地)发现利用这种地区限定性秩序的方式”(de Cerdeau，1984：30)，从而使他的生活条件变得更有利。德塞杜提出“假发”(la perruque)的概念，这是人们日常实践时采用的伪装，以创造一致的幻想；而在这种表面顺从的背后，他们在为自己的自由营造一种空间。因此，工人也许利用自己的时间去小偷小摸、寄发个人信函、赌一场球赛、谈论电视节目、安排约会交往——全都占用公司的时间和金钱。但是这些创造性空间并不限于工作地点；也可能是在家庭或一般消费和“将就做”的活动中创造的：

不离开无从选择而必须待在的地方,且无法规限制,人们在其中建立了一定程度的**兼差**与创造。通过一种介乎其间的行为,他从周围条件中收获了意外的结果(de Certeau,1984:30)。

在德塞杜看来,这种抵抗有三种显著的特征:

1. 抵抗存在于无意识层面(正是拉康所谓的真实),因此也就处于意识、语言和传承文化之外。正如朱莉亚·克里斯蒂瓦、贝尔托·布莱希特以及美国的后现代主义者可能认为的,抵制或者颠覆不是通过一个文本的教导性内容,或者它的特殊美学品质达到的。抵制完全存在于文本之外,除非到了那种程度:日常生活的战术袭击者已经使文本或者说他们的任何文化行为、对象和人工制品都成为“他们自己的”。

2. 抵抗在日常生活的层面作为活动或者行动发挥作用,而不被结构亦即意识形态所预先决定;它是社会的,因而是也是文本的。当一个普通人对理性秩序形成颠覆时,正是他或她以活动对抗话语潮流时。实践者不考虑他们的解放,他们只是通过每日行为体验它。

3. 抵抗必然通过消费及其习惯起作用。这些是“战术性的”,因为普通人以抵抗使自己的快乐和生活满意度最大化。日常的突袭者为自己的利益行动,而不求助宏大叙事、改革主义意识形态或者对权威的直接挑战。这种自利动机足以扰乱社会一致的理性化效果。

弱者与强者

德塞杜关于大众消费实践的观念,已然对那些力求将消费抬举至更高理论和政治层面的庆贺性后现代主义者产生了极强的吸引力(参见 Fiske, 1989a, 1989b; Featherstone, 1991; Jenkins, et al., 1991; Jenkins, 1992; Marshall, 1997)。特别是约翰·费斯克,他将其理论密度用以解读大众文化,对那些可以在“官方”文化的结构之外为所有社会群体创造意义和社群提供机会的消费实践深感欣喜。费斯克和其他理论家倾向于对德塞杜一些更为复杂的理论加以解释,包括他关于“书写”和“真实”的心理学观念。例如,大众文化分析者试图瓦解“书写”与“实践”之间的区别,使其进入一个结合了所有文本化和日常实践形式的普遍反抗理论。在约翰·费斯克这样的大众文化理论家看来,重要的事情是:所有文本(所有文化)都可被用于消费(使用、阅读、观看、收听)。资本主义文化所提供的文本是日常消费者/实践者为个人的反抗愉悦而策略性地接受并战术性地袭击的对象。

在这个意义上,德塞杜和费斯克便与布尔迪厄的象征价值理念分道扬镳了。他们拒绝了品位仅能反映并决定社会等级的观念,而认为:布尔迪厄明显误解了社会群体形成意义和以文化方式构成自身的力量。德塞杜特别反对那种观点,认为低级阶层是“弱者”,易屈从于“强者”结构化和控制性的权力及其社会决定的特权和“品位”。在德塞杜看来,“弱者”利

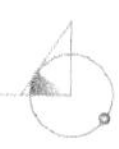

用他们的消费战术性地推翻"强者"拥有的力量；而这些"强者"则被语言和历史的理性化秩序所固定与限制。实际上，"强者"是弱的，因为他们并未意识到自己被愚弄。"弱者"穿戴伪装，戴着假发，由此隐藏了他们的战术突袭。当费斯克采纳这一观念后，他辩说，"强者"（公司权力）易受"弱者"（日常消费者）选择性实践的影响，因为是消费者决定哪些产品可以取得商业成功，哪些不能。"弱者"从极度结构化、过度投资的大量材料中挑选商品和服务。与麻痹的、文化和智力都臃肿且被固定于过度理性化建构系统中的"强者"相比，"弱者"不仅机智、灵巧且具有创造力。至今，绝大多数商品都售不出去，剩下"强者"苦苦思考失败的原因；并在事后总结"弱者"不断变化的兴趣、品位和感受。

费斯克认为，实际上，"强者"必须焦急绝望地侍候"弱者"的选择。"弱者"形成了时尚和品位。大众消费使他们从过度膨胀且竞争激烈的优越期望与等级制度中解放出来。"弱者"改变了产品、习惯和场所，使它们变为自己的。老人利用恒温的购物商场节省了自家保暖和降温的开支；青年将街角转化为社会的标志。他们突袭了二手商店，揭去昂贵商品上的标签再缝制到廉价的仿制品上；他们等候圣诞节后的大甩卖；他们撕开牛仔裤的膝盖，把它们变成新社群的标志；他们拆掉旱冰鞋的轮子，将它们做成滑板。就是说，这些"弱者"通过自己无意识的消费战术和在真实层面上制造的意义，推翻了"强者"对现实的包扎。

反抗的愉悦：大众媒介消费

约翰·费斯克

约翰·费斯克对大众文化的颂扬开始于20世纪80年代，当时他将伯明翰当代文化研究中心的许多信条贴上巴赫金、索绪尔和巴特理论的标签；20世纪80年代后期到90年代，他通过德塞杜的作品和庆贺式后现代主义，进一步详尽阐述了他对大众文化的分析。在他的所有著作中，费斯克都沉醉于（身体的）快乐是大众抵抗源头的理念。和这一领域的其他英语理论学者一样（见 Hebdige，1979；Dyer，1985；Frow，1991；Jenkins，1992；Hartley，1996；Marshall，1997），他的工作结合了对文本的研究兴趣和对受众及其接受实践的分析。然而，费斯克的研究继续寻求通过思辨性解读关于某一特殊受众可能对某一特定文本的反应，调和文本与受众的鸿沟。在费斯克的早期著作中，这种推理是围绕编码/解码的偏好解读概念建立的；但是，他后来改造了巴特的愉悦和狂喜理念，以发展受众的快乐政治学。

正是通过文本多义性亦即多元意义的再次作用，受众能够体验他们将自己从工具理性和父权制资本主义秩序中解放出来的愉悦感受。费斯克以这种方式，明显地对大众文化从调查转为颂扬，在此，"大众的"被想象为必然是政治的、反抗的，必然意味着读者、观众和使用者的身体快感。较之推定的高等艺术（它们总是被过度理性化的深奥话语所限制），"大众的”或者说“人民的”文本为身体的解放带来的潜力要大得多。但是，费斯克的著作虽然有诸多不一致的矛盾，却并非如吉姆·麦圭根(1992，1996)和其他学者认为的，仅属民粹主义或机会主义。一个文本，可能是来自海滩、足球比赛，或是电视肥皂剧等任何东西；但是，当它以特定的主体“定位”和实践方式参与到观众/消费者的活动中时，便成为解放的工具。费斯克真切地感到，这些参与活动构成了当代文化能为个体和社会解放提供的最大希望。

通过狂欢概念调整巴赫金的理论

费斯克将意义附加于消费行为之上，明显不同于经典马克思主义或激进环保主义的做法，两者将消费认定为对社会的控制和对环境的损害。实际上，费斯克的工作上承米哈伊尔·巴赫金(瓦伦丁·沃洛希诺夫)。巴赫金翻转了经典马克思主义的多个方面，以形成他的狂欢理论。他解释说，中世纪的狂欢在表现几乎酒神狂欢式的感性活动中，打乱了社会规范的秩序，从而消除了等级制和法律。

决定了日常结构的法律、禁令和限制(亦即非狂欢的)生活在狂欢中被暂停：被暂停的首先是等级制的结构和与之相联系的所有形式的恐怖、尊严、虔诚和礼仪，亦即所有来自社会等级制的不平等或人们之间任何不平等的其他因素(包括年龄)；人们之间所有的**距离**都消失了，一种特殊的狂欢范畴发生作用：**人们之间产生了自由而熟悉的接触**(巴赫金，1984：122～123)。

显然，巴赫金将一种社会的颠倒理想化了：狂欢活动消融了身份、规矩、身体和社会距离。和早期英国的节日“主显节前夕”(Twelfth Night)或者当代悉尼和里约热内卢的“四旬斋前夕”(Mardi Gras)节相似，巴赫金的狂欢正是指一个时间，当感性体验取代了逻辑秩序的时候；当狂欢文化推崇的欢笑、滑稽、混乱、性欲、丰裕和透明压倒了偏好智识、秩序、管理、晦暗、停滞和控制的官方文化的时候。但是，从政治意义上来看，狂欢不仅是对官方秩序的一种临时拒绝，还携带着建立一个更好世界(一个乌托邦)的允诺，在这个乌托邦的世界中，普通人可以摆脱自己被锁定的条件和必须服从的苦差事。

费斯克将狂欢确认为大众电视的解放主义(1987，1989a)。费斯克认为，电视从事的过度身体展示、怪诞、堕落和奇观将这个媒介确认为一种淫荡和感情主义的狂欢。观看电视因此而成为自由和颠覆的源头，普通观众可以在此将自己从秩序、顺从和资本主义导向的乏味中解脱出来。但是，我们必须记住，这种电视观看，也包括费斯克及其他学者确认的所有大众实践都是在非意识层面起作用的。消费并不是一种故意引诱的行为，而更是一种自利和使个人愉悦最大化的结果。

女孩、女人、浪漫和肥皂剧

一些女性主义分析者尽管并未直接提及巴赫金或德塞杜，但却采用了文本解读和消费

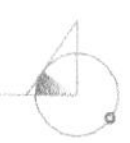

的理念，来充实他们对女性作为特定受众亚群体的研究。其中最著名的有身为伯明翰群体一员的安吉拉·麦克罗比、洪美恩和詹妮斯·罗德威。安吉拉·麦克罗比关于少女杂志的职业生涯研究，从后结构主义对框框式再现的批判(1982)转向一种更以受众为基础的分析方法；这些杂志和它们的话语被女性消费并调动为愉悦及形成女性的身份(1991)。麦克罗比和加博表达了对青年文化和反抗研究的广泛不满，因为这些研究将女孩的兴趣与文本消费排除在外：

> 在经典的民族志研究、流行文化历史，以及对该领域的个人叙述和新闻调查中，(女孩)都是缺席的。当女孩竟然出现时，也只是以极大地强化了对妇女刻板印象的方式出现……或者她们一掠而过，或者她们作为陪衬出现(1991：1)。

麦克罗比后期的著作认为，女孩通过风格、衣着和购物，也通过对主要针对女性的媒介文本的创造性消费，努力形成她们自己的文化(麦克罗比，1989)。

与此相似，洪美恩对美国肥皂剧《达拉斯》的分析(《观看达拉斯》，1985，原著1982年，荷兰语)代表着：女性主义思考文本与受众关系的方式发生了一个重要转变。虽然更早的女性主义者和社会控制理论家指责肥皂剧对女性及其生活的展现是局限性的、框框式的；但《观看达拉斯》却强调了文本消费的创造性、解放性和意义生产的潜力。书中最有趣的一点是，她不仅试图阐明作为积极的意义制造者的受众概念，而且试图从多样化和个人能动的角度阐明那种意义创造过程。也就是说，洪美恩想要理解荷兰观众对这个热播美剧的意义会有怎样的反应，如何与之互动并建构自己的意义。洪美恩的出发点是她自己对于电视节目的矛盾体验，她发现，这些节目既迷人、刺激，又有意识形态的攻击性。洪美恩承认自己也喜爱肥皂剧的浪漫、神秘和魅力，但同时承认，它们明显地与她自己理性化的意识形态感知相抵触。就是说，她自己的矛盾心理成为电视节目定位解读能力的一种默认，这种定位能力既可以专为某一主体读者，也可以为不同的受众成员：

> 我自己与《达拉斯》的矛盾关系也将产生它的反作用。这种矛盾心理一方面与我作为一名知识分子和女性主义者的身份相关；另一方面也与我一直都特别喜欢看像《达拉斯》这样的肥皂剧有关。我一度属于《达拉斯》忠实粉丝的阵营(1985：12)。

在20世纪八九十年代，其他的文化调查者遭遇了同样的问题，尤其是在受众与文本关系的研究中。一些人，像詹妮斯·罗德威、理查德·戴尔和杰姬·斯黛西这类研究者，都对通过幻想和浪漫想象构建女性愉悦和身份认同的问题十分感兴趣。罗德威(1987)对美国史密斯顿小镇的浪漫小说读者的著名研究代表了美国社会学向文化研究视角转变的一个重要动向。罗德威自己承认，在完成研究之前，虽然她的分析与欧洲和英国在文化研究的旗帜下集结的兴趣和进行的研究相当一致，但她却从未听说过文化研究。罗德威的研究涉及某一妇女社群，她们经常光顾多萝西·埃文斯书店，该店以浪漫出版物和多萝西本人对浪漫文学的博学而出名。研究主要采用一对一的访谈、小群体讨论和问卷调查的形式，其定性研究的把握比洪美恩的研究要严谨和仔细得多。

媚俗物与大众品位的动员

安迪·沃霍尔是最早承认大众文化创造力和商业潜力的主要艺术家之一。正如“艺术”作品已经通过海报印刷、旅游和纪念品等行业被大众消费文化挪用一样，在20世纪60年代，如沃霍尔这样的前卫艺术家也开始探索大众消费形象和形式的创造潜力。许多近期的艺术家已使用了相似图案。特里·拜特的绘画作品《即将到来的魅力之物》(*Forthcoming Attractions*)便描绘了一系列由大众电影和电视中抽取的图案。

日本艺术家村上隆甚至将这种艺术与流行图像的混合提至更高的自我意识层次。虽然日本艺术从未对“艺术”和民间工艺的表达模式做出清晰的划分，村上隆却有意将虚构的“日本性”注入他的创作，为国际艺术市场制产生了一种特殊的设计模式。他利用当代日本大众文化的常见动漫元素，制作出具有原创性和商业价值的作品。村上隆的作品在外表上扩展了传统的日本趣味，为国际展览市场创作了一些艺术品，也为更广泛的消费设计了一些大量生产的产品。以这种方式，村上隆不仅开发了肖像画的大众消费市场，实际上还在工厂进行大规模生产。

像沃霍尔和村上隆这样的艺术家的作品在许多方面代表了模糊的社会价值边界，这与社会群体将(道德、财政和美学的)价值和意义重新归属于任何“社会人工物”的情形非常相似。在当代文化中，对社会新产品的巨大胃口促使物品转变为有价值的“收藏品”，如工艺品、装饰品、玩偶、石块和纪念品等。对那些被称为“媚俗物”的日常事物的再形成与再估价，是典型的重新归属过程。这样，垃圾被当作收藏品重新包装和贩卖。推出可爱媚俗物的村上隆大规模生产玩偶，被表现为在不特定的未来市场具有高价值和可收藏的物品。

青年文化

青年“亚文化”的思想

在很多方面，麦克罗比、洪美恩和罗德威等学者的研究，都是关于社会亚群体行为和态度的更广泛学术兴趣的一部分，这些群体利用文本来建构身份、社群和各种形式的社会抵抗。多数这类研究植根于人类学和亚文化社会学，这些学科20世纪60年代在美国迅速发

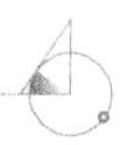

展，并在20世纪70年代后期被伯明翰当代文化研究中心的一些学者所采纳。与该中心对工人阶级文化和意识形态等更广泛的兴趣相应，像保罗·威利斯和迪克·赫伯迪吉这样的作家将“亚文化”的概念应用于他们对青年的分析。特别是，威利斯(1978)发展了“同种”(homology)的概念，用来描述某一社会亚群体的清晰文化特征：它们展示了一定程度的综合、结构、共享仪式、价值观、风格和意义。同种与“拼凑”(bricolage，混搭，将现成的不同文化元素重新安排)的结合，为伯明翰中心的学者研究工人阶层青年对支配性文化价值观和资产阶级霸权的抵抗提供了理论基础。

这样，虽然青年只是一个年龄类别，但按照伯明翰中心的看法，“青年文化”明显地是围绕着服饰风格、实践、仪式和音乐文本等诸多载体构成的。赫伯迪吉(1979)认为，最值得注意的是，青年亚文化对传承下来的社会价值观和生活方式构成了明显的挑战。如德塞杜一样，赫伯迪吉用列维-斯特劳斯的“拼凑”概念，描述亚文化借取已有文化元素，形成自己文化新元素的方式。对于赫伯迪吉来说，青年文化构成了元素的拼凑，最终结合并产生了独特的表达性和反抗式亚文化。

赫伯迪吉将风格的形成视为亚文化身份形成及抵抗潜力的关键组成部分；又将种族加入到工人阶层青年文化的混合物之中，认为风格是一群意义(代码或能指)的集合，它必然打破商业资产阶级的资本主义所强加的象征秩序：

> 因此，我们不应低估特定亚文化的表意力量，它不仅是对“外面那个”潜在混乱的一种隐喻，也是解决语意失序的一种实际机制，是再现系统中临时出现的一种阻隔(Hebdige，1979：90)。

通过朋克乐队“性手枪”的音乐《我是一个无政府主义者》(*I am an Anarchist*)，这个隐喻以青年亚文化激烈而反常的风格展示了。据赫伯迪吉和其他一些当时的文化研究者的说法，朋克音乐代表了对资本主义历史和价值观的拒绝：朋克的音乐和着装风格不可避免地对社会礼仪，对一种无批判地顺从资本主义的商业和劳工的有序性提出了挑战。

从阶级反抗到多义愉悦

许多评论家认为：赫伯迪吉-伯明翰当代文化研究中心模式存在缺陷。

1. 夸大了工人阶层青年亚文化的政治重要性。特别是，批评家认为，青年亚文化群体(包括朋克)的音乐和着装风格，并未清晰地表现群体成员的政治观点和他们的社会、政治意识层次。

2. 在一次相关的批评中，许多评论家注意到，即使是带敌意的表达模式(再次包括朋克)也服从于商业资本主义的挪用权力。为此，“性手枪”乐队是一种商业构造，为其缔造者麦考姆·麦克拉伦在国际唱片市场带来巨大财富。尽管麦克拉伦远不是一个工人阶级的英雄,但他却是一个确认了“性手枪”乐队及更广泛的朋克音乐商业潜力的设计者兼企业家。

3. 威第科姆和武费特(1995)进一步认为,伯明翰当代文化研究中心的研究者们未能充分深入他们的研究对象——工人阶级——的生活,而倾向于淡化他们的经验,以夸大颠覆的潜力。

4. 在这个意义上,存在一种对大众文本和日常生活实践普遍的误读。即使抵抗真的存在,也很可能是通过“前语言”的快乐审美和“有趣”形式进行,这是青年及其亚文化表达方式的基本特质。

5. 集中于“工人阶级”的关注倾向于不顾其他重要的文化属性,如性别、种族、性取向等,这些也是社会霸权各种形式的组成部分。

尽管存在这些非议,对青年文化的研究(特别是赫伯迪吉和威利斯的工作)始终具有开创意义。在这种语境下,我们可以看到,20 世纪 60 年代英国的青年文化是由一些文化的近亲混搭而成的,如都市黑人移民文化、美国黑人文化的流行化,结合了中产阶级白人文化的商品化。亚文化通过可能与文化源头无关、但却在挪用中被“激活”的某一“风格”构成自身。在这个意义上,20 世纪 60 年代围绕音乐和乐队(如“披头士”)风格而形成的青年摩登运动(mod movement)逐渐掩盖了他们最初受到的许多文化影响。“披头士”的音乐和装扮受到美国黑人鼓乐和蓝调的影响,尽管这些根源在新的音乐和表现风格的发展过程中变得晦暗不明了。“披头士”为白人中产阶级受众奉上美味的先前奴隶的亚文化,最终为进一步的文化试验与混合创造出新的解放空间。对“披头士”及围绕它的青年文化而言,这种混搭后来吸收了印度的乐音、宗教和文化麻醉品。

赫伯迪吉从更广阔的历史和社会现象视角,解释了这种亚文化的创造性和解放性的构成过程。因此,青年文化的形成要从社群层面的经验、结构的变迁来理解。特别是,20 世纪 60 年代英国青年文化的实验性与可改编性可以部分地以来自牙买加和其他地区的移民增加的过程和与之相连的英“帝国衰落”来解释。

赫伯迪吉的作品在许多方面为更广泛的青年文化分析打下了基础(见 Redhead et al., 1997; Skelton and Valentine, 1998; MacDonald, 2001)。美国的劳伦斯·格劳斯伯格和英国的西蒙·弗里斯将摇滚音乐作为文化和政治的形成物加以集中。特别是,弗里斯认为,更早的(现代主义)音乐分析范式因未能说明摇滚乐在当代文化中之“风靡”及其意义,而令人失望。音乐和音乐形式的商品化促进了正在进行和永不安分的身份转变,这种身份的形成是与聆听摇滚乐时高度特殊的愉悦紧密相连的。品位不只决定了个人或群体身份的建构,而且实际地依据更广泛的文化构成、期望与规范校正这种认同。某人“是”什么的问题似乎与他们选择音乐的方式紧密相关。从这个意义上说,音乐文本的“意义”与听众和聆听语境完全绑定:

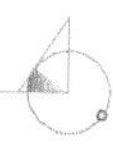

为了抓住某段音乐的意义，要聆听弦外之音。也就是说，要理解音乐文化，有相应的“解释框架”。要使声音变为音乐，我们需要知道怎样听懂：我们需要的“知识”不仅有音乐形式，还有音乐环境中的行为规则(Frith，1996：249～250)。

迷文化

亨利·詹金斯(1992，又见 Henry Jenkins et al.，2003)应用其对意义社群的相似理解，分析了长期播映的电视和系列电影《星际迷航》的粉丝现象。詹金斯改造了德塞杜关于策略式袭击的观念，用以解释粉丝们“偷猎”一个公司制作、大规模发行的文本(《星际迷航》)意义的行为。在詹金斯看来，粉丝构成了一个特殊的社会文化类别，他们不仅仅观看文本，还将文本用作某种核心象征：一种为他们的日常生活带来秩序、意义和社群的方式。詹金斯(1992：277～281)概述了“迷”作为一种亚文化群体所具有的复杂性和多元性，将其分为以下五种行为层次：

1. 粉丝可依据文化的接近性和批判距离的远近加以区分。粉丝多次审视文本，带有相当于专家的水准；他们通过实践体验，也通过发表见解，讨论、辩论并创造出文本的意义。

2. 粉丝的专门才能主要用于特定种类的解释和批判性的实践。他们坚持整个节目及节目之间细节的一致性。“成为粉丝”的一种表现就是了解粉丝群体的特殊解读模式和普遍流行于群体期待的支配性意义。粉丝的批评常常包括填充漏洞，克服不一致处，并为粉丝群体偏好的解读提供符合条件的文本。就是说，粉丝“增加”了文本，以使其符合粉丝群体偏爱的理解文本并与之发生关系的方式。

3. 粉丝的专门才能还与消费行动主义有关。当他们感到某一电视系列剧遇到危险或他们不同意某一节目决定时，他们会向电视网和广告商进行游说。他们还会对任何关于文本、角色、情节和倾向性的改动表达不满。

4. 粉丝群参与特殊形式的文化产品、美学传统和实践的生产。“粉丝艺术家、作者、视频制作者和音乐家为向特定兴趣的粉丝群体说话而创作作品”(Jenkins，1992：279)。这种挪用和混搭吸收了商业性的可得材料，以产生高度特殊的亚文化风格，这是群体成员认同的方式。詹金斯再次响应了德塞杜的观点，认为这种挪用挑战了声称控制大众媒介叙事的版权拥有机构的公司权力。这种艺术是为普遍分享，而非为利益而生，它成为产生真正民间文化的基础。

5. 粉丝群作为一种另类的文化社群发挥作用，不是预先偏向主流社会和商业实践的。《星际迷航》文本的乌托邦主义被转移为挑战主流文化的社群话语。就是说，迷群指出了一种非传统的现实，“其价值观可能比世俗社会的价值观更为人性与民主”(Jenkins，1992：280)。在詹金斯看来，这个另类世界为粉丝群提供了处理现实世界冲突、疏离和绝望的别样选择。

像戴尔、斯黛西和费斯克有时表现的那样,詹金斯也试图将其文化消费者理想化,为他们投射一种可以躲避官方文化同质化秩序的身份。米歇尔·巴赫金所颂扬的狂欢概念被吸收入一种确信身体意义的理论,这是使平凡人的生活变得不那么平凡的乐事(Jenkins et al.,2003)。从这个意义上说,这是詹金斯分析研究的基本矛盾。在庆贺普通人的日常实践时,他将这些文本偷猎者视为后现代的英雄:他们是较低层次的群体,却可以将自身从平凡地位解放出来,并成为卓越文化形式(流行文本)的一部分;当然,这个普通地位始终存在困难的问题:它表明了一种克服平庸和投身声望、荣耀、社会知名度和冒险的欲望——而这些,显然是平凡的人们自己的生活所缺少的。尽管詹金斯坚持认为,这种克服缺稀的欲望是合理且积极的,但是它可能极易被视为某种个人和文化的病理形式。对这种欲望的理想化始终不能逃脱鲍德里亚的担忧:他认为,驱动当代媒介文化(包括媒介消费)的拟象是完全空虚的、无意义的、无休止的模仿,是一种无尽的欲望。

嘻哈、毒品文化和新形式的青年抵抗

我们已然注意到,赫伯迪吉与伯明翰中心其他学者最明显的问题集中于资本主义和文化工业为自身利益而挪用风格(包括抵抗风格)的能力上。例如,很多流行音乐的评论者都曾质问过:乐队是否真的能够产生真正的"另类"文化或者政治观点。只有个别音乐家如安妮·迪芙兰蔻因为握有独立商标(她自己的正义贝贝[①]商标),可以保留对其音乐和政治完整性的艺术与经济控制权。但在大多数情况下,这种"另类"策略完全不能维持。独立音乐人的历史非常清晰地表明:抵抗跨国唱片公司的权力和商业"完售"的诱惑是非常困难的。当另类独立音乐人展现出任何程度的商业潜力后,他们通常会用贫穷、低预算唱片生产的价值和有限的成功换取财富与名声,而代价常常是:对他们的音乐、审美与创意完整性失去控制。

这些基本的财政强制性建立于重要的社会变革大背景下,而自从赫伯迪吉首次将工人阶级青年文化理论化为政治抵抗的一种模式,这种改变至今已在西方世界进行了好几十年。的确,正如一些评论家已经注意到的,全球化进程中的后工业时代,西方社会已经广泛地消除了基于简单阶级观念进行的明确社会分类(Giddens,1990,1994;Urry,2003),这些始于20世纪90年代的非常明显的社会文化变迁可以概括如下:

1. 工作方式使许多人从工业转移到服务业。
2. 许多工作场所高度公司化且放眼全球。
3. 全球移民有了重大改变,拥有广泛多样背景的人大量涌向西方世界。

---

① 英文名:Righteous Babe。——译者注

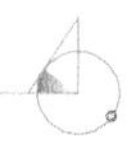

4. 这也促成了多种形式的文化混杂，且文化多元主义作为一种主要政策咒语出现。

5. 媒介全球化步伐加快，包括互联网（谷歌、博客、我的空间、你的视频）和融合电子传播的出现，都显著地促进了新的跨文化表达空间的形成。

6. 大量妇女进入工作领域，为妇女经济和消费者权利、性关系及家庭都带来了巨大变化。

在这个文化背景重塑的重要语境下，一种基于任何形式的阶级意识或风格的政治大部分似乎都已过时。

因此，毫不奇怪，青年文化实践的新形式已经被假定为新的“抵抗”形式。特别是在20世纪七八十年代，拍打韵律和说唱诗歌的嘻哈音乐与电脑生成音乐及声音的电子流派作为新形式的混合文化出现，激发了另类青年文化实践的灵感。以各种嘻哈亚流派形式出现的拍打音乐，产生于西非、牙买加和美国纽约街头黑人文化（说唱蓝调）的音乐汇流中（Gilroy，1998；Forman，2000）。当嘻哈音乐散布到遍布全球的离散人群时，它作为表达解放的模式和形成社群身份的关键部分而受到庆贺。莫里·福尔曼认为，嘻哈音乐的街头形式特质使它得以在特定的城市社群中被接受：

> 在嘻哈文化中，作为音乐表达的主要形式，早期音乐播放师（DJ）的音响系统突出表现了一系列将音乐和其他移动性习惯联系起来的活动，如涂鸦画和涂鸦字。这些叠加的实践与构建以地点为基础的身份认同的方法，以及题写和阐明个体与集体存在的方法，共同创造出在特定社会地理中形成归属感的纽带。嘻哈音乐的独特实践引入了新的表达方式：它们在语境上与城市的条件连接在一起，这种城市由混合的街区和邻里组成，各自具有非常特别的社会习俗和文化的细微差异（Forman，2000：67）。

这种从不相连亦即离散的部分创造社群的观点代表了一种将世界各地不同的个体与邻里联系起来的当代乌托邦形式。在一种典型的理想化后现代中，嘻哈音乐成为对抗持续不断的社会崩溃与不和谐威胁的文本铠甲。

多数这类乌托邦主义都包容了独特的社会问题，与一般的街头文化、特别是嘻哈音乐联系在一起。其亚流派，如匪帮说唱，将毒品文化和一种以犯罪为异议表达的形式浪漫化，将自我表现得既富有魅力，又获得社会合理性（Queeley，2003）。如同将罪犯及其生活方式英雄化的匪帮电影那样，匪徒和嘻哈音乐的其他形式将社会亚群体（特别是非裔美国人和西班牙裔）的反面经验人格化，创造出一种社会抵抗的“光环”。因此，虽然早期说唱艺人如《人民公敌》将其乐队的阴暗经验转化为直接的社会和政治评论，匪帮说唱却想象着塔伦蒂诺式①

---

① 昆汀·塔伦蒂诺（Quentin Tarantino）：美国电影导演、剧作家、导演、摄影师和演员，以表现黑帮题材和人物而著名。——译者注

的暴力英雄主义,借鼓吹犯罪行为和社会暴力来挑战社会压迫。

但矛盾的是,事实已证明:这些浪漫化的暴力形式在受过教育的中产阶级全球青年市场中也同样流行——特别是(但不仅仅是)那些具有移民背景(亦即非白人)的群体。胆敢咒骂并侮辱权威的匪帮偶像为受众创造出一种吸引人的反叛主题。那些观众可能幻想抵抗资本主义劳动与资产阶级生活方式的指令,但行为基本上循规蹈矩。在这种语境中,嘻哈音乐通过全球工业网络成为被挪用、被包装和被营销的商品,为大众提供细分的市场。不仅白人歌手艾米纳姆模仿和挪用这种风格,使它为更广泛的非黑人市场所接受;而且嘻哈风格也被纳入主流音乐流派。当它为主流国际市场创造出一种"差异"的幻想时,这种商业音乐形式的混合化已倾向于将"抵抗"的强度弱化。也就是说,商业嘻哈音乐试图利用中产阶级对(通过音乐叙事)冒险的渴望,赞扬另类的身份,庆贺那种不为制度规则和理性所限的自由生活方式。因为嘻哈音乐身陷高度制作化和公司化的主流音乐排行榜的束缚,即使它的鲜明节奏和诗样歌词,也只暴露出自身软弱、欺哄和筋疲力尽的音乐流派身份,成为模仿一度铭刻了纽约黑人街头生活及其政治愤怒的拙劣仿制品。

迷幻药与俱乐部文化

自20世纪60年代开始,转换头脑的麻醉品就和青年文化联系在一起。西方青年亚群体对"精神药物"的滥用可以联系到各种源头,包括黑人爵士音乐家和移民群体,特别是来自印度次大陆的群体。20世纪六七十年代,虽然大麻是青年亚文化群体中使用最广泛的麻醉品,但"甲基安非他明"药品的整个家族和快感毒品(如"迷幻药")最近在青年中极为流行。特别是"迷幻药",与特定形式的青年行为密切相关,如围绕电子音乐、节奏重复的舞蹈风格的狂野派对和以青年为主组成的"夜总会"式社交集会活动。

本·马尔本(2002)曾把以"迷幻药"为基础的夜总会体验类比为西格蒙德·弗洛伊德(参见第5章)所谓的"海洋"感觉。发展了精神分析理论与方法的弗洛伊德相信,个体可以通过特殊的意识状态体验到升华了的结合感亦即归属感。马尔本认为,"迷幻药"和舞蹈聚会的影响创造出一种"临界"的感受,介于意识/非意识状态、经验/语言、内在/外在于自我之间的认知场域:

> 里面与之间(亦即临界性)的体验,是那种灵魂出窍的感受,特别是在跳舞时。这是许多拥挤群体的特点,尤其是在俱乐部里挤在一起感受狂轰滥炸式舞蹈的那种群体的特点。这种临界感最亢奋时,可部分地触发意识状态的改变;我根据弗洛伊德说法,称之为……"海洋"体验。我借用这个术语唤起一种不解之缘的感受,好像人与外在世界融为了一体(Malbon,2002:492)。

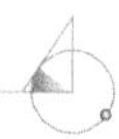

实际上，许多关于“迷幻药”和俱乐部文化的个人陈述和分析常常提及20世纪60年代作为嬉皮士运动回响的一种社会乌托邦。“迷幻药”作为精神调理的一种药品，触发了大脑交流与循环的能力。狂吼乱叫和夜总会场景，加上喜爱的电子音乐，随着身体的亲密接触和有节奏的舞蹈，一种性亲密的冲动体验被建构起来。这种身体的乌托邦主义被提供了一个道德的对立面：统治社会世界、败坏自由和愉悦潜力的制度主义与政治暴力。这种一般伴随着“迷幻药”消费的强迫纵欲也表现为表现性强度与单方面（特别是男性）解决性高潮和性释放的一种替代方式。

“迷幻药”和“安非他命”乌托邦主义大部分是一种中产阶级的现象，由使用者和评论家为寻求某种个体的超越所建构。在多数大众文化与青年文化研究中，这类与药品滥用联系在一起的社会、生理、心理问题似乎只被策略性地轻描淡写。在这个意义上，夜总会药物文化回避了一种批判的分析：将滥用“迷幻药”和“安非他命”置于一种刑法的或者重要社会健康争议的视角。而受到广泛支持的“后现代”颂扬却相反，将自我选择和身体愉悦调用为一种社会抵抗的形式，或者一种挑战标准规则（亦即保守社会价值观）的文化政治学。

大众政治

自20世纪八九十年代开始，特别是在后现代主义的庇护下，文化理论和文化研究更全面地从事于大众文化消费问题的研究。调查领域的这种进展引出一些重大的理论问题，尤其是当文化分析试图重构其政治与改革主义目标的时候。“愉悦”和“日常实践”研究的集中化打开了通向个人能动者政治的道路。因此，大众文化成为通过欲望实现解放的场所。正如劳伦斯·格罗斯伯格所言，“反对可能由生活构成；甚至短暂地在另类的实践、结构和空间中组成”（1988：169）。这些另类的空间是经由选择和后现代消费者文化所提供的持续分化所创造的。基于巴赫金与其他理论家的论点，德塞杜寻求这样一个空间——在这里，压倒性的资本主义结构被中和了，被迫退入一个空间：在那里，资本主义成为战略突袭者的奴仆，后现代主义的承诺可以悉数实现。这些承诺包含选择、多样性、多元文化主义、个人主义、性解放主义和自我建构的身份等，它们将成为当代文化和当代文化政治的基础。

晚近的政治理论已经非常明显地从一种严格的后结构主义政治分析转向另一种政治学，它承认文化、身份认同与民主和政治表达的个人亦即“本能”维度的重要性。像戴维·赫尔德（1987，1992）、埃内斯托·拉克劳（Laclau and Mouffe，1985，Laclau，1996）和安东尼·吉登斯（1994）都曾试图建构一种民主的文化政治学，将改革主义一方面从马克思主义的“宏大叙事”和普遍主义中解放出来；另一方面从制度主义的自由民主相对主义中解放出来。特别是，吉登斯阐释了这样一种改革理论：它将扩大民主和文化的可能性，超越他认为的停滞和“左/右”翼相互依赖的政治。但同时，吉登斯也想设计出一种政治，不被降低为那种现今在西方自由民主制中占支配地位的中心主义和经济理性主义的相对主义融合政治。吉登斯的替代道路是一种恢复关于日常人类经验的对微观物理学权力的个人政治。

于尔根·哈贝马斯(1984a，1987b，1989)也曾试图调和大众文化与政治改革主义的多种维度。但是，他的出发点与后结构主义者、精神分析理论家及后现代主义者迥然不同。在他看来，公共领域是作为民主制从国家控制中转移、恢复到一定程度的公共参与的一个转型空间存在的。当"平民"为了创造理想的言论环境而控制了政治话语时，传播成为民主制的核心点。在这种乌托邦式的空间里，所有观点都可以公开地讨论，不同意见则通过提供信息和理性辩论得到解决。哈贝马斯将现代性的发展描述为国家及其话语与私人的分离。国家以意识形态(虚假意识)、公开干涉和控制个体的方式再造国家自身。而个体与国家支持的意识形态的分离则不可避免地导向私人自由和公共自由的降低：

> 如果意识形态不仅仅表现为社会必要意识的基本虚假方式；即使只是为了辩护的目的，如果意识形态有一个方面可以声称为真理，就像超越现状进入理想国一样；那么，意识形态从这一刻起便已存在(Habermas,1989：88)。

因此，现代性成为一个未完成的方案(Habermas,1983)，这一方案是将政治送回公共领域，治理与民主制在此被刷新为传播行为的参与性领域。这类传播行为集中于个人的能动性和能力，由公民在一个规范和安全的生活方式约束下表达与构建他们自己的真理。

愉悦的观念并未排除在哈贝马斯的理论之外，尽管他可能拒绝它在社会和文化生活组织中的集中化，理性和社会秩序是个体愉悦的前提条件，不管是在体验的任何层面上。吉姆·麦圭根(1992,1996)在他批评大众文化的研究中也发表过类似观点。麦圭根认为，文化研究及其理论的整个方案已经陷入危机，因为像费斯克、詹金斯这样的作者严重地夸大了大众文化的政治及颠覆潜能。麦圭根说，这种对大众文化及其通过愉悦与文本(亦即象征)的消费带来反抗潜力的过度称颂发生了转向，因为葛兰西霸权理论中精细平衡的张力已经被倾斜为赞同个人的选择与能动性。回顾第3章，葛兰西认为，霸权(有机知识分子的社会"领导权")实际上是由某一文化的支配群体与从属群体"协商而成"的。所有领域的领导者为了维持他们的特权，都会通过调整他们的权力以满足从属群体或个人的需求和利益。从属者感到了某种程度的参与，并感到应对他们自己也曾贡献的社会安排承诺义务。

依据麦圭根(也见 Kellner, 1996, 2005)最近的文化研究，特别是对青年文化和大众电视的分析，已经倾向于抛弃文化产品重要的政治经济学方面：

> 从纯粹解释学的角度看来，对大众品位无原则的赞同与经济自由主义的"消费者主权"概念奇异地相互一致，它们的弱点尤其反映在20世纪80年代开始的英国关于广播政策的辩论中。……对当代大众文化的一种充分说明则需要分析公共传

播、机构权力和(从唯物主义观点看来的)社会经济关系(1992：6)。

实际上，自20世纪八九十年代以来，政策、制度权力、伦理和生产的问题，在理论辩论与文本研究中已经被边缘化。然而，这些问题仍然存在，并在文化研究的特定区域(包括受众、民族志和唯物主义社会学研究)以多种方式返回有关政府和制度程序。事实证明，麦圭根提到的英语世界广播政策和运动向更普遍自由放任社会经济政策的转变，是重要的问题。

正如我们已经注意的，这个运动代表了"左/右"翼政治分界线朝中心移动的再导向。全球主义、公司主义、竞争政策、对公共服务及公职人员的野蛮减员和对劳动、工业、媒介、市场的取消规制，全都是这种崛起中意识形态的症状。20世纪80年代，贸易不平衡与巨大债务的问题使英国、澳大利亚、新西兰和加拿大的经济陷入瘫痪，从而激发了经典经济学或"经济理性主义"的论调。当媒介行业定价偏高而表现欠佳时，它们清算债务，并急剧削减开支，取消规制便是降低开支和增加贸易的一种方式。政府广播者遭受凶猛打击；而有线电视、卫星电视、视频和互动数字化媒介则蓬勃发展。关于消费者主权的经典经济学理论将个人选择置于消费者资本主义的核心。文化研究，不论其动机如何，都被卷入不断扩张的私有化和商业化进程中。在麦圭根看来，媒介、特别是青年媒介的盛行，也通过其市场主权和大众论话语传染了学术界。也就是说，变得流行成为被经济理性主义围困的研究机构的求生条件。

除了麦圭根总体性的谴责之外，各种理论问题持续困扰着大众文化研究。虽然辩论的词汇由"霸权"转为"后现代主义"，对个人能动性的结构控制仍然存在。就是说，"强大的文本与主动的受众"之间的张力大部分仍未解决。包括洪美恩(1996)在内的许多理论学者都对清晰定义"受众"的任务感到绝望；特别是洪美恩，已经预言了一种转向：对文本与受众关系发生作用的工业、商业和规制语境进行更为直接的分析。女性主义者，如麦克罗比，则进一步提出，这种张力的不可化解性直接威胁着她的政治目标。妇女被文本化的建构性父权制进行社会化并受其控制，但是，女性从这些文本中汲取的愉悦也可能构成个人解放的资源。为了调节这些难题，麦克罗比(1994)建议回归新葛兰西式对媒介与文化的研究路径，按照生产的语境重新组成对消费的分析。麦克罗比认为，将文本视为"再生产品"，就可以使我们理解赋予其形式的制度实践。麦克罗比寻求回归民族志研究，以此阐明制度和受众的实践。

托尼·威尔森(1993，1995，2004)试图调解解构主义理论和充分理论化的经验性受众分析研究。威尔森认为，后现代主义是一种关于差异和多样性的理论，是将受众和文本解读视为必然颠覆同质化建构意图的政治范式。在后现代主义的话语中，受众作为一群活生生的人，是不能被"了解"的，而必须被认为是另一种话语和最终"不可知"的对象(Hartley，1992：110)。威尔森(还有Jacka，1994)则争辩说，这些话语是围绕着真实的人对可知的"现象"的经验及与这些现象的互动而建立的。作为话语的受众和这些话语的经验性呈现之间的联系，可以在现象学与阐释学的哲学中发现。简言之，受众及其对文本的解释发生于某一特定文化语境、某一特定知识或"意识"系统中。当然,受众是被书写和被谈论的对象,因此而成为话语;但他们也是从事和再造自己话语形式的人。观察、讨论和采访等社会科学的研究方法,为研究者提供了理解受众话语的途径。因此,某一受众可以通过经验"被了解"。

威尔森推进了现象学的理论框架,以进入电视观众"日常"和"普通"的生活世界。遵循胡塞尔、韦伯和哈贝马斯已发展出来的研究传统,他寻求解决主体与客体的问题性,个体的"认知视野"(cognitive horizon)由此将熟悉或不熟悉的物体统一为有机的可理解的现实:

> 视野是潜藏于知觉经验之下的认识知识的框架,可允许经验的许多层面被认出,并确定为我们已经遇到的类型。我们解释世界所采用的循环概念和认知视野观念使我们预知:感觉到的半圆终将变为圆形,且在它们真的这样出现的时候能够熟悉地认出它们。我们理解周围人们的视野使得我们觉察人类与动物的差异,预感和辨识其独特的行为。这些框架作为我们基本的期待性基础而起作用,预料未来将会怎样(Wilson,1993:17)。

于是,对受众的现象学分析传承了康德关于先在或者本质真实(亦即统一了主体与客体的来源)的训诫。威尔森想要理解受众感知的聚合与分散的过程;而视野的概念精细地再现了一种感知的空间,然而却可以被确认为真实。受众的认知视野虽然倾向于对真实的某一主导或共同的解读,但也考虑到感觉存在变异。对威尔森而言,"解读"总是、都是利用并制造差异的某种"多个视野的融合"(Wilson, 1993, 1995)。

毫不令人奇怪的是,威尔森援引了保罗·利科关于现象学的权威阐释(参加第3章)。威尔森如利科一样,认为主体感知的聚合与分散挑战了对语言和主体性的建构主义规定。特别是,利科拒绝让社会(或者语言)的主导结构取代主体。在此意义上,利科的"新阐释学"似乎与后结构主义的观点并驾齐驱;后者主张,在通过互动形成现实的过程中,语言具有相对性,而主体具备首要性。事实上,唐·赛德(1991)认为,后结构主义的解构主义方法,特别是德里达的方法,与利科的阐释方法明显相似。赛德特别提到德里达的转变:将解读的侧重点从直接的内容核心转向"边缘"。德里达聚焦于边缘、署名、题目、边界和内容的分割,也即是说组成文本内容的一切背景,这与利科聚焦于语音的意识相似。赛德认为,德里达的策略基本上是现象学的,因为读者的感知与阐释必然涉及"感知性领域"(1991:132)的背景。这种现象学策略解除了感知的焦点地位,以解说边缘元素理所当然的地位。

利科本人反对后结构主义,因其"内在主义"(internalism)的特点,他特别拒绝德里达观点的无能,因其未将解读行为引入叙事及意义创造主体的生活世界中去。即使如此,人们仍有一种感觉:现象学的"认知视野"与无休止的语言作用相伴而行。于是,在德里达和他的追随者那里,意义变成了一种影子。文森特·德贡布(1980:136~145)提醒我们,事实上,德里达最初关于胡塞尔的写作溶解于解构性的方法中,结果却扩展了他所批判的现象学,并

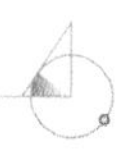

形成了一种激进化的现象学。在德贡布看来，整个后结构主义的事业都产生于一种扩展现象学并使之激进化的企图，一种更彻底地了解传播行为，理解其助长条件与失败原因的企图。

诚然，现象学和后结构主义理论的主要区别集中于：前者依附于一种先验的亦即先在的真实。至少在胡塞尔和新阐释学那里，现象学力求确认意义克服不同视角困难的可能性。而后结构主义则更加关注意义的不可能性、语言的隔阂与限制。对现象学而言，主体试图证实认知视野对生活世界的现实性；而解构主义则要打碎这一幻象。对后现代理论研究的挑战在于，既要克服幻象和意义的局限性；又不求助于先验的"真实"或"意识"。在这个意义上，后现代主义强调他者性、差异、认同和消费主义的愉悦，试图在日常生活的边界中保持主体，并保留解放的可能性。但是，这种解放不是先验的，也不依赖于某种超空间意识或真实的可能性。以朴素的唯物主义感觉观之，我们可能直接和立即体验的身体经验的释放，已经成为大多后现代解放主义的核心。

后现代的受众与政治的终结

这些受众研究的多种思路都曾尝试以各自的方式解释意义形成的复杂过程。葛兰西式研究、批判性理论和各种解释性阐释学都力求解决作为强势意识形态的文本与受众的创造性意义生产两种观念之间的紧张关系。它们也试图将后结构主义的洞见整合进一种保留某种程度唯物主义兴趣的理论。也就是说，它们想要将对话语的兴趣与一种真实的感觉相结合——受众是由带有真实的苦难、兴趣和弱点的真实人群组成的。这种批判路径试图以清晰的政治框架调节文本与受众之间的紧张关系。批判分析的更大问题是与受众/消费者愉悦的问题性联系在一起的。对批判理论而言，只有摆脱痛苦和压迫，才能想象愉悦。但对后现代主义而言，愉悦不只是政治事业的结束，而是从事政治的手段与真正的核心。在此，受众是否由真人构成完全无关紧要，受众只是一种"约会"，一种对想象或话语的沉浸，这种约会与沉浸最终由愉悦构成。"意义"不是一种在检验文本、受众或者检验两者的启发性时可以确认的东西：意义是一种感受，有助于正在进行的话语想象与满足。

安迪·沃霍尔试图清晰表达：人们在消费主义形象和产品的表面，并通过它们的增殖，体验生活的愉悦。当这一主题被后现代主义及其对受众/消费者的集中化所吸收时，特殊的理论问题就出现了。后现代主义的理论危险有以下两个方面：

1. 它威胁着将理论崩解为不可挽回的相对主义，将个体永久隔离开来。如果后现代主义忠实于异质性，那么它仅仅是一种放纵的相对主义的享乐形式。但为了支持消费者主权的社会思潮，后现代主义却承认，任何东西都可以接受，只要它为个体带来愉悦。在这个意义上，后现代主义和大众消费主义理论研究难免对他人的苦难失语。

2. 它威胁将后现代主义政治展示为一种以功用为基础和给予功用特权的理论。也就

图 8.1 待售的"女孩权力"

流行音乐和表演已经成为青年文化的核心组成部分。特别是音乐文化的反叛潜力不断受到来自营销系统的需求和公司化商品模式的挑战。

是说,在这个理论中,愉悦、差异、创造性消费主义、个人主义和受众创造力等,都成为总体解放政治的"实质"。后现代主义话语可能实际上违反了解构的强制性,因其承认自己的真实、绝对、核心且"本质上"重要。后现代主义可能回到知识的状态,它可能宣布一种特殊的洞见,一种可能否定其根本构成方法的基础。也就是说,危险并非由于世界正在被语言或话语所中介,而在于——话语可能将自己表达为现实。

从这个意义上说,德塞杜自己的消费袭击者观念令人怀疑,因为他们的政治颠覆完全没有内容或意识,而是由一种先于语言的大众消费主义及个人利益构成的。也就是说,德塞杜的消费袭击者是精神分析的产物,是前意识、前语言的历史他者。然而,当潜意识和日常生活以政治术语表达时,它们便将自身本质化了:这种潜意识的特殊领域反抗它自己创造的语言和现实。因此,这种前语言的无意识领域看来与现象学特殊的意识领域有点相似。当然,二者都被拉康和德塞杜刻意反对,但是,由于它们都同样为人类解放提供了独特的可能性,所以,它们又很相似。德塞杜的无意识(内容的神秘和空洞)无论如何是通向人类基本条件的一种自由的源泉——看来,它是比语言本身更为伟大的某种事物,似乎与浪漫主义美学和哲学的特殊超然性并驾齐驱。

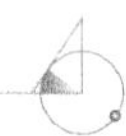

虽然德塞杜及其追随者都明确拒绝了回归某种现象学或浪漫本质主义的建议，但在日常现实与生活世界之间确有明显的平行关系。费斯克、詹金斯及其他作者的著作曾有意将日常现实和大众文化置于批判视野之外。这种乐观精神是有感染力的，也是有局限性的。虽然对于理解文化和意义创造来说愉悦的观念是重要的，但它一直严重地缺乏理论化。文化分析需要的是一种更为全面的概念体系，不仅依赖“身体愉悦”的肤浅展示，而要采用更为广泛的词汇(幸福、满足、抵消不快、放松、享受、狂喜、满足等)，对这些感受进行再检验。

不必惊奇，文化研究和文化理论已经多少超越了单纯的庆贺主义，而更全神贯注于当代文化中的人类表现，特别是通过“身份”亦即个人主体性表现的问题。在后面的章节中，我们将检视当代文化政治的问题所在，尤其关注几个关键主题：身体、全球主义和新传播科技。

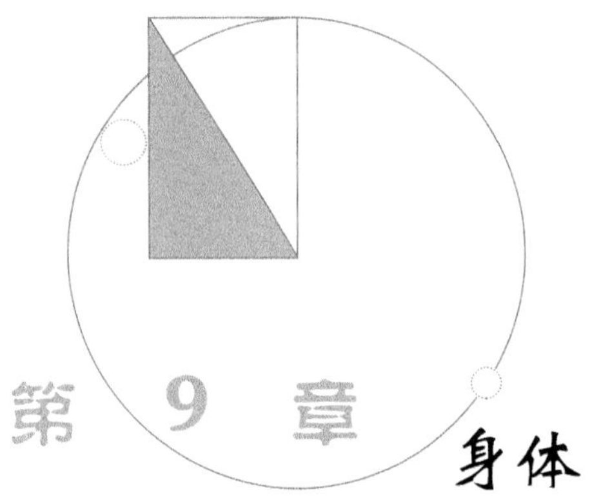

第 9 章 身体

导　论

在人类学和美学研究中，身体一直是一种重要的表现。然而，经典社会学倾向于将身体视作可产生特定社会结果的功能单位。自 20 世纪 60 年代以来，各种形式的文化政治学都力求了解社会进程和权力对个人及其身体的影响。尤其是女性主义，更集中关注性别社会标记对身体的负面影响：一个社会围绕性别的生理条件建构意义，并以此约束和控制身体的各种方法。后结构主义和后现代主义为分析主体性、语言（话语、象征）和身体的关系提供了一个更具理论特质的框架。依据米歇尔·福柯、德勒兹和瓜塔里等后结构主义者的观点，身体的感受，如愉悦和焦虑，必然联系到主体在语言中的形成。换句话说，身体及身体感受的形成，是被文化"铭刻"了意义的，文化刺激这些感受，并为这种感觉经验赋予意义。因此，个人主体的解放既是由语言形成的身份表达，也是身体的偶然事件。如果一个主体要获得自由，那么，身体必将通过对差异和愉悦的文化表达被动员起来。

关于身体文化理论的出现，关乎更广泛的历史潮流，如：

1. **个人主义的强化**。第 7 章提到，后现代文化扩展了现代主义的个人主义意识形态，力求通过对集体行动的抵制和对个体愉悦与解放的赞同，以个人主义的办法解决社会诉求的复杂性。

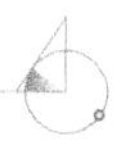

2. **日益增长的文化性特征化，包括不断增殖的有关性和性感的话语**。当代文化已经充满对性和各种可能的新形式的性认同、性关系和性愉悦模式的话语。

3. **越来越将身体用作景观或商品**。20世纪广告业的崛起伴随着身体作为可视景观和商品的兴起。这种"身体的象征交换"方式常常将身体与产品（如汽车、服饰、牙膏等）或娱乐服务（如体育、虚构叙事、新闻等）展示压缩为一体。

4. **以对比的方式展示理想化的年轻身体和有问题的身体（如缺陷、疾病、肥胖、衰老和死亡等）形象**。可感知的身体并不完美，它会经历衰败和伤害。当代文化通过大量宣扬身体的完美和愉悦的投射，掩盖或者转移了生物体的负面效果。然而，正如德里达所言，在非电视的层面，在文化的表层之下，这些身体的失败仍在继续一种缺席的出场。

5. **身体技术化的加速**。人类一直在运用技术提高其经济、军事和传播权力。现代性加速了这种倾向，特别是利用媒介网络的工程和各种形式的弥补术。尤其是，以数字为基础的技术推动了身体作为传播（作为形象、电子人和性游戏空间等）手段的结合。

因此，在一个形象的地位持续突出，且将欲望、消费和身体的美丽视为人类价值的首要指标的文化中，身体的文化价值远高于其生理基础。也就是说，身体成为一种文化场所，包含了许多竞争性的话语，但却从未完全摆脱其生理、日常和凡世的限制。

本章将把身体当作文化场所进行检验。这种视角并不否定身体的生理或感知条件，而是将生理与产生感觉的话语放在一起。非常简单地说，身体是生物，它们发出并接受感觉；但是，这些生理行为是通过文化——刺激、体验、理解并形成意义的文化——而产生的。头发自然地生长，但它直接受到文化行为的支配——根据文化兴趣进行修剪、染色和梳理。我们的食物及饮食方式，我们体验性和性感的方式，我们的居所，我们的关系，我们对美丽的定义和反应，我们的欲望和需求，所有这些都服从于文化。但是同样地，文化是身体展示的偶然结果，主体性、身份、政治和话语都是通过身体的展示形成的。因此，本章意在将身体视为感知和文化进程的融合，承认媒介和生理的身体必然联系，且相互依存，是一枚硬币的两面。

现代主义与身体

多数评论家认为启蒙阶段（特别是17世纪和18世纪）为现代性和现代主义思维方式的兴起奠定了基础。启蒙认识论的核心特征（知识哲学）是将智力（理性和更高的精神）与较低的身体感觉和情绪状态区别开来。但是，人类生理的分级来自希腊和罗马的经典哲学。例如，古希腊哲学家柏拉图（427—347 BC）将这种二元性视为对人类文明，特别是对理性和有序共和构成的主要挑战。柏拉图认为，身体和感觉需要由更高级的价值观（如理智、心灵和最高形式的知识，智慧）来规训。柏拉图将物理世界看作思想世界的一种低级形式。这种对宇宙的形而上学解释再造了他对人类经验的理解。在柏拉图看来,智力(心灵、理性)虽然是身体的囚徒,但必须统治感觉或肉体的欲望。个人的和谐与国家的和谐一样,只有在身体的物理和潜在混乱的冲动被理性所掌握时,才有可能实现。

因此,柏拉图认为,将诗人排除于他的理想国之外是合情合理(虽然不是完全理想)的,因为诗人代表了一种否定合理秩序的非凡性和反抗性美学。笛卡儿(1596—1650年)将柏拉图的模式用于他对"自然"环境和人类条件的分析。他的名言"我思故我在"在许多方面为一种彻底的现代理解(认识论)策略建立了框架。"我思"构成了所有的疑问;而一旦"故我在"(等于我有一个身体)被证实,其后跟随的是对自然界所有物体的承认。笛卡儿的方法影响了所有现代科学与理性思维的形成和方法论,它坚持认为,所有的证实都需要彻底质疑。也就是说,只有在并非假设或"给予"的情况下,真理才能被揭示。怀疑必须先于真理。只有经过证实,存在才有可能,而"证据"都需要经过理性思考的检验。因此,笛卡儿建立了理智在身体之上的优先权,坚持认为,只有知识才可能产生对事物、现实和身体感觉的经验证据。笛卡儿与其他多位启蒙科学哲学家一道,将物体(包括身体)的物质世界从思想世界分隔开来,后者与精神、灵魂和上帝有自己的形而上联系。身体是"自然"的,而思想和上帝却是自然的主宰者和创造者。

在《悲剧的诞生》(1956,原著1872)一书中,尼采将这种思想—身体的二元性确认为一种历史范式,他争辩说,人类的两种对立倾向:秩序—理性与感觉—混乱,以希腊的阿波罗神(光明、智慧和礼貌之神)与酒神狄厄尼索斯(舞蹈、音乐、欲望和美酒之神)为象征。根据尼采的说法,这种不可调和的二元对立是可以从现代社会的形成和作为人类的基本条件中认出的。也就是说,现代主义倾向于以智力(意识、理性、教养和精神)超过身体(愿望、情绪和"欲望"感受)的本体论区分来建构人的条件。文明、政治和社会秩序的目标将通过理智的首要地位与这些部分调和。当然,这种分离始终存在,因为调和是在话语中建构的,而话语本身则按照同样的知识分级制产生。这些话语在某些关键的领域中找到——

1. **经济的身体**。马克思控诉资本主义体制将工人阶级的身体看作生产方式的机器零件。资本主义将劳动力和身体都当作与其他物品一样的财产。虽然奴隶制是这种状况的最极端表现,但在18世纪和19世纪,却是由各种《主雇条例》确认的劳动与工业关系合法地将工人的身体交由雇主约束。就是说,工人的身体是一种财产的形式,是生产过程的一个经济单位。如果工人想要离开他们的雇佣场所,则被迫缴费:他们必须买回自己的自由。资本所有者对待工人身体和劳动的方式就像对待其他生产机械一样。

2. **人本主义的身体**。功利主义和自由民主制力求通过基于个体愉悦、浪漫超越和自身改善的社会计划,改良资本主义理性的过渡性。杰里米·边沁、詹姆斯·穆勒与约翰·斯图尔特·穆勒的功利主义则力求调和身体的愉悦和理性的社会改良:个人以自我利益和个体幸福为动机,他们将承认个人和社会的改进是达到这种幸福最合理并符合逻辑的方式。功利主义预料,对社会的有用性必然包含个人的愉悦。因此,个人的自我利益和个人的愉悦成

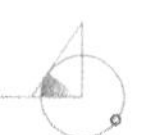

为整个社会改进的动力。一个民主的国家必然从个人利益出发。生活在由有序行为原则统治的理性国家，总是好于生活在混乱之中。公共教育、成年人选举权和自由是个体愉悦和有用的必然结果。当智力成就了身体的自利时，身体与思维似乎便相互协调，和谐运转了。

3. **生理性身体**。哲学家和科学家（如勒内·笛卡儿和艾萨克·牛顿）为研究宇宙的物理规律（物理学）建立了基本原则。埃米尔·雷马克和查尔斯·达尔文的工作将这些原理扩展至生物和进化领域。达尔文的《物种起源》（1859）一书为了解生物系统奠定了基础。在这个意义上，身体被视为有序自决的有机体，由各个机能部分组成。系统的发展和日益复杂构成于一个根本的理性原则：进化。

在达尔文的“适者生存”概念转入人类世界时，也成为人类文明组织同样有力的原则。人类可以被视为竞争中的生物体，人类社会可以被视为相互竞争的文明。这些竞争的系统支撑着人类文明的进步，优势生物体和社会群体由此必然统治或可能消灭劣势的群体。托马斯·马尔萨斯的人口理论认为，生存压力迫使群体扩张并征服新的领土和人民。这种生物的强制性赋予帝国主义和一般资本主义的竞争性等级制以道德的权威。就是说，生物学将自己表现为关于身体强制性的客观有效的科学。实际上，生物和进化话语的作用，是资本主义及其经济学的意识形态与自我合法化的一部分。这种表现的最近一个例子是，在全球“反恐战争”中，像亨廷顿这样的理论家以《文明的冲突》（1993）一书为美国及其意识形态对世界其他国家的支配进行了辩护（参见第12章）。

4. **社会化身体**。自涂尔干和韦伯的工作开始，社会学便倾向于接受笛卡儿的心智—身体二分法，并集中关注心智，将其作为人类社会存在的基本定义者。在此，经典社会学倾向于将身体视为心智的产物；因此，身体的行为被当作描述性数学系统的单元进行测量。就是说，身体行为指示了更为重要的心智活动。这种将身体客观化及在一个系统内对它的定位，趋向复制现代主义科学的具体化做法。马克思的研究兴趣在于资本主义对身体的配置；韦伯对身体在生活方式、地位等条件下的合理化方式感兴趣；而涂尔干则更关注象征主义——它为20世纪社会学发展的对身体更为实质性的分析奠定了基础。

作为话语的身体

伴随着大众媒介的兴起，信号、形象和拟像的增殖迫使理论重新定义身体及其与文化的关系。实际上，在文化理论对机制的、人文主义及其他以生理和物质现实为主要基础的系统理论的质疑中，身体一直居于核心。当代文化分析已离开了对文化的普遍解释与“宏大叙事”，变得更关注话语和意义产生的过程。因此，身体被想象为带有印记的、建构的和充满意义的再现与文化。依据后结构主义和后现代理论，身体需要以象征过程的方式加以“阅读”，

这种解读带给我们的洞见,不是进入现实,而是进入文化:也就是说,在身体展示的文化中,究竟什么才是有意义的。在这个意义上,身体可以按照习惯性理解的“文本”(电影、杂志、广告和电视节目)的方式被解读;也可以被读作一个作为本身或者关于身体的文本。日常生活通过所有方面为身体打上意义的烙印:通过穿脱衣服,通过关系,通过工作,通过与其他话语的交流。换句话说,身体就是文本。

布莱恩·特纳(1992)和克里斯·西林(1993, 2005)等社会学家都寻求开发出一种普遍的分析模式,将身体视为物质的、功能的、感觉的和象征的。特别是西林,在调和关于身体的社会和文化理论时,以社会权力和社会政策要素的视角探索了身体的意义。然而,后结构主义、后现代主义和社会后结构主义者都倾向于强调身体的话语和文化维度。福柯关于监狱(1977a)和性(1981)的研究遵循乔治·巴塔耶的早期研究,直接挑战了对身体的现代生理观念,尤其是当这些观念转型为社会理论形式时。例如在《性史·第一卷》中,福柯清楚地表明:话语总是超越生理。就是说,身体的生理为性特征提供了原材料,但是只有在文化中,并通过话语的中介,性感才能实际存在。性的自然刺激不如仔细编码的话语(或系列话语)那样多地由社会群体施展,以获取性感觉。福柯的理论直接挑战了性是现代主义巨大禁忌的观念。依据福柯的观点,宗教、社会和医疗科学、家庭及教育机构都在谈论性,目的在于控制它。但是,性话语也会刺激并促进性经验模式的形成:

> 从迫使每一个人都将他们的性特征转变为永久的性话语的单极机制出发,转为多重机制,在经济、教育、医药、法律等领域鼓动、吸取、散布性话语,并将这种话语制度化——这是我们的文明一直命令并组织出来的一种巨大废话。肯定没有其他种类的社会形式会积累(而且是在这么短的时间范围内积累)同样数量的与性有关的话语了(1981: 33)。

福柯对话语历史的著作从权力关系和权力进程的角度对身体进行了分析。如同他对医疗化的、被囚禁的、社会科学的身体进行的研究一样,福柯对性的研究也将身体视为某个权力场所。他坚持认为,正是在身体层面,权力才可以被体验、被交换和被改革。这种权力/话语及其携带的知识必定是不精确的、个人化的,是一种交换和质疑的对象,而非固定的结构与历史征服的事物:

> 正是在话语中,权力和知识才结合起来。正因为这个理由,我们必须将话语视为一系列不连贯的片段,它们的战术作用既不是一律的也不是稳定的。更准确说,我们绝不能想象一个分离为被接受的话语和被排除的话语,或支配话语和被支配话语的两半世界;而是一个多元话语的复合体,其中各种元素都能以多种策略进入活动。我们必须重新建构的,正是这种散播的行为,我们要用它所包含的明示和

> 隐藏的事物、要求和禁止的宣言；用它隐含的变种和不同的效果（依据谁在说、他在权力结构中的位置，以及他恰巧所处的制度语境）；用它出于同样动机、也使用同样形式的转变和复兴，进行重建（1981：100）。

在性的“微观物理学”中体验到的权力也许有助于介入个体愉悦的增强。

生理必然性争辩

虽然《性史》关注的主要是文化建构性特征和赋予身体意义的方式，但福柯这一阶段的工作也直接挑战了对身体的总体生物学思路。事实上，福柯对话语构成身体的观点与其他一些社会学家称为建构主义的对身体的思路并行。这些思路认为：人类的经验基本上是由语言或话语建构的，而主体是由文化建构的。多数社会学（多数社会科学和文化理论的确也是）或多或少都属于建构主义的阵营。不过，建构主义思路最极端的观点会根本否定生理的作用，提出：所有现实都是经过中介的，因此都是被文化建构的。所有的人类问题都是在文化和社会中发现的，正如所有解决问题的方法也是如此一样。

建构主义的观点最敌视“生理必然性”的论点。这种论点认为，人类的行为基本上植根于我们的生理，包括我们的进化史或遗传史。自由改良主义、马克思主义和女性主义都曾面对上述援引生理学以解释人类行为模式，特别是等级制模式的观点：人类的“本性”是侵略、歧视、自私和竞争的；男性及其男性特征天然地具有掠夺性、视觉发达，喜欢乱交且过分自信的。依据生理必然性观点，这些生存本能已经彻底刻入了我们的基因、激素和心理之中，以至于我们只能在边缘上稍加改进，而不能做任何本质的改变。生理必然性观点认为，试图改变上述基本的模型一般会导致某种智力的、情绪的或心理的疾病，这种病理现象不仅会根本扰乱个体的心智，而且最终将扰乱社会的秩序和条件。

最极端和最危险的情况是，天然优越且决定文化（社会调节或曰“养育”）的观念继续推行像优生学这样的伪科学。作为社会达尔文主义的变种，优生学将一系列人的差异和优劣理论化为人类基因编码的不同。在这个意义上，特定种群的“优越性”以基因历史的理由得到解释并最终得到捍卫，而这种基因历史必然以文明的次序和权力的方式表现出来。虽然希特勒第三帝国的教训使得人类社会对这种危险和愚蠢的观点变得敏感了，但好战群体仍继续调用这种思想以捍卫最极端和最野蛮形式的暴力与种族灭绝。例如，比利时殖民者武断地确定了卢旺达人民中管理者和被管理者的种族区分，为20世纪90年代的种族屠杀内战埋下了祸根。在一个日益全球化的文化语境中，把种族和民族本质化的这些行径始终是人类不安全感和社会杀戮的强大来源。

性与性特征

女性主义与新的性特征

如我们已经非常清楚的,在当代文化领域,近来大量关于身体的分析都将焦点集中于性与性感。特别是女性主义,已帮助我们重整了对身体、个人关系和权力状况的思想。但正如我们在第6章讨论过的,女性主义本身也受到当代文化理论的许多批评,尤其是将政治投入对性别进行结构主义分类的女性主义。这种批评认为,后结构主义风格的原有女性主义(马克思主义和自由主义者)都倾向于将所有男性降低为某一特定政治、文化和性的类别;它还主张,女性的整体解放可以降低为一系列简单的规定。近期女性主义的理论受福柯和后现代理论的影响,已经摒弃了许多此类设想,采纳了解放是与更为多变且非特定的主体性联系在一起的观念,拒绝将"男人"和"女人"降低为任何形式的假定性别、主体或政治前提。

但是毫无疑问,女性主义在政治和性别方面的偶像破坏行为以多种重要方式对当代文化作出了贡献。20世纪60年代的女性主义者拼命追求的从父权制约束中解放出来的女性性特征现在已与当代文化紧密地交织成一体。女性身体和女性特征的这种释放并未必然满足后结构主义女性主义的更高理想。现在,女性已经进入更高水平的教育、职业和公共参与领域,但是女性的性特征仍然可以被资本主义的商品化(包括媒介形象的商品化)所利用。女性(特别是年轻女性)身体的景观和性特征已经变得如此泛滥,成为外表的规范,成为所有可以认识、刺激和动员性感的标准。如果像福柯所建议的那样,性感主要是一种话语活动的话,那么,年轻女性身体的话语已经成为当代文化的首要性特征。当代女性主义的最大焦虑,正是围绕这个问题:这种首要性究竟是一种解放,还是另一种父权制控制的变种。

诚然,女性主义分析的特定层面也可能因为妇女从性别保守主义的压迫下获得性解放而得到明显的满足——此类保守主义将妇女限制在家庭或母性的角色中,将女性视为男性性欲望的对象。在20世纪60年代,许多女性主义者肯定在为妇女寻求一种自信的、不羁的、自由地表达且渴望情色的性感:这种性感允许女性享有与男性(被文化赋予的特权)同等的性权利。但是,在这些解放的方式,与那些对植根于商品化和消费主义形象的性感完全适应的更年轻的女性主义者感受之间,产生了某种鸿沟。当然,杰曼·葛瑞尔和娜奥米·沃尔夫等女性主义学者对一种让妇女性满足而情感空虚的解放表达了疑虑。特别是葛瑞尔,曾非常直接地自问,她自己关于性解放的目标是否不适用于一种新形式的文化浅薄,这种浅薄的表现是为性而性的庆贺,却为妇女留下关系和感情大部分得不到满足的问题。

2007年,美国心理学会负责研究女孩性感化问题的专责小组报告说,年轻妇女和女孩性感化形象的泛滥对"整整一代女孩"产生了有害的影响。这个报告确认了许多后结构主义

女性主义者的理论解读，指出：年轻女性身体的露骨性形象造成了一种性放任的态度，使年轻女性不履行情感、教育和性关系的义务。上述观点强化了人们对身体形象疾病（如厌食症）以及对“社会性不育”现象的广泛担心，后者指女性在可生育的生理阶段因为社会原因而没有满意的性关系和孩子的情况。在21世纪，对性放纵和社会性不育的焦虑使得一些妇女团体中性保守主义日益增长，并导致“贞操反弹”（chastity backlash），即西方年轻妇女坚持“传统”的婚前禁欲价值观（Eden，2006）的现象。

关于解放主义的新辩论刺激了许多更年轻女性主义者的特殊敌意，她们指责老一代女性主义者从妇女的性别解放与性欲解放的目标倒退了。因此，性与消费包装愉悦的首要性明显成为当代女性主义派别之间不可解决的分歧。大众文化对女性身体与女性性感的展示使得一些（特别是老一代）女性主义者担心：妇女解放被资本主义机器利用了；妇女越来越受模仿的禁锢，越来越被理想化而难以实现的愉悦力量所左右（Jeffreys，2005）。

身体景观

琳达·威廉姆斯（1989，2004）在对色情影片的研究中将这种女性主义的焦虑表达为两种女性主义者之间的辩论，其中一类惧怕文本对女性身体的物化，而另一类则反对进行审查。威廉姆斯主张，后者仍然担心对妇女的某些描绘，但认为，对图像和表达的管制有害无益：“这些妇女的兴趣在于……捍卫对性别差异的表达，并反对性的等级制，例如某些性特征比其他的更好、更正常”（1989：23）。但是，当威廉姆斯考虑直露色情片时，这种解放主义也受到了检验：一方面，直露色情可能被视为对一种不同的女性性感的自由表达；另一方面，它也可能代表着一种性利用的形式。于是，威廉姆斯承认这些不同性感与愉悦刺激模式的矛盾心情，暴露出她对直露色情片构成对妇女政治、社会伤害的深深恐惧。

威廉姆斯承认，不同受众对色情作品的使用和解释可能不同，而在对文本与其受众关系的解读中，“权力”成为新的争议问题。但是，无论哪种关系，本身都不足以令她确信色情流派有其价值，不管是美学还是政治的价值。与文学作品不同，在电影中，女性身体的完全暴露，包含的不仅有作者和受众的想象，还有对真实妇女的实际再现的想象形式。在威廉姆斯的研究中，解放的议题和女性身体的视觉化始终充满问题：

> 然而看到所有东西——特别是性的真相——证明是一个比设想更为困难的任务，特别是在女性身体的问题上……这种真相是有风险的……电影的视觉语言不允许色情片的女主角证实她们的快感。这可能也是色情电影中对快感的重要证物多是男性而非女性器官的一个原因（1989：32）。

在男性主导的色情业中，色情电影的高潮是男性射精，而非女性表现的心醉神迷——这只是踏脚石而已。由于威廉姆斯对直露色情片的批判基于她对再现形式的不确定之上，所以始终满含问题。也就是说，威廉姆斯相信可将直露色情片确认为一种独特的文本与性感类别。最终，她抛弃了愉悦本身构成道德美德和价值判断(只要什么东西是令人愉快的，那就必然是有价值和好的)这种观念。相反，威廉姆斯力求理解一种解放性性感的问题性：亦即妇女性解放的终极解决是基于男性性高潮的方案。在威廉姆斯等女性主义看来，正是这种最终的姿态使直露色情片降格为政治上不可接受的类别(2004；也见 Cornell. 2000)。

在对反色情政治发展过程的叙述中，劳伦斯·奥图尔认为，在保守的道德家与女性主义的特定部分之间已经形成令人不悦的联盟：

> 尽管女性主义反色情主义者可能缺少道德家的社会和政治权力，但是她们的论据与时俱进，已达到了相当程度的文化权力，并对审查语言产生了深刻影响。在审查语言中可以发现如“令人反感的”、“非人性化”和“可耻的”等反色情女性主义的术语从旧式道德卫士的口中费力地说出。女性主义的反色情者不仅为英、美审查文化提供了新的语义活力，还推动了对视觉材料更高程度的监管；而如果道德家胆敢采取这种监管的话，会被认为极端(O'Toole，1998：28)。

奥图尔主张，色情基本上是不能确定的，除非按照审查的标准。换句话讲，只有控制与排除(其他人不希望展示的事物)的条件，才能一致地确认什么是色情，什么不是。而对于包括威廉姆斯在内的反色情女性主义者来说，这种控制的程度应该与为满足男性凝视和性欲望而将女性外形视觉化的程度一样高。

有关这一思路的问题我们在之前关于女性主义的讨论中已经有所概述(参见第 6 章)。然而，对以女性外形为研究中心的当代女性主义而言，要维持这种立场有几点明显的困难：

1. 主体和性感成为一种无所不在的后结构主义权威秘方。只有某些内容、主体性和观点的立场是被允许的。这种“权威性”受到来自女性主义内部和外部的双重挑战。

2. 反色情女性主义对这种可被允许的性特征的确切本质难以做出定义。直露性内容在某些文本语境中可能是允许的，但有些则不允许。在妇女制作直露性描写时可被视为“情色”(erotica)，而男人制作同样内容则要冒被斥为“色情”(pornography)的危险。

3. 最棘手的可能是接受问题。异性恋妇女、同性恋妇女和各种组合的成对恋人都可能使用“色情的”文本以增强性体验。为异性恋男性手淫而准备的色情文本也可能适用于发掘女性的性意识。文本是相同的，但是受众反应却决定着文本的地位和政治作用。

一些评论者(包括 D. H. 劳伦斯、苏珊·桑塔格和米歇尔·福柯)都曾试图以更普遍的方式来区别色情和情色。但是，这些论据通常援引更广泛的文化偏见，如将情色确认为复杂高级的艺术品，而将色情确认为大众消费主义或不文明的偷窥癖(见 Williams，2004)。情色可能是智性的或被提到审美高度，出于女性视角，或在资产阶级文化中；色情则通常出于

男性视角，工人阶级文化和大众消费主义。

阿拉·奥斯特韦(2004)认为，像安迪·沃霍尔的电影《口交》标志着艺术、大众文化与色情的交织，这正是“先锋派”否认规范与堕落的道德之间的界限，并创造出其特殊审美效果的地方。与之相似，我们可以对比凯瑟琳·布蕾亚写作和导演的法国电影《罗曼史》(1999)，和20世纪80年代由影星琳达·乐芙蕾丝主演的美国色情片《深喉》。两部电影都表现了女主角的性冒险经历，也都直白地描绘了性内容，包括性交、口交、两性生殖器和实际的男性射精。《罗曼史》一般被认为艺术电影并作为艺术电影而消费；但《深喉》则完全为色情市场制作，尽管影片以各种顽皮和荒谬的方式反映了当代性行为，从而进入一个更普遍的文化本土。为了保护《罗曼史》在世界许多地区不被禁播或审查，人们进行了激烈的斗争。在大多数情况下，对影片的捍卫都基于影片的艺术价值。另外，《深喉》成为反色情女性主义的集结点，她们认为，该片贬低了妇女的地位且基本上是丧失人性的。在一个短时间内，琳达·乐芙蕾丝本人甚至成为美国反色情运动的女主角。而保护了《罗曼史》的资产阶级解放主义和知识提升的理由，对《深喉》则不管用。

舞动身体：运动中的身体

最近的一些写作超越精英主义观念的企图与消除威廉姆斯及其他女性主义者表达的焦虑的企图一样强烈。特别是，基于新主体性和关于身体愉悦权力的各种理论已经延伸到了不断扩大的文化行为和文本化领域。在流行音乐或者大众电视文本消费中发现的有关解放的论点，也被用于支持直露情色作品的文本与消费者。费斯克(1989a)将妇女在海滩上有意的自我裸体展示描述为一种自我性亢奋的形式。费斯克的论点根据德塞杜的集体袭击观念和巴赫金的民间文化僭越性理论，将个体从强力机构的控制下解放出来。身体愉悦成为解放与反抗的核心及无意识的范围。这种对个人性展示的自我性亢奋焦点，为同样分析舞蹈的文化研究打下了基础。

人类学研究将舞蹈确认为重要的仪式实践，用于讲述故事、亲族联系和祈求丰收的行为。特别是，传统文化把舞蹈作为社会和天文知识的渠道，也是性展示和求偶行为的感性表达。事实上，舞蹈组成了一种语言，亦即话语，以仪式化的方式一代代传递下去，并为社群与文化的当前身份和自我认同提供了重要的线索。经过移居、全球化和离散(文化的后现代化)，特定的民族群体一直试图通过舞蹈的重构来维系传统身份的元素。例如，在塞拉利昂的弗里敦，泰姆奈人组成了自愿的舞蹈社团，这些组织的表面功能是在重要文化事件(婚礼、贵客来访和筹款)中表演音乐和舞蹈。大多数歌舞团成员从偏远地区移居城市，且每个团体都围绕特定地区的文化来源建立。虽然这些歌舞团显然是为了重构传统文化身份而组成，但他们也被用于社群的游说和政治领导人的升迁。也就是说，在塞拉利昂，舞蹈成为维护社会文化和形成现代政治的双重仪式。

舞蹈还与各种形式的求偶、性别展示和性仪式有关(McRobbie, 1989; Desmond, 1997)。特别是,当服饰、仪式和表演风格强调了女人味和男子气(以及跨性别主义和同性情欲)时,舞蹈调动起性的互动。虽然麦克罗比等人(1989)认为,女人味是当代舞蹈的核心所在;但是,非常明显的是,文化时尚确实也为男性和男子气规定了非常风格化的表演性及展示模式。于是,我们可能承认,特定舞蹈形式和展示活动更受妇女的欢迎;但同时,就像"凝视"妇女一样,男人也是求偶和仪式化舞蹈活动的参与者。

俱乐部和迷幻药

某些西方的超男形象可能一直将舞蹈视为基本上"女人气"的(如约翰·韦恩的电影),或反男人气的。尽管如此,男性仍然持续地促进着舞蹈实践。在新近的直播或者俱乐部流行形式的舞蹈中,常常有年轻男子独舞或群舞,模仿过去几十年年轻妇女的表演实践。事实上,舞台前人挤人的舞蹈区域已经成为男子气竞争、有时攻击的场所。

但是,这类进攻性男子气远不如"俱乐部文化"典型,这是一种女性和自恋的感受隐秘地编入音乐、舞蹈、狂欢表演和夜总会场景的场所。据海伦·托马斯(2003)的观点,俱乐部文化是围绕舞蹈社群、展示服装、精神药物(如迷幻药)和强度形式的重复舞蹈的历史趋势交叉而成的(185～187)。事实上,与夜总会文化狂欢联系在一起的吸毒是自我性兴奋和感性表达的重要体验因素。许多夜总会的顾客都报告说,在拥挤的舞蹈人群和随后可能发生的性行为中,性感受和触觉反应都提高了。然而,虽然女性大都报告说她们提高了性体验,男性却常常服用"伟哥"以增强被迷幻减弱的性功能。

情色

除去上述变化,女性身体的舞蹈景象仍是当代文化的核心比喻。从历史角度看,资产阶级文化发展出高技巧性和特殊形式的舞蹈,比如至今仍在讲述故事并发掘思想的古典芭蕾。毫无疑问,舞台上再现的妇女包含了性展示和为观众带来视觉和替代性满足的可能性。但是,资产阶级文化借用了"高等艺术"的观念,以减弱对展示女性身体和女性特征的道德担忧,而工人阶级却似乎远没有如此不安(McNair, 2002)。欧洲和美国的滑稽模仿及狂欢文化常常嘲弄反猥亵法律,表演者往往尝试各种形式的裸露表演和情欲舞蹈。露辛达·贾勒特认为,20世纪欧洲出现的脱衣舞表演也充斥着人们像对色情文本一样的担忧和争论:

> 正式艺术与非正式艺术形式的分离导致20世纪艺术和色情的对立。情色隐晦地介于计算尺的两极之间,由审查者作记分员,根据社会语境中的道德价值观确定位置(1997:3)。

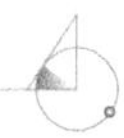

然而，贾勒特的首要兴趣并非研究审查制或社会价值观矛盾的问题性，而是从表演者自己的角度揭示脱衣舞的行为，以及舞者怎样看待其艺术："脱衣舞娘是坚强的女人，她们为表达了性感而自豪，这是形式主义的经典舞蹈不容易包含的"(1997：4)。贾勒特批判了色情业者的摄像机，它将表演者和表演具象化，使其创造力量枯竭，并被罪行化了。贾勒特有力地指出，脱衣舞是大众的情色艺术，而情色舞蹈的历史正是深深植根于"性感有力的女人"与文化欲望(亦即性欲)的联系之中。贾勒特的文章大大超越了女性主义反色情论点的胆怯，宣称脱衣舞者是性艺术家，是代表所有人的解放而行动的女英雄。

让·鲍德里亚也认为，脱衣舞构成了基本的性现实：舞者脱去衣服，"穿"上她的意义。在鲍德里亚看来，这种淫欲与当代性想象的拟像对比鲜明，后者的女性裸体是对真实性感的模仿或者回应。当然，女性裸体也在广告、电视、电影和录像制品中出现；但是脱衣舞是设计进行的挑战，以活的身体与观众在场的身体和生动的性感受之间的互动。尽管活的身体和电视化的身体都是由性幻想和性想象构成的，但是活的身体更全面地参与了对这些想象的培育。对鲍德里亚而言，内心想象的身体实际上随着电视化一并消失了，性幻想失去了它的力量和存在。

在这个意义上，与其他形式的性裸体形式相比，脱衣舞是一种更直接和更肉欲的话语表达。事实上，最近的脱衣舞编排，如桌面舞、膝上舞，便故意利用了现场表演的互动潜力，减少了表演者和观众之间心理与空间的距离，以产生一种更亲密、更完整的想象性结合。一种更亲密的感觉常常借助一对一的表演创造出来，在许多情况下加入了对话、靠近和眼神交流。在一些场所，舞者也有机会碰触顾客/观众，但这种碰触是高度指向性且自由支配的。而在观看窥视秀(peep-show)表演时，场所是组织好的，以便观众成员自我刺激。在脱衣舞中，通过观众与表演者身体的直接交流、碰触成为暗示的方式。正如贾勒特指出的，这种性聚会的基本要素总是脱衣舞者的性力量。埃丽卡·兰利(1997)在其自传性的《西雅图的女强人》中以窥视秀舞娘的讲述证实了上述观点。兰利记录了第一次与顾客的对视，以及她自己从性脆弱到性强大的转变。据兰利说，身为脱衣舞娘的工作解放了她的性感，因为它挑战了意识形态和道德规范施之于文化表达的潜在限制。

对布莱恩·麦克奈尔(2002)而言，新的性感代表着"欲望的民主化"，这是一种分布更为广泛的性欲，可将个体从精英社会群体的道德束缚中解放出来。世界主要大城市中桌面舞和窥视舞表演场所的大量增加，反映了性话语的拓展。特别是，桌面舞构成了脱衣舞的一种贵族化形式，它将情色舞蹈定位于中产阶级的消费语境，妇女和配偶们都比过去更被这种场所吸引。女性裸体形式如此显著地大量增加，可能为所有人的性感——而并非仅仅为异性恋(父权制)男性的性感——提供了便利和刺激。桌面舞模糊了表演与卖淫之间的界限(尽管营业场所和脱衣舞者可能都否认这一说法)。表演带来的亲密感比各种电子媒介替代性的再现形式更类似于亲密的接触。当代文化朝更为开放和丰富的性感以及更为短暂的性经验发展的总趋势或许可以部分地解释现场表演的风靡。这种性观念：

1. 允许一种不受承诺、永久或现行责任约束的亲近感;
2. 承认消费主义在人类关系中空前的上升;
3. 避免爱产生的问题性,但是认可年轻女性放纵的美丽;
4. 允许一种性的多配偶制,这是从未圆满达成或完全实现的欲望;
5. 避免性传播疾病产生的问题,如经由多性伴侣等经历而罹患艾滋病。

但是,在这种语境中,桌面舞的反抗潜力在资产阶级文化更广泛的商品习俗里变得销声匿迹。钢管舞课堂现在吸引了广泛的各种参与者,包括许多无意从事这种职业,只想通过课程保持健美、自我性满足和追求个性发展的人。"钢管"是好玩而带有轻微嘲弄意味的性器官象征,许多妇女集结在钢管的周围,仅仅为了参加一个性别化的社群活动,并从中获得了某种天生的愉悦。性产业的主张者尽管容忍了这种形式的色情模拟,但仍对他们自己的交易总体上可能稀释化而深深担忧。特别是,这些主张者哀叹软色情日益侵入日常电视的现象,特别是通过像《老大哥》那样,通过"真人秀"节目侵入。《老大哥》系列节目虽然已日薄西山,但它带来更高程度的直露性话语、各种形式的性行为和裸体,使色情进入发达国家的家庭之中。对性产业而言,这种新形式色情的日常属性极大地威胁着禁忌和淫欲的矛盾语境,而这正是他们的产品和服务的吸金之道。也就是说,直露性展示的日常属性对支撑色情业的性欲和欲望构成了危险。

另类的性

性别化的性

尽管身体的性别设计明显就是要体验性和性愉悦的,但是这些感受经验的意义、管理和表达则明显地形成于文化。在这个意义上,对性特征的社会管理基本上是政治性的。在封建农业社会,社会权力和经济资源(如土地)的所有权通常以生育控制、血族关系,也包括军事武力等方式实施。围绕着性,权力集团制造出复杂的法律和宗教戒律,以确保他们自己的特权、愉悦和继承权;同时,通过管理平民的社会生育和禁止过度性行为,以维持农业和军事劳动力的不断供给。社会在性欲和性禁令之间的这种精细平衡,突出了阶级和性别等级制的社会构成。通过对男子气和女人味的明确规定固化性别特征的父权制,主要形成于精英的利益和对欲望、生育控制及劳动力需求的谨慎管理。

对同性恋禁令的形成大都出于相似的历史和政治要求。但是,尽管许多文化忽视、容许甚至批准同性之间的性表达,现代社会的进化却似乎伴随着对这种性表达形式(尤其是男—男之间关系)的特殊轻蔑。19 世纪英格兰立法禁止同性恋是基于一种道德、宗教和科学话语,对同性恋之"违反天然"及其反常性行为表示义愤。对许多立法和执法机构而言,同性恋

显然表现出个体的深深堕落和心理疾患。的确，直至最近，许多关于同性恋的现代主义讨论仍围绕着同性恋是否为身体或者社会的病理问题展开。不管是哪种原因，维克多利亚女王在审核最早的这个同性恋禁令时，却将妇女排除在外。因为她相信，更纯洁的女性既没有生理器官，也没有低级趣味去纵容这种兽性的行为。

虽然男同性恋者的政治呼吁和一种更为开明进步的同性恋概念已经在很大程度上消除了将同性欲望视为“疾病”的观念，但是，关于同性恋来源的争议仍然存在。有关这些来源的另类理论可概括如下：

1. **同性恋是一种基本的生理或遗传倾向**。据估计，大概有10%的成年人有过同性性行为。在这群人中，一些人相信自己基本上是同性恋者，生理上就被同性吸引。这些性排他主义者群体通常围绕明显的差异感建立他们的身份和社群。最近有某种科学（虽然受到置疑）认为，事实上存在一种“同性恋基因”，它预设了个人的同性吸引取向。这种科学还宣称，男同性恋基因一直存在于人口中；某些家族出现的高同性恋比例被引证为这种基因存在的证据。

2. **同性恋取向是通过特定文化群体和表达模式形成的**。尽管有部分比例的人明确地将自己视为完全的同性恋者，但更多的人却有混合的性取向。这说明，文化和文化表达与同性性取向有关。因此，某些特殊形式的文化习俗或行为更可能创造同性恋表达模式。在历史上，可以看到特定的社会和文化（如古希腊）支持同性性习俗；而其他社会和文化则较为敌视同性性习俗。在现代西方社会，某些社会习俗似乎促进了同性性行为比例的提升。单一性别的天主教学校、监狱和鼓励性试验的文化语境（如波西米亚社群、同性父母、特殊的流行文化文本和环境等）都被视为促发同性恋性表达的社会刺激因素。

3. **超男子气概和父权制也常常被视为拒绝异性关系的文化根源**。一些男同性恋者表示，对男子气的过度期望使他们拒绝异性恋关系。过于严厉、处处禁止的父亲一直被视为儿子产生同性性取向的根源。同样，女同性恋者也表示，她们与妇女结合的一个理由是与进攻性或压制性男人的“糟糕经历”有关。这些经历可能包括身体或性虐待，或是大男子主义对象强加的严厉管束。

4. **每一个人都可能体验来自同性的吸引，但只有特殊的人准备尝试这种性形式**。在这个意义上，并不存在固定的社会条件作用，而只有个体条件、生活历史、外界影响和个人心理的交织影响在起随机作用。

身为同性恋者：酷儿理论

在许多方面，关于同性恋性行为根源的这些理论也包含文化对同性吸引的表达方式。现代社会利用各种机制来压制这类行为，包括贴上罪恶和病态的标签，实行制裁。因此，当文化将这种行为确定为反人性的类型时，某人便成为一个“同性恋者”（“娘娘腔”、“假女人”、

“假男人”)。自相矛盾的是,20世纪60年代出现的男同性恋解放运动,正是利用了文化类型学及其内在的二元论(同性恋/正常人)来推翻对同性恋的法律禁令。如更广泛的公民权运动一样,同性恋的解放也形成于主要由压迫性国家机器及其强加的语言—知识价值观所影响的身份政治学。同性恋运动力求颠倒这种将他们排除于现代社会赖以维系的自由和人权之外的地位(Jagos, 1996; Patton and Eppler, 2000)。对“自豪”的呐喊传达出一种信念:这些人生来就是同性恋者;他们只是想在不受法律或社会禁令的条件下表达他们的性取向。

然而,对正常人/同性恋的固定二分法,直到最近,一直被视为本身便是一种限定表达和选择的限制性类型学。虽然同性恋的本质化也许适合某些同性恋者及其群体的认同和政治利益,但是它也为混合性吸引与混合身份(包括跨性别主义)限定了范围。于是,“酷儿(Queer)理论”发展成为将同性性感的表达力量从本质化的现代主义僵硬目标扭曲过来的一种方式。“酷儿理论”来自关于语言、权力和知识的后结构主义理论,它寻求对正常人/同性恋两极论及其固定、完整身份观念的解构。为达此目标,“酷儿理论”利用了由官方的“正常人”文化所赋予的“古怪”(queer)标签(Seidman, 1996; Huffer, 2001; Halle, 2004)。因此,“酷儿理论”将身份视为开放和可扩展,是对复杂话语效果的投射,它可以为特殊的社会场景集结并释放,成为文化表达进一步具体化的动力。

挑战性解放的刻板形象:印度尼西亚的“第三性人”

第二次浪潮的女性主义运动日益被视为政治批判和政治保守主义的一种特殊混合体。为了将女性从父权制性别指令中解放出来,第二次浪潮的女性主义运动通常创造出自己认可的被解放妇女的形象——受过良好教育、有着中性容貌、未成为男性消费时尚受害者的人。这种刻版形象遭到许多女性拒绝,包括新浪潮女性主义者,她们寻求自己对解放的女性和与男性(及女性)进行性互动的表达方式。显然,“女性特质”(femininity)的观念也被另一极端的社会种类(异装癖者)采纳了,他们用“女性特质”去争夺对性别(包括他们自己的男性特质)更广泛的社会规定。

矛盾的是,寻求解构女性特质的这种女性主义批判必须放弃这些“之间”(in-between)文化类别的“性混合”(gender-blend)。为此,第二波女性主义运动成为一个压制性的政治框架,与主张审查的保守政治力量结盟。

印度尼西亚的变性人群体被称为 Waria①(“第三性人”),在传统和现代的马来文化中有长期的历史。自称“第三性”的这个群体,在生理上是男性,但他们作为妇女生活在特殊的都市村庄中。印尼的政治势力力图通过大规模扫荡式的立法行动取缔“第三性人”和“同性恋”群体,以增强伊斯兰保守主义的道德权力。这些保守势力的父权制(极端大男子主义)

① 原意为既是男人又是女人的人。

社会也是伊斯兰教法的核心平台，它斥责性别的“倒错”现象。保守的伊斯兰群体指出，异装癖和同性恋群体打破了建立在家庭和单纯性别基础上的伊斯兰传统。

但是，“禁令法提案”的反对者则认为，这种传统本身正是植根于当代重申的反西方意识形态中，正是符合极端伊斯兰主义者自己的社会和政治利益的。的确，保守派对传统的认识致命地忽视了印度尼西亚性容忍和性多样化的历史，以及这种文化自身广泛的性语汇。

早在19世纪80年代，人们便在印尼的贸易地区发现明显的异装癖社群，如今它们在雅加达、中爪哇和巴厘岛仍明显存在。“第三性人”似乎未受到社会污名和轻蔑称谓的影响，继续悠然地生活在社会边缘，并建立起强大的社群以及社会支持网络。对印尼“第三性人”的各种研究展示的形象，是一个十分强大的社会网络，包括社会福利，以及围绕共享、互助、工艺品和色情业组成的微型经济。“第三性人”不必被视为女性，而更像是混合性取向的第三性别。在全球，许多异装癖和跨性别群体都报告了这种多样和开放的身份经验，也为解放政治造成了相当大的复杂性，因为这种政治将二元固定的性别对立归因为不同的特定性质。

当然，这并不是说，个人可能对某一特定性别具有强烈倾向，且可能寻求在某一相似主体社群中建立自己的认同。这反而提出，此类倾向存在于复杂的性话语和选择的相互作用之中。而解放是由选择的能力，而非由特定倾向本身的必然性所决定的。这种思路扩展了人们对同性性吸引和性行为的解读，创造出对“另类性特征”更为包容的类别。特别是，“双性恋”代表着“之间”的类别，德勒兹和瓜塔里以此认定异性恋/同性恋等二元等级制结构的瓦解。在此意义上，“双性恋”成为一种反抗意义的表达，它避开了本质化的身份，提供了对人类性实践更广泛的一套语汇，以及脱离固定性身份的一种解放（见 Jagos，1996；Halle，2004）。

上述产生于“酷儿理论”的另类表达也更普遍地攻击了隐含在其他二元论（如男性/女性）中的假设。异装癖、跨性别与变性的实践和认同必然损害性别的固定生理决定模式。因此，虽然第二波女性主义提出，性别大都是由社会构建的，但它却把性的解放固定在公民权基础上对男人/女人二元结构的逆转，而这样做的结果，是将其特定的女性种类本质化，并要求它自己特定类型的妇女地位上升。即便是寻求规定女性特质表达潜力的后现代女性主义，也始终陷入一种性视角：有趣的、扩大的，但最终局限于颂扬某类特殊女性特质的二元构成之内。但是，变性模式混杂了生理和性别的表现，僭用习惯类别，创造出一种位于“之间”和“之外”的新类别。

因此，虽然许多变性主体感受到将他们的模糊生理性别“重新归属”的压力；异装癖者则通常安于自身的生理，但以穿着异性服装和表现另类性别方式表达自己的性特征。无论如何，主体寻求性结合的性别都是极为多样的。一些异装癖男人只与男人、另一些只与女人发生性关系；还有一些则两性皆可。而异装癖女人虽然不太常见，也有相似的性表达可变范围。

邂逅地、欲望、疾病与绝望

毫无疑问，消费资本主义利用了这些性表达的新方式，将它们转变为各种主流的和流行的娱乐形式，如果不是实际的性选择的话。性特征的解放和多元化已经成为电视文化的组成部分——明显地如电视节目《同志亦常人》(*Queer as Folk*)、《拉字至上》(*The L Word*)；电影《沙漠妖姬》(*Priscilla*)和《断背山》(*Brokeback Mountain*)；乐队如"皇后"(Queen)和"安东尼与乔纳森"(Anthony and the Johnsons)，以及悉尼"同性恋狂欢节大游行"等迷人事件。而且，同性恋的特点也在普通社群为大部分异性恋受众描绘出来：《威尔和格蕾丝》(*Will and Grace*)、《巴菲》(*Buffy*)和《兄弟姐妹》(*Brothers and Sisters*)等电视节目都将"同性恋"展示为一种有点古怪但不失美好的感情交流，以娱乐主流大众。

在某一层面，这些另类性特征的流行代表了一种对性解放和性多元化更为乐观的新观点。同性性行为与主流商品文化的结合为普通人、也为"双性恋"和"同性恋"社群表达了某种真实的同性情色，也创造了一个新的常态平台。但是，在另一层面，对积极、年轻、健康和性感的"同性恋"身体的想象掩盖了与同性性文化、性经验和性实践相关的许多持续的不愉快。当然，许多这种的不悦只是更广大社群与性特征相联系的心理、情感的宽容度的问题。然而，对于存在同性性实践的人来说，他们的生活受到了强烈的隔离、绝望、心理创伤甚至精神疾病的影响，这些伤害与主流甚至非主流电视节目的叙事都大相径庭。从这个意义上说，在这个始终鄙视"同性恋"和杂交行为的社会里，当个体继续伪装自己的性取向时，电视文化及其商业利益所宣传的浪漫理想被打得粉碎。

确实，电视节目常常以年轻美丽的身体美化"同性恋"的性特征；而实际的"同性社群"则由各种年龄和不同身体吸引力的人所构成。"同性恋"群体的吸引范围比更广的"异性"社群要狭小得多。因为个人要不时地为得到伙伴和性愉悦而进行紧张的竞争，所以同性关系大都是困难且不稳定的。男性和女性同性恋的"场景"中充斥着暂时、偶然的性行为。当他们力图为一个地位始终暧昧不明且处于半地下状态的社群协商复杂的规范、期望和习俗时，留给许多人情感和精神的不满足——尽管"同性恋"为更广大的文化提供了令人敬佩的娱乐价值。

在男性邂逅地(厕所隔间，或男性之间进行偶然匿名性行为的其他地方，被称为"beats")是性交发生特别集中的场所。参加者可能会做出冒险的行为，包括不戴安全套性交、多性伴性交和身体虐待的性形式等。在女同性恋[①]社群，妇女常常挣扎于身份认同、母性

① 女同性恋者有时也被称为"拉拉"。

和伴侣关系的问题中。女同性恋的各种分类(丈夫类型、妻子类型和迷倒两类的万人迷“口红”类型)成为这一群体明显分裂的指标,性游戏和伴侣关系常常包含欺骗、高度短暂的关系和强烈的竞争与嫉妒(见 Meem and Gibson, 2002)。而女同性恋中特定的高度女性化类型的“口红拉拉”就有意识地拒绝男性化的“丈夫”类型。对许多坚定的女同性恋者而言,这些女性化的“拉拉”不过是访客或者游戏者,她们对试图压迫她们的性政治没有真正的承诺。因此,妻子类型或者口红类型的“拉拉”常常被视为“同性恋”事业的叛徒。即使在长期伴侣关系中,围绕着性与性感的争议始终存在,因为女同性恋伴侣必须正视生育问题,以及比其他社群更低的生殖器官性交率问题(见 Duberman, 1997)。而且,男性和女性同性恋伴侣似乎也都经历过与异性恋社群同样程度的心理和生理虐待事件(见 Miller et al., 2000)。

好的性与坏的性

让·鲍德里亚提出,新的超现实媒介领域没有明确定义的道德或者思想中心。作为一种自我复制、泛滥成灾的刺激物,电视文化既无意义和深度,又无价值,内核空空如也。以视觉化为特征的拟像(复制物的复制物)是围绕受众投入的感官和情绪而形成的,这些受众永远被景观和他们自己无定形状态的兴奋所“迷惑”和“引诱”(Baudrillard, 1983b, 1984a)。为达此目的,电视化的现实通过年轻、美丽(通常是女性)身体的核心主题,动员自己将性欲与社会知识融为一体。

诚然,年轻女性美丽的主题一直是许多人类社会美学与文化肖像学的核心,经常通过与生育能力、亲缘关系和性欲联系在一起。在现代社会,这个主题一直被父权制和浪漫的理想所巩固,而这些理想则通过消费主义和商品资本主义获得激励。性欲**作为一种社会知识**,在植入流行叙事、商品品牌,名流和广告时起到关键性作用。因此,年轻女性的身体作为整个文化的本能、经济与新形式的社会知识的核心焦点,在一个竞争且常常矛盾的冲动和需求(多产与理性、激发与压抑、家庭与事业、美丽与拒绝、欲望与爱)的旋涡中,变成悬而未决的问题。在这种语境中,年轻女性身体的主题和意义屈从于特殊的文化压力,反过来又刺激了新的性实践和再现模式。例如,在青年文化亚群体中,年轻妇女可能被要求保持身体的“贞洁”,为严肃的性关系及生育所用;但同时,又被鼓励具备性能力和性经验。为了传播一种贞洁的理想,一些年轻女性与同性进行试验,或者尝试非性交的性行为(如口交),这样可以从文化上定义为“没有真正发生完全的性行为”。于是,这些不那么实际的性行为使得年轻人创造出想象贞洁的文化条件,于是巩固了关于婚姻和生育的父权制理想。

当然,在当代文化变化了的条件下,这种理想正在遭受严重的破坏。一半以上的婚姻以离婚告终,越来越多的配偶和个人完全拒绝正式的婚姻。发达国家的生育率持续下降,许多妇女正经历着“社会性不育”,还有不断增高的情感不满度。越来越多未育且处于育龄末端的妇女承认,她们周围的社会完全不能向她们提供一个合适的伴侣——一个可以带给她们情感满足和家庭生活的男性伴侣。

女性主义也指责婚姻是父权制的不可靠制度，它压抑妇女而有利于男性(见 Hertlein，2006)。婚姻中的暴力和虐待常常被视为这个制度的内在缺陷。1/9 的美国女性报告说，她们在婚姻中遭受了强奸和其他形式的强迫性行为(见 Miller and Knudsen，2006)，婚姻制度本身日益被视为不再有用的多余社会形态。

这类“坏的性”形式挑战了人们对性多样化的普遍认可，而这种多样性正受后现代主义学术和流行话语如此热烈的赞扬。即使在广泛宽容的社会中，当文化一直都在区分哪些性行为是被认可的，哪些不是的时候，对差异的平抑也达到了边界。电视文本围绕好的性和坏的性所形成的社会知识可总结如下：

1. 美丽和健康对好/坏二极论至关重要，我们只在偶然情况下才能目睹疾病或残障身体的性行为。即使在更大胆的另类叙事文本(如《拉字至上》)中，角色都是迷人且健康的，爱恋关系多产生于这种熟悉的审美标准。由迷人的“女人味”女人来演绎的时候，女同性恋的性行为是一种正面的性感。

2. 极少在非常不同的文化、阶级、种族背景的人之间表现性。例如《绝望主妇》(*Desperate Housewives*)、《橘子郡男孩》(*The OC*)、《兄弟姐妹》等电视节目的制作者都很谨慎，不过分延伸观众对美好的性的期望和想象。例如，如果一个黑人和美国白人发生性行为，则成为某一叙事的明显特征，而非偶然发生的正常行为。一旦使命完成，这种元素便迅速从视野中消失。同样，这种节目中也极少出现流浪汉或者失业的罪犯，更不会让他们和明星发生关系。

3. 性受年龄限制。在当代文化中，恋童癖和“虐童”现象的出现已成为重要问题。但是，年龄差异巨大的不同人之间的性接触，无论是未成年人还是成年人，都会受到深深的质疑。电影制片人伍迪·艾伦和他继女的婚姻已被证实为令人不舒服的问题——是一种有污点的和不恰当的身体结合的例子。

4. 艾伦与他的继女的罗曼史及婚姻进一步提出了乱伦关系的合法性问题。这种禁忌在现代文化中仍然存在，尽管文艺片如《小镇疑云》(*Lone Star*)曾试图提出这一争议问题，供公众思考。

5. 关于多配偶制的永恒疑问。浪漫婚姻的理想似乎轻易地适应了连续性伴侣的观念，甚至可以容许暂时的多伴侣实验。但是，这些实验都假定失败了，正如电影《两女一男》(*Two Girls and a Guy*)和电视剧《绝望主妇》或者《益智风云》(*Cheaters*)那样，“配偶”之理想最终将规范的价值观强加于其他形式的关系之上。正面描绘多配偶制的文本，少之又少，或者限制在相对保守的父权制范式之内，如《大爱》(*Big Love*)。然而，即使是在长期的、假定一夫一妻的关系中，许多人也卷入了婚外的性。根据对发达国家长期关系的研究，约 60%～70%的男性和 55%～60%的女性在他们当前的、长期的婚姻中，与配偶之外的人发生过性行为(Hertlein，2006)。

6. 文化评论对包含暴力的性、自愿施虐受虐的性和兽交的性深为鄙视。然而，即使将上述元素转为想象且成为完全不同的话语的一部分——例如在彼得·谢弗的剧作《恋马狂》(*Equus*)中——这种理想也归于沉默。

7. 最后，在工作场所，性与权力的双重编码已经产生一种新的焦虑，特别是当工作场所已经成为当代文化核心的性地点。女性主义质疑同事之间的性关系，因为存在不同的权利和利用的危险。虽然这种恐惧大部分与女性的从属地位有关，但电影《桃色机密》(*Disclosure*)却揭示了男性下属遇到的同样问题。

美丽而健康的身体

结构主义的规则

女性主义关于身体的很多分析都集中于再现的问题。特别是，女性主义者对不断重复特定年轻、苗条女性身体形象的广告和其他流行文本持强烈的批判态度。上述形象不仅是“正常的”或者被设定为文化标准，还成为“神话的”：它是所有女人为了完成妇女的自我认同而必须立志向往的理想。男人的制度性权力使得他们构建出这种对美丽的理想，他们是凝视者，也是凝视机制的拥有者。娜奥米·沃尔夫(1991，也见 Jeffreys, 2005)指出，对于理想身体最常见的描绘，从 20 世纪 50 年代以玛丽莲·梦露为代表的 12～14 码丰满身材，演变为如今又高又瘦的 6～8 码形象。沃尔夫认为，在发达国家男女身体实际正逐渐变得庞大的时代，理想化女性身材的缩减代表着保持妇女身材苗条、营养不良和未发育形态的控制意图。

尽管沃尔夫“打击一大片”的分析受到猛烈的批评，但无疑，妇女的身体一直作为普遍文化的形象特征，成为性和商品化的焦点。女性主义分析认为，饮食不调的疾病，如暴食症和厌食症，都与媒介构建的不真实的理想身材直接相关：年轻妇女故意忍饥挨饿，以使身材符合这种理想。矛盾的是，这种对身体不满的流行现象与快餐饮食和更少体育活动的趋势同时发生，结果却是人们越来越胖的倾向。帕特里夏·弗丁斯基(1998)指出，在发达国家，尽管运动带来了明显的健康好处，但所有年龄的妇女性活跃的程度都仅有男性的一半。

苏珊·桑塔格(1978)认为，媒介对年轻美貌的着迷也相应地带来了社会对年老状况的研究兴趣：如果不将年老视为疾病的话，至少也将它构造为一个“问题”。在桑塔格看来，正是对年老女性身体的特殊恐惧构成了理解和解读女性性特征时的主导意识形态。因为对年轻、健康女性身体的文化强调和媒介推广，女性的衰老显得比男性更可怕，更恐怖。女性年老代表着活力和性潜力的基本丧失，亦即“生命”的基本流失。弗丁斯基进一步指出，这种恐惧类似于女孩进入青春期时的感受；尽管妇女运动取得了巨大的成就，但年轻女孩仍然接受了一种厌恶自己身体的社会文化(Vertinsky, 1998: 87)。不过,据弗丁斯基和许多其他女性主义评论家的观点,甚至苗条、匀称的合适身体也屈从于父权制商品化的控制性操纵:

> 通过健美操的极大流行,改变了人们对女性身材的审美标准。……这种改变的身体是健美的身体,健康的身体(与厌食症患者基本上不健康的瘦削身体对照鲜明,那种身体离可接受的女性特质主导标准相距甚远)。虽然这并非否认健美操可以作为一种娱乐、社交、锻炼和自我保健的工具,但它体现了在一个精明的消费者社会中权力对妇女身体的复杂利用(Vertinsky, 1998: 89)。

无论是匀称、厌食或是过重,无论是年老还是年轻,女性身体一直受父权制和消费主义结构的权力控制。但是,这类形式的女性主义分析挣扎以求逃离这种权力的出路。女性身体的美丽和健康似乎永远注定要服务于男性的凝视、男性的性行为和商业。

美丽与劳动

所有文化似乎都规定了美丽和健康的特殊价值,虽然对美丽及其地位相对于其他社会价值的定义高度可变。在我们的文化中,美丽和健康的显著性只可部分地由女性主义的建构分析所解释。即使在欧洲文化历史中,例如对肤色的鉴定,我们也可以发现不同的评价。洁白的肤色曾被认为富有和闲适的象征,这是具有商品价值的美丽的重要表现。但是,自20世纪60年代开始,晒黑的肌肤代表着健康的身体,因其有足够的悠闲享受日光浴或者海滨生活方式。但随着大众了解了阳光晒伤及患皮肤癌的危险之后,晒黑的皮肤就不再被认为健康和富裕生活的象征了。与之相似,在20世纪八九十年代流行起来的女性极端瘦削的身材似乎与其他重要的女性理想化身材发生了冲突——尤其是作为性感文化象征的胸部崇拜。也即是说,虽然时尚行业继续采用精灵般的年轻妇女的瘦削身材,创造出一种永恒的青春期甚或中性形象,媒介的其他领域却将胸部的暴露和展示作为支配性的性感符号。上身裸露的淋浴,电影中直露的裸体,以及丰胸手术行业的爆炸式发展——所有这一切都指示着一个更强烈的女性性感体验,在许多方面反抗着以无家可归者式的瘦削为代表的美丽标准。

诚然,这种视觉化性感,特别是年轻性感的强化,一直伴随着保持美丽和青春的产品和服务的大量增加。让·鲍德里亚以当代文化中电视化的增长和普遍性商品驱动的性兴奋状态的需要来解释这些发展。电子媒介和媒介化形象的广泛传播,伴随着资本主义作用方式显著的历史性变化。经济由制造业向服务业的转变,尤其是向以媒介为基础的服务业的转变,改变了身体在劳动中的配置方式。鲍德里亚(1981)自己认识到这些转变,指出现代资本主义将劳动的焦点从生产商品转向生产象征。在日益盛行的视觉文化中,人体的交换价值毫不令人奇怪地由行为和思想转向外表。一个主体可以做(或生产)出来的价值变得不如主

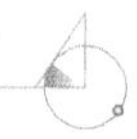

体所能展示的外观那么重要。因此，在美丽的象征性交换过程中，容貌已经成为超越肌肉行为和思想的核心。

对文化日益浅薄、世态瞬息万变和对人类关系日渐疏离等现象的抱怨，与这种新的交换价值的上升直接相关。人类身材的景观，尤其是女性的面容，提供了一种交换的货币。年轻等同于新鲜和崭新。在一个如此彻底地失去了关于时间和进程的深刻(现代)想象，崭新作为永久价值如此高标的文化里，毫不奇怪年轻为何能够成为如此重要的商业资源。在后现代文化中，所有时间和空间的主题都被压缩为永远自我建构的关于崭新和当下的形式，此时年轻成为一种必须时刻更新的自我教育机制；深刻思想或曰"知识"则滑到了可出售实物的视觉表象身后。虽然我们可能轻松愉快地谈论"信息时代"，但显然，这些信息并非由新形式的知识主导，而是由一过即逝的想象主导；而这些碎片必须通过年轻的微笑举止不断翻新，重新铭刻。这种对"崭新"的不断建构和再生，及其对大众成功的承诺，必然使集中化知识的价值屈服于个体的感官享乐。即使是互联网这样相对较新的文化设施，在转型为万维网并以叙事、图像和投入性愉悦感受等形式呈现信息之前，始终乏人问津。作为一项知识技术，过去的互联网受军界和学术利益的限制。在与视觉文化和性感图像结合之后，互联网从默默无闻到一跃而起、一鸣惊人，成为日常用户获取信息的重要渠道。而身形，特别是女性身材，则再次成为网络的主导影像。

年老与病症

尽管其他文化可能会尊重并珍视与年老相关的睿智，但后现代对年轻与青春外表的强化则不可避免地造成人们对年老、疾病和衰退的深深担忧。桑塔格和其他女性主义者曾强调与妇女年老伴生的这种问题，但是两性都可能为身体能力的衰退而严重焦虑。实际上，后现代的文化时间观念——"总是现在"，且不断打开"崭新"——给文化主体造成了极大困扰。主体可能希望遵从这种文化规范，永葆青春活力，但简单的事实却是：身体会退化，人会进入老年。从更广泛的人口角度看，事实上，作为社会群体，发达国家的文化早已不再年轻；而"二战"之后的婴儿潮一代都已过了高峰期，发达国家的全部人口都在迅速老化。

从个人角度观察，梅罗维茨(1985)承认，日益年老和永远现在的不匹配性主要因新的话语对现代主义关于生命进程的年代排列表提出了挑战。在他看来，人们对生活的想象发生了根本改变，儿童的行为越来越趋成人化，而成人的行为却幼稚化。因为日益年长的人试图保持青春文化，以对抗不可避免的生理退化和死亡，人们日益延续服饰、文化品位和自我展示方面的模式。

虽然这种特征在中老年阶段表现得十分突出，但在"四分之一年龄段"(25～35 岁)人群中也很明显。年轻人正通过推迟婚姻和生育以体验延长的青春期。而"四分之一年龄段危

机”的概念则指年轻成人在社会和文化方面坚持自由、性实践和生活方式的娱乐性(Hassler，2005)。这种时间的浓缩明显地与后现代化和视觉文化的冲击有关。

当代文化对生命阶段的去仪式化现象是相似的重新排列时序的一部分。对年轻和青春永驻的强调，挑战了与年长相关的文化价值观和社会褒奖。的确，被多数女性主义分析如此唾弃的理想化身材展示，正在成为搅乱生命阶段进程的一种因素。年轻的活力、性魅力和冒险的乐趣为扩展“中年”提供了源泉。广告和视觉图像引导成年消费者只是移情式地体验与实际年龄相关的生活方式；舒适和奢侈构成了鉴别品位的眼力，而非身体退化的条件。也即是说，通过针对目标市场的营销话语，年老的现实被掩盖了。并非衰退睿智(亦即老年人的社会地位)驱使消费者购买某一商品，而是保持身体活力、激发欲望和青春永驻的信念使得老年人认同一种否认生理退化的消费。

费瑟斯通和赫普沃斯(1991)这样判断：在过去几十年中，作为年轻人和老年人之间过渡阶段的“中年”观念已被重构。不过，他们继续提出，伴随对中年越来越开放且灵活的概念重构的，是中年危机的话语(1991：384)。按照视觉肖像，中年危机成为另一种可用的资源，让主体定义他们自己，并判断他们对感情关系、健康和性感的经验。我们曾提及反衰老商品和服务、婚姻/家庭/恋爱关系咨询业的迅猛发展，以及大量生活方式产品的爆炸式出现，设计这些产品是通过重构中年来完成认同的。但似乎，中年已成为意识的一个节点，是鲍德里亚谈论的激发永恒性或许该物归原主的时刻。也就是说，中年时期不断返回的唤醒可能导致人们意识到：满足实现之不可能。事实上，生理与话语之间的矛盾混合可能使主体产生某种身份的破碎感，从而导致危机感。中年危机是现实的“正常”产物：性或财产的欲望之不能满足，以及永生愿望之不能实现。

戴维·克拉克(1993)认为，建构婚姻中的性问题与这种“正常化”过程有关。也就是说，支持性关系“危机”观念的心理学、医学和病理学话语都是建立在“正常”和“非正常”观念之上的。中年的观念虽然建构了更开放的年代学思路，但它们只是将安康问题由年齿渐长的问题转向其他正常形式的建构。克拉克认为，性特征及各种性形式在人类性病理建构中几乎得不到支持。虽然其中一些常见的性病理现象可以被确认为身体性的，但许多现象也可以被定义为心理或关系的“病态”。对女人而言，最常见的问题是缺乏性欲望，不能达到性高潮；对男人而言，最常见的病理问题则是勃起和射精障碍。

但是，在克拉克看来，正是特殊的社会安排建构了性关系(婚姻)，而它首先收容并建构了“危机”概念。婚姻中各种性问题通过性规范和理想化婚姻的观念集中起来。情感关系或性的不和谐来自这种规范的过程，而针对它们的治疗方法则将人们的注意力从关系的形成本身和更宽泛的性问题转移开来。换句话说，克拉克主张，身体的各种问题是由社会和文化认可的所谓“正常”关系构成的。产生危机的原因，仅仅是主体的身体不能应付这种对标准的期望所带来的情绪和心理负担。

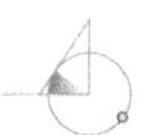

肌肉发达的身体景观

虽然对性和年轻女性身体的话语倾向于主导学界对身体的分析，但更多新近的研究却在考虑另类的文化再现，包括肌肉发达和“男子气概”的景观。的确，通过文化理论的进步，女性主义分析主导的意识形态和再现研究的兴趣已有一部分转向对身体多样化和其他意识形态的更广泛研究兴趣。如我们之前提到的，在媒介和更广泛文化中分析年轻女性身体的流行趋势，可能掩盖了性特征日益增加的异质特征和其他的日常身体经验。例如，近期关于女性身体的研究检验了女性肌肉发达的现象，视为对传统女性刻板印象的重新定型(Halberstam，1998；Choi，2000；Krane et al.，2004；Cregan，2006)。朱迪丝·哈伯斯坦认为，妇女完全可以重新书写她们肌肉发达的身体，产生出一种“女性的男子气概”(1998)。无论是自觉还是偶然，此类分析都在反思关于身体建构、身体行为和性别归属的整个观念。例如，妇女的肌肉发达反映了将身体理想化(包括男子气话语)的建构本质。莱斯利·赫伍德通过仔细排列的美国流行文化对(女性)健美的分析，解构了男子气：

> 也许比任何其他当代现象都明显的是，健美依赖于身体可塑的根本观念，尽管相反地，那种可塑性也支撑了最稳固的传统男性标准。健美比其他任何运动都吸引人们注意这样的事实：男子气只是一种伪装，而不是不能质疑的本色。……如果按照电影理论，在表演中把一个人置于被看的一面，被看的是女性的位置，那么，即使摆出超男子气的姿势，健美表演明显标志出的男子气，也只是姿态和纯粹的身体建构。就定义而言，健美是一项肌肉表演的景观。……不稳定地栖居于奴性展示的男子气及其去自然化，因而被解构的平衡点上，健美是其将要摧毁要塞的防御工事(1998：65)。

健美与整容的行为方式很相似。奇怪的是，女性男子气的增强扩展了女性特质和女性外形的潜力，同时却也暴露出其男子气的人为特征。肌肉就像硅胶乳房一样可以被建造，在话语的文化建构中任何事物都可能发生。

当大多数女性主义者关注于批判社会刻画的女性形象时，赫伍德的解构方法却致力于将女性从男子气概念所强加的话语和意识形态局限中解放出来。赫伍德认为，实际上，健美达到极端，便构成了一种形式的“女性景观”，并由此产生自我嘲弄。克兰等人(2004)在其对女人味和男子气的研究中发现，许多女性运动员对期望中的约会伙伴怀有一定程度的不满，因为这些男人似乎偏爱符合传统女人味观念的更为瘦小的身材。

当然，关于性别刻画和认同建构的问题也同样发生在男性身上。特别是，低脂肪、肌肉强健的身材在男性对理想化男子气的文化想象和体验中尤其关键。虽然赫伍德把“男子气”

视为妇女解放的形式,但多位评论者(Messner and Sabo, 1990; Buchbinder, 1998; Pease, 2000; Edwards, 2006)却将其视为对男人的束缚和麻烦。男人理想化的肌肉发达的身体和体型大小(生殖器和肌肉群)的社会意义,可能与重视女性美貌或胸部展示的方式极为相似。

正如穆雷·德拉蒙德(1998a, 1998b)在他对理性化男性身体的分析中指出的,身体对男性身份的建构意义极大。虽然这种身份总是建立于身体的行为方式之上,但新近电视文化中对表演肌肉发达情形的展示正在使男性遭受与女性相似的压力,并产生对自己身体的不满。德拉蒙德(1998b)认为,男性(尤其是年轻人)对身体的不满正在增长。苏珊·帕克斯顿(1998)同意这种观点,并指出,至少10%的厌食症病人现在是男性,而暴食症患病率则男女相当。康奈尔(1990)说,男性对变大变强的欲望并不一定为了增强其已有的男子气,而只是为了与社会标准相配,或仅仅为了被认为男人,这种渴望在男同性恋者那里尤为强烈。

在更广的范围里,这些男子特征包含在全球范围地缘政治的暴力中。乔舒亚·戈尔茨坦(2001)指出,男子气概与战争的联系也许是在各种文化中都最普遍的性别角色。只有生理规定的"妊娠"在女性的共同特征方面,才与男子气和战争的联系一样。但是,这种刻画的男子气,亦即先天具有的暴力与战争倾向,也并非必然,戈尔茨坦解释说,是男子气概与某些特定政治条件的叠加作用使这种联系变得如此恶性且危险。在南希·艾伦里奇(2002)看来,男子气的暴力特征经过历史和文化的调制,成为美国黩武主义及其政治霸权的核心特征,在全球反恐战争中表现尤为明显。对地缘政治语境、也对个体男子气概及其角色的重构,是形成更好的人类关系与更好的社会和世界和平的先决条件。

由此观之,男人和男子特征的文化"缺陷"已经成为性别、和平及人类关系研究批评的核心标靶。对于此领域的许多学者来说,重构男子特征的需求构成了某种形式的危机:男人必须适应妇女日益强大的权利,并改正他们自己在暴力、虐待和压迫历史中犯下的过失。即便如此,如爱德华兹·蒂姆(2006)注意到的,这种危机的观念多少转移了人们对文化和男子特征复杂历史的关注,将男人和极为多样化的男性经验均质化为单向度的负面倾向。

商品化与体育运动

当男子特征与其他文化等级制如种族和阶级联系在一起的时候,其问题性便被进一步强化了。无疑,在文化中,运动和游戏曾是消遣和娱乐的形式。但是,在更偏向功能主义的层面上,体育运动为劳动力、经济和军事活动提供了身体训练的方式。在较发达的文化中,体育也被用作某种社会区分的形式,常常确认了社会距离,不仅有表演者之间的,还有表演者与观众之间的距离(见 Bourdieu, 1991)。体育运动之成为文化,是19世纪后期主要发生在英国的现象,它也提供了维持和管理国家、民族主义和帝国意识形态的流行载体。英国的板球游戏提供了宣传和维护皇家意识形态与不列颠帝国霸权的工具。男人的运动力量所展

示的男子气概的潜力，在公开展示国家价值观和民族潜力方面成为有用的载体。在1936年柏林奥运会上，阿道夫·希特勒通过德国雅利安运动员的表演展示了德国的男子气概。"冷战"期间，美、苏之间的紧张关系表现为核武器竞赛、太空竞争，也表现在野蛮的体育竞技中，并以互相抵制对方所承办的奥运会而达到顶峰。在慕尼黑奥运会期间，巴勒斯坦武装组织谋杀以色列运动员的事件再现了运动与政治的残酷结合。而在2008年北京奥运会上，中国则通过其体育实力，宣告自己成为一个先进的全球经济大国。

电视化的运动身体

电视、卫星和数字技术的进化使得全球即时转播体育事件成为可能。实际上，与年轻妇女的性感一道，增加最多的形象领域是男子的体育活动。因此，作为景观的活跃男性身体已经与电视经济相结合。稀缺性和资本主义价值找到了一个新的商品化来源，一种新的劳动形式。将业余的消遣性运动转化为高价值商品的过程，赋予体育活动和体育本性以新的定义。身体，特别是男性身体，按照动作是否优秀来定义——这是一种表演到极端程度的能力。于是，与工业和军事劳动联系在一起的肌肉发达现在转型为一种肌肉发达的展示。展示的结果是没有明显解决方案的兴奋，除了产生视觉和体内的刺激，再无他物。通过对体育事件的叙事，男人被激励起来，但是这种兴奋永难完成，永不满足。类似于性兴奋，类似于年轻女性容貌的商品，运动的身体是一种构成像征价值的形式，是一种短暂现象，一种永难终止的话语——因为它除了通过游戏和展示不断产生一种叙事之外，实际上绝不做任何事情。

崇拜体育明星迷群的出现，产生了新形式的主体性亦即自我再现，可用于商品消费和名人社会的形成。体育明星如影视明星一样，成为营销体育、建构个体和对消费者承诺身份的主要手段。受众（见第8章）或"观众"现在可以在运动队或运动员周围构建他们自己的社群。虽然这些社群可能一度处于乡村或城市街区之中，但体育之转变为电视商品，便利了更广泛人群的参与。芝加哥公牛队的球迷现在不仅遍布美国，还散布于布宜诺斯艾利斯、温哥华、柏林或基督城。曼彻斯特联队不再限于城市中心，而成为供全球消费和形成社群的观赏商品。田径运动明星或网球明星不仅国内闻名，而且可供跨国社群观看或消费，这些社群甚至不是通过语言，而是通过电视形象及围绕他们的营销魔术联系起来的。

等级制与制胜之道

体育运动的全球化和电视化创造出一种巨大的经济，它主要不是由运动队的组成维持的，而更多地是由成功的象征维持的。虽然无数足球球迷投身于对某支球队或某俱乐部的偶像崇拜，但是维持这种集合的兴趣在于获胜的意识形态。当然，对胜利或者获胜潜力的渴望是资本主义经济的思想基础。胜利或者想象胜利所带来的欢乐与喜悦是维持忠诚和构建认同的动力。对成功的自我投射与反映在更广泛资本主义经济中的自我投射一样，维系着倒霉的足球支持者，使其经历常常过度的失败磨难。如果不是为了(想象中)成功的荣耀，那么，资本主义的梦想无疑将磨灭。体育运动成为一种意识形态的天然伙伴，通过对成功和胜利的允诺掩盖了不满意的必然性。

职业足球比赛或许是场面最壮观的商业操纵例子。足球为电视而演；世界多数地方的体育操控者则将比赛改造得适应广告插播，以及速度与运动的景观展示。在忠诚于球队的想象之中，成功的允诺几乎总是投向个人。个别球员，或者说球星，被高度营销；"最年轻新秀"的表现和潜力、新教练的加盟和某位球星的回归，都在诱惑赞助费和会员支持，以及观众的到场和电视的转播。特别是男人，他们为体育的戏剧性、为运动中的内在兴奋，也为体育精神埋单；但最终，他们是为他们参与的成功想象和产生的认同埋单。

支付给体育名人的巨额金钱和对潜在的体育新秀及明星的疯狂开发，为社会流动提供了重要的机会。在美国，非洲裔美国人和其他有色人种只有较低的教育水平和专业机会。如布朗特和坎宁安(1996)指出的，在白人主导的文化中，黑人通过体育运动和身体能力相当充分地建构了主体性。对黑人，特别是对其在体育运动中的复杂再现，构成了支配文化的某种焦虑，以及一定程度的"敌对性合作"(1996：xi)，于是，黑人及其身体成为不情愿地承认的具有优势的文化类别，建立于恐惧和钦佩的特殊对话之上。特别是在男性间风靡的拳击运动，必然联系到将较少思想与较强体格释放到致命格斗中去的竞技场心态。同时，史泰龙《洛奇》系列电影所取得的成功，可以部分地理解为对白人至尊地位的重申，其中洛奇(亦即史泰龙)代表了体现白人男子特征的"白人伟大希望"。

就是说，体育与特定种族和性别的意识形态联系起来。拳击作为一种最野蛮和对抗性最强的体育运动，基本被视为男子气的，一般也是社会经济地位最低的群体的运动。其他的奥运会体育项目，如花样游泳，则因其公认的女性特征而受到许多男人的轻蔑。但是，对性别归属的彻查，导致身体应用和社会构想更宽泛的转向。因此，尽管异性美丽始终对市场营销和新闻复制极有吸引力，但是，对妇女和男人的另类性感与身体建构在体育社群中日益明显。这些身体新形式最极端的表现也许与"兴奋剂"技术，特别是"合成类固醇"(男性荷尔蒙)和"生长激素"联系在一起。

体育和体能增强剂

"类固醇"和"生长激素"被用于力量型运动——短跑、短途自行车、跳远、举重和投掷等，以增加肌肉数量和训练效果。这些力量型运动通常依赖能量和使用肌肉的瞬间爆发力。美国与苏联及其同盟国之间"冷战"(1945—1989年)的紧张局势鼓励了大范围药物和机械运动技术的发展。在赫尔辛基奥运会上，东德短跑女运动员首次使用浓缩男性荷尔蒙。"类固醇"不仅促进肌肉群的生长，也产生显著的副作用。带给妇女的副作用包括男性特征的增

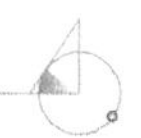

多,如长胡须、嗓音变低沉、乳房收缩,以及随着性欲的显著增加带来的阴唇阴蒂的增生。具有讽刺意味的是,男性肌肉形状和密度的增大通常伴随着睾丸的缩小,因其功能被外物所增加。使用"类固醇"的严重健康危险在两性中均有报告,除了心血管、呼吸系统疾病和一般性的心脏问题之外,还包括骨质疏松,并屡有死亡记录。而且,人们怀疑女子100米世界纪录保持者弗劳伦斯·格里菲斯-乔伊纳的过早死亡也与服用"类固醇"有关。

对文化分析而言,这些身体方面的改变指示了身体系统的开放性,及其易被文化侵入的弱点。在日常生活中,"类固醇"的使用多与身体展示或性别归属的问题性有关。虽然体育名人可能会用"类固醇"来提高成功的机会,但普通体育爱好者也越来越多地用它增加肌肉,改善身体的外观。服用"类固醇"在健美人群中十分流行,包括男性"同性恋"群体。其原因可能是,支配异性恋社会的美丽和性感构想在男"同性恋"社群中也有对等物。当代文化中无处不在的年轻、运动和男子气身体形象,也可被改造为男"同性恋"特征,在此,男性气质话语被强化为一种美丽的新神话。

塑造男子气概

无疑,自20世纪60年代开始,女性主义一直主导着关于身体,特别是关于性别化身体的讨论。对妇女及其身体的特别关注倾向于以父权制和性别歧视政治的框架来审视男子气概与男性身体。在许多方面,男性一直被视为欺压妇女的罪犯,是社会不幸和不公的缘由(见Jeffreys,2004)。当男性接受上述批评时,他们易对自己的男子特征感到羞耻;当他们力求支持女性主义政治学并纠正性别歧视时,他们隐匿了自己和自己的身体。然而最近,文化分析对性别形成和男性特征本身的权利兴趣日增。特别是,男人逐渐更积极地参与文化研究和男性身份及性别政治的话语形成。

在这个意义上,对基于性别的话语和文化分析中所谓"男人运动"的兴起,我们可做如下解释:

1. 对性别(和阶级)的结构主义路径进行的修正,并与基于话语和再现的分析的互惠性增长。福柯的影响特别鼓励了许多女性化主义者以更广阔的思路去检验性别概念和两性关系。这种分析承认现实的不稳定属性:它是以话语为中介的;话语则通过极其多样的人类特质而组成。女性主义修正了所有女人可被同质化并归类为单一社会集团的观点;如果妇女的身份要获得解放,那么就应承认并鼓励女人之间的差异。因此,将所有男人组成为单一的同质性社会集团并让其为父权制负责的观点,也应受到置疑。同样地,不应总以父权制意识形态的观点来概括两性关系,因为这两个广泛且多样的群体之间的关系是通过话语建构和局部真理的复杂叠加而形成的。

2. 此类异体构造也渗入了福柯的权力理论。福柯不是将权力固定于阶级或者性别的结构中,而是将其视为一种过程,一种地位和话语不稳定交换的过程。特别是,福柯的“权力微观物理学”(Foucault, 1977a)观念在许多女性主义者看来极可争议,她们返回关于社会差异的统计结果,以证实她们对男人压迫女人的结构不平等愤怒得有理有据。但是,正如福柯和新福柯主义女性主义者所解释的,这些统计实际上可能掩盖了社会和文化生活的一些重要方面,包括施加于女性、也施加于男性的社会限制。事实上,福柯的权力研究方法赋予两性更大的能动性去克服这些限制,也促进了以平等与参与为基础的新关系和新话语的建构。

3. 这种通过性别归属和性别话语(包括权力话语)的再形成改进个人关系的欲望,产生于年青一代母亲兴趣和思路的影响。这些新生代母亲寻求加强与儿子和男性伴侣的亲密性和友谊,而不求助于攻击男人和男性特征的“强硬路线”。这些对关系归类的方法以性别平等的观念为基础,而不进行彻底的重构。女人需要更好的男人,而男人的解放也许是实现这种愿望的最好途径。而且,女性主体性的重建也必然刺激男人和男女关系的改变。伴随着这些改变的困难和欢乐许多男人已经开始思考自己的身份及身体的文化意义——他们在工作、军事行动和体育等活动中的角色。

4. 后结构主义、后现代主义和话语理论都有助于文化政治议程的拓展。特别是性别和身份争议的崛起,促进了人们对民族、种族和后殖民主义研究的更大兴趣。这些政治已经与妇女的权利和性别问题结合在一起,然而,一旦成为问题,性别及其与其他文化政治形式的关系必然牵涉男人及其男性特征的问题。于是,在世界许多地方,土著人群的社会、经济和健康条件,不可避免地包含着特定的性别问题:例如妇女的生育与男性的酗酒和暴力。这种文化政治议程的再聚焦或者拓展显示出:男性也像女性一样,继续承受严重的困苦和压迫。

5. 在性别问题上特别相关的是,男“同性恋”者一直感到他们被女性主义议程排除在外。就是说,虽然男“同性恋”群体承认女性主义质疑性感与性别方法的力量,但有时他们感到,他们关于男性特征、身份和性感的特殊问题一直被女性主义文化政治所忽视。

6. 在20世纪90年代,女性主义知识霸权的碎裂为男性更广阔的自我反思提供了矛盾的空间。在女性主义者开始解构其理论遗产的同时,一些男人发现了思考男性特征反面维度的空间:男人之间关系的问题性,包括与他们父亲的关系、攻击性、暴力、肌肉发达、难以达到的社会期待和对教养的拒绝,等等。

显然,正如霍米·巴巴(1994;也见 Edwards, 2006)提示我们的,男性特征不应固定于与女性身体截然相反的男人躯体的生理性别。当然,女性特征的观念常常与女性身体相联系,男性亦然。但是,我们对身体的分析显示,这些文化的归属如何可能被反抗的身体实践与解构和符号重构的过程所颠倒或者动摇。显然,在这个总体的框架中,男子气特征和对肌肉发达认同的观念是围绕着范围很广的主体位置与话语而形成的。就是说,肌肉发达必须被当作文本(或者说一系列竞争性的话语)来解读。这些话语不可避免地与父权制、特权和权力的问题结合在一起,而这些问题又如此经常地与男性的概念相联系。

插图 9.1　一飞冲天(Busting Air)

男性的表演通常形成于身体力量和冒险精神的基础之上，包括造成身体伤害的冒险。尽管人们以乌托邦式的理性主义对冲浪运动大加赞美，然而，这种运动却是受男性文化支配的——它让男人通过冒险和人际侵袭的文化适应模式，不断追求完美的高潮。“一飞冲天”是一种驾驭冲浪板的表演，它可能使冲浪者遭受惊人的伤害，例如腿脚骨折、脑震荡和严重的脊椎损伤。但是，它也表现了非凡的勇气、技巧和男性优美。

焦虑与权力

事实上，最近关于男子气概的许多讨论，特别是与社会期待和男性理想化身体再现有关的问题，都应用了与女性主义极为相似的分析模式。正如女人因为不能达到不现实的理想化身材而经历一系列的心理和情绪失调一样，男性也因为自己不能接近理想化的肌肉和力量而备受困扰。父权制与男子气概一致的优势和权力也可能使男人产生欠缺感和耻辱感——当他们不能充分利用这种文化和政治特权时。如戴维・巴宾德所言，男人的社会表现，关键是获得对自己男性优势的承认：

> 承认的过程始于身体：所有男孩和男人都明显具有的超越种族、文化和阶级，穿越职业区分、甚至穿越时间和历史限制的共同点，当然是阴茎(1998：29)。

我们已经发现：这一(小小的)生理差别象征性地形成于话语；阴茎不仅是生理器官，还是权力和控制(阳物崇拜)的宏大历史代表。朱迪丝·巴特勒(1995)解释说,性别本身不仅仅是构建的,它实际上还是被"表演的"。因此,与性别相联系的复杂意义,作为活动,表现在行为、选择和再现中。作为正在进行和不断发生的父权制的变换过程,男人需要表演他们的男子气。因此,男人的焦虑不仅存在于个人的自我形象,还深植于他们的社会责任之中(Pease, 2000)。这种体系尽管给男人带来很多特权和愉悦;但一个人如果不具有男子气概,也就意味着他在这种体系中失败。

男人对缺失或者失败的这种恐惧常常被归咎于身体和性的表现。病理现象,如阳痿是报告最多的男性性问题。来自其他男性袭击的不断威胁和保护性领地的需求,使男性产生一种深刻的、虽然常常掩饰的恐惧。人口比较研究显示,在任何年龄段,男性遭遇死亡和身体伤害的概率均大大高于女性。年轻男子是社会中最容易遭受攻击和谋杀的群体;他们比妇女更可能在机动车事故中死亡或者严重受伤;他们的自杀率是女性的五倍;他们的生病概率也高得多。尽管造成上述显著高可能性的原因各式各样且十分复杂,但无疑,必须表演的压力——包括暴力和自残行为,始终极为突出;甚至在妇女和女性特征已经变化极为明显的更宽容文化环境中,也是如此。

这种男权主义分析力图将男人从父权制意识形态的束缚中解放出来。但是,许多女性主义者和文化评论家却一直对男性运动抱有敌意,认为关于男性"受害主义"的所有观念都是对女性解放的冒犯。例如,乔治·约迪斯(1995)指出,一些男人可能会采取这一受害立场,力求重申或者重建当代话语,包括解放性话语。约迪斯举出了许多案例,表明男性通过利用女性主义话语以重建他们的"霸权"。约迪斯引用葛兰西关于协商式领导权的霸权观念解释说,男性可能通过与女性主义话语的互动完全维持其统治地位。如果男性也是父权制体系的受害者,并且男子气概正是这种压迫性再现符号的后果,那么,他们就有理由(重新)要求获得一种被解放的社会重要性。换句话说,以一种父权制具有压迫性的方式声言男人文化和社会经验的那部分男性运动,可能正在偷偷地重构他们的主导地位。

后人类的身体

正如我们对新技术的讨论(第11章)中详尽描述的,一直存在一种思潮,对后人类身体,尤其是那些人机复合体的电子人极感兴趣的观念。文化理论家唐娜·哈拉维就曾对电子人设想出一种乌托邦式的理想:人类可以通过他们发展出一种更平等包容的意识;电子人的身体会从种族、年龄、性别和性取向的外形束缚中解放出来。后人类主义的观念也被不那么放肆的评论家讨论,他们将各种技术合成的人类形态明显视为一种改进人类的条件。这类优化方法包括眼镜、助听器、轮椅和整形术(隆胸、骨骼钢板、钢针与关节置换)。对许多后人类的理论家而言,数字技术比机械和电力模拟技术更具模仿力,从而改善了我们人类的要素

本身——我们的神经系统(大脑和神经)。

或许这些技术附加物中最复杂的,显然引导人类本性改变的一种,就是“仿生耳”技术。“仿生耳”是受到损坏或患病的听觉接收器复杂系统的替代品。但是,“仿生耳”并非模拟放大的声音;而是实际接收外部的刺激(声音),然后传递给大脑。于是,这类电磁刺激必须被破译,并重组为有意义的声音。事实上,“仿生耳”接收并传递的声音与“正常的”耳朵听到的完全不同;佩戴“仿生耳”的人收到的不同声音构成一种不同的世界经验,一种不同的语言,一种不同的解释领域。“仿生耳”是一种智能科技的形式,特别是当它与基因工程或克隆身体器官材料的多种形式结合在一起的时候,可能引导哈拉维及其他人对混杂人类的预告。

但是,后人类的话语也结合了那些反人本主义思想的理论。一些批评家,特别是激进女性主义和“酷儿”解放主义批评家已经大举采用反人本主义的观点研究身体及容纳身体的思想人文主义。朱迪丝·哈伯斯坦和艾拉·利文斯顿认为,这些后人类理论的极端形式“在没有文化的亚文化中兴盛”(1995:4)。意思是说,文化是一种包含了多元和差异的支配性想象,或意识形态。人本主义因其包容性和统一的解放主义意识形态,关闭了自己及其围绕“文化”的边界,实际上妨碍了人类意义的形成。文化是完整的,是被边界标识的;而“亚文化”则再次打开了主体性、社群和意义创造正在爆发的可能性。后人类主义允许亚文化不借用主导文化术语来体验它们的差异性。换句话说,当亚文化的身体形式是不同的、非商品化的、未被普遍理解并被消费利用的时候,它们始终是解放的。后人类的身体完全是解放性的,因为它揭示了家庭作为父权制、性和再生产单元的意义。这种规定“谁能和什么人怎样性交”(Halberstan and Livingston,1995:11)的系统被一种异质性的进行选择的人的集合所取代,这是一种抵抗性别区分的性感,是将妇女从生物补给的再生产义务中解脱出来的性感。

当然,福柯曾想象,在某个时代,生育和性行为可以完全分开;而代理母亲和男性怀孕成为理想的生育选择(Foucault,1981:105)。这种接近后人类边缘的描绘可能从根本上消除性别关系中最后的生理等级制。因此,彻底的后人类主义寻求将人类身体表现为解放的手段,而非压抑限度的手段。男性和女性将完全融合,并重新构成身体的各个变种,作为身体愉悦和身体姿态异质构成的另一种机会。

这些极端狂想的支持者也谨慎地坚持道,他们设想的解放将永远抗拒同质化,身体的多数状态永远不会受到文化规范主义“集合体”的威胁;后人类身体不能固化为某种基本的单一实体。也就是说,后人类主义被设想为一种短暂的异质现象,既非完全原子化而无限自由,又非具体化而不可移动。异质性是得到保证的。即便如此(而对多数后现代乌托邦主义而言,这始终是一个问题),这种极端的狂想也是建立在将男人和男子气概标榜为终极恐怖的同类敌意之上的。后人类主义力图清除男性特征的所有踪迹,它们被视为解放的最大敌人。性别的融合并非特定人类种类的混合,而只是那些可持续和可生产的(女性)特性的一种同化。这样,当后人类无法接受不符合这个政治框架的特性时,性别组合就被破坏了。虽然宣称后人类主义是坚定的边缘亚文化,但后人类主义者却规定了一种社会环境,将许多男性和女性的话语与经验排除在外。改革的狂热没有为指定的社会秩序留出什么替代方式的空间。

此类后人类主义者忽视了男性特征生成的积极方面。的确,关于身体的研究文献总体倾向于将男性特征视为负面的。的确,男子气及男人身体大都被人们所忽视,除非他们在社会边缘活动,而且能够容易地被定型为非白人、非正常恋者。事实上,男性特征和女性特征一样,是广泛而多样的。即使目前实行区别的种类,也是多种多样,将男女两性归入对立两极的宽泛类别,已经不合时宜。研究文献未能充分处理两性之间异同组合的复杂联系,也未能充分地处理能够产生欢乐和导致繁衍时刻的斗争。不满的流行无疑折磨着我们,这只能部分地解释为:性别化身体的经验效果有限。我们的身体以欢乐与痛苦回报我们;我们的爱与悲伤,我们的和谐与不适,都不会在后人类的理想化中得到解决。

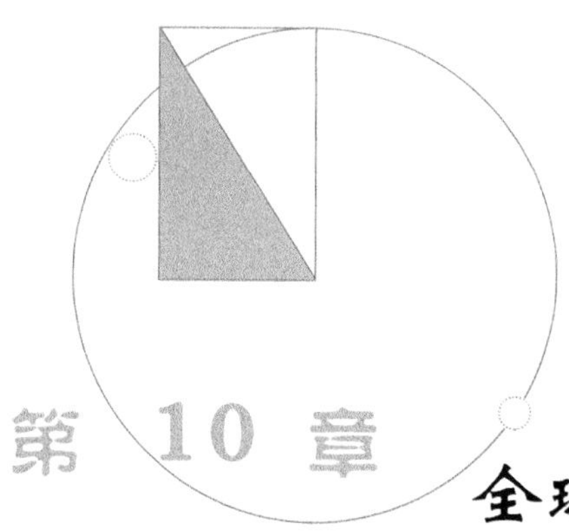

第 10 章 全球化与全球空间：本土转型

导　论

一般而言，“全球化”是指跨越政治与文化边界的不同人群、机构、社群和组织之间互动的一系列过程。然而，超出这个一般性的定义，学者对这些过程的起源、影响、价值、方向和特点等方面几乎很少共识。对许多评论家而言，全球化进程大部分由全球资本主义经济的变化构成(Sklair, 2002)；但是，其他人则相信，全球化主要是被传播、媒介和文化的“流动”推动的(Appadurai, 1990; Fetaherstone, 1996; Tomlinson, 1999)，而这些，又与独特的社会、空间和政治条件相关(Giddens, 1990; Castells, 1997; Held et al., 1999; Urry, 2003)。虽然一些理论家将全球化视为新现象，包含制度的构成在内，认为它超越了旧的政治和组织机构，如“国家”；但也有人认为，全球化是在推进和反抗两极之间，横贯各种社会构成形式(全球、国家、帝国、地区和本地)、互相结合的转型连续体(Robertson, 2000; Bauman, 2004)。

在本章，我们将详细地检视这些转型。但是首先，我们需要以学者的全球化意识形态框架来确认各种关键的变化。这些变化可总结如下：

1. 这个进程与“世界体系”相联系，在这个体系中，经济、通信、文化和政治结合为一个紧密的跨国秩序。虽然许多经济学家将此系统视为资本主义自由市场演变的必然结果，另外一些评论者却认为,它也围绕着全球社会运动构成,这类运动涉及“民主、社群、性别、宗教、民族、年龄、生态、残障、性……人权”(Sklair, 2002: 2)。对全球化的这种描绘类似于麦克卢汉所谓的“地球村”概念,在这个地球村内,人类的多样性被重新整合为一个或多或少同质性的全球秩序。

2. 对遵循这种学说的许多理论家而言,世界上各类人群的同质化过程大部分是由西方式的经济和文化左右的。特别是,作为单一超级大国和主导经济力量,美国将自身凌驾于世界其他国家之上,把所有人及其文化都吸纳入自己的军事、思想和国家利益的网络中。因此,全球化的观念被视为一种新帝国主义的形式(“美国化”),因为美国是事实上的全球政府。

3. 全球化是一个过程,不同的文化、人群和国家借此日益相互结合,但是这种接触也为地方主义、异质性和文化差异的增强(而不是衰减)提供了空间。虽然有些倡导者将这种论辩局限于抵抗运动和“反全球化”的社群,但其他人则将全球化中的互动过程视为本地创造性的新空间。于是,通过全球化产生的文化风格和产品(音乐、电视、电影和互联网)促进了新的混合形式和新的多样性的产生。因此,全球化便成为双向的,为提升地方性和重塑本地认同提供了新的文化资源。这种“全球本土化”(glocalization)理论(Robertson, 2000)总体上不同于上述文化帝国主义和“美国化”的论理。

在本章我们可以发现,上述每个议题都具有一定程度的解释力。全球化与文化本身一样,也是复杂而厚重的一系列历史进程,既可能相互结合又可能完全矛盾。为了更明确地定义全球化及其加速发展当前世界和文化环境的方式,本章试图调和这些不同的启发式和思想性观点。从这个视角出发,全球化深深扎根于历史;但它又挟持着一种更可怕的气势,通过媒介和信息交换的新过程,将复杂的思想和意义纳入更大规模的接触和竞争之中。

定位全球化

第二次世界大战之后,随着发达国家进入经济相互依赖和市场大肆扩张的新阶段,跨国的全球化进程开始加速。但是,通过更广泛的历史阅读可知,不同人民和社群之间跨文化、跨空间的互动早于“国家”的形成,可追溯至人类早期的迁徙。早期靠狩猎、采集为生的部落群难以在新形式的土地和经济制度中存活,新的社会形式最早由农耕和习武的社会创建,出现在距今1万年前的地中海沿岸和中东地区。军事扩张和殖民统治造就的巨大古典东方帝国最终演变为现代工业体系及其巨大能量,侵占资源、控制土地、实施政治暴力。在150~400年前,随着“国家”这种大型社会单元在欧洲出现,各种形式的跨国互动为贸易、地方主义、战争和最高形式的帝国创造了新的条件。特别是自18世纪以来,“文明”的新话语与帝国的合法性,伴随着欧洲经济利益的扩张,在全球范围内构建出行政和思想权力分治的复杂

网络。

如前文指出的，现阶段的全球化扩展了发达世界帝国主义的许多早期范式。尽管许多人，包括后殖民世界的许多人始终对帝国主义的历史和遗产怀有痛苦的敌意；另一些人却以更为中立的政治观点看待这一进程，认为它是人类进步的继续和社会单元日益庞大的必然现象(Hardt and Negri，2000，也见 2004)。不管在哪种情况下，当代全球化都以文化交换的新形式将早期的社会形式、实践、进程和思想整合起来。媒介和传播的新网络也加强并促进了这些交换本身。据安东尼·吉登斯的理论，交换和传播的这些加速系统为“相距的行动”(action at a distance，1990：19)或詹姆斯·罗思曼(2003)所谓的“间隔的接近”(distant proximity)创造了条件。

但是，新媒介与传播系统的出现，本身并不能解释全球文化接触与交换日益密切的现象。当下的全球景象最好被理解为一系列话语的流动与集合，它们围绕着经济、媒介、政治和所谓的“生态学”(bionomy)，亦即生物流动(biological flows)的必要性而形成。正是这些话语形式的叠加总体，构成了全球化的最好定义。

1. **经济**。资本主义是建立在竞争、经济增长和市场扩张的必要性之上的。早期的资本主义能够利用廉价的劳动力和资源生产商品；而持续扩张市场的需求导致资本家进行国际商品贸易。增长的必要促使更大的多国公司发展。这些公司不再受国界的限制，继续寻求最廉价的劳动力和利润最大的市场。虽然国际贸易永远是资本主义的重要组成部分，但是“二战”之后的阶段却带有如下的特点：

- 基于新媒介的产品和服务出现，几乎可以瞬间进行交换。
- 全球金融市场的出现刺激了巨大的跨国公司的形成，它们可对主权国家政府施加巨大的经济和政治压力。
- 对民族经济包括战略性构成的自由贸易协定解除管制(de-regulation)。
- 全球自由贸易和市场经济财政机构(如世界贸易组织、世界银行、亚洲发展银行和联合国发展基金)出现，它们都对主权政府(尤其是发展中国家政府)施加政治和经济压力。
- 在第一世界国家中，自由市场意识形态(经济理性主义)的增强为解构社会福利和管控劳动力市场创造了条件。
- 在西方发达国家，福特主义式大规模生产制造业的衰微，以及与信息经济相联系的新管理方式和“弹性”工作安排的兴起。
- 针对西方发达国家经济领先地位的竞争加剧，特别是来自较低劳动力成本国家的竞争。高水平的经济增长、廉价的劳动力和高效的基础设施战略最早在日本产生，随后扩展至韩国、中国台湾地区、新加坡、中美洲、中国内地和印度。

2. **媒介**。自 19 世纪电报出现以来，传播就已经从时空的限制中解放出来。广播媒介、电子通信、卫星科技和联网计算机的传播促进了全球文化意识(本地文化群体即时地接触无边界的文化场所和无限多样文化的可能性)的扩展。全球市场信息和图像的洪流已经改变了文化范围和所有接触媒介的人们的知识。

3. **政治与意识形态**。这些接触不可避免地影响到文化政治，包括全球意识形态的形成。正如印刷促进了思想的扩展和增殖一样，电子媒介刺激了思想和政治观点的新模式。这些政治表达模式的荟萃可能形成一种"主导意识形态"，围绕各种不同形式的"权威"(民族主义、"美利坚"、资本主义和主权政府)构成。但是同样地，新媒介也促进了替代和对立话语模式的传播，这些模式本身可能构成一个重要的政治信念体系(人权、女性主义、激进伊斯兰、同性恋解放)。无论怎样，这些互相竞争的政治话语亦即语言战争与跨边界文化领域的扩展极紧密地结合起来了。

4. **全球机构**。独特的全球主义意识形态(如资本主义、民主和进步)的形成一直伴随着形成全球组织的努力，而这些组织可能支持、也可能挑战主导的信念和政治话语。世界贸易组织、联合国、国际法庭、奥林匹克委员会和联合国教科文组织等机构都是建立在主导秩序之上的。国际红十字会成为武力解决方法的对立面。绿色和平组织和国际恐怖/自由战士组织则为反对国际霸权而设计。在这些广阔的全球框架中存在数不清的地方政治，它们在期望与设计方面要简朴许多。这些国际组织在很多方面都是未成形的全球公民秩序的组成部分，而这种秩序承载着相反的各种冲动——朝一个更大、更集中的世界政府前进，或者为追求一种更清晰的参与式社群结果而努力。

5. **生态学**。人类属于最近才来到地球生物圈的有机体之一。人类在相对较短的阶段内分散于全球各地，直到最近才开始对自然生态产生重要的破坏。实际上，过去 50 年人类所造成的破坏远远大于 200 万年来人类在生态空间进化繁衍所带来的损害。全球经济和人类种群的增殖，正在将一个清晰的自然生态系统变为混杂的形式。这种混杂化的全球环境造成了自彗星灾难(导致地球变暗和恐龙统治地球 1 亿年的终结)以来最大范围的物种灭绝。

尽管大量的全球主义话语颂扬各种文化和各类人群的新混合，生态的全球化却实质性地改变了生态圈本身。人口数量与密度的增长以及资源消耗程度的怪诞区分代表了生态全球化的主要特征。作为最个人化的文化维度，亦即人类的主体性和身份，正在因其他人的主体性和身体的接近而改变。人类处在流动之中：任一时刻都有 1 亿之多的人准备跨越国界，而其中至少有 500 万至 1 000 万人未持正式文件。当资源更加稀缺；当战争、饥荒和自然灾害更加频繁；当世界上的贫穷地区更加动乱，难民营膨胀和全球人类的移居流动将汇聚成洪流。随着发达国家商务旅行和旅游活动的日益增加，人类的上述大量移动将无可挽回地持续改变原有的生态圈形式，造成混杂的农业形式、盐碱地、荒漠扩大、植被退化、对海岸线的过度旅游开发和污染，以及都市区域不断扩大、土地持续无植被的景观。人类安全中心 2005 年的报告(《21 世纪的战争与和平》)宣称，在安全方面，第一世界国家正在经历一个独特的历史阶段，人类绝大多数的生态环境极不稳定，正在被疾病、暴力、饥馑和战争所摧残。

全球化、种族和历史上的帝国主义

后殖民理论

最近阶段的全球化以政治和文化重新排列的特定形式为特征。前文指出的生态条件明显地与人类迁移、互动和文化接近所造成的紧张状态有关，是其复杂潮流和进程的产物。在许多方面，对“种族”和“民族”的文化构建直接与这些全球化进程相联系：在对有限经济资源进行残酷竞争的语境中，更强有力的人群力图将他们自己、他们的身份和利益凌驾于其他人群之上。在现阶段，曾经围绕阶级和性别产生的等级制区分被国家、帝国、种族和民族等社会分层所补充，并得到强化。作为侵占他人领土的部分道德辩解理由，武力强大的现代国家将所征服的人群按照肤色、骨架、语言和文化实践分门别类。于是，种族和种族主义作为帝国主义话语的一部分被发明出来，对经济剥削进行文化认可。

但是帝国并非纯粹的意识形态，通过反对话语的骚动和第二次世界大战的血腥破坏，一个由美国领导的反殖民化过程明显地改变了全球秩序的文化品质。但是，这并不意味着对殖民领土的放弃是顺利的或无暴力的。整个20世纪持续活跃的殖民地民族解放运动，以及“二战”中及“二战”后殖民地管理的虚弱，为激进运动和武力反抗提供了重要的机会。

因此，无论是凭借武力还是出于善意，非殖民化的经验都证明了先前殖民区域人群和文化问题的深刻性与复杂性。这些问题中最重要的一个就是前殖民者与其前臣民的关系。霍米·巴巴(1990)曾指出：这种关系的症结是相互之间依赖和对抗的形式，亦即身份产生的形式，它让前殖民地人民永远不能从殖民主义和殖民历史中解脱出来。巴巴的观点可被阐述为如下三点：

1. 这些新领土和新民族的实际构成是由殖民者的政策和规划产生的。整个中东地区、印度支那、东南亚和非洲领土的分配都是被欧洲国家的利益和国际关系而促成的。根据争执中各殖民国家的利益和要求，规划者只是在地图上简单地一画，就将领土瓜分完毕。因此，被殖民人民的“民族主义”是被殖民当局出于政治实用主义而建构的。伊拉克、巴尔干国家和卢旺达的不稳定局势及民族宗派主义的暴力冲突，正是这种实用主义领土规划的直接恶果和殖民主义现代化的回声。

2. 民族国家和民族文化的整个观念是殖民者自己文化意识的产物。也即是说，民族国家作为“想象共同体”的一种形式(Anderson, 1991)，是由欧洲文化本身的经纬所编织的，与被殖民的当地民众及其文化毫无关联。因此，后殖民主义的民族主义实际上是占领者自己民族主义想象的变种。

3. 实际上，这种民族意识是通过文化和身份的形成在本地产生的。殖民者和被殖民者之间的剧烈互动为被殖民的人产生出一种新的主体性。他或她将按照“民族”的方式思考问题,并对殖民化所突出的文化元素保持敏感。例如,“印度尼西亚”民族是由广大地区非常不同的语言、文化和族群构成的。这种混合的意识必得重构这许多差异,并以一种紧密的接近性象征形式取而代之。产生了荷属东印度的荷兰殖民者的领土规划法,后来被苏加诺及其他抵抗战士加工,形成了一个象征类型的集合——《潘查希拉》(*Pancasila*)①,形成印度尼西亚国家和宪法的基本原则。同样地,印度国旗将印度教的橘色、伊斯兰教的绿色和佛教传统的轮型标志并置一道。国家新的主体性假设这些组成的元素和谐共存,而不是相互竞争。

一个主要的殖民时代回声是改革主义文化政治的兴起,它力求将前殖民地人民从意识形态、文化和经济支配的后果中解放出来。实际上,殖民化的不同受害群体体验着不同形式的压迫。然而,根据后殖民改革主义的理论,所有分散各处的人民都经历了耻辱、被剥夺和被压迫的命运。这些共享的经验将后殖民的人民团结起来,无论他们是非洲奴隶(如美国黑人)、少数部落文化(如加拿大的印第安克里族人)还是大多数农业文化(如印度人)的后裔。

在这个意义上,后殖民理论借鉴精神分析和后结构主义的理论,以解释上述人群的感受,这些人是不同于一种文化定义为常规、有权或标准人群的“其他的人”。特别是,按照标准的“白人”,尤其是男性白人的条件,后殖民地的有色人种被定义为“他者”或“不同的人”。而对后殖民文化政治的挑战,正是从多元文化标准的角度重新构造世界:在此“不同”是一种自豪和常态的条件,也是一种政治反抗的集结点。特别是,对后殖民理论家而言,正是从外部强加的身份中解放出来的运动,为完成非殖民化的进程提供了最大的可能性(Castells,1997;Bauman,2004)。

爱德华·萨义德:东方主义

爱德华·萨义德曾试图以原殖民世界话语霸权的视角解释后殖民经验。萨义德采用了福柯的谱系学方法(参见第5章),以阐明“西方”根据与“东方”他者的相对地位定义自己的机制。而萨义德的谱系学则特地采用了物质剥夺和话语剥夺的视角,寻求对殖民世界之被征服做出政治解释。正如霍尔的编码/解码理论曾被用于阐释发达国家文本中的意识形态和霸权(第4章)一样,萨义德的谱系学力求阐明那种影响了西方对自身与非西方关系的观念的权力/知识话语。萨义德指出,在讲述“东方”故事的时候,西方文本基本上是在讲它自己如何优越的故事。对萨义德而言,不仅如此,所有话语都具有政治性或意识形态性,而且在过去与现在之间很难截然分开。现在的条件联系着过去,构成于过去:“过去和现在相辅相成;相互包含,在完全理想的意义上……彼此共存”(Said,1993:2)。

---

① 《潘查希拉》是印度尼西亚的“五项建国原则”,由首任总统苏加诺于1945年6月1日在印尼“独立筹备委员会”会议上提出。——译者注

在《东方主义》(1978)一书中，萨义德为分析西方在与东方的关联中进行的自身建构奠定了基础。对萨义德而言，核心的问题与语言中介现实的意义相关，即与霸权和主导意识形态强加的方式相关：

> 我的主张是，如果不将东方主义当作一种话语来检验，人们就不可能理解那些庞大的系统化规则，在后启蒙阶段，欧洲文化借此得以从政治、社会、军事、思想、科学和想象等方面掌控(甚至产生)东方。而且，东方主义具有如此权威的地位，我相信没有任何对东方的写作、思考或行为可以不考虑东方主义对人们施加的思维和行动限制(1978：3)。

换言之，东方主义是充满意识形态的系统，它将非西方视作他者，即"东方"。在东方主义的系统中，是他者的缺陷使得西方的规则和控制合理合法。

虽然萨义德坚持认为，东方主义不能为整个东方代言，但他也清楚表明：东方主义本身代表着一种网络，"当讨论与'东方'这个特定实体相关的任何问题时，东方主义在所有场合都不可避免地要被提及"(Said，1978：3)。因此，萨义德的目标是阐明东方主义在启蒙学识中的来源和不可靠性。在政治方面，萨义德力求解构语言的构成本身，以揭露其关键的意识形态基础及其持续影响当代思想的方式。东方主义不仅是殖民当局配置的语言工具，而且是帝国主义和权力机构知识系统的产物。这种知识系统及其对等的物质系统作用于控制殖民地的人民，也作用于帝国臣民(包括国内人民和殖民地人民)的思想为这种控制进行辩护。

正是这一主题，后来萨义德在《文化与帝国主义》一书中进行了更全面的阐述。萨义德提出："帝国的事业依靠有一个帝国的梦想……所有为此梦想的筹备都在文化中进行；然后逐渐地，帝国主义在文化中得到了某种一致认同，获得一系列文化经验。统治者在文化中出现，被统治者也一样"(1993：10)。的确，作为一名巴勒斯坦人和埃及人，萨义德出生在耶路撒冷，后来居住和工作在美国，他对帝国启蒙话语施加于中东的霸权影响特别敏感，而他的研究则受福柯简称的"当今历史"(即世界现代化的进程)影响极大。特别是，萨义德关心的是：形成权力—知识的话语如何成为当代西方大国、尤其是美国对中东物质压迫的标志。于是，在概括东方主义的总体学术任务时，萨义德坚持认为：

> 我确实肯定地相信——我在其他著作中也试图显示——今天的人类科学已经为当代学者提供了足够的见识、方法和思想，足以摒弃东方主义在其历史上升过程中提供的种族的、意识形态的和帝国主义的成见。……如果东方主义知识还有任何意义的话，那就是提醒世人了解知识的诱人退化，任何知识、任何地方、任何时间都可能有这种退化。现在也许比过去更多(1978：328)。

萨义德虽然赞许福柯的思想(他称为"权力的想象"),但也惋惜他对现代社会"深切悲观"的观点,说它限于"一种对有效抵抗力量、对选择特定场所缺乏兴趣的独特状态中……而这些强大力度和选择方法总是存在,并常常成功地终止了,至少妨碍了专制权力的进程"(1986:151)。由此看来,虽然萨义德自己关于写作和话语的著作受到法国后结构主义的明显影响,最终他却发现,福柯的微观物理学不能满足当代解放的需要,只是对一种似乎"不可抵挡和不能反对"的权力的一种想象。而且,它未能谴责公司经理者的陈腐和不负责任,因为它自行消灭了"关于统治阶级和支配利益的经典思想"(1986:152)。

萨义德通过声讨美国卷入1990—1991年的"海湾战争"和美国更普遍的中东政策,寻求解决继续压迫与他们不同的人民、非英语发达世界人民的霸权的政治途径。在《文化与帝国主义》中,萨义德坚持实际解决那些宣传想象的身份和文化的办法:

> 为此目的,我保持了对土地及其人民实际抗争的关注。我试图去做的,是将地理问题投入历史经验,而且我时刻意识到,地球这个世界实际上已不存在空旷无人的地方(1993:6)。

特别是,萨义德对第一世界国家一直能够侵占并管理世界广大土地,包括中亚土地的手段很感兴趣。为此,他对"殖民主义"(征服并管理国外领土)和"帝国主义"(正在进行的认同投射与控制的文化维度)两种概念进行了区分:

> "帝国主义"意味着一个支配性都市中心统治遥远领土的实践、理论和态度;"殖民主义"则是向遥远领土植入定居地的行为,它几乎总是帝国主义的后果……在我们的时代,殖民主义已经终结;而帝国主义,则如我们将要看到的,还在它总是存在的某种普遍文化空间,以及特殊的政治、思想、经济及社会实践中原地徘徊(1993:8)。

在这个意义上,帝国主义与种族主义一起形成了弥漫着现代和后现代意识的想象与实践。批评萨义德的人不同意种族主义想象的程度,而且,虽然各种立法和制度规范都在鼓吹改良种族想象的效果,但无疑,局内人和局外人的想象将继续在文化中广泛存在(Cartells,1997;Bauman,2004)。在最近名为《格格不入》(1999)的自传中,萨义德直接攻击了当代美国文化中的种族主义问题,尤其是反伊斯兰和反阿拉伯的媒介再现与政府的政策表现。在纽约生活和工作了40年之后,萨义德表达了自己对美国文化的疏离感,这种文化不断夸耀多元主义和自由精神,但始终对其内部人民,对不稳定地生活在不同世界、不同思想边缘的民众抱有深深的怀疑。

在2003年辞世之前,萨义德是巴勒斯坦解放事业的坚定支持者,是美国中东外交政策

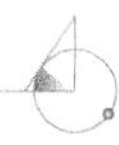

的批评者。萨义德还超越理论和文本分析，强烈反对美国领导的入侵伊拉克的行动(2002)，他指出，如果美国的霸权和帝国主义野心打破了政治平衡，那么，伊拉克脆弱的部族、文化和民族整体性将导致暴烈的内战。

多元文化主义

多元文化主义对多元主义

虽然萨义德等人认为，当代文化必不可免地是帝国主义和种族主义的，但其他批评者却从文化异质性的再形成中汲取了希望。殖民主义的效果之一是前殖民地的人民加入了第一世界的种族混合之中。曾经在发达国家的白人文化中常态的、在某种情况下排他的单一性被过去50年间的移民运动彻底改变了。各种各样的人群，特别是非欧洲文化地区的人群，被吸入业已存在的国家—文化构成中，并要求思想和话语框架的重大转变。虽然许多批评者包括萨义德在内，都认为这种结合过程远非完善，但公众和政府的各类代表却采用一系列规范性、制度性的进程，去推广民族和文化的新想象。特别是，“多元文化主义”，作为想象民族和民族文化从基于种族的身份中解放出来的手段，在几个国家被大力推广。事实上，多元文化主义试图创造一种后现代主义的社会思潮，围绕“多样的统一”观念形成一种文化集合体。这种多元一体的感觉允许可能构成民族想象的人群和文化自由地体验其多样性，而不牺牲整个国家职能的有效性。这种多元文化的民主形式通过推进健康的互动性宽容，将差异理想化。国家不再是一种种族和文化同质特征的偶然产物，而成为承认人类群体巨大差异，承认和谐的互动，承认合作与创造性组织进程之优越性的一种构成方法。

多元文化主义被当作生态混合与全球化接触的一种解决办法。多元文化主义明显不同于自由主义的多元主义，后者在美国的作用，是一种文化的社会规范(见 Modood et al.，2006)。依据多元文化的理论，多元主义是一种虚假的和谐，它将移民的多样性和尊严纳入“同化”的性格。在美国，文化差异被消除，或者明显遭到压制，取而代之的，是对美国资本主义/功利主义原则、个人物质发达的宏伟美国梦的顺从。也就是说，在属于“地球上最伟大的民族”的优越感之下，美国的好战主义囊括了所有其他的思想和话语。

然而，这种多元主义话语的弱点在美国文化和公共政策持续的沙文主义、东方主义和帝国主义形式中暴露无遗。多元文化主义则将个人和群体从极端同质化和集体的身份中解放出来，从而无论在国内还是在国外，都产生着尊重并接受文化差异的更开放意识。根据多元文化主义支持者的观点，它避免了美国式多元主义及其隐含的等级制度及假设：将他者视为得到批准的对核心文化标准的补遗。

对马克·波斯特而言，多元文化主义促进了民族国家内外种族和文化混合的一种意识形态(1995：40～42)。波斯特指出，文化异质化的后结构主义和后现代主义目标对西方理念和种族中心主义的消解与对多种语言形式的认可，伴随着多元文化主义对消除地理、文化和种族界限的雄心。新传播科技对重新排列并重新构成主体性和文化空间至关重要。波斯特承认，一些政治多元主义者会偏重发展中世界或少数群体的主体性，因此可能回归后殖民的政治本质论，这是有风险的；但是，这类回归将不可避免地违背后结构主义理论的潜在可能性，特别是新媒介提供的机会。

> 在这种情况下，多元文化主义是一个主体构成的过程，而非对某一实质的确认。随着第二个媒介时代的展开并渗入日常实践，一个政治议题便是对技术新融和与多元性别和种族的建构。这种技术文化将有望不回到本质，非新原教旨主义或本质主义，而转向与身份构建的过程达成一致，并与不平等、等级制和不对称的系统性限制进行斗争(1995：42)。

发达国家文化向更为异质化形式的扩散，使安东尼·吉登斯(1990，1994)这样的批评家指出，全球化的多元文化主义代表着欧洲及“国家”自身整个思想的内爆。斯图尔特·霍尔(1991)也认为，由前殖民地边缘向英国中心的移民运动正在解构关于“英国”的整个系统化身份和“是英国人”的观念。由旧形式的帝国主义全球化向互惠多样的全球互联流动的转变，正在消解民族—国家的实质本身。但是，霍尔指出，正是资本主义本身，在为自己的商品化寻求不断扩张的资源和想象的新过程中，使公民的体验和国家的认同发生了变形。全球商品文化及其对“形象”瞬间性的强调，找到了再现和愉悦的新形式。霍尔解释说，正是“形象”，“更迅速、更便捷地穿越和再穿越语言的边界，以一种更直接的方式跨越语言而言说……(且它)不能再被国界所限制”(1991a：27)。

伦敦爆炸案后审视多元文化主义

在此程度上，英国关于移民、种族和种族主义的政策一直力求避免那种使美国历史及其对公民权和社会多元主义的高调理想蒙羞的极端种族主义和种族暴力。虽然20世纪60年代在布利克斯顿发生的种族骚乱或许已经预示，西印度群岛和非洲移民的加入，带给英国特别是伦敦文化的转型，已经极大地改变了这个民族的外观及其表达行为。特别是，整个伦敦南郊的改造已经改变了城市的公共形象，为消费型中产阶级创造出生机勃勃的新文化景观。这种现象在伦敦的音乐领域特别明显：黑人音乐和黑人音乐家成为欧洲多元文化主义成功的主要组成部分。然而，“9·11”事件和2005年的“伦敦爆炸案”为这些成功投下了怀疑的阴影，再次将人们的关注聚焦于宗教族群和公共政策——据许多观察家认为，这些政策暴露

了多元文化主义危险的副作用。

2006年，英国前内政大臣杰克·斯特劳宣称，他将不再接受坚持戴传统面纱的穆斯林妇女的约见。据斯特劳说，面纱是一种隔绝的标志，是掩盖妇女真实表情和感受的面具。尽管多元文化主义的支持者指责斯特劳对面纱的解读，但是，英国社会中许多人接受了这种观点，他们相信多元意识形态已经超出英国文化和社会生活的容忍限度，使其面临领土碎裂的危险。法国也发生了类似的辩论，那里禁止穆斯林女孩和妇女在公立学校及其他世俗公共机构穿戴传统的穆斯林头巾(Lewis，2005：255～259)。法国政府相信，世俗主义作为自由和多元化的来源与保护者，具有高度价值，因而将穿戴头巾(及其他宗教标志)视为对政府高于教会这个基本原则的冒犯。

当然，通过“9·11”事件和“伦敦爆炸案”之类的事件，以及在全球“反恐战争”的更广泛环境中，穆斯林的文化地位作为问题在西方发达国家凸显出来(见第12章)。但是，从许多方面看，这也与人们对多元文化主义和后现代文化更普遍、更抽象的疑惧有关。多元和差异应当被赞许，但是差异到哪一步会成为隔离，并导向难以避免的仇恨、社会分裂和政治暴力？华丽的文化织锦似乎难以招架不可调和的文化敌意所产生的巨大破坏作用。伦敦爆炸者是第二代穆斯林移民，他们在伦敦所体验的文化疏离感为暴力极端主义和通过恐怖袭击改变政治环境的策略埋下了伏笔。虽然多元文化主义者认为，政府对这种暴力事件负有直接责任，因为政府忽略了这些年轻人的困境。但其他人却认为，这是不可弥合的差异的残酷结果：伊斯兰教本身与现代国家的现代文化和世俗公约格格不入(见Ali，2002；Bernard Lewis，2003；Williams，2006；Tulloch，2006)。

结果，伦敦爆炸者在这个自认为文明而友好的地方，这个欢迎多样化并为经济和文化进步创造机会的社会中走向极端。尽管与家乡的暴力或贫穷的无保障情况相比，第一代移民似乎对这些机会和自由心存感激；但是，许多第二代移民看来却对自己有差异的地位不满意，并寻求一种更广阔的全球社群感，亦即他们祖辈置诸脑后的宗教意识形态。不管在哪种情况下，很明显的是，与帝国主义以及种族文化建构相联系的破碎和痛苦远未解决，在一个复杂的全球媒介空间，后现代的条件并不能保证安全与和谐。

全球帝国主义——美国的媒介霸权

此处的论辩较为复杂。一些理论家认为，多元文化主义是文化多元主义的艰难重构，它是所有文化都应向往的理想。这种多元文化主义将解构国家的边界，将本地文化从民族主义的同质化效果中释放出来。相反的论断则认为，多元文化主义者所赞许的差异实际上是虚妄的，而且，多元文化主义是一种不诚实的机制，它将文化的明显差异转变为合乎第一世界口味、可被它们消费的小小不同。这就是霍尔所谓的“国际烹饪法”(international cuisines，1991)：先进的社会出于经济原因欢迎移民，再把他们变为可接受的公民——这些公民将适于参与资本主义的消费主义，同时为东道主的消费愉悦提供些许文化多样性。在这种语境中，多样性带有明确的界限：东道主社会只容忍特定的差异类型，而摒弃大量他们认为不合适的、冒犯的或罪恶的多种文化实践。想想多配偶制、包办婚姻、女性割礼和狗肉消费吧——这些在其他文化中被认可的不同形式，却完全不能被说英语的第一世界国家所接受。

围绕文化帝国主义观念的问题还有进一步的辩论。这个论题延伸到后殖民的理论，特别是像萨义德这样的作者所表达的理论(见上文)。萨义德等人认为，文化的商品化主要是为了维持第一世界(尤其是美国)的文化霸权。国际化和全球经济必然将世界吸纳进一个系统，在那里支配性势力最终消灭了对立的文化表达及其模式。尽管由于吸纳了非白人、非欧洲或非美国文化的元素，各种文化之间可能存在某种混合；但是这个流向基本上是一道单行线。也即是说，第一世界文化为了将熟悉的文化产品转为新变种而引进某些次要的文化元素。但是，一般而言，美国是个产品、形象和文化的净出口国，以其特定的价值观、思想、意识形态和话语淹没了国际市场。尽管英语世界是最易受美国文化输出影响的地方，但美国流行文本早已遍布全球。

这种论断的支持者倾向于将文化的商品化主要视为阴谋。将外围国际文化元素吸收进主导的第一世界文化完全是另一种形式的文化缺损和差异丧失。越南、韩国、牙买加、墨西哥、印度尼西亚和安哥拉——都为第一世界的消费愉悦所用。在相反方向，作为市场的世界也可被第一世界的文化生产者所用。当然，将全球文化和族群纳入第一世界文化生产者的“市场”参考因素，也与欧美主导的资本主义系统拥抱更广大世界的目标并行不悖。迪斯尼乐园、《泰坦尼克号》电影、《急诊室的故事》电视剧和《与星共舞》等综艺节目与微软、麦当劳、可口可乐和福特汽车一样，国际闻名。

全球和本地媒介

这种全球支配论点以最悲观的预言指出，无处不在的第一世界跨国集团似乎在世界每一个角落都畅通无阻，吸引当地的民众并改变他们的经济、政治和最终的文化。这一论点指出，此种无处不在的特点刺激了文化帝国主义、西方化(或者更准确地说，美国化)的进程。例如在加拿大，每年电影的发行数量中，美国电影都是加拿大本地影片的10倍；美国电影的总收入也比低预算、有限发行的加拿大影片平均高出10倍。甚至在英国，虽然最近10年电影工业有复苏迹象，但也挣扎于美国电影工业支配下的弱势。不仅如此，美国以较低边际利润生产大量电视文本的规模经济能力，使美国产品充斥海外市场，尤其是英语市场。加拿大、澳大利亚甚至英国的电视供应商进口美国的电视节目，要比投资本地产品廉价许多。特别是在加拿大，与美国的开放贸易政策允许美国产品泛滥于有线电视网。尽管澳大利亚的

地方电视节目收视率颇高，但与美国和稍次一些的英国电视产品相比，其地位和数量都大为不如。

在市场中，几乎不存在对美国文化产品支配地位的认真挑战。尽管孟买电影工业（宝莱坞）生产量远高于美国，但其全球影响力和经济实力都远不及美国的娱乐工业。正如一些国际调查所显示的，英语和非英语国家的多数观众都偏好以美国为基础的文本，高于其他国家的产品，甚至高于本国产品。当然，美国的主导地位有其历史根源；但优势集团控制生产、发行和零售整个流程的持续努力也起到一定的作用。

罗伯特·麦克切斯尼是许多批评家中的一位。他指出，全球资本主义向更大联合和更加垄断的经济形式转变的动力促进了大规模多国集团的增长，它们具有生产巨大数量的产品和主导市场的能力（McChesney，2004，McChesney et al.，2005）。这种竞争优势使美国文化公司得以大量投资深受全球市场青睐的高预算产品。上座率最高和最常被租借的DVD影碟极少例外，多是投资在1亿美元左右的电影。虽然电影《女王》也许偶然打乱了这种顺序，但好莱坞的商业大片始终是其他国家电影很难仿效的标准。

在这些实例中，美国化似乎势不可当。事实上，对美国文化输出的恐惧明显地拖延了主要是由第一世界动议、促进全球贸易更大自由的“关贸总协定”（GATT）的签订。这个协定现在已被签署并转为世界贸易组织（WTO）协定，它力求根除民族国家政府“保护”本地经济不受外来国际竞争影响的政策。贸易数量的增长可能去除自由贸易的障碍，提高本地的产业效率，促进本地产业的出口导向，增加财富，推动参与国的经济。特别是，法国将文化产品视为可直接贡献于本地和国家认同、审美及文化自主性的特殊例子。这不仅仅是好战主义，而是对美国文化产品渗透并改变法国民族文化意识和尊严的真正恐惧。

自由贸易协定和世界贸易组织影响深远。保护政策的消除将本地文化和消费者暴露于激增的海外文本面前；更重要的是，改变了本地文化生产的方向。例如，英国、加拿大、澳大利亚和新西兰都以国际市场为目标，重新关注本地电影和电视生产。尽管这种重点仍在争议之中，但是澳大利亚和加拿大的大多数电影制作者无疑都力求创作出可被美国观众理解和喜爱的电影。例如，澳大利亚电影《小猪贝贝》用美国词汇、用语和口音创作，这种近期澳大利亚许多电影采取的商业策略，带来令人惊奇的市场拓展。同样地，利用对英国文化特殊方面的渴望也促进了英国电影的复兴：这些文化有望打入美国适需的小众市场和流行的大众市场。上述策略也可能服务于本地文化的利益和需求——既然美国文化产品的潮流无论如何已经彻底改变了本地文化。现在该问的问题是，清楚地区别于美国文化的本地文化是否还能够生存（McChesney，2005）。我们将在第12章中讨论，此类问题与全球政治霸权，与新闻机构将自己区别于美国外交政策主导思路的能力等更为广泛的议题相互交织。

国际主义

替代文化帝国主义的论题基于文化去中心的假设。阿君·阿帕度莱最近对全球化与文化的原创性研究指出,支配文化的整个观念已经过时,是对混杂、利用和再利用这种复杂过程的过度简单化理解:

> 新的全球经济必须被理解为一个复杂、交错而又断裂的秩序,不能再以中心—边缘的模式(即使那些可以说明多重中心和边缘的模式)来理解了。它也不受简单的推—拉模式(按照迁移理论),或盈余—赤字模式(如传统的贸易平衡模式),或消费者—生产者模式(如多数新马克思主义发展理论)的影响(1990:296)。

阿帕度莱试图将论题超越简单的权力定义,以及萨义德等后殖民主义者对帝国主义的定义。事实上,他提出,国际联系的新形式降低了基于意识形态和权力分殊理论的潜能和有效性。

洪美恩和斯特拉顿(1996)曾建议,文化研究学科需要对民族关系的重新组合更加敏感。这样,作为后殖民主义的目标,对历史的救赎性重写应该让位于对世界已经前进的承认。就是说,后殖民主义落入抵抗一类,过于依赖地方主义的观念,包括国家、民族或地区的本地主义,将它们作为结构性反抗的源泉。对洪美恩和斯特拉顿而言,亚洲不再是西方想象与西方权力的交织物,而是在文化和经济互动中充分发挥作用的合作伙伴:

> 如果说亚洲不再被视为他者,那并不仅因为东方主义话语背负着道德和意识形态债务,而是因为被称为亚洲的这个地区已经成为当代全球条件的一个内在部分和力量(1996:20)。

在一个更为理论化的层面,受到后结构主义和精神分析影响的分析家指出,后殖民主义倾向于将文化和文化认同之间的复杂互动简化为某种关于主导与从属关系的简单争论。霍米·巴巴(1987,1994,1999)提出,因为自身与他者之间是通过话语建立起某种特殊的相互依赖关系的,因此,这种互动必然动摇权力的绝对差异,使个人的身份和主体性开放,受其他身份的影响。简言之,巴巴提出,不管何时,当两个来自不同文化的人互动的时候,他们都必然会被这种互动所改变,因为双方都依赖这个互动进行有意义的沟通。当然,这意味着,文化互动的经验,包括对文化文本的消费和"使用",包含了信息传递者和接受者双方的改变。

> 只有通过理解“他者欲望”中的矛盾与对抗，我们才能避免日益轻易地为“边缘人”或“少数族群”的欢庆及反抗政治采用同质化的“他者”观念(Bhabha，1987：7)。

据巴巴的说法，这种边缘政治是那类后殖民主义形式，它集中于受支配的主体，将其视为反抗的英雄。巴巴解释道，实际上，在殖民主义鸿沟的两侧，双方都必须改变自己的世界以理解对方，并建立有意义的接触。在此意义上，文化的混合导向旧意义和旧价值观的新生——差异产生于一个新的、互相更依赖的语境。

伽亚特里·斯皮瓦克(1998，1992)提出，与主导文化权力建立的附属关系极易有效地强化这种关系的等级制属性。此种依赖的陷阱倾向于在非欧洲人群的头脑中再造附属地位的意识，从而挫败解放的目标。换言之，当后殖民化的主体将自己设想为帝国主义结构“陷阱”的受害者时，他们的能动和解放潜力就被削弱了。英勇的反抗只可想象，却绝不能实现，因为即使是在他们的想象中，主体仍然是从属的。当然，这种论点与后现代主义对马克思主义类型学的否定路线一致，后者倾向于将权力置于固定的结构中，而非易变的关系或互动中。

约翰·多克尔(1995；Docker and Fischer，2000)承认后殖民理论的弱点，即试图将权力关系固定于时空之中。他指出，整个后殖民主义的事业都是有问题的，因为它将极其多样的人群、文化和历史拆解纳入一个类别。例如，后殖民主义将美国和澳大利亚的去殖民化经验与安哥拉和孟加拉的经验一例看待，所有国家都必须从欧洲帝国的控制下解放出来。因此，后殖民主义分析既是总体化又是直线式的，它再造了社会与文化的“进步主义”意识形态，将所有主体都带入一种文明轨道。虽然这一摆脱殖民主义的轨道是以帝国进化的观念为基础的，但后殖民的目标却将所有离散人群带入集体“解放”的轨道。对多克尔而言，被解放的离散人群的英雄化理论未能赏识创造当代文化的复杂互动与社会流动。他还特别批评了将离散人群、移民和原住民视为某种单一“解放”类别的本质化做法。多克尔说，正如马克思主义将希望寄托于无产者类别一样，新解放主义者将一种总体政治投注于被创造出来的离散和差异类别。多克尔总结道，反抗政治“必须以本地情况和本地策略，以及全球资本主义的需要等意义加以理解”(Docker，1995：71)。

约翰·汤姆林森同样反对西方化/同质化/文化帝国主义三位一体的论点，他提出，全球景观要远远复杂于这种单向进程似乎欣赏的情形。非欧洲文化如此轻易地被吸纳入西方文化帝国，这种观念只是强化了西方的地位和权力(Tomlinson，1999)。汤姆林森提出，全神贯注于西方文化元素——快餐、摇滚音乐和流行电影——在非西方世界的出现，极易转移学者对其他文化及其人民利益的分析。但是，同质化论点的最大不足，是它不能赏识文化自身的本性和不同文化互动的方式：“当‘接纳文化’(receiving culture)将自身资源以地方语言的辩证方式承受文化进口物时，文化和地理区域之间的移动总是包含了翻译、变形与改造”(Tomlinson，1997：169)。这种过程以不同的语言被形容为本地化、文化的变异、文化的利用和文化的混杂化。但是基本上,这种过程意味着,文化元素的输入总是会给这些元素带来变化。当这些元素注入进口文化混合体的时候,会被人们依据当地的口味和兴趣进行改编、使用与解释。而且,这种过程是双向的,因为非西方文化的互动也会产生从非西方到西方的变化和改写。例如,近二三十年来,我们看到佛教和其他非基督教信仰的迅速漫延,尤其是在年轻的受过教育的群体中。这种对西方基本信仰体系的正统思想的挑战表明,通过结合西方内外的不同文化经验,正在转化的不只有"国际烹饪法"。

因此,新近的理论都试图以全球和本地互动与转型的方式来描述全球化(Castells, 1997; Crane, 2002; Roseman, 2003; Urry, 2003; Bauman, 2004)。从某种意义上说,这些思想都力求调和一些学术观点:它们有的强调经济和宏观国际政治的大趋势及被其塑造的那个"世界体系"之形成;有的则强调一种文化,它通过人类表达和交流的微小细流,正在重造世界。因此,重要的是复杂、流动和转型由上至下、由下而上和多向运动的模式。然而,在乔治·瑞泽尔(2004)看来,这些互动实际上是一种消费和象征的狂欢,是他讥讽的"空无一物的全球化"。瑞泽尔试图建立一种关于全球流动的另类观点,宣称全球化只是某种混乱冲动的表达与消费方式——就像鲍德里亚将现代文化概括为空虚与感性的超现实特性一样。

另外,哈特和奈格里(Hardt and Negri, 2000)提出,全球化过程中宏观与微观潮流的参与正表达了社会渴望通过"帝国"达到和平的一种本质(存在论)。哈特和奈格里超越了以欧洲民族国家为基础的帝国主义的定义,认为"帝国"是一种理想的、非历史的和大部分非政治的人类组织模式。在这个意义上,通过广泛分配的权力网络"帝国"正在形成;而这些网络自身则通过美国式的"社群"和"新世界"理想主义被塑造出来。因此,美国无须害怕。它是广泛得多的人类事业的一个组成部分,这个事业最终依据于和平,而非暴力与政治的支配。文化帝国主义,甚至多元文化主义和多向跨国流动所产生的激进潜力(Nairn and James, 2005)远不如这种朝向全球帝国与全球和平的大趋势重要。在下一章里我们将看到,这种理想化的全球化是流行于数字和计算机文化的"乌托邦主义"的关键组成部分。

依附、独立和相互依存

在此,我们可以总结一下围绕全球化理论的基本观点:

1. 后殖民主义观点认为,新世界秩序是建立于对前殖民地世界人民持续的物质和话语统治基础上的,一种文化帝国主义的系统以维护西方经济和文化特权为目的。

2. 替代的观点认为,解放是可能的,因为西方和非西方世界正在进行前所未有的混合和互动。全球化通过多向流动的力量促进了更高程度的混合化和地方主义的发展。

3. 作为上述观点的延伸,一些批评者认为,事实上"西方"与"非西方"都是正在崩溃的类别。新产生的文化相互依赖必将解构上述旧结构。

4. 作为对第3点的扩展,有的学者也认为,更大规模的后现代接近使得整个关于民族

国家的观念正在发生内爆。我们不再需要一个“世界系统”，而是需要一系列互动作用的区域：经济、传播/媒介、迁移等。

5. 在文化消费的层面上，这种相互依赖消除了围绕民族或族群差异的旧观点，通过更大范围的文化共享产生出差别和异质化。文化元素的互动产生出新的思想、文化产品和文化象征，这是后现代混杂化的政治。在这个意义上，西方和非西方的类别之分已经完全过时。

6. 随着本地社群越来越强烈地体验到全球转型的冲击，围绕上述论述的问题再次浮现。美国经济和军事的领先地位，在中东战争中尤其明显，已经再度激发人们对美国全球霸权的焦虑。例如，英国和澳大利亚的许多市民，就曾挑战各自政府情愿追随美国外交政策入侵伊拉克的行为。这种挑战增强了他们对主权丧失和美国文化及文化产品支配全球的疑虑。

全球空间

关于全球主义的讨论倾向于集中在经常出现的地方主义和本地认同问题上。20 世纪 90 年代以来的评论家一般承认，全球化也创造了新的文化元素、话语和空间，但很少有人指明构成“本地”内容的实质和定义，而且，“本地”仅仅作为全球的替代者呈现。然而，更清楚的是，构成“民族”的特色和实质受到全球化过程的严峻挑战。在本尼迪克特·安德森(1991)看来，民族的“想象共同体”过去是在与崛起的印刷科技、城市化、工业主义和帝国主义经济的关系中建立起来的；现在则通过新形式的想象正在被消解。当然，民族将在许多传统形式和话语中继续，但是，当代文化中新的全球化经济、媒介和生态条件正在改变我们对民族和自身的看法。不仅如此，在复杂的全球化网络包围中，地球的物理景观正在发生根本的改变。当重要物种不断灭绝时，存活下来的植物和动物正在不断跨越它们原来的生态界限，散布于世界各地。在全球范围，城市和农耕的地形现在正形成高度类似而重复的空间形式。早先区分清晰的城市研究、农学和地理学学科正在与文化理论融合，以解释这种新的空间经验。

后现代建筑物

新马克思主义及其他对全球空间的刺耳评论(如后殖民主义、女性主义)倾向于将世界划分为中心和边缘。中心是发达国家的领土，特别是发达的都市；而边缘则倾向于安置不发达的地区，尤其是农耕区域。这些现代主义形式的批评始终拘泥于空间分布、功能和唯物主义的观念。另外，后现代主义似乎对空间的美学与再现维度更感兴趣。随着世界地理融汇为一个共享的“想象”空间，在后现代主义看来，中心—边缘的分布与模式问题已无关紧要。

查尔斯·詹克斯(1995，2005)提出：“新的全球化世界将建筑和城市空间推向对文化进化更为乐观的新阶段。”詹克斯的后现代主义观念(见第7章)融合了历史主义和美学，这是一种以人为标准衡量乐趣的时代，人们从现代主义窒息的悲观、正统和宇宙秩序的规定中解放出来。在这个全球化空间里，想象的和建构的环境从现代主义功能性的令人窒息的一律性中转变而来。就是说，建筑的空间从那些安置人并分隔人，然后通过人造的统一，企图克服这种分隔的等级制中释放出来。对詹克斯而言，现代空间设计追随的是19世纪公共建筑的形式主义——通常设计雄伟的入口和特大号纪念碑。“二战”后，有意识的等级制被功能主义的灰色矩形建筑物取代了；那些混凝土方块是故意追求平等的，但丑陋得毫无吸引力可言。

詹克斯赞许摆脱了现代主义功能必然性的后现代式解放，这种后现代主义的新语言，亦即一种对时空新的“双重编码”(double-coding)，将过去解放了出来。这种解放促进了空间新形式的发展，赞赏了“横向的”而非“纵向的”时间。这样，代表了后现代设计特点的混成(多样化历史或文化要素的并置)特质便构成了新的“经典主义”，建筑物将由此再次变得“美丽”而实用(Jencks，1987a，1987b；也见 Attive，2002)。这种后现代的混成特质可见于许多后现代的设计：拉尔夫·厄斯金的房屋翻新项目(Jencks，1987b：104～105)；詹姆斯·斯特林的伦敦泰特美术馆的扩建计划(Jencks，1987a：288 等多处)；以及黑川纪章的位于澳大利亚墨尔本的大丸百货商区(见 Lewis，1997b)。这种赞赏时间的横向参照与相互接近的新空间美学，与现在突出全球文化互动的政治和民族多元化特征非常匹配(Attiva，2002)。就是说，这种新的空间通过允许竞争的声音穿越时间、地理和文化并参与到彼此的愉悦和问题之中，抵抗着简化和线性的传统。

肯尼斯·弗兰普顿(1985)的批判性地区主义理论也力图躲避现代主义建筑的统一规则，即文化和再现的空间以楼房式样的相似和不加鉴别的重复为特征。对弗兰普顿而言，后现代建筑的清晰特点是通过新科技重构传统的地区价值观和民族风格的能力。楼房不仅可以当作一个活的博物馆，它还在后现代融合的城市景观中突出并保留了文化的差异。这样，特定的地区语言便融入后现代主义的语言，并产生出独特而又美丽的建筑类型。在这种新旧双重编码中总是能够展示差异、地理和传统，于是，曾经统治整个启蒙帝国主义时代的逻辑中心主义、资本主义的都市主义、功能主义和现代主义的单一声音等，都被驱逐出去——虽然未被遗忘，因为它也是历史的声音之一。詹克斯争辩说，后现代主义的新建筑风格以这种方式产生出一种可被“精英”和“普通人”都理解的新意识形态，这是一种后现代民主制所必需的思想，因为两个“常常对立且使用不同理解方式的群体都需要被满足”(Jencks，1987b：8)。这种带有融合特性的意识形态被弗兰普顿极为诗意地描绘为抵抗的建筑——更加全面的象征意义将借此与楼房的“意义”相互作用：

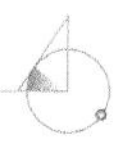

光亮、黑暗、冷热的强度；潮湿的感受；身体被几乎可触的砖石围墙包围时的感觉；当走过地板时，相对迟缓的身体和一种感应步态的冲击；响应我们自己脚步声的共鸣(1985：28)。

詹克斯对后现代主义的断代法引导他进一步建议，这些建筑形式是与城市和后现代全球新的混合联系在一起的。民族与现代主义的分离主义及异化正在被一种世界体系所置换，在这个体系中，主要城市不再局限于全国性的功能主义作用，而是被不断拓展的文化关系和全球关系结合为一体。东京、巴黎、伦敦、墨西哥城、纽约和里约热内卢——这些都是全球城市，它们由包括整个世界的重要经济、美学、社会和文化复合体联系在一起。

跃迁宇宙的建筑学

对詹克斯而言，空间和建筑的形式既是美学的再现，更是理论的再现。建筑和美学的"双重编码"意味着一举说清两个潜在对立事物的能力，包括关于时空的表述。后现代主义是一种观念，它以永存和知识统一的方式，说明历史和空间的各种"差异"。这种差异的和谐(或者说和谐中的差异)构成了后现代理想主义的主要观点，即解放的维度。这样，虽然现代主义的建筑和艺术是基于功能主义和机械主义的普世理论，后现代主义美学却以对自然和宇宙原理更纯粹的理解为根基，构成技术。启蒙运动为这类新的理解奠定了基础，但是，通过"新物理学"的发现——后欧几里得几何学、相对论、量子论、分形理论与混沌理论——我们现在需要一种再现自然本质属性的新方式。

于是，在最初双编码理论的后续发展中，詹克斯建议，新的建筑地平线应当追随宇宙的日益复杂性。詹克斯为文化和美学分析改造的复杂性和混沌理论认为，自然在秩序与非秩序的精细平衡中展开，自然界的日益复杂性导向完全的随机以及崩溃的可能性，社会和文化的历史也是如此。例如，现代主义晚期的美术作品典型地表现为深刻的复杂性，甚至甘冒滑入偶然性和混沌表达空虚、无意义及非秩序的危险。杰克逊·波洛克的画作变得日益偶然；詹姆斯·乔伊斯的《尤利西斯》的复杂性融入《芬尼根守灵夜》的不可理喻中。这样，正如宇宙由简单迈进复杂一样，艺术和社会的组织也在日益复杂中前进。然而，"复杂性的逆转并非正好是简单，也可能是消失"(Jencks，1995：37)：任何形式的封闭系统必将从复杂转为混沌，消耗能源，并最终毁灭。而跃迁的宇宙则是一个开放的系统，发展和无序在此相互依存地前进(和后退)，并最终(也许神秘地)具有自我组织的能力。宇宙的跃迁有两种方式：

1. 通过演变式的"跳跃"：在此有一种发展的融合，成为混乱向更高的复杂性(宇宙大爆炸、气体行星固化、地球上空气与水的形成、细胞生命形式的出现，恐龙的演变和人类的进化)运动的潜力。根据詹克斯的理论，当我们生产出基于计算技术的形式时，又面临一次壮观的跃迁：这类新机械可以自我复制、自我组织，与有机体的自然系统大为接近，从而将极大地超越以前阶段的机械技术。当然,在这些跃迁之间,当宇宙要素瓦解为无序的条件时,曾有过无数次的缩减:导致恐龙几乎立即灭绝的大灾难与现今人类活动造成的大规模灭绝十分相似。对詹克斯而言,当代对所有生命生存环境的这种威胁与人类想象、技术和社会生活的发达状态直接相关。即是说,万物正前进在毁灭性的混乱和增长性的进步的锋刃之上。

2. 宇宙也通过其最微小、最基础的粒子的活动而跃迁。据詹克斯及其理论先驱("复杂论者")的观点,宇宙是由次原子粒(量子电子)构成的,它所显示的秩序和无序的复杂性与整个自然(包括人类这种"自然")的本性一样明显。人类知识最基本的特点正是矛盾;我们永久挣扎于不同的态度、情绪和行为之间。

更普遍地,詹克斯将次原子粒与人类思想的关系解释为:

> 不仅如此,一些物理学家相信,思想基本上是一种波的现象。这一点直觉上非常明显;毕竟,一种无重量的思想充满头脑,像波一样展开,能够以接近光的速度旅行,而且如海浪一般多变。量子波与思想相似,也有自相矛盾的特性:和微粒或物体不同,量子波可以穿过墙壁——这正是每台电视中发生的奇迹。……量子波可以累积、取消、互相穿越,并同时位于多地(1995:40)。

詹克斯继续解释道,现代主义的机械秩序观认为,宇宙是按线性过程和原理定义与解释的;这种观念只提供了一个表面的甚至是局部的自然景象。而演变而来的自组织系统本身就是复杂且矛盾的量子联系的结果:

> 量子物理学的一个基本真相一直是:原子本身是一个生态实体,有内部的组织特性。电子既作为波,又作为微粒,围绕原子核运动,从一个量子级跃至另一个量子级,释放能量或者吸收能量。电子的行为既有部分自我决定,又有部分不确定。据说,电子云"选择"其行为的某些方面,正如我们"选择"观察其方位还是能量,观察微粒还是波的方面一样。电子的自由和我们的自由都是受限的,但却都显示出一定程度的自我决定与互动(1995:162)。

量子理论和复杂性理论于是成为詹克斯的分析范式。建筑、艺术和城市规划均可用于决定论和自我决定主义的复杂结合——没有一个是完整且完全不依赖另一方的。全球的房屋、城市和社会生活也都显示出相似的矛盾和悖论,而后现代思想提出的挑战正是:为促进人类的愉悦而安排这些文化形式,使其复杂性和潜力最大化。在这个意义上,后现代主义将我们更深地植入自然的真实要素,即其真实特性中。新的建筑原理抽取所有人性,进入不再与自然隔绝、却成为自然内在部分的后现代城市网。詹克斯对这些原理总结如下:

1. 建筑物应该设计与建造得与自然及其天然语言相关,包括原子和次原子的形式、扭

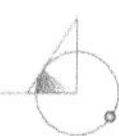

曲、褶皱和波浪、机器人、晶体和骨骼。

2. 建筑物应当再现宇宙的基本事实，包括朝更高(和更低)层次的自我组织。

3. 建筑设计应通过组织的深度、多价性、复杂性和混沌的边缘而构成。

4. 建筑应庆贺多义性、多样化和使差异最大化的自下而上参与系统。

5. 技术手段(如拼贴、激进折中主义和叠加等)可支持多元性。这使得来自不同历史阶段，反映不同民族和人类兴趣的建筑共存于一个包容、多元的设计系统中。

6. 建筑应承认当代文化及其议程的语境，包括生态和政治多元主义的问题。

7. 对美学和构思符码的这些关注应当有双重编码。

8. 建筑必须注意科学，尤其是当代科学，以靠拢宇宙的密码。为了超越眼前的忧虑和时尚，建筑必须注意更为广阔的知识和理解领域。

插图 10.1　毕尔巴鄂的古根海姆艺术博物馆

西班牙毕尔巴鄂市的古根海姆艺术博物馆由建筑师弗兰克·盖里设计，展示了一个西班牙社会和政治转型的强有力建筑符号。这座建筑表现了一种后现代的美学风格，违反了欧几里得式的简洁，而倾向以一种更为有机的方式展示人类、文化与自然的关系。毕尔巴鄂的古根海姆艺术博物馆像澳大利亚的悉尼歌剧院一样，创造出一个充满丰富流动性的恢弘主题。这种新的有机主义超越了现代主义建筑风格的几何式刚性。但是，这个博物馆为毕尔巴鄂带来了更广阔的新动力：这个城市曾是西班牙衰败生锈的工业景观的一部分。毕尔巴鄂曾因教派暴力而穷困不堪，现在却因古根海姆而成为世界旅游市场。特别是，来自英国的便宜航空线已可确保国际游客的大量增加，这座城市现已成为欧洲大陆旅行的主要停靠点。

后现代地理学和第三空间

詹克斯的建筑后现代主义,因其对社会政治的空间安排毫不质疑的庆贺式研究路径而饱受批评。他的争议性乌托邦主义未能令分析者(尤其是那些新马克思主义者)信服,他们对将后现代思想理论化的做法深表怀疑(Best and Kellner, 1997)。

例如,霍华德·凯基尔(1990)便拒绝了所有关于后现代空间的民主观念,他争辩说,这种后现代主义在政治上和美学上始终致命地受制于精英主义与现代主义不均衡的空间分配,而这是它声称要取代的。确实,凯基尔使用西奥多·阿多诺的无决断模式(model of irresolution),以显示后现代主义对解决其矛盾部分的无能。阿多诺的工作将拒绝后现代理论通过再现过程解决启蒙运动二元性(如普遍与特殊、过去与现在、富有与贫穷)的倾向。凯基尔将后现代美学视为某种不能令人信服的思想,它迫使其他选择与美学不和谐地搭配,"当代后现代理论和实践服从于调和两个领域的愿望:通过消除专业和公众、以及公众自己内部差异的方式解决它们的矛盾"(1990: 285)。因此,对凯基尔和其他从新马克思主义观点进行批判的学者而言,空间的美学和多元主义始终固定于资本主义的进程,无法消灭空间和资源分配普遍不平等的问题。全球主义和新资本主义的用处只是照亮了整个世界这种不平等变化的焦点,而未明确提及控制并操纵我们所处的建构性环境的强大势力。

爱德华·索亚(1989, 1996, 2000)试图通过再次加工亨利·列斐伏尔(例如,1991,1992)的第三空间理论("空间性三元论"),克服现代主义和后现代主义对空间概念的分歧。据列斐伏尔的观点,现代主义的逻辑一直将空间降低为一种物质的和物理的条件,或思维的再现性现象;第三空间则从这种二元辩证的强制性简化主义中将空间性解放出来。索亚将定义第三空间的特征确认为:

> 一个有关经验、情感、事件和政治选择的可知与不可知、真实与想象的生活世界,是被生成性和充满问题的相互作用在中心与边缘、抽象与具体之间实在地塑造的,是构想与生活的激情空间,在空间实践中被实际地或者比喻地标出,是在一个(空间)权力不均衡发展的区域,由(空间的)知识变为(空间的)行动的转型(1996: 31)。

列斐伏尔关于权力无所不在的观念与福柯相似,也对索亚很有吸引力,因为它从固定的结构(如阶级和财产分配)中将权力的概念解放出来了。列斐伏尔也像福柯一样,确认了社会权力的巨大分野,但这些分野是难以捉摸的,变形的,发生于关系与话语中,亦即就发生于存在(Being)的核心。这种现象学的定义使列斐伏尔区别于那些仅从结构(物质或意识形态的)的角度定义空间的马克思主义者;也区别于那些仅从再现的角度定义空间的后现代主义者。即便如此,列斐伏尔独特的游牧和复杂式马克思主义,虽然将他的分析从对中心与边

缘(权力与无权)的简单定义中解放出来,却回归至二元对立主义的残存形式。这样,列斐伏尔对全球空间的定义虽然从中心—边缘的更简单路线走了出来,但在其空间批评中却重构了关于思维—身体、男人—女人、西方—非西方的观念。

列斐伏尔的分析寻求一种可以将个体从同质化、碎片化和权力等级制体制中解放出来的地理学,而权力则位于资本主义空间安排的核心。"到城市的权力"是列斐伏尔发展出的概念,宣告了改革主义政治的新渴望：坚持差异的权利。这种抗争可以在生活世界的各个层面体验到：身体与性特征、室内设计、建筑、城市规划和纪念碑设计、邻里、城市和全球发展。争取差异的权利是在中心的、边缘的空间语境中构想的,这种空间既是实际的又是隐喻的。列斐伏尔不同于后现代主义者,他们将自由信念大多投入深化的个人主义；他力图恢复集体的抗争,即政治选择的第三空间。于是,正如许多马克思主义者可能设想的那样,社会关系不再偶然存在于空间,而基本上是空间的：在列斐伏尔看来,并不存在非空间的社会进程,权力关系只能存在于现实和想象的空间之中。

> 以对立方式辩证地思考第三空间是理解它的一个必要部分：将它理解为彻底开放又可公开激进化的生活世界的无限制构成；在范围上是包含一切且跨学科的,却也是聚焦于政治,并易受战略选择影响的；永不能完全知晓,然而它的知识却指导我们寻求解放性的变革和摆脱支配的自由(Soja,1996：70)。

于是,第三空间的概念提供了一种工具,让我们理解全球空间的安排,包括发展、空间和结构中的社会关系、城市的美学和再现形式等方面。对索亚而言,第三空间为解读城市风景提供了有价值的研究工具,这种风景现在是后现代的,围绕复杂的模拟和媒介构成了。

第三空间和奥林匹克运动会

奥运会已经成为电视广泛传播的最显要的全球盛事之一。当然,"奥运会"发生于物理空间之内：竞技场、游泳池、足球场、拳击台等。但是,奥运会也是国际媒介领域极重要的一部分,并通过"语言游戏"或者说话语的想象空间进行。通过这些话语,政治、经济、文化和权力都动员起来。

男子百米短跑决赛可能被全世界超过20亿观众同时观看。第三空间分析法将这类赛事视为某种形式的殖民化：运动员成为其祖国领土和商业利益的代表。就是说,赛事的场面结合了资本主义竞争赖以建立的历史性不平等：

1. 在过去大约60年中,百米赛跑的决赛选手多为非洲奴隶的后代,即使他们代表的可能是英国、加拿大或美国等国家。

2. 第一世界国家将成功的运动员当作展示其国家美德和实力的证据。这种成功是对外部强权的警告。同时,它也作为国家凝聚和国家意识的源泉。

3. 成功运动员产生的收入和经济行为也有利于其祖国。较为贫穷的国家既没有钱(无论是公共的还是私人的资金),也没有技术足以产生高水平的运动表现。百米赛跑的决赛代表着全球财富分配的不平衡。

4. 这些奇观的魅力也掩盖了奥林匹克运动中猖獗的腐败和欺骗。

赞美式后现代主义分析会用更正面的眼光看待运动会的再现。观看决赛的观众群体也会从景观中得到愉悦。被技术和竞争精神改善的完美人体一起形成了游戏精神的乌托邦。身为"黑人"不再成为被威胁,却成为被庆贺的原因。在奥运会上,所有国家聚集一堂,庆祝共同的人性。

第三空间的分析综合了上述两种观点,以确认并批评空间的再现与物质维度。奥运会是一系列的竞赛话语,最终达到对空间的控制和分配。奥林匹克的理想与其体验到的不平衡必然发生撞击。但是,仅仅指出这些撞击还不够,应当找到并提出真正的解决办法。规范和伦理必须用来抵制腐败;较穷的国家必须让财富的分配对它们有利。非洲裔美国人必须如汤米·史密斯(Tommy Smith)和唐·卡洛斯(Don Carlos)在墨西哥奥运会(1968)上所做的那样:必须清楚地表明自己的政治处境,并表达他们对世界的愤怒。

后现代游乐场

后现代城市现已转型为一个由购物、展览、迷恋功能和迷恋交流相互结合的空间。事实上,爱德华·索亚直接借用了让·鲍德里亚在描述当代洛杉矶时对"传播迷醉"(1983b,1988,见第7章)的阐述。在洛杉矶这个以媒介为中心的当代城市,空间与空间身份的旧分界持续地被新的模拟空间所改变:微缩景观将先前分隔的自治领域和各种历史再造为某种复制品,这是对曾经有过(或并未有过)的情形的模仿或再造。鲍德里亚曾指出,这些是模仿的形式,是对模仿的模仿,除了此地和此刻,没有任何起源或可观察到的语境:

> 这种迷醉的消失渗透入日常生活,致使超现实不仅越来越影响我们的衣着、饮食和对娱乐方式的选择;还影响我们选择在哪里生活和怎样生活、我们投票选举的事情和人物、政府运作的方式,也包括我们如何可能被鼓动,更直接地参与政治活动:不仅置身于拟像的背景,而且也参与到活动的进程之中(Soja, 1996: 278)。

换言之,拟像的世界已不可避免。对后现代建筑师而言,这些拟像构成了设计并建造我们的物质和形象环境的附加资源。但是,令詹克斯欣喜的建筑却让某些批判性后现代主义

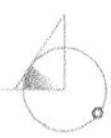

者不满，他们寻求对社会和政治关系的更深入解释，并为历史被蒙蔽的现象而忧虑。

依据庆贺式后现代主义者的观点，这类设计策略无可非议，因为所有的历史都是创造的，所有的空间都是再现的。即便如此，在19世纪贸易和制造业建立的旧工业建筑和城市空间的转型中，我们还是可以看到了有问题的转向：这些场地被重新标记为博物馆、主题公园、休闲和餐饮区域；即使作为第三空间，肯定了一个充满快乐结局和后现代愉悦的世界，但它也将活着和死亡的特定社会团体边缘化了。尤其是，那些曾构成早先工业空间的已逝工人的故事，被旧工业外壳的翻新和清理所消除，或掩盖了。

图10.2是一处位于印尼蓝梦岛的待售房产。这座茅草屋位于一个渔村中，可以俯瞰辽阔的珊瑚礁景观。由于国际公司凯悦酒店集团在距离这座茅草房几公里远的地方建立起一个大型度假村，全球旅游业的压力已影响到这座岛。图10.3是19世纪工业区的后现代化改造。为大炮和煤油灯提供铅的子弹塔被纳入墨尔本的大丸百货购物中心。图10.4是翻修后的加拿大蒙特利尔湖滨码头。博物馆、餐厅和各种形式的公共休闲空间已取代了原先主导港口景观的工厂、货栈和妓院。

插图10.2 印尼蓝梦岛的待售房产

插图10.3 墨尔本弹药塔

插图10.4 蒙特利尔湖滨码头

这种后现代化已经发生于前工业区域,如曾位于澳大利亚主要制造业城市墨尔本北部边界的工业地区。一个多世纪以来,位于老工业区沃尔特·库普的一座特殊建筑——子弹塔(Walter Coop Shot Tower),一直是诸多辩论和竞争性文化话语的主题。在19世纪后半期,沃尔特·库普建造了一座铅弹工厂,其代表性标志就是高152英尺的罗马式高塔。子弹塔的建造技术很有效,但又原始得滑稽。熔铅从塔的顶端落下,下降后冷却的材料注入球型铅"弹",可被分别用于大炮、煤油灯和其他用途。库普家族的事业持续四代,直到1961年。当时,即便是十分慷慨的澳大利亚制造业保护政策也不能使它避免来自其他国家更为高效的生产和先进制造技术的挑战。但是,澳大利亚国民信托基金的立法成为新的庇护者,使这一高塔免于拆毁并由于怀旧情绪而被重新开发。后殖民民族主义话语将这一建筑视同某种世界著名的纪念物,如"自由女神像"、"埃菲尔铁塔"和"大本钟"。

即便如此,在20世纪80年代,尽管城市持续增长,内城工业主义基础日益萎缩,但人们对开发这一建筑物仍极少兴趣:受到实用主义强大挑战的,正是旧塔的象征价值本身,而非物质价值。围绕这一建筑物对墨尔本街景的历史和文化视觉价值的讨论开始改变特点。经济理性主义和全球后现代主义开始对关于民族历史价值的原有设想提出挑战。虽然提出了好几个再开发方案,但它们都在保留沃尔特·库普综合区的问题面前栽倒。最终,巨型日本建筑公司熊谷组(kumagaigumi)通过将旧塔纳入其再建计划而解决了这个持续30年的问题。获得接受的这个项目将旧塔改建为一个巨型购物中心和写字楼,不仅标志着对这个北部城市街景的完全重置,还象征着文化现代主义统治的基本结束。

据大丸百货公司的观念设计者黑川纪章的观点,高塔与大丸购物中心玻璃圆锥体的结合将扩散的空间和文化元素联系起来。在这一建筑内,人们永久暴露于一个混乱的对话之中,这种对话与他们关于空间和外部世界的假定相冲突:"这种混乱的维度让人们将自身区别于机械,而这正是21世纪建筑应该表达的理念"(黑川,引用自Childs, 1991: 5)。据黑川说,大丸百货的设计原则取代了人及其活力的主导,这是内在于秩序化的公共设计城市(例如,海牙、温哥华或华盛顿特区)中的理念。大丸百货是一个"商业娱乐空间,所以我需要一个意外。这是一个意外箱"(引用自Childs, 1991: 5)。像詹克斯和许多其他后现代乐观主义者一样,黑川极力宣称他的美学带给人性层面的愉悦力量。据他说,批评他的人始终陷于一种意识形态系统,总是凌驾于人,创造并再造秩序、主导和不快。

实际上,大丸百货购物中心代表了另一种"快乐的结局"。在历史、政治、商业和文化等方面30年的不和谐最终在后现代主义的图腾式空间中得到调解。过去能够存在于急需财政的语境中,澳大利亚工业主义那笨拙而分裂的幽灵被描绘成怀旧主义的插图,成为与后现代部落的愉悦和兴趣结合在一起的奇特有趣的遗迹。现在,子弹塔成为一出喜剧,成为一种语言的交互作用,其间的混乱与复杂、愉悦与不快、新与旧等对立关系都在讽刺性的安置中得到了解决。大丸百货使旧的高塔相形见绌,将它的历史纳入视频屏幕、步行游览和巨型的怀表——每一小时准点鸣响澳大利亚歌曲"华尔兹·玛狄尔达"(Waltzing Matilda)。高塔

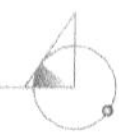

身披巨大的红色“打折”标志。在整点时刻购物者望向天空，但并不是在看这座塔，他们站在那里，全神贯注于从那个巨型吊钟里站出来演奏“华尔兹·玛狄尔达”的机器人。

即是说，过去与现在永远交织在一起。但这个过去并不是沃尔特·库普家族逝去的魂灵们承认的那个过去。这是一个为当代口味而被净化、被标准化，且以直接和隐喻的方式重新表演的过去。这种新的过去不只是提供历史性参照的游乐场，它还是建立于非真相和被掩饰的过去生活及以往恐惧的历史。幽灵在大声呼喊，但当代讲故事的人和他们的剧本却置若罔闻。他们继续掩盖那些“他者”生活的疾病、污秽和退化，宣告他们的默默无闻；同时，却以愉悦和信息娱乐的新方式颂扬伟大(人们)的记忆。正如艾伦·布里曼(1995)对迪斯尼乐园的说法一样：被不断再渲染的过去所遮蔽的，可能正是现在。实际上，现在可能根本不被呈现，而被理想化的历史编织渲染为虚无。这种遮蔽排除了痛苦和斗争的政治，于是，当代问题“根本不是真正的问题，或者是以我们当下的技术……可以轻而易举地克服的问题”(Bryman，1995：127)。

插图 10.5 伦敦眼

在过去50年中，发达国家的都市空间都经历了相当大的转型。随着重工业的缩减和越来越专业化，许多旧的贸易港口地区已被重新开发为休闲娱乐区域。被称为伦敦眼的巨大费里斯摩天轮俯瞰着这一历史上最重要的贸易港口之一和19世纪大英帝国全球统治的象征。进行奇特历史对话的老式维多利亚商行与摩天轮之间又插入了议会大厦，闪耀着它们身后现代政治景象的宽大。

这样，随着全球资本主义和全球文化更广泛的转型，全球城市空间——码头、货栈、工人阶级的住所——也被翻新。这种转型依赖不同的场所、历史和再开发的设计目标，产生出特定的效果：

1. 伦敦泰晤士港区的再开发工程是用一个等级制系统替换了另一个。这里曾经是展现码头工人贫困、关押下层重犯和帝国入口的场所,现在成为高级住宅和娱乐区域。只有收入最高的后现代专业人士才会盘算抵押购置某处港区住宅。

2. 欧洲迪斯尼乐园的建立说明迪斯尼已经扩展到最别致的城市巴黎,它代表着将欧洲纳入美国流行文化迷醉的结合。但是,这一转型又是模糊的,如它调整自己,适应欧洲更鲜明的宏伟风格和娱乐特色(例如,在欧洲迪斯尼通常可以饮酒,但在美国迪斯尼乐园却是明令禁止的)。欧洲迪斯尼乐园位于巴黎市郊曾被德国军队占领的地方,它在巴黎边界的出现替代了现代时段巴黎挥之不去的围困感。但是,欧洲迪斯尼乐园带来的"威胁",是对巴黎文化完整性和超然地位的一个彻底转变。对巴黎天际线的改变也发生于过去20年间,进一步代表着对巴黎想象的新构思。

3. 檀香山的东京化。自20世纪70年代以来,对世界文化和全球空间最显著的一次改变曾是日本经济和文化的成功与扩张。当日本成为世界第二大经济体后,资本的迅速积累为其支出及参与全球消费(包括旅游消费)带来进一步的压力。日本公司和个体市民似乎突然之间出现在世界旅游和房地产市场。日本投资者在北美西海岸、夏威夷和澳大利亚海滩及旅游区域购买了天价土地。即使目前日本经济已经衰落,但东京文化和金钱的影响仍可见于这些沿海区域的街牌、旅游设施和餐饮业。

亨利·列斐伏尔与爱德华·索亚设想的第三空间的观念可能认为,这些游戏场是复杂的意识形态形式。我们可以看到,在一个社会中有权的集团如何可能通过将世界构成快乐结局,构成没有来源、没有结果的拟像方法,提高自己的地位,并推进他们的利益。但是,在大众文化的层面,同样明显的是,后现代主义的消费者部落从对空间和设计的愉悦中得到了真正的满足(Brown,2004;Pinder,2004)。因此,效果是平衡的:重复设计和公司霸权产生的同质化效果与建筑物使用者带给空间的某些复杂的消除和重置作用各取所需。游戏场是阴险的、巧妙的、充满欺骗的。后现代的部落可能对特定的效果和权力的决定一无所知,但是,后现代消费主义的原理给予这些游戏场的使用者一定程度的自由,而这是现代主义规则所拒绝给予的。美食、仿造迪斯尼、逛海滩、购物,这些都是后现代全球空间的新宝藏。

不均衡的全球分配

即便如此,新的后现代空间在愉悦分配方面基本上是不均衡的。阿帕度莱(1990)曾指出,我们不能再以中心和边缘的模式思考全球化了;列斐伏尔和索亚则指出,中心和边缘的关系是以多元和变异的形式存在的,其中的一些形式通过空间的再现和物质构成为特点。实际上,第三空间的观念虽然也考虑到空间被转型为无核心的拟象、变为"无意义"的可能性,但也让我们用物质和象征的差异化方式思考空间。诚然,消费主义的后现代主义所带来

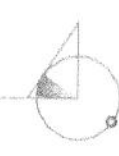

的愉悦在全球的分配是不均衡的。资本灵活积累和国际贸易、金融自由化的新形式也不是一个均衡的施与：富裕的国家及其大部分公民的生活越来越好，而较贫穷的国家则持续挣扎于国际贸易的巨额债务和惊人的赤字中。

表 10.1　人均国内生产总值(GNP)占世界经济合作与开发组织发达地区 GNP 的百分比(%)

地　　区	1960	1980	2000(年份)
撒哈拉以南非洲	5	4	2
拉丁美洲	20	18	12
西非和北非	9	9	7
南亚	2	1	2
东亚(不包括中国和日本)	68		13
中国	1	1	3
发展中国家合计	5	4	5
北美	124	100	191
西欧	111	104	98
南欧	52	60	60
澳大利亚和新西兰	95	75	73
日本	79	134	145
经合组织发达国家总计	100	100	100

资料来源：改编自世界银行 2004 年的数据。

正如表 10.1 所示，在过去 30 年中，欠发达地区的国内生产总值(GNP)占发达地区 GNP 的百分比始终停滞不前或有所减少。于是，撒哈拉以南非洲、西亚和拉丁美洲地区的人均收入下降，而南亚地区的人均收入相当于“核心”富裕国家的百分比保持不变。包括中国在内的东亚地区的收入从极低的水平明显上涨。除去上述数据，世界银行(2001)宣布了好消息：世纪之交，“极度贫困”人口(收入少于每天 1 美元)的数量由 14 亿下降至 12 亿。据世界银行说，其主要原因在于自由市场全球贸易的发展和较贫穷国家融入全球经济之中。

换言之，在全球文化政治和意识形态构成中主要的变化为世界经济带来了巨大的好处，并改善了亿万贫穷人口的生活条件。然而，罗伯特·韦德(2004)与其他许多人却对世界银行得出上述结论的方法提出了质疑。韦德特别注意到，世界银行改变了上述每个数据的计算公式，预先将 2000 年的贫困数据置于比以前更低的位置(2004：387)。无论在哪种情况下，世界银行自己的数据和支持它的自由市场“新自由主义”意识形态，都表明了全球化的文化政治与后现代主义之间的明显结盟，而后者将个体和社群的真实苦难包裹在艺术的愉悦和庆贺中。在第一世界消费主义的华丽和欣喜背后，横亘着一个国际工业系统，它判处劳工(即使是新兴中国的劳工)在比工业革命之初英国纺织工人的工作条件还差、工资还低的情况下劳作(Kinge，2006)。

即使在发达国家中，贫富社群人民的差距也在扩大；由于失业率居高不下，自由化的工业关系法规削弱了工薪族的讨价还价能力，导致社会分层加剧。甚至在本书写作时，在按国际标准保持极低失业率的美国，经济成功的景象也掩盖着许多群体持续的严重贫困，包括原住民、非洲裔美国人、单身母亲和西班牙裔移民。美国尽管拥有巨大的财富，却也有一个很高比例的弱势群体：作为犯罪的下等阶级，他们的存在并不被算在收入或就业的统计中。如韦德指出的：

> 除加拿大外，所有被美国领导的英语国家在过去的二三十年中都经历了收入不平等的迅速增长。在美国，自1979年至1997年，占全国人口1%的最高收入家庭享受了约为160%的税后收入增长，而中产阶层家庭增长了10%……在20世纪80年代，英国的收入分配越发不平等，其不平等的增长速度甚至超过美国，已成为欧洲大国中最不平等者(2004：393)。

随着社会福利体系的崩溃和用者付费经济学的兴起，富裕的英语国家中最贫穷的人和30年前一样贫穷。

全球化的金融

自20世纪70年代至80年代，全球交易量最大的商品之一始终是金融——资本的最纯粹形式。当下时兴的对国际货币交易的解除管制使单个国家以各种形式更完全地参与商品交换；但是，计算机联网及解除管制也使货币贸易者抓住货币价值的细微变动进行投机，从收购或卖出国家货币中获取高额利润。有时，这些细微变动纯粹是基于某个国家或其大型公司的经济表现进行的投机。农产品和矿产品(特别以"商品"闻名)的国际价格会导致一个国家货币的可贸易量和价格大幅下跌。虽然某一主要农产品交易的下挫也许不会扰乱一个发达大国的货币价值，因为它会有多种出口工业；但是对于一个仅出口几种农产品的发展中国家而言，则是灾难性打击。国际金融家会抛售这个国家的货币，降低其可贸易价值。此类抛售的净效应是降低该国从海外购买原材料的能力(因其货币贬值)及其偿还国际债务的能力(因其收入减少，货币贬值)。而偿还债务的能力下降会对货币造成更大的压力，致使已经艰难的经济形势雪上加霜。

实际上，货币贸易是一种阴险而神秘的国际资本行为。然而，对发展中国家及其民众而言，同样严重的问题是现代化进程本身。这些国家只有通过对其国内经济、空间、社会和文化的安排进行彻底重构，其经济才能被纳入国际资本主义的网络。虽然殖民主义无疑设置了变动的轨道，但始于20世纪70年代的经济全球化却加速了上述改变，在国家极力参与国际资本主义循环时给也带来巨额债务。当然，曾有一些值得注意的成功案例，如在中国台湾

地区、新加坡、韩国和菲律宾等国家和地区，现代化和全球化迅速地扩大了经济生产。但是尼尔·史密斯(1997)指出，世界上最贫穷的国家只是陷于资本化，最可能成为廉价劳动力的来源和发达国家过度资本积累的真空接受器。戴维·哈维(1989)也在其对后现代性的讨论中提出了类似观点。发达国家资本积累的成功不可避免地使其产生重新定向的需要。脆弱的小型经济体成为过多资本的安置场所：旅游业、开发投资和贷款等。当然，这些经济变化伴随着重要的政治、文化侵入，实际上改变了全球农业经济体的社会和文化构成。贫穷国家的断层混乱和社会动荡都被仔细地记录在案；但是实际上，全球化经济和国内重构的冲击也都产生了破坏性的生态影响。海洋、树林和早先肥沃的耕地被多国公司的掠夺行为变得荒芜，大河变为污水渠。正如韦德(2004)所言，贫穷国家融入全球网络的结果总是为投资者带来最大化的利益，而与较小经济体本身无甚相关。

撒哈拉以南非洲的经历或许最有说服力。自2000年制作的一系列叙事性电影——《卢旺达旅馆》(*Hotel Rwanda*)、《疑云杀机》(*The Constant Gardener*)、《四月的某时》(*Sometimes in April*)、《血钻》(*Blood Diamond*)和《最后的苏格兰王》(*The Last King of Scotland*)——全面揭示出全球化和生态—政治帝国主义的可怕冲击。饥荒、内战、经济剥削、疾病和凶残的武力政治无时不在的威胁似乎是在嘲笑发达国家庇护的美好及其经济全球化的理想。撒哈拉以南非洲人民的贫困和痛苦代表着对我们自己的财富和现代性赖以建立的公正幻想的打击。

债务

撒哈拉以南地区过去几十年的经历或许是全球经济融合与发展问题最特别的案例。但是，即使是东南亚等地所谓的“小虎经济体”和拉丁美洲部分地区，也在20世纪90年代中期经历了金融危机的严重问题。西方新古典经济学家将危机解释为民族经济内在失灵的部分表现，说它们不够精简，不够高效，将太多借款用于非生产性活动，如医疗和教育。这些新古典原则还支持国际资金借贷者向政府提供资金且期待高额利润的条款。但是，随着金融危机的加深，主要的国际贷款机构(国际货币基金组织、世界银行和亚洲发展银行)更积极地介入了印度尼西亚、泰国和墨西哥等国的经济政策和用款行为。也就是说，这些主权国家为了保持偿付能力，被迫放弃部分独立和主权：它们必须削减教育、医疗和福利开销，向海外投资及进口贸易开放口岸，降低所有形式的贸易壁垒，并允许外商购买该国的各种资源，包括重要的自然和文化资源在内。例如，在这场金融危机中，印尼卢比对美元的汇率下跌了900%，导致了严重的金融短缺，加剧了饥荒，动摇了国家的政治局势(这倒不一定是坏事)。它也导致政策和法律妥协，如试图保护苏门答腊森林免于外国过度剥削和生态毁灭的规定。

后现代对多元化的许多庆贺都伴随着国界的消解；但是，后现代主义并不能充分解释国界拆除的现象。国界是为抵御过度剥削和霸权统治构筑了一道保护性的屏障。在《停下：

思考》(1999)一书中,保罗·赫利尔追溯了自1981年全球经济衰退以来兴起的国际债务,特别是发展中国家债务迅速增加的过程。依据赫利尔的观点,发展中国家和小经济体参与大型多国机构(如世界银行)贸易和金融活动的机会,一直是以国家主权和经济独立的丧失为代价的。发展中国家通过开发计划和向国际同业出售民族资产等方式借贷,并转变它们的经济。在经济增长之初可能出现的繁荣感在经济衰退时便迅速消失了。利率上涨和出口贸易的萎缩极大地伤害了依附国家,导致大量失业、破产,以及民族资产和经济行为的空洞化。政府除了更加依赖国际贷款之外,别无它法。国家的实体和国家的利益被这种不公平的国际关系彻底腐蚀。民族的保护性壁垒,包括教育、医疗和福利在内,都因从属地位而被砍掉。后现代主义可能给这些贫困的发展中国家带来一些游客,或者是制衣工厂和塑料袋,但它似乎很少带来安全、清洁的水、自由和尊严。

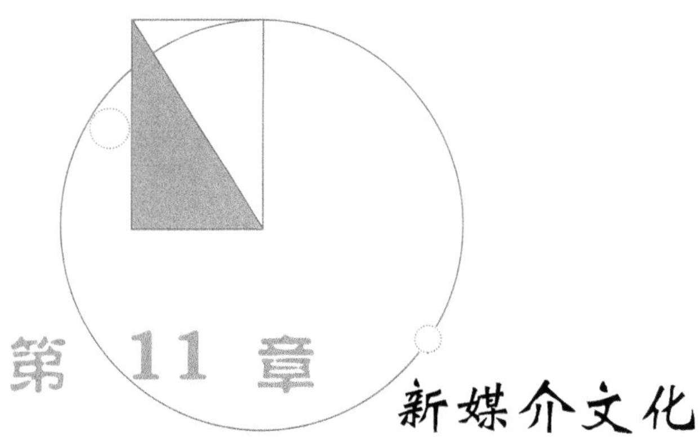

第11章 新媒介文化

导　论

在本书中我们已多次提到，语言和话语是文化构成的核心。当代文化理论正是聚焦于通过语言的作用形成文化和产生意义的方法。在文化分析中，19世纪对知识与现实关系的专注已被新的命题所取代，那就是：知识是如何通过话语而形成的。当然，当代文化已经极大地扩展了创造和传送话语的方法。电子和数字媒介大大推进了人类的话语进程，使其超越口语、姿势和形象的人际传播与印刷技术。但是，新技术不仅是传播媒介与传播行业使用的工具或机器，它们还深深地嵌入了文化、意识形态、话语和意义生产的过程。很多时候，我们依据主要的技术方式区分媒介（电视、广播、电脑联网传播等），而这种技术是通过其特有的争论、价值观、意义在文化中构成的。

当然，人类为了提高其在促进经济、传播、身体表演及欢乐、关系和社会组织中的“天然”能力，总是要使用技术的。然而，18世纪和19世纪发展起来的浪漫主义哲学却将技术与文化之间的关系设想为截然对立的。随着现代化带来的社会和环境恶化，浪漫主义哲学家和美学家将工业化和都市化视为对人类精神丰富美丽的诅咒（见第2章）。因此，“文化”被定义为一种逃脱于技术工业主义及其机器恐怖的崇高精神升华。这种主旋律的论调一直持续到20世纪，一些特定的社会群体（例如20世纪60年代的嬉皮运动）和知识分子（Bell，

1973; Postman, 1993)还在质问技术进步主义及其非人性效果的社会、道德和文化价值。

在当代美学领域,各种各样的电影制作者和艺术家不断重复浪漫主义小说家玛丽·雪莱创造的“弗兰肯斯坦神话”的主题:人类发明的事物必将调过头来,毁灭其制造者。从以电子人为主题的《银翼杀手》(*Blade Runner*)、《变种异煞》(*Gattica*),到关于全球变暖、气候改变的故事《后天》(*The Day after Tomorrow*)、《难以忽视的真相》(*Inconvenient Truth*)、《阳光》(*Sunshine*)等,近来的电影制作者表达了他们对技术和人类操纵自然环境的深深忧虑。技术再一次被视为文化之外的某种东西;而文化是精神、智慧和美学的崇高超越。

然而,不必说,这些反向乌托邦(dystopian)的技术观点对技术进步主义的吉祥预言和无情力量似乎都影响甚微。甚至在遭受质疑和挑战时,被置于文化语境之中时,技术似乎一直都声称自己是与个人生活方式、社会改进、经济发展和历史进步等观念息息相关的主导思想、理想或意识形态。在关于技术的文化分析中,这种意识形态以最极端的形式被描述为一种技术决定主义:即技术存在于且必定产生某种历史效果。技术决定主义的作用一般如下:

1. 文化分析者据此回顾历史,并定义某一特定新技术。

2. 在技术与新的社会趋势或事件之间建立因果联系;在技术与社会效果之间建立因果联系;而导致技术采用的文化和历史趋势却通常被忽略了。

3. 分析者承认技术导致或决定了效果,而忽略或者弱化了所有其他的联系或者因果关系。

4. 分析者经常向前看,通常乐观地用某一“新”技术预测新趋势。

技术决定主义的观点常常回顾社会和文化历史,将“技术”作为特定时代(阶段)的确认指标。对传播技术的研究来说,一种决定论观点以“传播革命”的思路解读世界的历史:以某一传播技术的出现作为划分时代的标志。因此,当代技术的分段将历史看作朝当前优越的技术文化前进的一种进步过程。然而,不仅如此,技术决定论还是一种“未来主义”的观点:用数字化和电脑网络化传播预测未来的社会和文化趋势。在未来主义的技术决定论者看来,新的电脑技术不仅将改变传播方式,它的革命性效果还将触及人类生活的方方面面。毫不奇怪,这种历史条件不断改进的感觉也影响着技术决定论者对未来的观点:新技术带来的进步无疑将引导我们进入更美好的明天。

马歇尔·麦克卢汉声名狼藉的“地球村”理想是技术决定论未来主义令人印象最深的例子之一(1964,1969)。麦克卢汉预言:电视技术的广泛发展会把世界压缩为一个完全同质化的全球空间。当前联网电脑技术也正表达相似的看法:未来主义者预言办公室将终结、联网城市、污染根治、虚拟社区,以及人类冲突的消失。本章我们的目的就是揭示构成这些新传播技术的文化条件,而不依靠决定论的观点。当然,虽然我们集中于传播技术,但我们主要是对流经和围绕这些技术的文化之操作和意义感兴趣。为此,我们对关于新传播技术的意识形态和话语争论特别感兴趣。

传播与技术

作为一种划分时代的定义者，传播技术的配置需要更密切的关注。特别是，以这种方式运用技术存在的问题，是可能忽略或者弱化了社会和文化转型发生作用的重要语境。就是说，技术之所以存在，是因为它们被需要，它们对特定的文化有价值和意义。虽然文化对技术不断产生需要，但文化也不断赋予技术意义；技术决定论者倾向于将新技术的到来视作外在于人们兴趣和需要的“革命”，但正是人，将技术从历史的昏暗中挖掘出来。许多发明物和技术存在于历史发展的过程中，但只有那些被文化所需要的东西才变得流行而实用。同样地，对于“新”的强调也可能掩盖了这样的事实：某些技术极其长寿，而它们的使用价值却被新技术戏剧性和转型式的出现遮盖了。例如，口头语言的技术应用已经存在了大约10万年，在人们对新传播技术的兴奋之中，这种古老形式仍然是人类传播的一种主要工具。

在此，后文对传播文化的检视需要作为一系列相互重叠、彼此开放的集合物，而不是作为一个个封闭的历史类别来理解。卡罗琳·马文在其《当旧技术还新的时候》(1988)一书中解构了“传播革命”的概念，她注意到，新技术几乎总是产生于一种复杂的文化过程，包括社会需要和可用器物缓慢的发展与融合。后文旨在减轻对技术革命观念的强调，将传播技术放回到产生需要和提供可能相互联系的语境中。在任何特定的历史时刻，都存在许多文化和许多形式及层次的文化经验；文化从不是单一的，而是一系列相互重叠、有时分离的意义构成。我们对于传播文化的考察只是从某一特殊的意义构成(亦即传播技术)中找到文化。因此，我们不应当假设这种特殊的文化构成代表着构成某一特定历史阶段所有元素的缩影。我们不对时代做定义，而只寻找我们感兴趣的某一“卓越”传播技术的特定文化构成，研究这种构成如何与其他文化元素相联系。我们也应当记住，某一技术的辉煌即使被新文化元素或新技术的出现所遮蔽，仍然会继续闪耀。

口头文化

阶段化的分析倾向于将口头文化当作一个封闭的文化系统对待，这个系统起始于大约10万年至6万年前，结束于书写(公元前4000年)或活字印刷(欧洲大约在1451年)工具的出现。但是，人类学家埃里克·迈克尔斯的研究(1985)显示，这种阶段划分忽略了口头文化的继续；而新文化的技术、形式和方式可能只不过简单地覆盖在业已存在的过程和经验之上。在这个意义上，口头文化可能以口语占上风的时代为特征，虽然这种基本的技术已被图像和艺术形式，如舞蹈、音乐、仪式及其他意义的代码(如烽烟等)所补充。无论如何，语言技术的发端始终难以捉摸，因为口语没有留下实物与人工制品，以备考古调查。诚然，被称作语言的这种复杂传播系统和人类的全球迁移与新的经济形式、环境调整以及社会组织的要求息息相关。对这样复杂的社会和经济行为,包括人们在美洲地区的流动和定居,以及东南亚人口向澳洲的转移,口语看来都是必要的。近期发现的证据表明,上述迁移活动的发生可能早于至今10万年前。显然,这些漫长的迁移旅程需要精细的传播和组织形式:文化需要先于工具。

口头文化的特点可以概括如下:

1. 口语固定于时间和空间。因为不能被记录,只能存在于发声期间,所以,口头信息是短暂的,依赖人类记忆才能保留。

2. 加入特定传播过程的人数受话音传送范围的限制。在不被转发的直接口语情况下,人的音量大小成为传播范围的限制,同时,身体的在场是传播的关键。

3. 在口头文化中,传播者与其周围的世界即时地联系在一起:符号与指示物的结合非常密切。例如,美洲霍皮印第安人使用语言时,讲话者必须考虑自己具体的观察。为了顺利传播信息,讲话者必须不断提到传播发生的实际物理空间。过去、现在和未来不能像在英语中那样抽象地被区别,讲话者必须提及一种特殊的空间元素才能使信息被人理解。

4. 信息必须与即时性相联系,并依靠仪式化的实践去记忆。信息与"叙事"或讲故事的形式紧密相关。因此,社会法则被舞蹈和典礼等重复的实践所"记载"并传播。这些实践涵盖了出生、发蒙、亲属、领土、死亡、狩猎和采集、资源分配、繁衍和性行为等。

5. 记忆是不完美和被扭曲的信息:积累知识非常困难,所以只有有限的知识资料可以被世代相传。通常,奖赏记忆的机制向那些有着最长记忆的人(即老人)提供了特别高的地位。老人将他们的知识传授给部落的年轻成员。

6. 仪式、图腾、象征物和艺术被用来补充有限的知识和人类记忆及身体的局限。最古老的人类艺术形式包括澳洲土著居民在大约4万年前创作的简单洞穴岩画。更晚些的部落文化创造出精巧的艺术形式,包括洞穴壁画、岩画、木刻和石碑。

7. 对历史(所有时间)的每一次讲述都被再造与重现。历史活在当下语境和生活世界中。也就是说,在口头文化和口头语言的瞬间性中存在永恒感。既然记忆不以线性时间或年代表的方式起作用,那么,过去似乎永远以当下讲述的形式保留着。口头文化的语言运用似乎把时间浓缩为不断展开的当下。

8. 因此,生活经验将全部历史具体化,并重新解释、不断翻新,以理解当前的事件、社会实践和关系等。例如,在尼日利亚,亲属义务来源于过去,大约延续60年,然后散失于神秘的时间。这种时间的浓缩仅仅来自人生阶段活着的记忆。人类的意识在当前事件、记忆和想象之间无限流动。通过人类回忆的机制,神话的时间与当下的时间融合了。

澳洲土著居民对时间的认识只延续到梦境,那是包围生活记忆或者人生阶段的直接时间。然而,做梦也是所有事物灵魂的"永存":石块、地形、天气和动物都被注入了做梦的灵魂。因此,人类的祖先存在于所有生命与非生命体的"呈现"及其经验之中。尽管记忆只能

通过群体中最年长的老者说明，但是，所有记忆却都在环境中持续。

9. 于是，神话围绕着时间的即时性作为现在存在。神话成为人类永存的通道。

尽管口头文化已经被书写和印刷文化的意识形态力量所压倒，但它始终是人类与过去时代联系的一个重要部分。电子传播技术的到来不仅有助于麦克卢汉所谓的“第二次口语传播”的实现，而且，口语传播一直是人类传播持续的现实。强调非中心化、想象和时间压缩的后现代主义在许多方面都使这种不被关注的口头文化再次复兴。装饰艺术的社群主义、时间和作为“所有时间”的即时性的强化、瞬间体验及可交流的身体呈现所带来的愉悦等——所有这些，都是口语文化和后现代主义共有的特征。

书写和印刷文化

苏美尔(公元前 4000 年)、埃及(公元前 3000 年)和古希腊(公元前 1000 年)对书写文化的引进无疑与经济、生活方式和社会组织形式，包括权力关系等领域发生的巨大改变息息相关。沿着幼发拉底河与尼罗河畔定居的社群所采用的经济和社会策略，与口头文化时代以狩猎和采集为生的游牧社群大不相同。在农耕社会里，领土成为更固定的资源，导致人们关于自我感觉和宇宙观念的改变。在一定意义上，定居和书写以各种形式包含了社会的区分，从而产生意识形态。从一开始，书写便是掌控资源的一种工具，这种资源包括财产、产品和人力资源。书写也是产生政治身份和维护特权的工具。这里不是笔和剑哪个威力更大的问题，是两者都要控制的问题。

于是，读写能力便在现代以降的阶段包含了权力及其变形。关于定居及封建社会系统建立的过程，有趣的是，书写始终是专属的特权行为。然而，随着这种社会系统的经济管理日趋庞大和复杂，权力领域便开始扩展，而读写能力则成为敢于挑战现状的那些人们的资源和奖赏。对复杂封建系统的管理促进了书写技术的发展，允许替代性意识形态挑战统治秩序。手稿书籍成为可补充、可分享记忆的新形式，不受时间、空间的限制。尽管主导的传播方式仍是口语，但书籍也成为探索观念和思想(其中一些以前还被认为具有煽动性)的新资源。由于每一次抄写或复制都可能增加或提炼一些细节，作者身份的灵活性允许一定程度的匿名与意义不确定。直到活字和大规模的印刷机器出现之后，大众识字才成为可能。

此处再次诱惑我们假设：古登堡印刷术的引进(第一本书出版于 1451—1453 年间)导致了特定的文化效果。但事实却并非如此。在公元 600 年前后，中国已经开始使用活字印刷，但直到社会与文化力量联合起来，构建了一种需求，这种技术才被用于欧洲。这种需求与日益强大的商人和贸易者新群体的发展，以及社会、经济和政治管理的持续复杂化相关。但是，很清楚的是，大规模印刷术促进了读写能力及相关思想观念的扩散，尽管这个过程耗时几个世纪。印刷文化的特征或许可以被概括为以下几点：

1. 经济。印制的白话版《圣经》是最早大规模生产的资本主义产品。因此，书籍既是产品,又是新观念和意识形态的渠道。特别是白话版《圣经》,对拉丁语学术的独占和罗马天主教教义的权力构成了明显的挑战。白话版《圣经》打破了原先只有拉丁文的读者和作者才能接触的控制知识的封闭系统。印制书籍因此成为一个崛起的中产阶级(和资产阶级资本主义)获得并创造新形式知识的标志。

2. 作者身份。这为确认个体及个人主义意识形态提供了一种新的方式。《版权法》(英国于1709年颁布)为社会构想自身及其与个体关系的思路带来显著的变化。此前,作者是个极为易变的、一般为集体的概念:作品一旦出现,文本就可以被任何接触作品的人所利用、改造、复制和使用。但是,作者身份的观念代表着现代社会的关键问题之一,即个人与社会整体之间的划分。公共与私人、个人的与政府的、个人权利与集体责任,都被现代主义彻底分割了。在现代资本主义的文化中,在复杂的相互联系的语境下,作者身份代表着个人的思想(知识产权)。正如"民主"代表着从政治上重新整合社会分裂的努力一样,提出作者的观念是对社会精神分裂症的美学和智力解决方案。也就是说,作者成为特殊的"超人类",其特质可以清晰表达,从而克服我们现代个人主义的对立力量:自由和异化。

3. 理性与个人主义。印刷术的存在进一步促进了理性自我的概念与有序文本的写作及社会秩序的构成。文本物化了人类思维,将复杂的过程和思想置于一个可接近的文字系统之中。理性的崇高地位被清晰地铭刻于书写文本的形式与结构中。

4. 公共与私人的分离。理性的政府联结着公共义务与私人自由。书写文本促进了民主政府的形成,以及新的包容性社会秩序的整合。书写文本促进了政府指令、管理过程和法律的记录与理性散发。

5. 持久性。这一点在印刷媒介得到长足进步。历史和时间的概念被重新表述;通过书写语言,创造性的行动获得了永恒性,并被合理化了。过去可能以自己的方式被重构、被分析。于是,自由人道主义教育建立于持久和有价值的知识与编年体及系统化呈现的历史基础之上。当然,这一年代表偏向因果联系中特定的事件、人物和系统。

6. 特权与标准化。知识的分化给现代主义带来特殊的困难。正如神话被用于部落文化以化解矛盾一样;印刷文化是用教育过程灌输特定意识形态的,它赋予社会分化与特权以合法性。同样地,大规模生产的文本也鼓励了某种语言的标准化。在肯特郡出现的首架印刷机使之前多样化的英语标准化了。肯特方言成为书写英文的标准,因为它是最早被印刷品广泛传播的英文。

7. 主导的意识形态。本尼迪克特·安德森(1991)提出,通过印刷品,大众读写能力的推广促进了民族主义形式的发展及标准化。不仅行政管理的模式和公民意识的形成通过大众读写和大众教育成为可能,民族主义的情绪感受也通过可得的文本培养出来。这样,民族国家成为现代社会代理人的"想象"共同体。这种社群再也不可能直接看到,而必须通过想象才能体验。帝国主义、殖民主义是这种想象共同体的必然结果。与资本主义进程、社会分层、性别规范、家庭和宗教相联系的各种意识形态,也通过大规模生产的文本得以扩散。

8. 替代性意识形态。阿尔文·古德纳(1976)曾指出,大规模生产的信息(如报纸)也促进了替代性意识形态的扩散。印刷品无疑促进了某些特定种类的想象和忠诚,亦即某种主导的意识形态;但它也促进了反抗和骚乱、愉悦和审美的超越。也就是说,文本成为逃脱、违抗和顺从的根源。

电报术

本雅明的知名著作《机器复制时代的艺术作品》(原作 1937, 1977)提到对艺术和流行文化现代解读的显著转变。据他说,电影艺术可以复制且被无数受众观赏的能力明显改变了艺术及其作者的文化地位。本杰明承认,纯正和特权的观念显然已被电子的应用和机器的进程所解构。图像和信息的广播不能再受时空限制的束缚。实际上,机器和电子复制早在好莱坞电影诞生之前就已经开始。正如詹姆斯·凯里解释的那样,“电报的发明可以隐喻性地代表现代历史阶段,甚至直至今天出现的所有革新,包括美国传播业发展的主线”(1989:203)。对凯里来说,关于电报的重要性,最“明显且单纯的”事实就是,电报首次将传播从运输的空间限制中分离出来。传播对电子的运用使人际接触直接且即时,超越了时空的局限。

实际上,电报预告了电子传播(包括计算机联网系统,如互联网)和电子广播媒介(广播、电影和电视)的开端。塞缪尔·莫尔斯将电流编码为点-线二元系统(1838,莫尔斯电码),不仅促进了“内战”(1861—1862 年)后美国的重新统一,还对全球传播网络化产生了重大影响。但是,这种传播联网与报纸一道,通过给予知识、认同、意识形态和文化更加同质化和更加多元化的机会,产生了矛盾的效果。最明显的是,电报进一步提高了国家的行政权力,加快了全国和国际贸易的进程。它促成了首个大工业垄断组织——西部联盟公司的创立,促进了各大新闻机构的合并与联网。在殖民地的前哨地区,19 世纪后期大西洋和太平洋海地电缆的铺设产生了两种非常清晰的同质化效果:

1. 报纸价格的相对低廉促进了 19 世纪报纸(以及思想)的迅速增殖。但是,对于说英语的殖民地(如加拿大、新西兰和澳大利亚)来说,本地新闻的供应不足以完全改善远距离的严酷和深刻的文化孤立感。来自伦敦或者纽约的新闻也许要经过 9 个月的时间才能被收到并翻印。国际电缆新闻的到来第一次实现了与外部世界的即时接触。殖民地新闻风格和内容日益增长的多样化趋势非常突然地被来自全球知识和文化中心的新闻供应所粉碎。当欧洲和美国的新闻占据中心时,本地新闻被迫退入边缘。

2. 来自海外的电报信息成本高昂,导致新闻产品的辛迪加[①]组成。在英语殖民地区的主要报纸联合起来,共享资源和信息,而不能负担电缆新闻费用的小型报纸只能破产或被购

① Syndication,一种企业联合组织,在新闻业中主要用于合作销售与发行新闻产品。——译者注

并。如电报到来之后,澳大利亚和加拿大的新闻来源数目迅即减少,从而为大型新闻集团的发展准备了条件。进入 20 世纪,更大型的新闻公司可以利用竞争优势,建立起更大更强的新闻信息中心。这些中心在为文化帝国主义霸权服务的同时,也使新闻报道同质化。

对非英语殖民地来说,电报的到来为维护中心化的殖民控制创造了条件。距离曾隔绝过来自殖民中心的过分干扰;但是电报却加强了帝国主义的文化和政治影响,巩固了殖民身份和文化景观的建构。本地的殖民管理者现在须服从于都市中心不断的监视和强加的税款。

凯里(1989)提出,电报术实际上强调了特定形式意识形态和思维方式的生产。特别是,由于电报按字计费,鼓励了"极简主义"写作风格的发展。借助电报发送的新闻报道舍弃了所有不必要的"废话",包括复杂的思想、语言的修饰和过度的描绘。海明威式的写作风格成为范式,所有驻外记者都使用电报写法。但是,不仅如此,电报信息的速度和容量催生了新的社会和商业组织,它们舍弃了个人化的语言,形成了基本上非个人的、商业和规则驱使的程式与礼节。传播理论、法规、伦理、宗教和"常识"都为非个人的传播提供了必要的结构,通过成规导向新的形态,并将这种关系自然化。这与电子邮件的出现十分相似:电子邮件也经历了这样的转变并产生出新的知识与礼节。和电子邮件使用者一样,电报使用者也必须重新建构时空观,以及对他们自己本地身份的感觉。

但是,正如凯里指出的那样,通过"电子"渠道产生的传播系统似乎将现代主义和现代化的分散多极汇聚一堂,至少统一了美国思维。也就是说,电子和电力传播将资本主义的物质主义、个人主义精神和个体卓越地位带入一个更为紧密的关系之中。一方面是垦荒者唯物主义的世俗主义;另一方面是宗教的解放,两者并存的美国历史似乎在电力的商业性和缥缈性特质中达到了某种程度的融合。电能的奇迹可以为个体和国家带来更大的商业力量;电力传播则将美国社会团结起来——但肯定是团结在商业的环境中。

广播电视文化

同样的救世主意味也出现在电报由点对点的无线电系统最终发展至广播无线电的转型过程中。这个转型过程最初由业余爱好者带领,虽然第一次世界大战也促使政府和军队注意到野外双向通讯的重要性和广播系统的潜力。在英国、澳大利亚、加拿大和美国,最初的电报立法被扩展至包括"声音"在内。阴极电子管的发明促进了声音的放大,广播无线电的传播立刻落入权力集中的政府之手。雷蒙德·威廉姆斯(见 1968, 1974)曾提出人们对发展无线电广播感兴趣的一些原因:

1. 20 世纪早期社会和地理的加速流动导致异化和隔绝的可能性增加了。潜在的混乱和社群的分裂,与日益增强的不安定结合在一起,加上国际关系、国内经济的压力,使对分成节点但连在一起的一种话语要求更加强烈。广播的人类特质(人的声音)为民族国家的想象

共同体赋予了接近性和人格特征。

2. 小型家庭单位和独立居住空间的社会趋势加强，为接受媒介传播创造出一种新的语境。都市化和旧社区的解体伴随着家庭作为社会和经济单位兴起。家庭成为消费和个人愉悦的来源；广播则便于政府和商业渗透私人领域。

3. 企业家自己可能已经了解广播产生利润的潜力。也就是说，收音机本身不仅构成了一种商品，更重要的是，它提供了一种直接进入家庭为其他商品做广告的机制，因此，收音机才被作为一种消费商品大肆营销。

我们也许还可以在威廉姆斯的单子中加上第四项原因。那就是，政府自己已经确认广播媒介的潜力，即获得直达其公民意识和行为的途径。虽然在大众社会中人们也意识到互相联系的重要性，政府却将广播视为控制、管辖和宣传的工具。当然，安排满满的广播节目表(包括早晨锻炼和洗漱的养生法)就已显示广播文化的某种同质化意图。阿多诺和霍克海默(1972)提出论点，认为广播及其后的电视都被设计成通过某种工具理性控制市民的方式：就是说，技术及其内容构成了控制性意识形态的形式。纳粹德国的宣传部部长戈培尔要求确保每一名德国市民都能接触到广播，这样，他们就可以直接、即时地听到元首讲话了。

广播的“奇迹”在20世纪二三十年代广受推崇，它将人声带入普通人的日常生活之中。麦克卢汉将收音机比作“部落鼓”，认为它是所有媒介中“最热的”一种，表明了一种媒介的巨大吸引力：它放大了人的声音，直接、即时地为家庭私人领域带来音乐、新闻和信息。在这一阶段，关于收音机的话语变化剧烈：由业余无线电爱好者修修补补的技术器具转为大受欢迎的时尚家庭商品。事实上，收音机作为家庭用品的出现标志着商品性别化的开端：优雅而有魅力的年轻女人被广告用来构建性感吸引力与进步时代媒介消费的合流。收音机成为性感的，因为女人的身体成为家庭消费中公共与私人形象的结合。广告也推广了新技术公认的魔力：据说声波、性与电的联姻治好了癌症，还促成了与死者的交流。

电视的出现可能招致广播的消亡，于是，商业、政府及其他话语再次以革命的术语推广新媒介。麦克卢汉关于“地球村”的著名评论描述了一个电视成为所有世界公民信息来源的世界。但是，广播就像口语、书写和印刷技术一样，通过重新确认自身角色和文化功能保留了自己。特别是，晶体管和迷你电池的采用产生了移动收听的新方式。广播的权威声音变成了年轻人的叛逆声音。20世纪五六十年代摇滚音乐和青年文化的出现创造出对商品化、休闲和传播愉悦的一种新需求。当青年人寻求一种超越老辈人监视的同伴社群空间时，晶体管收音机被采用为一种新的文化形式。持续不变的音乐模式、“顶尖40”热门音乐排行榜和特地针对青年市场的广告都构成了社会和文化实践的新特征。电视取代了收音机的家庭核心地位；但收音机活在青年人的聚会中、汽车里和其他移动形式中。晶体管收音机以非常重要的方式为后来的移动媒介(包括手机、随身听和iPod)铺平了道路。

电子民主

现代技术与政治

非常清楚,现代社会不能没有那些可以准确记录并散布信息的知识与记忆体系。以书写和印刷为基础的技术的发展,为大规模人口的组织和管理带来了明显的便利。存在大规模且通常交易复杂的资本主义,离开有效的记录和规范系统将无法运作。复杂的政治体系,如代议制民主,一直是围绕书写而构建的:选举过程、宪法、法律和政府;人民及其统治者的明智决策都是书写的机制。

不仅如此,书写及其线性逻辑的形式巩固了支撑现代化的意识形态,特别是,当它们通过"理性"的观念得到推崇时。于是,自由民主制便作为资本主义经济和市民政治治理理想的会合,根据这种基本上合乎理性的传播体系塑造出来。依据英国自由主义的准则——洛克的《政府论》(1651),政府与个人理性的互相依赖既是自由的基础,也是高效社会与政治组织的基础。于是,我们或许可以按照其最基本的传播模式来描述宪政民主的产生:将它命名为"书写民主制"(Lewis,2005)。

通过现代主义的进步,媒介,特别是报纸,成为托马斯·卡莱尔(见 1967)在 19 世纪称谓的"第四权力"。也就是说,新闻媒介与政府、教会和法律机构并立,在现代民主国家中逐渐成为一根独立的支柱。在这个理想的意义上,新闻媒介似应提供客观采集并展示的、为公共领域中的辩论所必需的信息,并通告市民。正如我们之前提到的,电报的出现使公共传播的信息更广、更快,数量更大。约翰·哈特利(1996)争辩说,现代新闻媒介自称的公正性、理性和客观性,是既夸大又虚幻的。哈特利声称,所有话语都有其政治和意识形态的立场。不仅如此,19 世纪的社会和政治改革者如此热心追求大众读写能力,对流行的感官消费一直像对政治行动主义(亦即理性的公共讨论)一样感兴趣。在哈特利看来,作为基本的现代文化实践,新闻业综合了智力与感官的体验:

> 新闻业是现代性(条件)意义生成的实践,也是现代主义(意识形态)的推广者;它是现代生活的产物和推进者……现代性如此突出的特征是新闻业,以至于很容易用它们互相解释——新闻业和现代性都是前三四个世纪以来欧洲(和源于欧洲)社会的产物;它们都与探险、科学思想、工业化、政治解放和帝国扩张的发展有关。它们都推广了自由、进步和普遍启蒙的观念,并与传统知识和等级制的瓦解有关,与传统知识和等级制被媒介化虚拟社群的抽象联系所取代有关(1996:33)。

对哈特利来说，新闻生产植根于所有组成现代生活的主要或次要事件、机构或个人经验——包括有争议的性感和欲望问题。

电视政治

然而，现代主义的这种维度已扩展，大大超出识字文化和报纸之外。的确，哈特利将大众新闻媒介与其联系的感官体验明显包含于听觉与视觉广播媒介的发展过程中。如迈克尔斯解释的，信息由书写语言到电子媒介的转变，使口头文化代表的即时性与感官体验重现生机。特别是，通过电视再现调节的政治，以一种新的文化面貌和个性标志着民主。机构化政治和法律的刻板进程被缩减为人的形象。政治成为“面孔政治”，在政客的电视化人格中官方记录和政治论坛也成为肖像式的。于是，民主不再以委托制亦即代议制政府为中介，而更多由电视竞选、登门拜访、“抢镜头”和新闻价值观来表现：重举动、轻细节；重个性、轻政策；重冲突、轻思考。

20世纪的政治理论一直倾向于将电子和广播技术的出现视为书写传播及其政治文化的扩展。但是，在“广播”或“电视政治”中，民主制度寻求政策妥协（如果不是调和的话）的多种相反主张具有了极高的可视性。当代政客的技巧是驾驭主张和话语的复杂性，同时又保持整合、一致和忠诚。这样，在视觉政治中玩弄的语言游戏可被更准确地概括为说服游戏。政客受到训练，避免直接回答媒介的问题——如果这类问题可能导致某些选民疏离的话。实际上，政客利用媒介来重申其简单而非具体的政策立场。媒介受众可被劝导；电视政客则寻求通过多种形式个性化和叙事性的建构，灌输党派观点。他们利用媒介通过各种叙述风格讲述自己的故事。由此观之，电视政客承担了部分特殊媒介名人的角色，而这些人是在与真相高度流动的关系中进行表演的。

这种与真相不固定的关系已经成为当代制度性政治的一个重要特点。相信真相是可以被发现和传播的，是现代新闻业，从而也是现代民主制度的信息原则之一。然而，虽然可以通过一种非常简单的方式（昨天某政客这样讲了）来展示某种真相，但是，想要在涉及多种社会需求的复杂争议中发现真相则十分困难。政客不仅非常直接地说谎，他们还为了满足各种对立的社会利益而隐瞒真相。例如，在美国，持枪准许对某些利益集团（如枪械制造者、农民和匪帮）非常有用。但是，如果我们被告知，枪械政策对保卫美国的“自由”是必要的，那么，这一宣称的真实性就十分可疑了。

马克思主义、后结构主义、后现代主义以及文化研究理论都告诉我们，“真相”一般是被特定的社会利益所构建的；而社会对这些真相能否广泛接受，则是该真相告知者的社会权力的偶然产物。当代文化中的电视政治明显是一场说服游戏，是多种利益集团（包括统治集团和意识形态）的角逐地。鲍德里亚的《海湾战争不曾发生》（1995）一书阐明了：现代广播媒介是如何参与生产真相效果的说服游戏的。鲍氏后来关于“9·11”袭击事件的叙述

(2002,见第 12 章)强调了这样的思想:“奇观”已经淹没了灾难事件,创造出一局奇特的暴力与政治名人的阴险游戏(也见 Kellner, 2005)。

并非所有关于电子媒介的评论都如鲍氏一样悲观和宿命。事实上,一些评论者提出,电子媒介为政客与选民之间的关系提供了更多接触与问责的机会。自从电视出现以来,新的政客可视性肯定加强了公共生活与私人生活的关系。但即便如此,人格化政客的文化仍然强化了领导者与个人外貌的观念。人格化政治和领导者中心表现在美国的总统选举中;也表现于英国的议会选举中:其时首相与反对党领导人都占据与总统选举一样比例的媒介时间。在一定意义上,对选举运动的构建与对电视爱戴的追求并驾齐驱;而政治明星以仔细掌握的形象出镜,既通过人物杂志,又通过晚间新闻展示自己。现在,美国总统候选人初选过程的开发似乎超过了大选,为报纸销售和电视广告作出了大量贡献。

这种政治名人的商品化明显地与人们对明星和名人更广泛的文化兴趣相关。好莱坞二流明星罗纳德·里根之当选美国总统,以及阿诺德·施瓦辛格出任加利福尼亚州州长,均象征着政治权力与娱乐名人的这种合流,特别是在美国。有时人们争辩说,由于在美国文化和政治历史中缺少贵族统治阶级,从而提供了一种使娱乐名人地位上升的理想环境。这种推定的平等主义从人民中吸收政治权力,为个性与个人主义提供了比欧洲贵族传统更自由的空间。从这个意义上说,美国可能一直在期待好莱坞明星制度和一位能够胜任政治与名人双重角色的总统。

数字民主

在过去 20 年间,广播媒介已经开始放弃某些同质化与组合主义了。卫星电视与有线媒介服务的引进有助于更为特定化(亦即窄播)新形式媒介传播的发展。于是,尽管这些增长只是对现有文本和媒介模式的复制,但是,真正的变化已经发生——特别是通过社区广播。更大的变化,亦即更精确的文本投向和民族或社区广播的出现,实际上已经对政治理论家提出了有趣的挑战。一些人可能提出,上述可变性可能对民主制度承诺的国家统一和人民团结产生分裂作用。那些继续坚信整合社会结构的效能与代议制权力和责任政府的评论家有时谴责媒介的碎裂,说它们破坏了民族国家的统一力量及其关于“价值共享”和真相原则。这种传统的民主模式承认多种声音的重要性;但是坚持共享意识、民族文化和一个可以通过构建共识性规则解决重大差异的政府。

其他理论家则主张,媒介的碎片化已被极大延迟,新的以信息为基础的后现代国家是一个更公平和名副其实的政治构成,它尊重且鼓励个人和与少数族群的需要与兴趣。对个人主义和媒介多样化的规定倾向与更广泛的对差异和他者的理论兴趣(即庆贺边缘文化的后

现代文化政治)相伴而行(见第7章和第10章)。计算机网络传播集合了众多媒介和传播功能,特别受对文化碎裂和媒介多元感兴趣的评论者欢迎(见 Pollock and Smith, 1999; Walch, 1999; Gauntlett and Horsley, 2004)。一种强调民主的解放维度的文化政治学,已经建立于互动媒介系统之上。而这些系统的灵活性可以总结如下:

1. 计算机网络传播(简称 CNC)可用于广播,允许用户对全球各地发布信息。

2. CNC 也可能为高度受众定位的信息传播提供便利。信息可以被直接发送给个人、社群或利益群体。同时,这些窄播利用更接近广播的功能,将不受时空限制。

3. CNC 具有极高的互动性,而且,与其他广播形式相比价格低廉,更易获得。

这样,互动性电脑传播新媒介使用户可以通过全方位的传播生产、散布和消费信息与娱乐文本。

尼古拉斯·尼葛洛庞帝(1995; 也见 Jenkins and Thorburn, 2003)认为,新媒介正在彻底地改变社会、文化和政治进程。在"信息时代",经济活动将以无重量的信息"比特"为基础进行交换,而不是以物质制造的产品形式交换。以大规模的工厂、港口及其生产的大量废品为特征的工业主义将被光速传递、无污染的信息经济所取代。于是,数字化信息将淘汰笨重浪费的物质性信息传递方式,包括所有媒介中最过时的报纸、杂志和书籍。数字化信息及传递凭借其灵活性、可纠错性和数据压缩等巨大优势,为社会和经济的改革提供了极多的可能性,"全新的内容将从数字中出现,就像新的播放设备、新的经济模式和富有生机的信息和娱乐小企业一样"(Negroponte, 1995: 18)。于是,数字化生存肯定将普通公民从大型媒介公司的控制中解放出来。在一个乐观的时代,尼葛洛庞帝向我们保证,电脑化的负面后果将被它对解放、社会和谐与个体表达的潜力所克服:

> 当之前分隔的学科和企业发现自己是在合作而非竞争时,数字化生存的和谐影响就已经显现出来。一种先前正在消失的语言出现,使人们跨越边界互相理解……但最重要的是,我的乐观主义来自数字化生存的赋权本性。易接近、可移动和实现改变的能力,这些都是可以使未来与现在如此不同的特点(1995: 230)。

尼葛洛庞帝关于完全可分享的全球语言的观点似乎实现了笛卡儿对普遍语言的启蒙梦想。虽然笛卡儿想象这种语言是数学,但在尼葛洛庞帝看来,这种语言是数字信息及其依附于资本主义经济和自由人道主义制度的一种理想。一种新的民主制将通过"在所有时间为所有人提供的所有信息"的方式被激活。尼葛洛庞帝和其他许多人都将新的工具确认为实现知情公众难解的民主理想的一种赋权性途径(参见 Barney, 2000; Slavin, 2000; Lax, 2004)。

后现代的计算机政治

许多作家都讨论过新的电脑网络传播系统的政治潜力。虽然一些人(如尼葛洛庞帝和詹金斯)曾强调电脑网络支持制度民主的能力;有些受"后现代"影响的作者谈论的却是电脑的普遍解放潜力。本节总结了这些讨论的主要特点。

超文本写作

一般来说,"超文本"是指以电脑为基础的写作,虽然一些评论者将此词汇限定为网络传播,如电子邮件、聊天室、公告栏和互联网网页等形式。数字化的要求是将所有公共与学术话语集中起来,"迫使日常文本传播中的文字和图像彻底地重新组合"(Lanham, 1993: 3)。这样,超文本(见 Landow, 1992; Snyder, 1996),或者麦克卢汉眼中的"超媒介",便被视为一种新形式,将书写革命化,扩展了人类的经验和意识,使之超越僵化的作者中心、线性进程和固定文本:"一个电子文本只存在于阅读之中——在读者与文本结构……亦即写作空间的互动之中。"(Boller, 1992: 20; 也见 Boller, 1993)也即是说,写作空间成为这些新的语言游戏选手的领域。据热衷于超文本的人,如伊拉娜·斯奈德(1996)、理查德·兰哈姆(1993)、马克·波斯特(1995)和理查德·伯格(2004)所说,与旧的印刷与写作方式比,超文本空间本质上更加民主和解放:

1. 超文本是无限次可擦写的,所以它不固定于硬性的形式或结构中。而纸张写作,特别是正式出版的写作,其文本像档案一样固定在作者与读者的稳定关系中。超文本不易被控制和占有,因为它必须是短暂的。写作者有更多的灵活性和创造力,因为超文本便于产生一个更冒险而更少抑制的写作空间,书写错误的概念也消失了。

2. 电脑可以更正语法和拼写错误的功能比印刷写作更显"用户友好"特点。超文本为较低教育水平和语言技巧的人群打开了写作大门。写作褪去了精英主义,更可为所有文字水平的人们所用。超文本也为那些非英语背景的人群使用语言提供了便利,由于它消除了英语使用者的优势,于是支持了多元文化主义。

3. 电子邮件有助于改变组织结构,从而促进了跨等级界限的接触。电子邮件像电报一样,降低了有关交流者的地位及其交流规矩。电子邮件少了一分正式,而多了一分开放的写作空间,它也便于人们之间不受身体存在限制的更大范围交流。

4. 与旧的写作生产形式相比,超文本写作十分廉价。它提供了"桌面"印刷,为创造性和表达性行为大开方便之门。昂贵的印刷过程现在可以绕开,专业水准和训练不再是问题。

5. 互联网为思想和创造行为的散播提供了极为便捷和廉价的方式。尽管艺术家和作

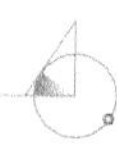

家曾经不得不依靠昂贵的基础设备和出版商、批发商和零售商的把关机制，现在他们却可以运用互联网进行全球发行和联系了。

6. 超文本还促进了表达类别化的消亡，特别是文字、图像、视频和动画之间的区别。这些表达模式在互联网上平等地发表时，可以流畅地被组合起来。因此，超文本并未将书写凌驾于图像之上，反而使文本的体验自由流动。于是，启蒙时代给予逻辑（词语）和推理的特权基本上被埋葬了。

7. 因此，超文本恢复了口头文化体验的直接性。既然互联网消除了印刷文化进行区分和固定的许多特征，所以，作者便不再是享有文本特权的“权威”。特别是，互联网的文本是互动的，可无限再造的。读者可以取走文本，并化为己有。文本是完全互动的、感染性的、永无止境的创造性链条。个人由文本在知识和创造性社群中构成，没有版权限制和作者权威。

8. 互联网写作也挑战了以理性为中心、形成阅读与写作等级制的结构或叙事。网页并非由线性顺序构成，而是模仿思维的方式，拟态运作。正如人脑与各种领域的知识、记忆和想象相联系一样，超文本形成了与各种站点，亦即知识领域的联系。这些超链接是通过联系而不是线性的顺序构成的。读者挑选符合自己兴趣的信息阅读，而不必通过作者按照逻辑事前安排的顺序被迫阅读。因此，这种连接是最民主的形式，促成了思想和感情的自由流动。感受、冲动、情绪和意象不再受制于逻辑和既定秩序的权威。

总而言之，超文本写作（和更普遍的数字创作空间）被其拥趸认为具有解放的本质，特别是当它似乎克服了现代主义印刷文化的许多限制与特权之时。它带来了更灵活、非中心、可接触的创意，消除了知识的特权等级制。电脑网络传播于是成为个人化的媒介形式，可以将信息从知识与“知情者”的控制中释放出来（Numberg, 1996）。

虚拟现实与脑机：思维的解放

在文化研究和文化理论包括对新技术的讨论中，主体和身份已经成为核心的主题。在20世纪80年代后期至90年代早期，许多有关电脑解放性作用的讨论都集中于虚拟现实的理念。虽然一些评论者非常广义地使用这个理念，包括真实地体验任何程度的电脑模拟图像，但其他评论者则用此理念专指特殊的模拟器具，如直接穿戴在身上的那些设备（Sherman and Craig, 2003）。最早的虚拟现实装备包括头盔和手套，完全围绕使用者，模拟他的听觉、视觉和触觉。在其支持者看来，模仿体验代表着一种超验的真实，可以将使用者带入新的意识层次。例如，新世纪哲学便强调个人解放主义、古代和亚洲的招魂说及炼金术与技术的古怪结合，将虚拟现实确认为扩张意识的重要通道。

近期关于虚拟现实和转换意识的实验导向新品种机器的发展，其中一些已被运用于电子游戏和军事训练。尽管它们在许多方面都不相同，但这些“脑机”利用视觉刺激物影响接收者的中枢神经系统，引起一部分思维改变和知觉效果。瑞士虚拟现实实验室从事大量“三维人居虚拟世界”的建模与动画研究，将个人解放的最初概念扩展到实时体验的社群感。在很多方面，这正是创造了“第二人生”概念的虚拟现实设计者的抱负。“第二人生”是一个虚拟空间，联网的个人能够获得居住在新形式网络社会的体验(见后文)。

实际上，三维的概念将虚拟现实从早期体验的头盔和手套产生的晕眩及反胃问题中解放出来。《异度空间》(*The Lawnmower Man*)的小说和电影探索了扩张意识的观念，特别是虚拟学习和虚拟性行为的方面。

虚拟地理、虚拟社群

早期对超文本的研究现在已经扩展至互联网、“新媒介”、万维网和其他数字创作与数字文本的领域(Everett and Caldwell, 2003)。虽然过去几年来，这些研究倾向于放弃“后现代主义”的标题，但它们对新媒介的能力(通过压缩时空、创造“逼真现实”包括虚拟社群产生新的数字化空间)还是感兴趣。当然，通过各种形式的传播系统，印刷和广播技术已经使远距离的接触成为可能，但是这类虚拟社群(地球村)一直是围绕社会等级和主要基于性别、年龄、民族、地理位置等身体差异的社会分级模式建立的。

的确，广播技术倾向于保持国家和帝国控制的主导话语。在《后现代地理学》(1989)和《后大都市》(2000)两本书中，爱德华·索亚已经意识到，民族地理边界的再形成主要是通过各种形式的文化与经济帝国主义实现的。戴维·哈维(1989)也清楚表明，多国公司主要不是全球公民，而是全球范围的袭击者和统治者。国际信息和娱乐集团的跨国举动并非任意所为，而是第一世界的战略侵入，目的是不断增加市场份额、利润和文化统治。也就是说，广播媒介明显的是节点化的，围绕着享有特权的经济、军事和文化领域建立起来。

但是，马克·波斯特(1995, 1997, 2006)认为，我们正在进入一个分布更均匀且较少被节点控制的媒介时代。在这个“第二媒介时代”，电脑网络为解构集权化的广播媒介提供了理想的基础设施。在回忆麦克卢汉及其他未来学家的预言时，波斯特认为，先进的技术社会正处于文化、社会和政治革命的悬崖边，类似于都市商业文化在封建社会中期的出现。去中心化的互联网传播系统必然对用户的主体位置产生一种彻底的转变。波斯特提出，一个新的后现代的信息化民主的形成得益于这种改变的主体。

以必然去中心化的原创传播形式，个体使用者能够互相联系。“第二媒介时代”将文本和使用者的关系带入一个新的领域，其间的应答不再依赖于不同的权力、财富和基础设施的控制。于是，互联网的“电子地理”产生出一种归属感和身份只在用户联网时存在，只要联网便可继续。就是说，这种联结及其“地理”的短暂本质必然将用户从固定的稳定身份或主体位置中解放出来。现在，当用户穿梭于不同的空间、社群和身份之间时，他们必定更加自由。主体不再必须是某一国家的公民，被包裹在一个僵硬的同质性价值观体系和规定的社会秩序之中。互联网地理以一种更为灵活宽松的方式，确定了后现代联网用户的意识。作为一

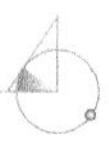

种去中心化的平等空间,新的互联网意识必然包含一种民主的解放的主体定位。由于互联网根本不是一个有形空间;而是短暂的、抽象的、不可见的“条件”,只存在于个人用户的体验和联系之中,所以,这种新的意识特别强烈。因为电子地理只是个人用户的创造与体验,所以,对空间的控制也就无从进行了。

于是,根据波斯特的理论,新的虚拟地理构成了一个民主区域,因为它包含了一种新型的传播关系,不以财产和权力差异为基础。霍华德·莱茵戈尔德在其创新著作《虚拟社群》(1993)一书中通过直接的传媒体验检验了这些理论。莱茵戈尔德是电脑网络传播系统的一个早期使用者,他解释了自己怎样通过互联网建立起大量的社会和政治关系。这些“虚拟社群”不是通过空间的接近性,而是通过个人兴趣、价值观和文化倾向的集结而构成。这些社群由共享某种态度或兴趣的人们形成,然后他们再致力于这一关系空间的构成。在莱茵戈尔德看来,互联网为重构社会关系和社群提供了理想的条件,但使用的途径是一种全新的方式,优越于偶然的地理接近性。在这个新的社群中不存在阶级、性别或种族的歧视,因为参与者基本上都是“无实体的”——只附属于共享的理想,以及对社会进步与社会赋权的渴望。莱茵戈尔德的写作从加利福尼亚理想主义的视角出发——那里曾产生了20世纪60年代的嬉皮及反主流文化运动。他也将这种新社群展示为一种政治乌托邦,即是说,虚拟社群的政治是建立于互联网的自由空间和联系的单纯愉悦之上的:

> 我怀疑,全球人们心中对社群的渴望是造成这种短暂联系的原因之一,因为在我们的现实生活中,越来越多非正式的公共空间正在消失。我还怀疑这些新媒介吸引大批热情拥趸的原因在于,电脑中介传播使人们得以用新的方式与他人合作,并一起从事新的事情——正如电报、电话、电视一样(Rheingold, 1993: 6)。

对莱茵戈尔德而言,最重要的是社群层次的文化——它利用了原来属于美国防卫力量和学院控制的互联网。于是,在20世纪80年代通过电话线将他们的电脑联网的网络爱好者,建立了一种免费加入的模式,在这样的网站人们可以自由地使用网络,而不必受结构化的强制和规范的束缚。查尔斯·艾斯(1994)扩展了这种社群政治的观念,提出,互联网正在构建的免费公共领域可以实现哈贝马斯所谓的“理想言说情境”(见第7章):就是说,互联网将成为民主参与的空间,可以产生理性和共识性沟通的行为。这样,民主将回归其理性决定的理想,而摒弃制度结构的僵化和霸权。但是,巴尼(2000)始终对新的数字民主的过度许诺深表怀疑。

第二人生

最近,人们通过一种广泛参与的名为“第二人生”的互联网游戏推广了虚拟社群这种观念。互联网开始是军事工具,目的是在"冷战"期间(1945—1989 年)将美国通讯系统分散化和联网化。美国军方担心来自苏联的打击可能一举摧毁美国的通讯系统,于是,在早期基于电脑的互动系统中建立了多节点的网络。大学的院所和电脑爱好者很快承认了这种网络对实验和知识分享的价值。事实上,网络的这些早期使用者建立了强大的道德和思想准则,关注正义、社群和信息、叙事与思想的自由流通。

20 世纪 90 年代,随着"冷战"的结束和万维网(建立于编码和形象基础上的信息架构)的诞生,带来大量新型用户,包括家庭用户、学生、企业和其他追求利润的组织和个人。从那时起,互联网便成为广泛文化参与和竞争的复杂领域,此时,各种集团的用户都在寻求对空间的主导权,并将他们的道德和意识形态标准强加于其上。

为此,最先进入超文本环境的数字化乌托邦主义者被迫不断向日益增长的私人商业和全球资本主义经济利益妥协。十分明显,私人企业不仅对作为交流领域的互联网进行殖民,还分裂和改变了其赖以建立的基于中介的乌托邦文化。"第二人生"是一个虚拟真实社群空间,由菲利普·罗斯代尔创建,是一系列这种变化相对较近的表现之一。但是,与莱茵戈尔德和波斯特的乌托邦想象不同,"第二人生"深入植根于私人企业社群,而互联网是其中的一部分,且是关键的参与者。"第二人生"延伸了实验主体性的观念,邀请参与者"制造"个人的化身(动画人物),然后居住于化身存在的虚拟世界,亦即完全人造的社群空间。"第二人生"与早期的在线游戏和在线交流,包括在线约会模式相似,允许参与者采用任何身体和个性类型,从而便利了极端形式的主体实验和理想化——也包括欺骗。更明显的是,"第二人生"也像一种富翁玩的垄断游戏,允许参加者购买和开发虚拟房产,创造奢华的生活方式和物质繁荣。同时,在"第二人生"中也能形成新的情感关系,使参加者再一次实现性幻想和各种形式的性探索,而不产生亲身实践的复杂性。

"第二人生"的高参与性使创造虚拟需求和虚拟财产的活动大为兴隆。当参与者为高档房产打拼的时候,"第二人生"的虚拟货币可以转化为"真实"的金钱:它鼓励一些玩家雇佣开发者团队,从热心尝试的新手那里获得可观的经济回报。在这些玩家中有各种各样的企业家,他们借此从事金融往来,也反映了"真实生活"中的财政交换。

公司资本主义对"第二人生"的入侵,在许多方面,都与其他开始于社群共享领域的在线空间其后的转型一致。共享型网站(如 YouTube 和 MySpace)都曾建立于青年文化和社群构成,但都被多国娱乐大公司购买(买家分别为福克斯和雅虎)。这些反抗性的民主网站原来的设计是允许个人和社群自由地表达其主体性,但是,却被同样的精英权力所利用,而数字乌托邦一直在追求的是对这种权力的颠覆。

MySpace 中情绪表达

情绪(Emo-tional)音乐产生于 20 世纪 80 年代中期华盛顿特区的朋克摇滚和色情场所。

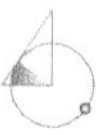

特别是音乐家,在表演时常常不由自主地情绪化,表达一些深层次的悲伤和忧郁体验。这种音乐亚流派产生了以服装、诗歌、音乐和精神情绪为形式的更为广泛的表达方式。特别是一些青少年群体,采纳了其情绪化风格,强化了一种"青春期"隔离感,以共享的忧郁和玩世不恭为特点。

近年来,情绪音乐融入了更主流的音乐工业,为全球媒介市场提供了另一种商品。情绪风格与其他文化商品类似,为图腾式信仰体系和表达模式的集合提供了一种资源,而这种体系和模式正是构成社群必需的。特别是,情绪社群通过互联网的传播渠道扩展并重塑了自己。最著名的例子是,MySpace为青年社群的形成提供了一种理想的工具,这些社群成员都精通技术,理解当代音乐流派,并以情绪和心理的隔离感与众不同。

尽管MySpace被广泛地赞誉为一种表达式的文化网站,将全球各地有共同兴趣的个人联系起来,但它也被视为分裂、绝望和虚无主义的危险渠道。2007年在澳大利芬特里格利地方两位少女的自杀,被指为情绪音乐、MySpace和青春期精神病症共同作用的结果。据墨尔本皇家儿童医院的青春期健康学教授乔治·巴顿(George Patton)说,互联网加剧了青年人中的自杀情绪,因为它为青年人表达和分享自我摧残的倾向,以及绝望的语汇提供了空间。这两个女孩生前都在MySpace上分享过情绪和思想。她们发出自杀消息,对当代文化及其贪得无厌的行为表示绝望:在MySpace网页,她们贴出了下面这首诗,向朋友们告别——

让这个世界见鬼去吧
你代表的任何事情
都不要接受
都不要在意
永远不要评判我……

也不能不爱那些和我在一起的疯狂朋友,即使当我真的十分讨厌,真的是行尸走肉,或者是你想痛扁的彻底愚蠢的杂种的时候。

谢你们。爱你们。

虚拟真实与电子人幻想

波斯特认为,互联网为建构身份和主体的新形式提供了最大的潜力,而这些身份和主体本身在政治方面是违抗性的。就是说,新身份和新主体的地位是通过互联网传播的新环境造成的。互联网不仅促进了被边缘化的人们,如少数民群、同性恋者和政治游说群体(女性主义者、环保主义者等)之间的社群联系,它还推动了对空间更具创造性的利用。唐娜·哈拉维(1991, 1997)阐述了这样的观点:互联网使用者的"虚拟性"将他们从身体、文化归属中

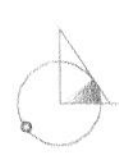

解放出来。在使用电子邮件或聊天室互动的时候，使用者能够抛弃主流文化赋予他们身体的规范和意识形态，自由地创造自己的身体条件。性特征、性别、民族、年龄、外貌和残障的限制都与互联网的使用者不再相关。因此，互联网的平等主义空间使身体得到解放，使一种抽象而永远灵活的创造性互动新体制得以生成。这种抽象而且自我生成的身体为主体的完全解放提供了基础，于是不受阻碍的创造性可以不断地发明、再发明。

这种新的解放性主体构成了哈拉维对技术人体更彻底的观念基础。在20世纪80年代后期发表在网上，后又收入《人猿、电子人和女人》(1991)一书的《电子人宣言》(*Cyborg manifesto*)的文章中，哈拉维认为，人类生物体彻底地与技术结合所带来的增强作用是乌托邦政治的一种情况。这种智人的“进化”性大修和混杂肯定会使自古以来人体所携带的等级差异(如性别、民族、健康、阶级等)变得过时。尽管这是一个“不可发生的梦想”，但哈拉维的“宣言”却相当认真地寻求一种政治，其中电子人妇女改变了社会关系，即“我们最重要的政治构建”。于是，哈拉维的混合人体是跨性别且无年龄的。和乌托邦小说一样，电子人超越了人类生理和现代主义社会标记的局限：

> 电子人坚决捍卫偏向、反常、亲密和乖张。它是反抗的、乌托邦的，对世事完全洞明。电子人不再被两极化的公众和私人所建构，而是确认一种技术的城邦：它部分地基于社会关系在家庭中的变革。自然和文化被改写了；这个已不能再被那个据为己有或者合为一体。从部分构成整体的关系，包括构成极性和层级主导的关系，与电子人的世界都格格不入(Haraway，1991：151)。

费利克斯·瓜塔里(1992)同样认为，电脑化新技术将现代主义的趋势从机器或工业控制的主体翻转过来。此类“伪稳定性”被摒弃，而倾向一种真正的机器与主体性的结合：“机器在主体的控制之下——并非人类主体再次被占领，而是一种新的机器主体被控制。”(Guattari，1992：29)这些结合的途径就像多种声音产生出一种发音的复调，现在可能已经表现为庞大的数据库和人工智能形式。因此，新的解放了的主体比产生了它的节点式媒介和电信系统力量大得多，因为这些主体既不只是单纯的人类，又不是单纯的机器。因此，彻底的政治被构想为以演进方式脱离人类身体局限性和围绕人体建立的社会限制的出口。

《电子人宣言》

电子人是一种自动化生物，是机器和有机体的混合物，是社会现实和虚构的创造物。社会现实是活生生的社会关系，是我们最重要的政治建构，也是世界变化的想象。国际妇女运动建构出“妇女的经验”，也揭示了或者发现了这个关键的集体的目标。这个经验是一种最关键的政治类的想象和事实。解放基于对意识的建构，对压迫以及潜能的想象性忧惧

的建构。电子人是一种虚构的事物和活的经验，它改变了20世纪晚期对妇女经验的认识。这是一种生死斗争，但是科幻作品与社会现实之间的界限却是一种可见的幻影。

当代科幻作品中充满了电子人——兼具动物与机器的造物，它们布满了既像自然又像人造的模糊世界。现代医学中也充满了有机体和机器相互结合的电子人，有机体和机器各自都被视为编码的仪器，它们以性别历史上从未产生过的亲密力量相互结合。电子人的"性"恢复了一些可爱的巴洛克风格[①]的自我复制方法，如将蕨类植物和软体动物制成精密的有机异性避孕药。电子人的复制脱离了有机体的繁殖方法。现代生产似乎像电子人殖民工作的一种梦想，它使泰勒式血汗工厂制度的梦魇如同田园牧歌。而现代战争也成为被C3I(命令-控制-通讯-智能，即C-C-C-I)编码的一种电子人狂欢。C3I是1984年美国以840亿美元防卫预算投入的一个项目。我认为电子人是对我们的社会和身体现实进行描绘的一种幻想，也是一种想象的源泉：它提出了一些非常丰富的结合方式。福柯的生理政治学正是电子人政治学(一个开放的领域)的一个无活力的先驱。

我们的时代是一个神话迭出的时代。到20世纪晚期，我们都成了被机器和有机体理论化并构造的混杂物——客迈拉(chimera)[②]，简言之，我们都是电子人。电子人就是我们的本体，它给我们带来新的电子人政治。电子人是想象和物质现实的浓缩形象，这两个结合的中心构造出任何历史转型的可能性。在西方科学和政治的传统(即种族主义、男性主导的资本主义传统、进步的传统、利用自然成为文化生产资源的传统、依据他人反应再造自我的传统)中，有机体与机器之间的关系一直是一场边界战争。而边界战争的赌注一直是生产、再生产和想象的领地。本章提出的观点是边界融合的愉悦与构建边界的责任。它也努力为一个后现代主义、非自然主义模式和乌托邦传统中的社会主义—女性主义文化及其理论作出贡献；那个乌托邦传统想象一个没有性别的世界；或许这是一个没有起源，可能也没有终点的世界。电子人的化身外在于救赎的历史。它也没有在恋母的日历中标注出时间，试图治愈那些性别时期(如口唇象征性完美阶段或后恋母先知阶段)的可怕分裂。正如佐伊·索弗里斯在其未出版的关于雅克·拉康、梅拉尼·克莱因与核文化的手稿中提出的，在电子人世界中，最恐怖，也许却是最有前途的复合怪兽(Lacklein)[③]体现于非恋母的叙事中，有一种全然不同的压制逻辑，这种逻辑是我们为了生存而需要理解的。

电子人是后性别世界的创造物，它与双性恋、前恋母共生现象、非异化的劳动，或对通过最终占据所有部分的力量而达成更高统一有机整体的其他诱惑无关。在某种意义上，电子人没有西方意义上的起源故事——一个"最终的"荒谬：因为电子人也是"西方"抽象个体

---

① 巴洛克指的是标新立异、丰富离奇且有时不一致的装饰风格。——译者注

② 希腊神话中狮头，羊身，蛇尾的吐火怪物——译注。

③ 此处似为Lacan与Klein姓的合拼。

(从一切附属性中解脱出来的某种终极自我,一个天空中的人)的支配不断上升的可怕终极目的。在西方人本主义的意义上,一个关于起源的故事依赖于最初的统一、完整、福佑和恐怖的神话——由生殖崇拜的母亲代表,而她是所有人都必须脱离的;依赖于个体的发展和历史的任务:依赖于两位一体的有力迷思:在我们心中最有力的是精神分析和马克思主义。希拉里·克莱因曾指出,马克思主义的劳动概念与精神分析学的个性化和性别构成概念都是依靠原始统一体的策划:差异必须由此产生,并用于女性/自然日益增强的主导性事件中。电子人跳过了对原初统一和西方意义上认同自然的步骤。这是它不被认可的希望,导致它的目的论可能像星球大战那样被颠覆(摘自哈拉维发表于万维网的《电子人宣言》)。

黑客、骇客和干扰者

在网上,另一个最重要的争论领域围绕着安全和违法。许多互联网的早期用户,包括苹果电脑组织的创建者在内,都以"黑客"(Hacker)系统攻击的方式为乐。在大多数情况下,这些年轻的电脑高手喜欢和维护系统免受外界攻击的编码保安员玩猫鼠游戏。在这个意义上,"黑客"可以被视为反体制权威的游戏及自由精神的异端分子(赛博朋克中的英雄)。他们在揭露网络电脑系统漏洞的同时,也给自己找了麻烦。但是,在机构来看来,"黑客"是个恶意而又昂贵的问题,是罪犯和通常与环境格格不入的精神有病者。"骇客"(Crackers)或者"黑帽子"这样的词有时用于罪犯或者自利型"黑客",他们的主要动机是偷窃或者恶意破坏。

或许最有害的入侵是电脑病毒造成的。关于病毒的整个观念意味着系统内部的传染。这样,与"黑客"通过操纵或者破坏安全密码、故意侵入受保护的电脑系统方式不同,病毒附着于"合法的"系统操作,实现入侵。例如,"梅丽莎病毒"(1999)通过侵入正常的电子邮件系统向全球扩散。梅丽莎(和其他软件一样,是一系列编码指令)特别针对微软产品,当不知情的用户打开病毒附件时,电子邮件病毒以自身复制 50 次的方式导致通讯中断。关于"梅丽莎病毒",特别有趣之处在于(见 Walch, 1999; Best and Lewis, 2000),它实际上是以模仿系统的方式来攻击系统的。也就是说,"梅丽莎病毒"通过加速通讯进程并堵住其渠道,做的只是系统平时的工作——但是,是在强化的压力下。而且,病毒本身最初是通过 Alt. sex 新闻组释放的,那些参与了全球性性谈论的不知情者将病毒带走,污染了自己的系统并传播至网上社群。于是,据说是以佛罗里达州一位脱衣舞女的名字命名的"梅丽莎病毒"便代表了流行文化、电脑文化和性文化的结合,将电脑的闪烁微笑、流行电视肖像巴特·辛普森、一个色情网址附件和对自我复制的永不餍足欲望融为一体。

如果说病毒不过是一种违法的不良形式,那么"文化干扰"却是有关政治算计的更胆大妄为且焦点明确的一种形式。文化干扰试图通过策略性但一般并不非法的堵塞通讯系统的

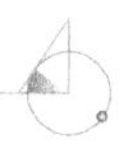

方式,破坏公司或者政府的网络进程。最常见的一种干扰战术是用大批涌入的抗议信息堵塞某一政客或公司办公室的电子邮件渠道。利益集团和个人同时向接收者的邮箱发送信息,以自己的特殊观点塞满邮箱。文化干扰通过各种网站和更协调的方式组织全球的抗议,接近于无政府状态的表达形式。在这个意义上,文化干扰者的功能更像国际涂鸦艺术家,他们创造了嘲讽和玩把戏的空间与反射性的实践,将系统化的设备用来扰乱它们自身,以破坏其工具性操作。与流行艺术的挪用相似,文化干扰者也利用互联网将正式的宗教、政府或商业广告的话语据为己有。如 ABRUPT 网站的创始者丹尼尔·莫兰的解释:

> 有一点纯粹有趣和幽默的成分。同时,我认为,如果这些被再次挪用的形象或随便你怎么称呼都行的东西用在恰当的语境中,那么,当有人注视它们的时间够长,就会发现有些地方不对劲。如果这种事情做得足够多,而且如果人们被迫几次看到这类事物,那么他们便会开始思考,你知道的,他们也许太过信任通常方式接收的图像,也许这会使得一两个人稍微多一点批判性审视所有时间一直包围他们的信息海洋(引自 *Background Briefing*, 1999)。

莫兰的全球文化干扰是对信息的信息性抗议。尽管它使用的工具和技术是信息文化提供的,但是干扰意在破坏这种新形式话语泛滥的稳定而不间断的正统性。在一定意义上,文化干扰采取了和鲍德里亚一样的批评家的抗议方法,积极寻求对信息社会要求的颠覆。但是,文化干扰者特别努力打破信息的商品化和集中化。如"国际不买日"这样的抗议活动,就是由某个文化干扰公告板组织的,这是日益增加的公告板社群之一,它们的兴趣融合了对文化贪婪、商品化和丧失话语控制现象的总体蔑视。

例如,RtMark(意为艺术标志)、CRITICAL MASS(意为批判性大众)和 Adbusters(意为广告炸弹)等公告板,特别瞄准公司权力,抨击它组织化的、灵活多变的侵入行为。另一个名为 ELECTRONIC CIVIL DISOBEDIENCE(意为电子公民不合作)的公告板像是一个电子抗议组织,它将抗议信息塞满公司和政府的邮件系统。5 位电子艺术家创造 FLOODNET(意为洪水网)网站,包围霸权式的电子网站,以扰乱它们的运行。当 FLOODNET 以电子方式轰炸法兰克福证券交易所和墨西哥总统网站之后,美国国防部进行反击,试图以黑客袭击,并关掉 FLOODNET 的服务器。与墨西哥政府的进一步争端导致实际的"浏览器之战",各方都试图关闭另一方的网络浏览器。文化干扰的明显区别是规模和资源的差异。建立于幽默、游戏和模仿的一种电子恐怖主义,仅仅围绕着发表政治抗议的运动构成,却对当代全球强国的霸权提出了鲜明的挑战。在这个意义上,文化干扰者要做的,就是将这种霸权公之于众并解构使这种霸权建立的文化假设。

博客

最近,公告板已经转变为一种全球系统的私人新闻和评论写作,被称为"博客"(网络日志)。在许多方面,博客已发展为对信息控制和主要媒介公司生产的意识形态的一种解毒剂;这些私人博客提供了关于主要、次要的政治与社会事务的另类解读与评价。尽管有些博客极受读者欢迎,获得了生产和专业化主义的很高地位,但其他博客始终显得怪僻并限于一隅。不管在哪种情况下,博客都是一种窄播新闻和社会评论的方式,现在却对专业新闻工作构成了主要的威胁,特别是在印刷媒介领域。有时,博客与个人日记并无不同,已经成为朋友们在旅游或者其他远距离时保持联系的流行方式。2006 年,在某次指定的搜索操作时,博客搜索引擎"technorail"(意为技术轨道)扫描到大约 5 700 万个人博客网站。

维基百科和谷歌

博客的最大优点也是它的最大弱点:作为一个伸手可及和高度易得的信息与思想资源,博客缺乏建立在同行评议基础上的真实性和验证标准。这样看来,虽然专业新闻工作者的写作和信息生产或者对学者的评价受制于特定标准的法律和制度可靠性,但业余的博客却不受任何规范。尽管在某种意义上,"知识"的民主化也许很吸引人,但它也可能促进了误传、忽视、社会迷思、偏见的广泛传播,促进了为害无限的诽谤性谎言的重复。学生和其他信息搜寻者因此受制于"观点"的复杂性,而这些观点几乎没有真正的可信度或深刻的知识基础。

同样的问题也适用于在线百科全书——"维基百科"。维基百科被设计为完全自由供稿的知识银行,它允许任何用户为任何词条供稿,修改现有内容或删去被认为错误的信息。如果韦伯是正确的,"真理"只是普遍的社会共识,那么维基百科便构成了一个关键的文化资源。当然,共识是以特定的专家系统为核心的,而真理本身也受制于相当多的争论和利益层级。社会中的统治集团有更多的机会接近意义制造资源,而真理自身也是激烈社会竞争的主题。在任何时候,互联网所具有的"知识"都被这种局限性致命地混淆了:甚至最受欢迎和最出色的搜索引擎"谷歌"也受制于特定利益和意识形态倾向,它们永远在粉饰其展示真理的层级。特别是富有且影响力大的组织随时准备付钱给谷歌,以确保它们的特定网站和展示其知识—意识形态的领域在任何搜索功能中都能排在前列。因此,互联网提供的真理,也与任何虚拟世界以外的情形一样,成为利益和意识形态的受害者。

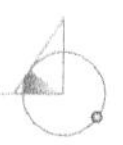

赛博性爱与电子情色

虽然少数族群利益与大公司在为控制电子通道而进行斗争，但多数人使用互联网的目的却似乎只是获得尽可能多的个人愉悦。尽管估测方法不同，但占男人浏览比例最大的网站似乎是色情网站。虽然在线赌博也在增长，但据估算，被男人浪费的工作时间，大约60%是用在浏览未经允许的色情网站上。与亚马逊和ebay(中国称“易趣”)等主流购物网站相比，色情网站也位于盈利最丰厚的商业网站之列。传统的女性主义批判理论认为，互联网充斥着男性取向的网络色情，代表着现有文化规范的一种直接扩展。其他人则评论说，互联网性愉悦网站代表了人们在工作和制度性生活之余逃避理性工具主义的小憩。因此，网络是“色情的”，因为它是新的、私密的、互动的，从不断压抑人类愉悦的广播媒介等级制和社会顺从中解放出来；新媒介强化了性特征和性刺激，为刺激性欲望和性狂喜提供了热烈的私密空间(见 Zoonen，1994；Spender，1995；Turkle，1999；Barney，2000；Perdue，2002；Barry，2003)。

在后一种意义上，新传播技术为某种变性人和跨性别的倾向提供了可行性，而这正是唐娜·哈拉维在《电子人宣言》中所追求的。新技术促进了性别身份和主体性的扩展。例如，虽然传统的女性主义理论假定色情围绕着广泛的性别归属而构建(男性凝视女性)，但近期的讨论却开启了混合凝视和自恋展示产生愉悦的可能性。据劳伦斯·奥图尔(1998)说，色情信息吸引了极为广泛的不同使用者，不限于异性恋的男性：男同性恋、异性恋、双性恋、女同性恋、恋物癖者、性治疗师、残障人士和老年人，等等。新传播技术(如互联网)为这些互动行为和酝酿的对性新观念提供了理想的条件。奥图尔的评价似乎具有先见之明，因为最近10年左右，性互动、约会和色情领域持续增长，如他指出的：

> 在如此发展的背后，对性的感受和想法继续在网站和新闻组兴旺发达。人们以从未有过的热情讨论色情作品……喜爱和厌恶、渴望和不满。Alt.sex新闻组的发帖者和运作者将色情作品视为合法商品，不是令人羞耻的，而是可被批判性评价的东西。也许这样想会好一些：使用者的观点也许能够影响商业性露骨产品的风格。一种新发现的联系可能是：色情越来越反映使用者的偏好(O'Toole，1998：285)。

在这个意义上，网络空间成为一个不受管制的舞台：探索性幻想和性禁忌，探索性想象的消费和生产。事实上，制作新技术媒介产品的低廉成本促进了更多非商业形象的生产和散播，许多是由夫妻或个人贴入的。聊天室、约会网站和业余性网站代表了性形象的自愿性和一种性游戏与身份扭曲的论坛；这些非商业的家庭网页被妇女用于展示自己各种形式的性感,有力地挑战了专业网站制作者创造的理想类型和标准身体。这样,虽然一些女性主义者可能批评女性在父权体制控制下的性感化,但这些“家庭女孩”业余的裸体网站却让各种体型的妇女公开地展示她们的身体,从而带来个人和分享的愉悦(见 Kerby, 1997)。这种形式的自我展示和身份操纵使结构主义的权力和权力关系的规则(尤其是以受害者和被压迫的角度看待这种现象时)发生了问题。利用网络展示获得的个人愉悦促使解放的自我产生,将被注视的身体与注视者置于不确定的关系中。

在线约会和电邮恋爱

一些后现代主义的理论家曾认为,文化的强烈性感化现象是与媒介性形象的增长联系在一起的。例如,鲍德里亚(1988)相信,这种增长态势使得性刺激越发堕落,产生出不断性刺激的条件,既无来源又无焦点。克罗克(Kroker)曾提出,当下的数字时代“表现为虚拟阶级被迫整体地遗弃身体,将感官体验倒入垃圾桶,而代之以空虚数据流的虚幻世界的无情努力”(1997:3;也见 Kroker, 2004)。于是,尽管一些批评家欢迎身体的虚拟化,把它当作性和身份解放的一种方法;其他批评家却相信,这只是一种肤浅的操练,贬低了性特征,限制了性解放。在新的千禧年,批评家也开始担心,互联网对儿童的性利用可能对他们构成威胁,因为儿童进入色情和聊天网站数量空前,使他们易成为性侵犯者的猎物(Jenkins, 2001)。在过去的二三十年中,在当代欧洲及说英语的文化中,露骨的性形象和性话语肯定都在大肆增加,而互联网一直在为这些话语提供另一种机会。

即便如此,性感化既未消灭也未抛弃浪漫爱情的话语。在流行音乐、录像、电影和电视节目的意乱神迷中,浪漫而充实的亲密联系的可能性始终存在——几乎就像性探索、性表达和性体验的浪潮冲刷后留下的最后的想象痕迹。的确,当离婚率高达 50%且越来越多的人选择系列的一夫一妻制、同性关系和独居生活方式,浪漫的亲密感似乎成了奇怪的当代文化想象的返祖现象,然而又是有力的部分。

在线约会网站、聊天室和电子邮件恋爱,显然与更广泛的文化规范、价值观和实践相联系,虽然它们也发展出一些非常特殊的品质。特别是,交流中个体的匿名和“隐身”似乎便于更自由地幻想与调情。对自己或他者思想、经验和情感的开发从见面的动机,甚至真诚的约束中解放出来。匿名允许更自由地炫耀理想化的经验。就像虚构小说一样,尽管见面和完成调情令人兴奋的可能性时常浮现,但电邮恋爱汇聚的是幻想和自我投射;当事人可以在任何时机选择退出,或以自己选择的任何方式创造、再创造这段恋爱(及其角色)。

事实上,一些在线恋爱的分析家将此匿名性视为虚拟约会和恋爱基本短暂的原因,它提供了面对面接触甚至电话交流都不能给予的调情机会。于是,专业和与工作相关的电邮交流也成为浪漫和性调情的空间,工作所具有的工具性和理性主义受到挑战。如电影《电子情缘》(*You've Got a Mail*, 1999)中表现的那样,因为人们是通过公司的邮件系统进行的再次

联系，这种工作关系因而被情欲化了。我们已经讨论过，现代化总是包含着对人际关系疏离和社群消失的威胁。而人际交往系统（电报、电话和电脑中介系统）的功能之一就是改善分离和“社会大众化”的负面效果。虽然公司的电邮系统表现为一种信息传播的理性模式，但它也为爱情和恋爱的行为创造出一种德塞杜的空间（参见第8章）；工作成为身体愉悦的场所，就像理性顺从一样。

实际上，一些理论家提出，互联网为人类互动带来了特有的品质。刘易斯·珀杜（2002）认为，互联网的整个特征（特别是万维网）基本是围绕人类的性特征以及理性与秘密欲望之间的张力构成的。亚当斯和莫塔建议：“互联网是一种媒介，它经常鼓励用户敞开心扉，比在真实生活场景中更多地参与活动。亲密思想和感情的分享是常见的。因为在网络空间感到安全和不易受伤，所以人们很快就降低了防卫。”（1996：105）但是，新鲜、匿名、隐私和亲密等特质成为浪漫的生命线，人们沉淀、维护然后依赖于它。关于电邮爱情结果的报道是多种多样的，有时它们以特殊的性结合、性行为和情感被投入真实时间的方式，在网上实现；有时这种恋爱的完成耗尽了关系；有时它又引导人们在现实中相见；有时罗曼史和参与者想象的人一起消失。当然，匿名性放任欺骗和虚假身份，例如报道说，许多男性在网上装扮女性身份，反之亦然。一些同性约会网站提供了满足“异性恋”幻想的论坛。实际上，大多数在线恋爱都失败得不留痕迹。当“配偶”真的见面的时候，曾经维持爱情的幻想和亲密感似乎瞬间消失；大多数罗曼史很快便结束了，但不是全部。有许多报道说，在网上结识的通讯者将调情转化为实际的交往，并被证明双方满意，并可持续。

显然，互联网和新媒介一般倾向于性模拟的条件。为各种性模式和性身份服务的约会网站大量增加，表明了一种对互动空间和欲望自由表达的真实社会需求。因为性关系的持续、婚姻和一夫一妻制的分裂，所有年龄的个体都被驱动，去发现并加入他们可能找到愉悦和幸福的新场所。在这个联系日益紧密却又过分孤单的世界里，当无数个人在网上张贴自己的信息并搜索潜在性伴侣和爱人的资料库时，人们罗列着自己从希望到失望的清单，通过互联网制造出新形式的求爱方式和求爱场所。

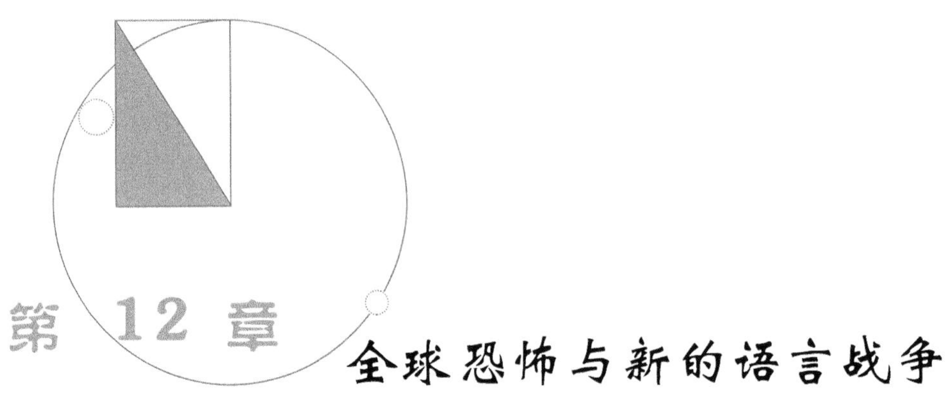

第12章 全球恐怖与新的语言战争

导 论

从20世纪80年代中期直到大约2001年,文化研究遭遇了一场争吵,产生了困扰,这场无聊且无甚结果的争论发生于两类学者之间:一些人醉心于反抗性文本的愉悦观念;另一些人则专注于发现“文化政策研究的唯物主义和启发式潜力”(见Lewis,2002a:419~434)。特别是对许多英国和澳大利亚的文化政策研究者而言,“后现代的转向”代表了一种对雷蒙德·威廉姆斯和原先伯明翰学者所开创的政治工程的背叛(见第3章)。于是,新马克思主义和唯物主义文化研究的学者,如托尼·班内特(1985,1986,1997,1999)便借用米歇尔·福柯论述“治理”(governmentality,1988,1991)的文章,以便调解出一种新形式的文化分析。在关键的文化辩论中,这种方法是由政治上更精确的功利主义目标所驱动的。这样,当许多英国文学艺术和媒介院校都在寻求按照后现代文本和美学的意义重新建构自己的时候,“治理”论学者却采取了一种更重实效的姿态——宣称他们与产业、教育培训和公民辩论联系在一起。这些学者抨击后现代转向的昏聩,极力攻击解构主义、身份政治和颠覆意识形态式文本分析的自我放纵,及其研究方法论的日益无力。

在本书前一版本中,我认为有必要挑战这种相当无结果的辩论。我的观点过去是,现在也是:文化研究提供了一种范围特殊的理论和分析选项。我能够看到,自20世纪80年代以

来发展出的相反框架并没有很大的价值，同时，也没有必要在文本美学分析和高度集中的政策分析之间作出选择：这些文化探究的策略都是合法的，也是完全可以互补的。由此看来，文化研究便是一种丰富的认识方法，表现为一种真正的跨学科和跨文化研究，不同于始终固定于传统学科历史积淀的各种研究模式。尤其是，文化研究的极大优势在于，它介入了美学和社会权力之间的关键对话，并使意义生产的过程和分级成为问题。而虽然自诩的"政策"专家，如托尼·班内特(1997)、吉姆·麦圭根(1996)和道格拉斯·凯尔纳(1995,2005)曾力图使文化及媒介分析摆脱后结构主义和后现代主义的"污染效果"，但他们的著作几乎没有明显地离开原本雷蒙德·威廉姆斯、理查德·霍加特和斯图尔特·霍尔建立的分析范式。抹杀法国语言理论的努力很少达到目的，只不过使概念变得更狭窄，并限制了文化质询本身的力量。对福柯"治理"论题的应用也不能令人满意，因为它没有突破福柯自己所不能解决的理论困境（Lewis,2002a：426～427)。

因此，我自己的观点始终是：文化研究提供了一种原创的思维模式，聚焦于产生社会意义的政治和美学密度。这种规则在2001年"9·11"对纽约和华盛顿的袭击中表现得非常明显。这种袭击不仅是一次单纯的实际事件——一种导致了物质破坏和实质性后果的战争行为；却是，袭击的意义和重要性存在于文化和历史的复杂交错中，尤其是，这些交错在权力、政策和媒介化表达的条件中连接起来。为了这个目的，"恐怖主义"作为一种权力构成的话语，已经成为全球媒介领域的一种核心修辞。在那种由社会构成的媒介化公共空间里，政府、传媒和"人民"都互相卷入了一种正在进行的语言战争。但是，正如我们在第1章中注意到的，这不是一场连贯的、静态的或者同质的领域，而是代表了一种断裂和意义装配的复杂交集：权力和人民在此通过源源不断的语言交汇和符号辩论进行互动。本章检验了这些语言战争围绕后"9·11"媒介领域的文化条件逐步形成的途径。

恐怖主义的意义与恐怖的行为

恐怖主义的概念

虽然从"为政治目的而产生暴力行为"的一般历史看来，类似"9·11"这样的事件多少有些异常，但它们创造了一种可怕的奇观，将自己深深铭刻在国际媒介城邦的文化想象之中。媒介化的景象，如混乱和吓人的死亡、烧焦和碎裂的尸体、象征进步和社会秩序的巍峨建筑物的毁灭，都被放大为一种新的意识，一种新的恐惧，既令人悲观，又因英勇的防卫而奇特地呈现出崇高的意味。"恐怖主义"成为一种标志，被想象为阴险和黑暗的权力——在那个危险的时刻，一种灭绝性力量不分青红皂白地袭击了我们的历史、制度、社群和生存的最高权威。由纽约、巴厘岛、马德里和伦敦代表的全球秩序，因恐怖袭击而被抛入黑暗的阴影。而通过这些阴影,可以隐约想象的势力在谴责我们,攻击我们文明和价值观的基础,而正是这种文明和价值观,将好与坏、无辜与有罪、聪颖与愚蠢区分开来。在许多方面,当恐怖主义融入媒介话语的奇观时,它便成为我们现代工程的对立面,创造出一种新的威胁,一种新的失序,挑战着我们构建的全球政治社会和谐的"本质"。

一些评论家认为,社群恐惧的这种程度与全球恐怖主义带来的实际危险多少有些不成比例(见 Wilkinson,1997;人类安全中心,2005)。但是,这种看法流于贬低恐怖主义的象征性震荡及媒介与公共话语塑造文化想象的能力,而这种想象将世界的现象再现为社会的知识。实际攻击的危险性和可能性是通过文化想象塑造的,而这种想象则借用了历史与通过制度性话语和更广泛文化资源起作用的既存社会知识的深层表达性。在告知各自的故事时,政府、媒介和公众都卷入了一场语言和意义的无尽运动之中,重构或者再现经验——不仅是以已知经验的方式,而且是以可知经验的方式。正如贯穿本书所展示的,媒介完全包含了社会知识的形成活动,特别是通过视觉信息广播的方式。我们只能通过再现经验的能动系统,获知"9·11"、"巴厘岛"和"伦敦"的事件;我们也只能通过再现经验的能动系统分担受害者的痛苦和悲伤。因此,我们对恐怖主义的理解和经验必须通过媒介的理解来实现;其方法是,我们的文化通过政治暴力的话语创造出它的意义。

为达此目的,重要的是分清特定的社会行为与话语以及文化知识所赋予该行为的意义。"恐怖主义"的一种定义,或者说历史,须将术语的应用与它所描绘的政治暴力区别开来。这样看来,恐怖主义的**概念**第一次出现于法国革命时期,发生于 1793 年关于"恐怖统治"(Reign of Terror)的概念。恐怖主义(terrorisme)的法国用语形容的是一个新起的统治集团施行的暴力和野蛮统治,为的是将自己强加于整个国家,特别是强加于那些注定成为新的市民政府敌人的人们之上。于是从一开始,恐怖主义的概念就与异见人士和民间武装相联系,虽然最初,恐怖主义被认作获取国家的合法武器。在这个意义上,法国的新统治者借用了"恐怖统治"的口号以加强他们自己的权力与合法性;同时,恐吓反对者,使其屈服。

然而,当法国革命陷于一片混乱时,英国的自由派人士如马修·阿诺德便越来越相信:革命是危险的。于是,恐怖统治与政治丑行和非正义被归为一类。因此在英国,恐怖主义几乎立即与骚乱和一种推翻社会进步及合法议会改革的政治暴力联系在一起了。当小说家约瑟夫·康拉德在《特工》(*The Secret Agent*,1907)中使用这个词形容无政府主义的"疯狂"和政治暴力时,他的评论成为 20 世纪所有民主国家焦虑的预言:"人们听到了老掉牙的旧恐怖主义又在毒汁四溅。"

戴维·拉波波特(2001)认为,直到第一次世界大战结束,恐怖主义还常常被当作一种争取民主和反对殖民主义的自由运动的高尚纲领。然而,当反帝组织如民意党等成为俄国革命的代表,并催生出一个威权主义的共产主义政权,最终演变为反民主与反西方文化和价值观的复仇女神时,这些组织失去了原有的光彩。不过,恐怖主义概念作为一个反面形容词的流行是通过两个关键的运动推广的:一个是临时爱尔兰共和军(IRA),另一个是巴勒斯坦

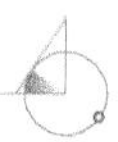

解放组织（PLO）。这两个组织都主要是反殖民主义的，也都寻求推翻在他们看来乃外部势力强加的政府，而且这些势力反对给他们所代表的组织以解放和权利。在这两种情况下，反对他们的势力——英国政府和以色列（以及美国）政府分别将他们的政治武装称为“恐怖主义”。

媒介化的恐怖主义

然而，非常清楚的是，对恐怖主义的概念及其描述的政治暴力形式的界定，始终存在显著的差异。布什自己诉诸立法权威发动的“反恐战争”附加了一种特殊的定义，将非法的“恐怖主义”与合法的“战争”区别开来。为此，美国的法律将恐怖主义定义为“次国家集团或者秘密组织以政治为动机、针对非战斗目标的预谋暴力”（22，USCA，2656[d]）。这一定义赋予“国家”特权，因为国家是由公民选举和法治合法化的，是被军事和议会机构实施保持社会秩序的“治安”和“战争”行为保护的。美国国防部稍微扩展了一点定义，提出“针对个人或者产业有计划地采用暴力或者暴力威胁”的定义，只要它的策划是“诱发恐惧，企图压迫或者恐吓政府或者社会，以寻求其政治、意识形态或者宗教目标”的（DoD，1986：15），就是一种恐怖主义行为。

这些定义结合起来，便特别将国家免除于恐怖主义行为的潜在作恶者罪名了。不仅如此，它们还暗示说，恐怖主义的动机不可能是随意的或者犯罪的。意思是说，设计恐怖主义的暴力不是特地针对财产或产生某种内在愉悦的；相反，恐怖主义行为是有政治动机的，虽然这种政治的含义可能包括意识形态或者宗教。并不令人意外地，一些评论家已经对这样的两分法的合法性提出了质疑，特别是他们注意到，历朝历代的统治者对其征服的人民（当然是他们自己的公民）都犯下了令人难以置信的暴行和威胁。例如，安娜玛丽·奥利弗拉认为，这些定义，就像美国政府推行的“恐怖主义”概念一样，迎合了国家特殊的意识形态利益。按照这样的术语，恐怖主义：

> ……保留了它自己的修辞，这种修辞历经朝代，被不同的国家改头换面。非常清楚的是，这种术语借助对某种暴力的确认，也就是，定义一种威胁到合法暴力（即国家）地位的暴力，为国家的统治艺术保留下来（1998：142）。

换句话说，对恐怖主义的咒骂成为管理和延续基于国家霸权的一种工具。

非常清楚，因为这个理由，那些组织，如爱尔兰共和军，自称为“军队”，正在进行反对帝国主义势力的一种“内战”；而英国政府则因为爱尔兰共和军攻击平民，又因为他们低于全国政府的地位，指责他们是“恐怖主义者”。像罗伯特·菲斯克、爱德华·赫曼和诺姆·乔姆斯基这样的批评家（参见 Znet.com）争辩说“反恐战争”的整个观念都只是使美国的军事和话语霸权合法化,是为美国凌驾于它的对手及其政治诉求服务的。这些批评家认为,当国家的行为是野蛮的或者非正义的时候,或者造反者是为正义事业行动时,所谓合法的、国家发动的“战争”与非法的“恐怖主义”行为之间的两分法是界限模糊的。不仅如此,乔姆斯基还认为,美国自己在各种军事手册和“美国法典”(2001:57)上对官方“低强度战争”策略的解释,许多方法与次国家军事组织的策略如出一辙。例如,美国军事法典的“低强度战争”策略包括“威压平民”,这种策略导致平民的死亡和社会物质基础设施的破坏,如公共交通线、电信设施、医院等的毁坏。如乔姆斯基所指出的,这正是摧毁世界贸易中心的那些人所采用的策略。

同样地,在以攻击平民和基础设施的做法定义恐怖主义行为的许多界限之内,中央情报局的做法也与秘密的准军事组织不谋而合。中情局对国家机构的直接袭击,如它卷入尼加拉瓜、苏丹和中东许多地方政治进程的行为,与特定国家(如利比亚、塔利班治下的阿富汗、伊朗和沙特阿拉伯)资助的国内和国际恐怖主义组织的许多行为也并非完全两样。沃尔特·拉克尔在其对当代恐怖主义形成和作用的开创性著作中提出,事实上,恐怖主义可以是由国家或者国家机构实施的。拉克尔区别了从上到下和从下到上的两种恐怖主义,它们都表现为系统性的政治野蛮行为,有历经长期、散布广泛的历史。如此看来,虽然“没有一个定义可以包含出现在全部历史上的所有表现各异的恐怖主义”(1987:11,也见2003),所有政治动机、暴力模式的恐怖性战略战术都是相同的。为此,恐怖主义——

> ……目标是在受害者中产生一种恐惧的状态,而这种状态是无情的、与人道主义准则不符的……在恐怖主义策略中,公开恐怖信息是一种基本的因素(1987:143)。

拉克尔和其他更晚一些时候对恐怖主义的分析家提出,“受害者”和“目标”的观念需要更广泛的解释。虽然恐怖主义行为将产生具体攻击的“肉体”受害者,恐怖主义暴力对见证攻击行为的人也有震撼的效果。拉克尔提到的公开恐怖信息是某种暴力的核心策略,这种暴力尤其是修辞性的(Tuman,2003)。内仁·奇蒂(2003)提出,恐怖主义实际上是“反民主”的,因为它采取的策略是超出人道主义价值观范围的。恐怖主体寻求通过一种形式的暴力“剧场”影响舆论:

> 恐怖主义的行动常常是故意设计奇特的,用来吓唬和影响超过暴力受害者本身的广泛受众。其要点是使用暴力的心理冲击或者说暴力的威胁,去产生政治变动的效果。如恐怖主义专家布莱恩·詹金斯(Brian Jenkins)于1974年坦率地宣称的:“恐怖主义就是剧场。”(Chitty,2003:x)

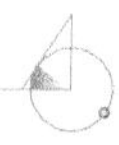

亚历克斯·施密德(1983)早前提出,恐怖主义基本上是一种传播行为,在这些行为中"作为信息的产生者,暴力的直接受害人是从目标人群中随机选择(机会目标),或者(作为象征性或代表性目标)刻意挑选的"(1983:70)。这些信息可能寻求在广大受众中产生一系列反应,包括恐惧、意识增加或者对某争议问题产生同情,甚至改变政府的政策。恐怖主义者如此使用媒介以宣传他们的利益并制造恐惧,是否属于"反民主",是一个问题,我们后面会继续讨论。然而,十分清楚的是,这种通过暴力奇观让远处公众卷入问题的策略却是有效的,因为全球媒介网络似乎都完全被当前阶段的政治暴力所吸引。在最简单的层次上,对美国的"9·11"袭击产生了惊人的效果,使媒介对与中东有关的伊斯兰主义及其争议问题大量增加了报道。布里吉特·纳科斯(2002)显出,由奥萨马·本·拉登的"9·11"视频提出的问题(特别是巴勒斯坦—以色列争议)在媒介报道和公众讨论中都得到了显著的突破。桑德拉·西尔伯斯坦(2002)、约瑟夫·图曼(2003)和皮帕·诺里斯等(2003),还有斯蒂芬·赫斯和马文·卡尔布(2003)都以研究证据显示,对纽约和华盛顿的恐怖主义袭击明显地提高了基地组织和美国在中东事件中的知名度及对其作用的关注度。

纳科斯(2002)特别提出,传播是恐怖主义和反恐行动的核心元素(见 Lewis,2005)。的确,还可以进一步假定,过去 10 年中,恐怖主义和媒介之间的关系已经或多或少成为象征性的。西塞拉·博克(1999)检验了媒介暴力作为基于罪行的娱乐现象;纳科斯进一步认为,恐怖主义组织已经采用了关键的营销策略,以迎合媒介网络的兴趣、风格和时间表。他引证"9·11"的案例作为这种最具有戏剧性和最巧妙的策略的说明,断定基地组织算准了袭击的时间,以达到电视报道的最佳时间,特别是通过晚间新闻报道的再现达到高潮。痴迷于暴力的媒介很难舍弃,只能被恐怖袭击牵着鼻子走,遵循其叙事和震惊的模式,一再重现身体纷纷落下和双子塔楼倒塌的惨状奇观。

纽约与华盛顿袭击的受害者只是以此方法通向更广大受众的一条通道。"恐怖主义者"既不是随心所欲的,也不以小小的物质获得为念;相反,他们让媒介展示野蛮和吓人的细节,追求的是通过媒体中介将特殊的消息传达出去(Nacos,2002:10)。于是,大众传媒肯定卷入了恐怖主义组织策划的政治行为中:

> 出发点是大众媒介化的恐怖主义及其针对平民和无辜者的政治暴力观念定义。它承担公布行为、获得知晓的任务,意在获得公众和政府的注意(Nacos,2002:17)。

这种承认媒介作用的观点强调:实施权力的政治暴力在物理和话语层面存在实质性的联系。事实上,有理由认为,恐怖主义与当今世界强迫性的传播主义存在关键的联系,这种对"表达"的驱动力正是组成文化的经纬线(Deleuze and Guattari,1987)。从这个意义上说,恐怖主义者之利用媒介可以被理解为对其敌人传播权力的反应,特别是霸权性社会集

团(如政府、军事部门、多国公司)产生并广泛散布他们自己利益、观点和意识形态的权力。虽然荒谬的是,这种做法可能也代表着异见者群体被整合进入象征战争和符号交换的世界。也就是说,进入那个语言和说服成为创造、安排和争夺社群与文化的主要工具的世界。

恐怖主义作为政治暴力的一些特征

在这种语境中,我们能够看到:在双子塔袭击中几千人的死亡如何开始"改变世界",而几十万平民死于与侵占伊拉克有关的反恐战争(见 Roberts et al.,2004),却被联军政府与全球主流媒体粉饰得几乎看不见。于是,在这样的情况下,国家,包括民主国家,可能也会倾向恐怖主义的战术——包括投入传播暴力。这是策划出来传播其利益,也包括恐吓、压制和说服受众的。因此,在全球传媒领域,围绕着控制和管理人员、经济、资源及管治模式的"恐怖主义"标签是政治暴力话语(语言战争)的一个关键部分。在当前政治暴力语境的每一方面,都陷入了一种现代(或者后现代)方式的说服游戏:用媒介将对手妖魔化为"恐怖主义者"。在这样的语境下,更有效的方法是按照特定的特征(我们可以称之为"恐怖主义")来思考各种以政治为动机的暴力行为。这些特征可以总结如下:

1. 恐怖主义存在于一种与全球媒介网络的偶发关系。正如人们主张的,现代恐怖主义基本上是传播性的;没有传播网络渠道向全球广泛受众传递其冲击力和消息,它便不能存在。作为一种文化形式,恐怖主义是一种以现代媒介文化符号为根源的暴力。然而,这种暴力的偶发性成为一种工具或者策略,它可以被政府利用,也可以被次国家或者跨国军事组织利用。在这个意义上,压制言论亦即检查制的策略构成了一种再现的形式,这是一种设计出来的媒介策略,以形成意义和社会知识。于是,强加的静默(检查制)策略既可以表现为发出一种特定的(如公共关系)消息,也完全可以表现为暴力、权力和中介的一种偶发关系。正如我们在俄罗斯和美国看到的典型表现:政府可以动用红色警戒措施,以证明围绕恐怖主义和恐怖事件的信息管理与控制的必要性。

虽然一些评论家承认大众传媒对现代恐怖主义的重要性,某些研究却往往以简单的消息传递的眼光看待大众传媒的作用过程。而当我们提醒自己说,大众媒介是通过一系列的关系(制片人、文本、受众)在一个文化和政府的语境中形成的,情况就明显不同了:媒介倾向的暴力痼疾是反射式的,有点荒谬的。一般的暴力,尤其是政治暴力,是媒介产业主要的吸金器:通过各种排列组合而成的暴力是当代媒介的财政和符号基础。媒介受众(他们也是城邦、社群和公众)似乎也被卷入这种反射式的暴力偶发事件。

2. 恐怖主义是一种政治暴力类型,其目的就是影响外国占领政府或者国内政府,也影响社群。恐怖主义利用它的直接受害者和实际目标达到符号和象征的目的。袭击可以设计为创造恐惧和威胁。在别斯兰和被占领的伊拉克,人质可以被用作向外国政府讨价还价的

工具。成功的袭击可以用于推广事业和吸引新成员。事实的确如此:“9·11”袭击对基地组织的存活至关重要。

3. 在此程度上,恐怖主义既是实质性的也是高度抽象的。它的意义是由文化内在的复杂性和张力(亦即语言战争)所塑造的。因此,当今恐怖主义和政治暴力的浪潮是由种族、宗教、话语和政治的差异所限定的,而这些差异的形成则来自一种对东西方历史鸿沟的觉醒(见第10章)。这种基于差异的文化政治表现为一种质疑性的辩论,与对领土、经济资源(特别是石油)等问题一样。然而,这种资源战争本身就是全球文化的表现,包含着权力的差距和话语资源的不均衡分配。东西方鸿沟是文化辩论的抽象表现,这种辩论以暴力形式维持或者颠覆全球的等级秩序。

事实上,“反恐战争”的整个观念都意味着驱动发达世界最高级别决策和立法—军事权威的抽象层次。这种新“战争”的敌人是一个概念,一种隐喻,以畏惧充斥着人们的头脑和心灵。畏惧不仅因为这个敌人是阴险的,而且因为不通过高度政治化的文化想象的透镜,就永远看不出来。因此,文化绝对是恐怖主义的关键特征。

4. 恐怖主义也往往将其暴力集中于非军事的或者说平民的目标和设施。“9·11”、“巴厘岛”、“马德里”和“伦敦”袭击便是这种策略的清晰例证。美国为首的军事力量对阿富汗和伊拉克的地毯式轰炸则不那么清晰——虽然数不清的平民在这种攻击中被害或者致残。这种“间接伤害”是否能够被视为一种恐怖主义的形式,取决于意图、军事策略和道德争议。美国军事战略家认为,这些炸弹集中于军事或“战略”目标,平民伤亡大部分是无心的(间接的)伤害。制导炸弹技术在第一次“海湾战争”中已被证明是一种欺骗说法,然而,它却一直被设计来降低平民伤亡。

当然,对许多伊拉克公民来说,美国为首的军事力量侵入和占领他们的国家,构成了一种政治暴力形式,既是野蛮的,也是压迫性的。例如,美国军队故意破坏了巴格达的水、电和下水道设施,导致医院设施暂停,扩散了因为水而带来的疾病。随着暴力的延续,破坏基础设施为许多非军事人员的伊拉克人带来了相当大的疾病和死亡风险。

对非战斗人员的生命和非军事设施而言,美国军队使用散射打击炸弹似乎是一种极不慎重的设计思路。因为这种炸弹如果不是出于别的目的,便是用来最大限度地伤害和杀死人的。正是出于这一原因,英国和澳大利亚拒绝支持这种武器的使用。但是,对美国当局来说,这只是一个可以使它逃避恐怖主义指责的“目标”是否准确的问题。然而对我们的目的来说,目标是随机的还是故意的,这个问题似乎并不重要,重要的是军事策略的实质和象征性效果。当然,有许多评论家相信:美国及其盟国(尤其是以色列)对伊斯兰反抗的过度军事反应实质上导致了全球暴力、压迫和人权侵害的螺旋式上升——特别是在中东。为此,我提出,政府和军事力量对平民的袭击这种模糊的类别应该被视为一种清晰的类别:恐怖主义暴力。

美国与反恐战争

地狱之门：在世贸遗址的空旷中

正如我们在第1章所看到的，"9·11"对美国的袭击在美国的物理和文化地形及其作为全球经济的象征之都中创造了一种大规模的裂痕。特别是双子塔的毁灭，是伊斯兰军事使命的一种有力表演，直接击中了美国全球统治的核心及其历史命运感（Lewis，2005）。确实，突然遭受深重攻击的，正是"美国"这一概念。它创造了一种怒号式的符号空洞，在此文化猛然闯入的灾难关头，那种修辞的假定意义动摇了，崩塌了。

毫不令人奇怪，许多评论家，包括美国总统，在那个时候借用了美国文化和历史中更深层次的偶发性概念，来解释这个灾难。这些评论以《圣经》对地狱之火的想象和诅咒来称呼这场灾难，将袭击者看作魔鬼撒旦的使者——是胆敢挑战上帝选择的纯净，挑战文明的高峰，挑战道德与意识形态历史的"恐怖主义者"。这不是一场政治或者军事的战斗，而是一场与魔鬼对决的世界生死之战。

为达此目的，乔治·W.布什总统在代表市民，也代表宗教和文化的历史主义复杂性发言时，试图恢复"美国"的意义。布什起初将这个行动称为"无限正义行动"，宣布进行一场将在历史上引起反响，也许还将超越历史的大规模报复。对普通人民和美国在世界上独特地位的一次直接攻击形成了对布什的最大挑衅，这也是对最高文明的挑衅，对道德和社会进步的挑衅。在遭受袭击的那一天，布什在公开声明中一再重申的共同话题是震惊、好战和义愤填膺。在许多方面，布什对全国的讲话成为发动"反恐战争"的多数修辞的基础：

> 晚上好。今天，我们的同胞，我们的生活方式，我们自己的自由在一系列处心积虑制造的恐怖主义致命行动中受到攻击。袭击的受害者或者在飞机里，或者在办公室里：他们是秘书、企业家和妇女，是军事部门和联邦政府的工作人员，是父亲母亲、朋友和邻居。几千条生命倏然之间被恶魔卑鄙的恐怖行为所终结……一个伟大的人民已经被迫动员起来保卫一个伟大的国家。恐怖主义的袭击可以动摇我们最大建筑物的基础，但不能触动美国的根基。这些行动可以摧毁钢筋，但不能弯曲美国人的钢铁意志。美国成为攻击的目标，是因为我们是追求自由和照亮机会的最光明的灯塔。没有人能够阻止这个灯塔的照耀。今天，我们的国家看到了罪恶，人性中最坏的罪恶……这是所有美国人，不管来自什么职业，以我们坚强的决心团结在一起的日子……我们当中没有一个人会忘记这一天。然而，我们将继续前进，捍卫自由和世界上所有的美好和正义（白宫，2001）。

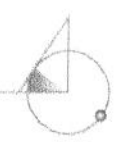

虽然许多评论家，尤其是互联网上博客社群的评论家都认为布什的这个讲话来得太迟(Wood and Thompson，2003)，然而他还是借一种顿悟式的抨击填补了“9·11”的符号真空。当然，“无限的”正义是一种动员神圣力量打击邪恶的正义。布什号召以“反恐战争”的名义进行一场神圣的报复，这个名称是他匆忙拼凑起来的，但也是特别有效的名义。祈祷的仪式和对国家、人民及其思想的交错祝福穿插于“9·11”的讲话。布什赋予此一事件宇宙论的意义，将受难者提升为英雄，将袭击者谴责为非人性的变态魔鬼，它被仇恨所腐蚀。要“再造世界……将自己的极端信仰强加于所有地方的人民”。

然而，正如我们已经注意到的，军事、文化和世界观战争的战场主要是通过媒介的传播空间形成的。布什和其他许多集结了美国人通过美国的流行文化——电影、电视和纪念仪式调用了一种历史、正义和命运感(Lewis，2002c)。小说家，也是“9·11”事件的目击者约翰·厄普代克却将整个事件看作一种现象真实与电视现实的神秘而强制的混杂：世界贸易中心双子塔楼的摧毁具有电视虚假的亲密特性，在一个极适合接受的时机被人观看……“始终有一种类似电视播出的观念，使它不太像真的”(2001：28)。当然，这种“不太像真的”的感觉，是超现实和电视文化的本质，这种文化围绕着形象和意义的复杂美学动力形成了它的社会知识。《火烧摩天楼》(*The Towering Lnferno*)、基督似的受难者—英雄和国歌，这些直接从一部灾难电影中汲取的主题早就被人们在以“美国”为修辞的丰富影像中看到过，已经被消化了。

保罗·维希里奥在其作品《世贸遗址》(*Ground Zero*，2002)中认为，语言战争基本上包含在电视技术本身的文化构成中。这不仅是消息传递的过程，也是战争机器与媒介机器的文化共谋。正如上面提到的，恐怖主义的意义明显地受制于全球传媒及其文化政治语境。维希里奥对此点着意彰显，认为媒介与战争的“电视视野”或者称“视觉”技术，现在是在一个单一的技术领域起作用，是围绕着速度和进步的文化效果被塑造的：

> 关于跨国恐怖主义的隐蔽态势，麻烦的是……它越来越附属于一种科学技术的进步，而这种科学技术的进步本身是没有作者的。依赖于它自己视听媒介和平台的进展……科学想象最终受损于“电子娱乐”的同样命运；它变成了组装……伊斯兰的自杀式攻击无疑也是死得其所，死得其乐，因为它成为全球超级产品的演员。在这个超级产品中现实将被颠倒，成为绝对的电子虚无(2002：68)。

与布什的宇宙观效果相反，维希里奥提出，“9·11”的前景也许意义甚微，甚至毫无疑义。这一预测无疑推动许多评论家和官员进入争论，并力图填补双子塔被摧毁所带来的符号空白。特别是，美国人急于以一种热烈的爱国主义来填补这个空白，这种爱国主义在任何情况下都不容忍批评或者虚无和怀疑。不过，维希里奥所指的虚无是立足于电视文化和政治考虑的，它通过一种初生的广播民主及其媒介领域的符号表明了自己。

然而,并不是说对美国相关利益的袭击本身是一个例外。自从 20 世纪 80 年代起,不论是在国内还是国外,美国公民和美国军人都已成为军事目标;世界贸易中心本身在 1993 年便被炸弹袭击,杀死 6 人,还有 1 000 多人受伤。不仅如此,在这样的背景下,近些年来,各种其他形式的政治暴力已经产生了比"9·11"更多的伤亡:例如,在卢旺达,80 万人在"种族清洗"中被杀害,在塞尔维亚、科索沃、塞拉利昂和最近在苏丹与达尔富尔,成千上万的人在种族、领土战争中被屠杀。事实上,"9·11"袭击的突出特征,集中在美国弱点的突然爆发,不仅是物理的或者社会空间的虚弱,而且是符号系统的脆弱。

在"9·11"对纽约的袭击之后,让·鲍德里亚扩展了他的观点,认为美国对媒介化的全球"系统"的支配本身正是恐怖主义的实质或者"精神"。这种全球支配是通过媒介传播的超现实特点表现的,但也与美国的军事和经济首要地位(这正是全球化的本质)紧密相连。这不仅是说,美国的外交政策导致了"纽约袭击",如像诺姆·乔姆斯基(2001,2003a)和其他人可能说的那样,而是说,一个单独的、一元的全球超级大国的实际存在导致自己被暴力报复。当然,米歇尔·福柯(1977a,1981)在争辩权力不可避免地产生对自己的反抗时,也曾说过类似的话。但在鲍德里亚看来,正是这种权力的绝对单一性和巨大能量使得它自己不能直接和真正地被反对、改变或者交换。袭击美国全球占支配地位的巨大权力的恐怖主义只是反应式的,是对这种权力单一性不可避免的反驳。

> 对一个正是它的过度权力造成了难以克服的挑战的系统来说,恐怖主义者以一种决绝的行为做出反应,而这种反应也是不易为交换所影响的。恐怖主义是那种行为,它恢复了一种再不能缩减的单一性,直指普遍交换系统的核心。所有这些单一性(物种、个体和文化)都曾以自己的死亡为一个由单一权力统治的全球流通装置付出代价;而今,它们通过恐怖主义的情境转移进行了报复(Baudrillard,2002:9)。

在这个意义上,这是简单的"恐怖对恐怖",而没有思想和意识形态的深刻程度。因此,在一个"不太真实"(或者说超现实)的文化条件中,全球化的胜利不可避免地导向对它自己的战斗。正如鲍德里亚对目前这些对抗的定义,这个"第四次世界大战"不是一场意识形态战争,或者如亨廷顿(1993,1996)认为的,是一场文明的冲突;而是一场反对全球化不可避免的流通的世界战争,或者全球大战。换句话说,这是一个世界体系,其中权力不仅供养自己,而且攻击自己——"如果伊斯兰教统治了世界,那么,恐怖主义将起而反对伊斯兰教"(Baudrillard,2002a:12)。与鲍德里亚更宽泛的思想一脉相承的是,这种反映在"双子塔"自身的符号双重性——它是善与恶的镜子,势必常常以不可分清也不能取消的对立一前一后相伴前行。

因此,"9·11"创造的空洞,已经充斥于世俗的、政治的和神学的话语,这些话语的构建,都围绕着"美国"概念的文化和意识形态再造。随着"9·11"袭击出现的美国民族主义的冲

击和力量本身，形成了一个推动“反恐战争”、继续扩张美国主导的全球资本主义和散布政治意识形态（民主、自由和“西方”）的政策平台。在这种话语的力量场域，“美国”和“穆斯林”的意义构成了一个疯狂、拼死和无情的**恐怖战争**的全球战场。随着占领伊拉克、阿富汗和巴勒斯坦的继续，这些意义像毒液一样在中东泼洒，全球信息娱乐的狂欢将保证媒介领域充满戏剧化的文明与宇宙观分裂的叙事，将西方的“正派”区别于伊斯兰的“丑恶”。

全球媒介领域的战争与民主

根据苏珊·卡拉瑟斯(2000)的研究，一个现代民主国家要能够成功地进行战争，是偶然地建立在政府、公众和媒介三重主体广泛的共识之上的。这样看来，“反恐战争”一直是围绕着一系列“价值观”的宣传而进行的，力求给“无限正义”的使命打上共享及确认文化价值观的标签。英语国家自愿联盟的三个政府（美国、英国、澳大利亚）于是为一个使命捆绑在一起：这个使命不仅仅是对“9·11”的报复，亦即消灭阿富汗境内以塔利班为基地的恐怖主义，或者消除伊拉克的大规模杀伤性武器(WMD)的威胁；而是放大了的使命，即恢复其文化地位、特权和意义的最高目标。将伊拉克从无知和压迫中“解放”出来的举动，成为民主和一个真正文明的现代国家的花饰。

但是，正如斯拉沃伊·齐泽克(2004)提醒我们大家的，这种“反恐战争”，特别是大规模杀伤性武器的幻想，是围绕着“梦想的扭曲逻辑”构建起来的。世界公众被这种战争叙事所催眠，目睹英美士兵戴着防毒面具，穿着防化服装，挺进沙漠，进入时间的起源地(cradle of time)①。正如双子塔“不太像真的”倒塌一样，头戴防毒面具的士兵也以好莱坞大片似的救世主力量在沙漠中出现。在这种科幻般的幻觉中，伊拉克的异端世界臣服于美国理想叙事的纯洁和高尚前。于是，即兴表演的英雄现身，拯救世界于邪恶——防毒面具作为一种技术的甲胄，就像《孤胆骑警》(*Lone Ranger*)中的眼罩一样，赋予穿戴者纯洁的英雄身份。

当联军的摄像机跟随头戴面具的军队进入战斗时，国内观众始终惊恐地关注那个疯子的大规模杀伤性武器，以及落在他最后藏身地的导弹。当整个事件结束的时候，当然，大家都松了一口气。联军部队脱下了面罩和防护服，几乎是毫无阻挡地挺进到伊拉克首都巴格达。然而，在征服尚未尘埃落定的时候，讽刺的声音便开始出现，虚构的“大规模杀伤性武器”始终不得一见，虽然英国首相托尼·布莱尔坚持希望这些武器（也就是战争的理由）真的存在；但明显愚弄了全球政体的各国领导人和情报机构却被世界各地的评论家千夫所指。反对入侵的人则质问：10万伊拉克人的死亡和战争带来的中东政治不稳定代价几何。一个灰暗的阴影投向美国的意义和那些为暴力行为牺牲的生命。当许多批评家指出，美国无疑

---

① 此处应指伊拉克。——译者注

占有人类有史以来最多的致命大规模杀伤性武器时,这些阴影的呈现似乎更显悲剧。特别是,美国使用了撞击和散射炸弹,而其他联军部队都拒绝使用;因为这种炸弹不精确和不加区分的作用会对伊拉克的平民和都市建筑产生可怕的伤害。特别是,对水电供应系统的破坏持续地给城市人群和平民健康带来损害。据和平行动者说,这种悲剧性反讽的更深层面是与美国自己的种族清洗形式联系在一起的。与萨达姆对待少数民族的库尔德人一样,美国对待它自己本土的少数族群(如黑人和西班牙语人群)的方法,也都是围绕着一部排斥、罪犯化和隔离的历史构建的。和平行动者对这样一个国家的道德权威提出了深刻的质疑,因为它的历史如此深地浸泡在血泪之中,充满了制度化的迫害行为。

于是,美国联盟作为"英雄"和"解放者"的形象受到置疑。没有了大规模杀伤性武器的说辞作为盾牌,对伊拉克的入驻被更宽泛地夸耀为将人民从萨达姆·侯赛因的暴政下解放出来。无疑,许多伊拉克人乐见萨达姆和他的野蛮军事独裁被扫除,但他们也提出了同样一个强烈的质疑,即美国的入侵及其"间接"伤害的合理性问题。据兰普顿和斯托布尔(2003)的说法,表现伊拉克人扳倒他们仇恨的独裁者塑像的光彩一幕很可能是一场公共关系表演。路透社、BBC 和《波士顿环球报》都报道说,那天在"天堂广场"聚集的人群数目非常少;美国坦克完全包围了那一地区,只允许少量伊拉克人参与这一事件。反映广场的长镜头大部分是从最后的报道中编辑出来的,报道显示:只有几个伊拉克人参与了庆祝,这个活动是美国军队自己导演的(2003:3)。虽然兰普顿和斯托布尔将这种宣传事件称为"符号的撞击",但它们附属于一种包含了自由和解放等关键话语的更重要的文化政治。正如我们前面注意到的,这种话语是布什政府为了"反恐战争"和报复"9·11"事件而强力提供的。

以此看来,"解放"伊拉克的话语触及了更深层的"美国"意义和意识形态。这样,一方面,伊拉克的文化传统和博物馆在联军占领的早期阶段受到劫掠;另一方面,萨达姆的塑像被推倒却宣布了"新历史"的曙光。据占领者说,这个新的历史将把伊拉克的社会和政治基础转变为现代化的民主国家。事实上,随着大规模杀伤性武器说辞的隐退,民主和转型的说辞成为美国宣传机器的主要焦点。虽然在"反恐战争"中"自由"的话语始终弥漫,但它有力的召唤式的抽象(它的神学的不懈的传奇式力度)足以通过附着于更实际的"民主"政治精确话语而得到强化。当萨达姆·侯赛因的"雕塑形像"被推倒之际,它被遮上了美国国旗,这不仅宣告了征服民族的到来,而且宣告了这个民族理想、价值观和意识形态"救生筏"的到来。

发生在伊拉克的媒介与政治暴力

海湾战争发生没有?

第一次"伊拉克战争"(1990—1991 年)后,让·鲍德里亚 (1995)引起了很多评论家的义

愤，因为他声称"'海湾战争'没有发生"。实际上，鲍德里亚只是说明了一个简单的观点：第一次入侵伊拉克时，美国政府以成功的伪装，机敏地将死亡和暴力脱离开公众的视线。在鲍德里亚看来，战争的电视化创造了一种"没有尸体的战争"，而这根本不能被叫作战争：

> 电子战争不再有任何严格而言的政治目标：它的作用是一种预防性的电击，防止今后的任何冲突。正像现代传播中再没有任何的对谈者一样，在电子战争中，也不再有任何的敌人。只有一种难以驾驭的成分，它必须被中和，成为共识。这正是美国人寻求的做法，这些肩负电击使命的传教士将引导每一个人朝民主圣地走去(1995：84)。

在第二次入侵伊拉克的战争（2003—2010年）中，美国政府及其盟友扩展了它们的策略，创造出一种对入侵的看法，就是医治创伤、清洁腐败和对伊拉克命运的托管。非常典型的是，政府力求通过管理信息的各种手段控制代表性话语的广度。在许多方面，国家、文化和团结的有力话语，特别是被后"9·11"修辞的自由和民主所强化时，似乎连另类观点的可能性都镇住了。苏珊·桑塔格和其他一些人对"9·11"之后美国的外交政策提出了尖刻批评(见第1章)。他们的质疑对随之而来的许多社会和媒介管理方式提供了一种清晰的预见，那就是：对美国政策或者政府行为的任何方面进行的一点点批评都被认为是"叛国"，是对美国所有一切，包括它的价值观和生活方式的一种攻击。于是，广播电视机构拒绝播出对入侵伊拉克的另类观点。音乐人如迈克尔·弗兰提和"南方小鸡"(乐队)的抗议声音，被美国的不同广播者审查屏蔽。事实上，"南方小鸡"组合在接到咒骂他们是反美主义者的死亡威胁之后，戏剧性地从他们与美国政府的音乐争议中退却了。虽然许多这样的抗议声音都在互联网上找到了发表渠道，但无疑，美国的爱国狂热使得另类的观点很难产生并传播。

兰普顿和斯托布尔(2003)曾描述过为保证政府观点占主流地位而设计的传播策略范围。他们说，在一个基于市场的全球化公司经济中，并不令人奇怪的是，美国除了最熟悉的军事公关策略之外，也已经设计并采取了一种国家品牌，以宣扬美国的美德和价值观——特别是自由民主的理想。换句话说，公司化私有化民主的新意识形态成为美国对中东传播策略的工具和目标。"9·11"之后，在准备对阿富汗采取直接军事行动时，美国发动了两次广告运动：第一个表现了总统的妻子，她以一种母性的宽慰语调说话，力求提升美国人民的士气，纾解他们的焦虑；第二个广告用来提醒美国人民，他们是宽容而有道德的社会的一分子，这个社会无可指责，但它必须行动起来，以捍卫自己的伟大地位和崇高理想。这第二个广告宣传突出了美国的民主多元主义思想，亦即美国是宽容和好客的地方，接受来自不同背景、种族和国家的人们进入它的民族文化怀抱。大约在同时，美国政府在华盛顿、伦敦和巴基斯坦的伊斯兰堡建立了一些即时通讯办公室。这些公共关系办公室便于美国高级官员与阿拉伯传媒之间的日常接触。事实上，据《华尔街日报》报道，美国竭力对阿拉伯电视和印刷

媒介的新闻编辑施压,让他们在中东和南亚地区事务中发出有利于美国,至少是澄清美国观点的报道。

也许,广告执行官夏洛特·比尔斯之被任命为负责公共外交的副国务卿,是朝品牌模式前进的最好说明。在寻求影响穆斯林和穆斯林政府的观点时,比尔斯考虑了利用美国知名人士(包括体育明星)使外界对美国及其文化产生正面看法和情感印象的可能性。据比尔斯说,公共外交是"一种致命新武器,假以时日,将战胜恐怖主义。突然之间,我们处于重新定义美国是谁的位置,不仅为处于这种攻击之下的我们自己,也为外面的世界重新定义"(引自Rampton and Stauber,2003: 12)。比尔斯及其他从私营领域吸引到"公共服务"的人正在开发一种新的策略,以中和媒介领域的国内和全球公民对美国的憎恶。美国的品牌化可能是对那些让乔治·布什都搞不懂的"恨我们"的人进行的预先话语鞭策。

虽然部署的宣传过程毫不新鲜,但采用的公司化和品牌模式显然是"民主"和所谓"媒介领域"的新公共领域的新体现的一部分。伦登集团是一个主要的公共关系咨询公司,现在则被各种政府机构所雇佣,专门以建构公司形象的方式装扮政治家,并支持美国的军事战役。第一次"海湾战争"后,伦登集团与美国中央情报局合作,炮制了反萨达姆·侯赛因的材料。它也为美国军队入侵阿根廷、哥伦比亚、海地、科索沃、巴拿马和津巴布韦提供过咨询。全球各国的读者和观众一直在接触伦登集团和美国军队创造的观点。事实上,正是伦登集团开发并以财政支持了1992年伊拉克国民大会的组织,这是萨达姆体制主要反对者的一个大本营。在艾哈迈德·沙拉比的领导和美国中情局秘密资金的资助下(Jennings,1998,引自Rampton and Stauber,2003: 43),伊拉克国民大会得以与美国新世纪工程结成了牢固的联系。这个新保守主义智库的主席是威廉·克里斯托尔,他是美国在中东地区军事冒险的强烈支持者。在2002年战争准备阶段,白宫开始与一个新的集团(解放伊拉克委员会)合作,这个组织也与美国新世纪工程的人有紧密的联系。

对伊拉克政治转型的舞台调度突出地表现于特殊舞台布景的建设。第一个布景是在一个小小的中东国家卡塔尔修建的美国军事指挥部,它被大肆宣扬。据军事媒介中心《军队时报》报道,由好莱坞艺术导演乔治·艾利森设计的这个高科技舞台布景占地1.7万平方英尺。这个场景虽然能够造成接近军事行动的印象,却是为新闻工作者从远离实际对抗行动的地方工作而建造的。如对解救女兵杰西卡·林奇的舞台调度和给南加州大学创意技术研究所的4 500万美元军事委托项目一样,卡塔尔媒介中心的职责是为解放伊拉克创造一种有效的印象。第二个主要的媒介布景建于美国航空母舰"亚伯拉罕·林肯"号上,2003年5月1日,布什飞到航空母舰。在那里,身穿海军飞行员服装的总统宣布了对"伊拉克战争"的胜利。布什宣布胜利的图像在媒介网上实况直播,并在晚间新闻报道中重播。布什身着飞行员服装的形象标志着他与"伊拉克战争"胜利之间的一个高尚联系。这成为2004年总统竞选活动的核心部分。然而,作为一次主要的公共关系操作,重播的报道遗漏了一个细节,即告诉观众:"亚伯拉罕·林肯"号实际上停泊在离美国圣地亚哥不过39英里的海边;而与布

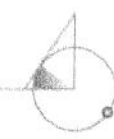

什的飞行员服装有关的,实际上只是他在国民警卫队几乎算不上光荣的缩短服役历史:他似乎至少有12个月未正式请假而缺席(AWOL)。

这种与政治定位的争论会合一道的公司化传播方式明显存在于超真实的媒介领域,它混淆了私人利益和公共利益的分界线。通过一种电子化的城邦,在一个广泛的竞争性能指、形象、文本和媒介的领域,公共信息进入了私人领地。主体在家庭的私人场景中接受信息,参与其中,并按照自己的文化资源创造出各自的视角。于是,虽然哈贝马斯早已呼吁:通过激励参与式民主和"交往行动"重建公共领域,但这个领域早已通过与私人家庭的超真实互动而产生出来。

嵌入

在美国主导的入侵伊拉克的战争中,让新闻工作者"嵌入"(Bedding Down)联军的策略在许多方面代表着美国军方的一种企图,那就是,通过将"战争"带入国内受众的生活经验,利用公共领域和私人领域共同影响舆论。典型的情形正是:一旦部队投入战斗,公众对伊拉克军事行动的支持便立即上升(Gallup,2003)。然而,为了保持公众的同意,美国传播机器还需要强化"与军队在一起"的感觉。虽然这种策略是在越南与美国的战争中发展起来的(Carruthers,2000),但是,当暴力和血腥的战争感觉每天每夜都在侵入美国市民的家中时,这种策略反而导致反对美国当局。对本国军队的同情和支持被严重的政治诘问抵消了,这种质疑来自描绘美国人杀人和被杀情景的近距离战斗景象。信息管理者这才明白:需要在接近、移情和戏剧性效果之间找到一种平衡。平民和美国军队的死亡特别搅乱了国内观众的心理,使他们对战争产生疏离感。因此,接近性需要将美国人的勇敢和战争的正义感最大化,而将军事卷入的负面影响最小化。

将新闻工作者嵌入入侵部队的做法代表了一种关键的策略,即管理国内观众对美国军队的同情心和认同感;同时,不暴露过分的暴力和生命的丧失。嵌入可以定义为将被信任的新闻记者纳入直接军事行动的高度管理策略。当新闻记者被安排在军事当局直接控制的特定军事单位中时,他们便被嵌入了。五角大楼对嵌入的指导方针是:

- 除非现场指挥官批准,任何关于正在进行中的行动信息都不得披露,对过去行动的信息只能以一般化的术语在讨论时披露。
- 禁止在报道信息时披露"友军"部队的行动和军事部署。
- 严格禁止报道未来的行动信息。
- 新闻记者将被分配到一个特定的单位。
- 不得使用私人交通工具。
- 不得使用私人武器。
- 对军事人员的所有采访都必须"记录在案"。

正如我们前面提到的，这种对死亡消息的精心管理是政府和军方自第一次“海湾战争”以来便采取的关键策略。然而，第一次“海湾战争”主要实施的是空中打击，对伊拉克人死亡的重要数字(4万～20万人)掩饰起来并不特别困难；而美国和盟国的伤亡(大约200人)则实际上被抹掉了。但是，2003年的入侵加入了地面攻击，对联军当局掩盖伤亡形成了大得多的挑战，特别是新闻记者更有机会了解伊拉克平民的死亡数字(大约10万人)，还有美、英军队的伤亡。美国传播当局像在第一次“海湾战争”中一样，设计出一种信赖鉴定制度：登记为可信赖的新闻记者将有可能获得信息、得到保护并接近军事人员(作为“专家”引证)；也可以对入侵行动进行近距离的密切观察。结果，反映和报道的观点毫无例外都出于美国和联军部队的视角。记者采用精巧的数字影像和卫星技术，可以为家庭观众展示很强的即时感、动作性和迅速的胜利，这是国内公众产生共识的前提条件。但是，如果新闻记者的任何报道牺牲了美国的战略利益，他们就都可能失去信任。

嵌入和对信息披露的严密管理也被用来对付不同的新闻报道，这是由第一世界的独立新闻记者和建于阿拉伯的广播网(包括半岛电视台和泛阿拉伯卫星频道)进行的。特别令美国传播当局头疼的是屠杀非战斗人员(包括妇女儿童)的报道及其传布，特别是通过互联网的消息散布。来自“敌后战线”的观点要降到最少，如果不是完全被审查掉的话。因为它将敌人表现为人民，有损于高度精巧、目标精准和解放性军事征服的形象。罗伯特·菲斯克是一位在敌后进行采访的非嵌入式记者，他认为，美国军队故意将攻击目标指向独立记者，目的是消灭这些另类的报道观点。菲斯克特别指出，美国对巴勒斯坦饭店(路透社和半岛电视台的记者在这里进行报道)的轰炸，是对入侵伊拉克进行信息控制的证据。在入侵中，对这些人以及其他许多新闻工作者的杀害显示出美国人对他们无法直接控制的传媒的不信任和阴险。菲斯克问道：“美国军方是否有一种日益憎恨媒体的心理，想要把待在巴格达……工作‘在敌后战线’的新闻工作者全都弄走?”(2003：3)

菲斯克对“敌后战线”观念的质问指向了更广泛的战争及其媒介表现中地理学的问题性：显然，当主流媒介广播网为入侵者本国文化的信息和文化满足重新抓住这片土地时，报道展示的伊拉克领土是被重新想象的。这不是一种从“远处”进行的报道，如菲利普·泰勒(1992)在1991年“海湾战争”的语境中讨论的，或者如维希里奥在其著作《景象机器》(1994)中的历史叙述。它是一种私营和军事媒介网络对国内观众直接和“立即”言说的企图，给他们一种在场感和美国民主使命的价值观。通过广播媒介，战争作为一种现场、一种现实和一种活生生的社群经验，被召唤出来，它将距离混合为既遥远又接近的感觉。正如我们前面已经注意到的，媒介将自己和自己记录的景象以一种意义不全的方式存续下来。每一个形象，每一个片段和每一个局部似乎都证实着故事，而其缺少的却是——死亡、尸体、烧焦的土地、争论，大规模杀伤性武器和萨达姆本人。但是，这种缺失的意义通过一种坚持不懈的表达被炫耀，通过动情和戏剧化叙事的集合动力，产生出信念和逼真感。这种动力是人格化的，表现于记者的声音和身体，他们从入侵的一部交通工具的后座现身，呼喊，让我们相

信一切都在按照计划进行，这些召唤民主黎明的先锋不是国内政客和领袖起草的抽象文字，而是代表了文化中全部美德、健康和善的英勇年轻人。这些年轻的男人(和女人)也许就像邻家男孩一样熟悉和普通，但他们却甘于为正义的事业冒一切风险。借助将新闻记者与战士组织在一起进入国内市民家居空间的办法，距离和缺失被折叠进一个认同和有力接触的时刻：消息就是媒介；战士就是市民；市民就是媒介。

信息机器：福克斯范式

当然，似乎存在的，其实也是缺失的。从入侵伊拉克的事件中缺失的，正是对信息和形象本身来说本质性的东西：生活经验的实在性。认同和接近总是且必不可免的是短命的。不管怎样召唤形象—声音和讲故事的魔法，对生活经验的想象总是且必不可免地是一种再现和意义的缺失。不仅是财力不足推动故事的产生，也是意义偏激媒介的深层需要：媒介必须从它自己符号资源的纯骨架中创造出一个血肉丰满的故事，亦即它自己的“生活经验”。大众传媒通过结合或者回应已然存在的骨架补充物(已经一遍又一遍地讲述过美国英雄式民主的形象、思想和文本)，靠自我繁殖和冲动想象喂养自己，以此方式创造故事，也在创造自己。这些添加的血肉通过虚构的叙事、新闻报道或者宣传，创造出产生观众(公众)信念或者共识的先决条件；这些信念和共识可以构成一种自我实现的符号，立足于我们方便地概括为“美国文化”的基础上。这不是一种精确的信息控制科学，也不是如许多反战者根据阿尔都塞的范式常常宣称的——简单的意识形态宣传。毋宁说，它是一种信号和意义的复杂互动，政府及其信息系统力图强加给它一种秩序，但这种秩序不知何故却限定了符号，使其必然出现麻木状态。就是说，政府想要强加的意识形态或者信息结构不可避免地遭遇文化的嘈杂失序和下滑，由此释放出观众自己的表达能力。

非常清楚，美国信息当局已经完全放弃了客观性理念，将其替换为“价值观”和自我利益的概念。他们生产的民主版本是“带立场的”，是通过美国新世纪工程可能称为“民族利益”的视角建立的。这种视角便是：对美国好的，就是对世界好的。恰恰是这种对政治利益和传播策略的排列方式成为广播民主的核心。毫不令人奇怪的是，在国内通过各种全国和全球新闻网络管理信息的编辑们也完全是带立场的。正如广泛讨论的，编辑的过程，特别是当它力求结合联盟国家的观众私人和公共领域的各种利益时，明显地在为意义的建构和再现的方式而努力。在美国，观看最多的战争报道无疑是描绘死亡、伤残和复杂暴力政治最少的那个。福克斯电视网所表现的战争与这种民族主义原则、入侵政策和强大的全球民主理想最为一致，是一种通过美国的事业和道德的豪言壮语解决冲突的战争。

在这个程度上，关于一个令人愉快但也非常强大的国家叙事被福克斯方式从虚构转向新闻文本。虽然一直有人质疑其新闻模式的道德和功效 (见 Greenwald,2004)，福克斯的观众却始终对一个完美国家的理想幻觉保持忠贞。最典型的福克斯战争报道是通过三个层面的互动产生的,每一层都设计成通过信息和娱乐的叙事方式吸引观众。首先,第一个层面是嵌入的新闻记者讲述自己的故事,无一例外地展示美国入侵部队的观点:记者常常通过实时报道,建构一种顽强不屈的美国式英雄主义及其解放力量的叙事,这种叙事与将世界作为图景的文化经验相互联系。不同文本互相提供叙事,而身穿防弹衣、头戴钢盔的嵌入记者则将美国军事力量的强大和正义的故事推向前进。这种将民族分为受害者和英雄的主题不断地展开报道的前景,必然从美国部队的视角出发进行拍摄:摄像机看到的敌意和暴力世界实实在在地来自显然身处险境的美国士兵的肩头。

在第二个层面,演播室的主持人(常常是一男一女)将故事"本国化",以利国内观众消费。主持人们设置了一种关键框架,展示到冒险的极端,将危险带入熟悉的身体领域;主持人成为一种经验的靠山,填补我们对战争恐怖和过度政治暴力的理解。现在,故事从公众的体验摇摆到熟悉的私人领域,恢复了我们对可憎与反常之物的娱乐联想。战争的恐怖和军事行动的距离通过所谓"凯特尔爸妈"①效应,成为"可以说出的"故事。将不可想象的事物转换为令家庭、亲人放心的熟悉价值观,是一种传播方法。

也常常提供第三个层次的框架,就是引进"专家系统",将先进的社会知识带入家庭的客厅。如福克斯电视网(还有全世界的福克斯模仿者)的专家是从保守派思想家主导的政治或者学术圈中挑选出来的。他们基于历史、文化、策略或者政治的"专业知识",提供了对事件的背景知识和解释。一方面,这些专家提供了对信息和知识模式从外到内的连接;同时,另一方面也确认了入侵者对被侵入者在意识形态和文化方面的优越性。事实上,他们是对霸权进行启蒙和使之现代化的一种来源。

文化民主:阿布格莱布监狱及其他

现在已经非常清楚,联军证明"反恐战争"和入侵伊拉克正当性的道德权威已经受到严重损害。当联军国家的舆论浪潮越来越强烈地反对占领伊拉克的血腥和混乱,对联军伦理和意识形态的荒谬辩护已经变成纯然的胡说。这种荒谬性不仅表现为广泛预言的教派暴力的爆发和伊拉克经济的崩溃(参见 Said,2002),也反映在民主和文化价值观的退化,而这种文化价值原来被假定为解放者对中东地区的馈赠。这种理想和规范价值观遭受污染的最明显象征是阿布格莱布监狱的灾难。

阿布格莱布监狱曾被萨达姆用作折磨人的营地之一,在巴格达陷落后,经过重新修整,被美国当局重新征用。在这个新的军事监狱中,狱室被打扫得干干净净,重新砌了墙,铺上了地板,安装了马桶、淋浴设备,并设置了医疗中心。到 2003 年 9 月,有数千伊拉克人被"拘

① "凯特尔爸妈"(Ma and Pa Kettle)是美国小说、喜剧和电影中的人物,代表普通老百姓。——译者注

留”在这个监狱里。但是，这些犯人主要不是军事人员，而是平民，他们在设于主要公路的检查地点，在军队进行无目标军事搜查时被逮捕。虽然某些报道认为，被监禁者包括107名“儿童”(UNICEF，苏格兰《星期日先驱报》)，尚不能确认，但可以清楚肯定的是，没有特定标明年龄的10多岁儿童与妇女和男人一道，也被拘留在阿布格莱布。这些犯人被分成以下三类：一般罪犯、被怀疑犯有针对联军罪行而被拘留的治安罪犯和一小部分“高价值”的叛乱首领。监狱在陆军预备役准将詹尼斯·卡宾斯基的全面掌控之下，而卡宾斯基虽然具有在美国特种部队做情报和业务工作的经验，却没有监狱管理的经验。在伊拉克，她被委任负责第800军事警察旅，包括三个大监狱和八个营，有3 400名预备役军人，其中多数人没有刑事作业或行政经验。

虽然卡宾斯基向圣彼得堡《时报》报告说，她的监狱系统运作极好，系统中的其他人却为他们每天目睹的极端和常见的虐待而感到愤怒(见 Lewis，J. and Lewis，B.，2006)。一位军事警察专家约瑟夫·达比从一位议员同事查尔斯·格拉纳那里得到一个光盘，里面保留着一些裸体犯人被迫做出各种顺从和性姿势的图像。达比向他的上司报告了这个事件，其后安东尼奥·塔古巴少将对此进行了调查。据塔古巴的最终报告(2004年2月26日)说，阿布格莱布监狱的虐待事件发生在2003年10月至12月，最初被国际红十字会详细披露。据西摩·赫什在《纽约客》中概述的，塔古巴少将的报告(尚未公开发表)将发生在阿布格莱布监狱的行为确认为“最残酷、最无耻、最荒唐的虐囚”：

> 打碎化学灯泡，将硫酸泼向被囚禁者，将冷水泼向裸体的被囚禁者，用扫帚把和椅子殴打被囚禁者，威胁强奸男性被囚禁者；让一名军队狱卒缝合在狱室中被推向墙壁而受伤的一名被囚禁者的伤口；用化学灯管或许是扫帚棍鸡奸一名被囚禁者；用军犬的攻击恐吓被囚禁者；某一次还真的咬伤了被囚禁者(引自 Hersh，2004：1)。

除了被囚禁者提供的证据之外，塔古巴少将也提及由监狱看守自己拍摄的照片和录像，但是由于这些证据“极端的敏感性”，没有被纳入报告。一些这样的录像与照片后来被美国电视节目《60分钟Ⅱ》在其彻底揭露阿布格莱布监狱虐囚事件时展示。

正如本地伊拉克人很快发觉的，法律和正义的承担者自己也为这些利用、野蛮和暴政感到内疚。对一个安全与保障正越来越受美国领导的“解放者”危害的人民来说，民主和法治的大工程似乎是一种欺骗。事实上，对这些暴政的公开揭露是一种“媒介化”的无意效果，只部分与征服者实施的伦理和法律责任有关。监狱看守拍摄的录像和相片展示了他们在阿布格莱布监狱的行为，从而构成塔古巴少将(和最终的全球公众)得出结论的关键证据。正是监狱看守自己在媒介文化中的“多产”参与，才将他们导向了裁判，即审判，这是“广播民主”中受众识别力的内在一部分。监狱看守生产的文本成为管道，使市民卷入再现、思想、形象

插图 12.1 阿布格莱布监狱

和劝服性观点的复合体，并构成了政治的媒介领域（参见 Lewis，J. and Lewis，B.，2006）。

虽然这些记录品通过主流媒体，最终被吸收到民主和法律的正式话语中，然而，它们是通过个人和基于社群的政治表达的民主领域产生出来的。无论这种表达也许显得如何可憎，只要它“是人民的”，重现了个人和具体的政治，它便至少是合法的。事实上，在阿布格莱布发生的事件可能会完全逃脱全球媒介网络和美国当局的关注，如果它们不是因为监狱看守自己视觉和内心的愉悦而被再现出来的话。一些学者和媒介评论家曾质问道，为什么主流媒体花费这么长的时间才关注并开发这个报道。虽然媒介曾企图揭露拘留制度，但它们似乎很少有兴趣或者有意愿去追踪这样的故事——至少是在阿布格莱布的图片被公布之前。如谢里・里奇阿迪悲叹的：

> 在(2004 年)5 月 11 日与五角大楼工作人员进行的一次市政厅风格的会议上，国防部部长自鸣得意地提到“是军队，而不是传媒”发现并报道了阿布格莱布监狱虐囚事件(2004：1)。

尽管有国际红十字会的报告和一些媒体的零星报道，但在《60 分钟Ⅱ》的节目(2004 年 4 月 28 日)公布照片和两天后赫什的文章发表在《纽约客》上之前，阿布格莱布监狱的虐囚事件似乎一直未被注意。里奇阿迪对媒介在虐囚事件上反应的迟钝表达了困惑，因为此事只是在塔古巴的报告完成三个半月之后，才成为一个主要的国际消息。里奇阿迪举出了几个原因，解释美国传媒行事的麻木：

> 媒介批评家和新闻专业人士引述了一系列广泛的因素：布什政府的保密和控制新闻议程的倾向，限制了西方记者在大多数伊拉克地区进行报道的极端危险条件，在一个被敌人包围的国家中以有限火力报道多层面形势带来的挑战。某些人看到一个在后“9·11”的爱国主义狂热中被吓坏的媒体。然而无疑，被遗漏的线索和被忽视的信号也不能不说是这些因素的一部分(Ricchiardi，2004：3)。

很清楚，第一个原因是最激怒里奇阿迪和其他更为批判或者说更“自由派”的媒体成员的。布什政府对信息的严密管理被视为对高质量新闻业的报复和对现场报道记者的主要挑战。然而，打破了对阿布格莱布监狱事件沉默的，主要不是专业新闻工作者的努力，而更多是业余者的工作——阿布格莱布监狱看守人自己。正是他们自己直接参与媒介领域的行为(他们对自己叙事的记录、公开和散布)将他们实际上暴露于军事当局和民主立法程序的更广泛环境。当监狱看守记载他们对性、对军事和对国家权力的幻想叙事时，他们正沉浸在自己这种愉快的游戏中。而在他们自己的头脑中，这种游戏与本质上讨厌的职责是一致的。按照他们自己在法庭上的辩解和他们身体的性政治，看守人员力图通过责任上推——归咎于他们的上级、美国当局，甚至是他们的一般文化——解释自己的行为。据辩护律师的意见，监狱看守们是遵照他们认为的“职责”，或者更广泛地，是按照他们的文化期望行事的。

关塔那摩湾

位于关塔那摩湾的军事监狱代表了美国和西方民主历史上的一个最低点。关塔那摩监狱建造于从主权国家古巴掠夺来的领土上，已成为美国关押“反恐战争”囚犯的声名狼藉之地。美国军事当局和美国政府将这些被囚禁者贴上了“疑似恐怖分子”的标签，拒绝给予这些敌人根据国际法庭和《日内瓦公约》为其他战俘提供的权利。更重要的是，作为被指控为恐怖分子的这些被囚禁者成为一种特别司法系统审判的对象，其审判程序和审判对象的权利与美国国内给予自己公民的方式非常不一样。在这种特殊的司法制度下，被指控的嫌犯得不到人身保护权——亦即不经适当法律程序和审判，个人不得被剥夺的人身权利。不仅如此，由这种特殊立法建立的军事委员会可以承认在通常美国司法框架下不被认可的“证据”为有效。例如，“听说”，亦即第二手消息的转述在习惯的审判制度中作为证据是被排除而绝不能认可的，然而这种听来的证据在军事委员会却是许可的。

对审讯者虐待和胁迫的指控罪名也被免除了，结果便导致对任何证据(或者“情报”)的深重怀疑，因为这些信息可能是通过关塔那摩系统得来的。当然，对这种违反司法惯例的辩护照样纳入宣传程序，这些宣传否认这些敌人(恐怖分子)的人性，否认他们作为公民，甚至作为敌国战斗人员的权利。这些被囚禁者是有罪的，因为他们与犯下了“9·11”袭击的地狱之徒和魔鬼有染。作为被超自然的宇宙邪恶污染的罪人，他们不被认为享有与“正常”人类同样方式的权利。

当然,对在被占领的伊拉克生活的美国及其盟国公民实施公开处决,与关塔那摩的道德和意识形态如出一辙。通过半岛电视台、泛阿拉伯电视频道的广播和互联网散播的这些骇人听闻的野蛮行为是一种神断法(trial by ordeal)的方式(Lewis,2005,Lewis,J. and Lewis,B.,2006),如中世纪的暴行一样,显示了同样程度的恐怖奇观效应,也是恐怖主义基本的传播目标。虽然在程度上可能有所不同,关塔那摩和阿布格莱布的表现与公开处决的邪恶和中世纪的特征如出一辙:它们都是为全球受众表演的。关塔那摩制度是对美国人权法案和司法制度的法治准则与高度尊严的恶意模仿。在许多方面,关塔那摩制度代表了不受民主理想限制的"其他"方面:一种混乱和冲动的政治暴力。这正是法治之所以被设计出来的原因:力求压制这些现象,如果不能够完全解决的话。关塔那摩显示的暴力奇观是一种潜在然而危险的叙事,它永存于权力的文化政治中,永存于美国、全球化和现代性的幻想中。

表达自由与国内安全的成像

国内反恐主义与监视法

"9·11"暴露出当时社会监视系统存在的不足:情报机构未能发现这个危险,并预测这种灾难。这促使当局匆忙采取各种紧急立法,成立多个公共委员会。对阿富汗和伊拉克实施先发制人的打击,是针对"9·11"袭击和美国新暴露出的脆弱性的最惊人反应。但是,美国也由此带领民主世界进入一种新的社会监视和政府管理模式。如果一小撮人能够有效地绑架国家,勒索赎金,那么显然,控制个人行为和思想的一些彻底措施需要被发明出来。美国的爱国者立法,目的虽然是提高国内安保程度和限制恐怖主义的渗透,但也严重地损害了公民个人的权利和隐私。这些新的监视措施除了对战俘和任何被怀疑卷入恐怖罪行的人采取了一些与古代类似的严刑峻法,也对法律保护个人权利的理想构成了严重的挑战。在这样的环境中,"9·11"的意义必然与公民权和人权的问题,与个人利益和集体利益汇合中产生的问题联系到一起。

戴维·里昂(2003)非常直接地点明了监视方法与"9·11"的关系问题。里昂认为,跨国媒介网络的发展已经为日益全球化的监视系统提供了技术可能性。从其似乎较无害的服务中,我们可以发现各种同向式和全景式的景观。同向景观典型地表现于卫星和有线电视广播网等创造"名人"的系统,许多人在此注释着那几个人。当然,同向展示的最大危险,是传达给公民的信息(也是民主之所建立的基础)可能被牺牲,或被那些控制媒介系统最多的集团所指定。

全景式的图景是少数人看多数人的景象,对恐怖分子假定攻击的公民权利和自由威胁

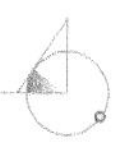

也许更大。借助福柯的观点，里昂以日益增加的国家管理和“治理”(Foucault，1991)模式的术语，描绘了现代监视方式的演变。里昂认为，国家已经创造和采取了一系列审查与检查的技术及策略，确保人民的活动、行为和思想按照保持国家合法性、权威性和管理原则的方法进行。为有序社会和政治体系的长治久安，国家力求在特定政府之上，与个人协商自由，并反对另外一些个人和集体自由。监视为确认罪行和其他可能威胁这种秩序的“过分”人类行为提供了理想的机制。

当然，在个人主义由资本主义经济体系支持的社会里，这种措施看来可能很有必要，因为这样的社会奖赏个人冒险和自我利益，对特定个人和群体施以优惠，使其凌驾于其他人之上。这种奖赏、快乐和生活质量的分殊，制造了一系列复杂的心理和社会问题，可能表现于威胁个人、特殊利益集团、体制安全和社会凝聚的行为。一种过分的个人主义打破了结构性等级体系的有序性，但是，过分的集体威权秩序又威胁着个人努力和创造性的潜能，以及民主过程的“自由主义”。当个人不能表达其个人特性时，民主也就崩溃了。为了防止这种对立效果(个人与集体平衡)的联系被斩断，在现代发达世界里，国家采取监视制度，作为控制和强迫其公民的主要机制。当现代社会通过全球化、公司化和市场化实现转型之后，这种机制变得特别重要。这些过程创造了联系复杂的蜂窝状社会结构，常常避免围绕民族或者其他话语的边界进行分类或者划界。公民在通过社会能动和行为互动的新模式，通过与信息和媒介网络互动的新模式而形成时，变得日益复杂。随着生活方式越来越全球化，这些创造了文化接触潜在机会的互动，夺取较旧的意义，产生新的概念、生活方式和社会知识模式。这样，便不可避免地以碎片化的方式威胁国家的长治久安(Jameson，1991)。

国家及其代表政府对这种威胁报之以更强有力的统一和控制。因此，朝更严密的监视和限制前进，就不仅是一种对“恐怖主义”和政治暴力的回应了。然而，恐怖主义肯定已经成为话语的标志，为近来许多立法措施辩护，这些措施扩大了社会警戒，为更严厉地控制个人的自由、更广泛地侵入公民的私人生活创造了条件。在其最基本的层面，这种侵入创造和决定了个人与群体的“身份”，创造了种种规定和顺从的新模式、纳入和排除的新模式。通过各种形式的文件，包括指纹、身份证和护照，个人日益需要证实自己的身份。当局采用一种新形式的侵犯性边界控制，拒绝了数百万难民的“身份”权利，也包括“家庭”的感觉。在整个发达世界，警察和情报机构都被赋予越来越大的权力，实施拘留、电话监听、进入私人电子邮件和网络交往。事实上，电子传播已经创造了一种日益扩张的资源，进行监视和信息搜集；私人的兴趣、信念和政治行为都暴露于多疑的情报机构的全景式眼光。

> 这里一个重要的方面是，个人和群体资料的流通都要通过系统过滤，而这个系统过去比较不通透，不连贯，不渗漏……通过可搜索的资料库使商业性记录变得可用，而这些，原来是警察和情报机构不可得的。于是，所有明显“清白”的行为现在都可以跟踪了(Lyon，2003：32)。

来自驾照、商业交易、银行收支、市场买卖、移动电话缴费、教育记录、电子邮件、电视订购等的信息,都成为公民个人"可审查"资料的一部分。

"9·11"之后,这些资料文档被用来追踪破坏分子。但对这些资料的焦点也被扩大,用于安保法律,而这些法律已经引起公民自由权者和人权活动家的忧虑。正如我们前面提到的,袭击之后,乔治·布什的说辞调用了美国人民(及其朋友)重生的团结,这种团结在实践中已使政府进一步加强对公民权和人权的激进新限制。由于设计了一系列提高保安机构权力的立法措施,澳大利亚、英国和美国这些自愿联盟的关键合作者(英语国家)遭到来自人权倡导者相当强烈的反对。受公众深刻焦虑的鼓励,这些国家的政府和安全官员发明了一种立法和管理策略的临时措施,可以对潜在的攻击者实行更严密的全景式监视,但是这些措施对普通市民的私人合法权利也形成了相当大的蚕食。

例如,美国首部爱国者立法的作者由于坚守民族主义的话语,以及制订法案的极快速度,似乎逃避了任何广泛的公众反对意见。美国政府再一次赶紧填补"9·11"产生的话语真空,写下了342页的立法文件,参议院以98∶1的绝对多数通过了法案,并在"9·11"攻击之后仅仅七个星期之内便签署了。以"美国爱国者法案"(USA Patriot Act)为字头的话语①也被写进第二部爱国者立法:《国内安全促进法》(2003)②。这些法令在扩大对"恐怖主义"犯罪行为定罪和处罚范围的同时,也将权力延伸到监视公民行为和涉足个人资料。根据"美国公民自由联盟"和"乡村之声"等组织的说法,新的条款将使"绿色和平组织"③和"行动救援"④等组织很容易被贴上"恐怖主义"的标签,并且受到惩罚,包括被判死刑。不仅如此,死刑判决本身还被扩展到15项新的罪名。

在英国和澳大利亚,虽然对死刑判决稍微冷静一些,但安全立法同样也得到鼓励,因为需要增加权力,以监视和限制恐怖主义嫌疑者的法定权利。一方面,第一世界围绕最近对恐怖主义和安全保障的立法计划,公共辩论和公众忧虑的程度在日益增长;另一方面,许多第三世界和非西方民主国家却似乎毫无顾忌地使用恐怖主义的话题为政府加强对人民的控制进行辩护。2004年大赦国际的人权报告虽然批评了美国的保安措施,却对第三世界一些国家的情况表示了更多的担忧,这些政府以恐怖主义的罪名镇压合法的抗议活动,粉碎政治或者宗教异见者的组织。报告说,这些政治体制高举"控制恐怖主义"的大旗,监禁和折磨在车臣、刚果民主共和国、苏丹、尼泊尔和哥伦比亚的少数族群(Amnesty,2004)。

在大赦国际和其他人权及公民权组织看来,美国和其他第一世界国家试图保护的"自

---

① Uniting and Strengthening America by Providing Appropriate Tools Required to Intercept and Obstruct Terrorism,意为"通过提供所需要的合适工具阻击恐怖主义,团结并增强美国"。

② Domestic Securities Enhancement Act。

③ 全球范围的著名环保组织。——译者注

④ 一个美国反堕胎组织。——译者注

由”因其对个人隐私和获得法律援助的限制，实际上已大打折扣。我们已经说明了，“自由”的话语在语言战争中已经受到挑战；虽然“9·11”罪犯们的罪行应该使用所有合适的策略和技术受到裁判，但同样正确的是，绝不能允许这些措施以牺牲正义的基础为代价。从本质上看，充实自由话语的价值观之争基本植根于我们不同的文化及其支持性意义系统。的确，建构于等级制秩序的自由不可避免地与其对立效果联系在一起。当政府力求保护自由时，它也限制它；当这种限制发挥作用时，个人和群体则力求突破，并开发出新的表达空间，以颠覆这些限制，提高表达的机会。我们可以为这些限制结构的无能而稍感欣慰，因为它们践踏了个人、组织和社群的能力，使其不能预先摆脱既通过外力，又通过潜在的语言鸿沟及其支撑性媒介系统实施监视和治理的无上权力。

在某种程度上，这些鸿沟明显地表现为美国国会“9·11”事件报告(2004)所确认的系统性缺失。情报机构未能预测，而警察与军事当局也未能防止“9·11”事件的发生，这不仅是技术和策略失败的症候，也确实不仅反映为一种人性内在的易错性。它们代表的是一种文本中潜在的鸿沟，这些鸿沟总是且不能不通过文化的动态以及系统、组织与传播的不理想暴露出来。委员会报告本身也承认这些，指出：尽管“美国及其盟国已经击毙或者俘获了大多数基地组织的领导人；推翻了塔利班政府，重创了其组织”，但“几乎所有人”都预料恐怖主义者会卷土重来(美国政府，2004：16)。但他们会卷土重来的原因主要不是因为基地或者其他恐怖组织的物质力量，而是因为他们的话语或者说“意识形态”威力：

> 问题是基地组织代表了一种意识形态的运动，而不是有限人们的组织。它发动和激励了恐怖活动，尽管它已不再指挥。它以这样的方式将自己转型为一种分散的力量。本·拉登以其藏身之地的力量或许不足以组织重要的攻击行动。然而，虽然击毙或者俘获本·拉登也是非常重要的；但即便如此，也不能结束恐怖活动。他对新一代恐怖主义者的激励消息将继续下去(2004：16)。

基地组织及与其有关的对人类目标的攻击是全球文化构成中绝难容忍的一种表达。但是，恐怖主义、反恐主义及其战争等政治暴力的严酷后果不可能通过进一步的野蛮行为得到解决。全球化创造的文化空间表现的，既是智力失败的可能性，也是智力解决的可能性。

讲述恐怖

也许，最常重复的民族神话便围绕着英雄—受害者的主题而建构。民族主义的叙事常常通过特定的个人或人群代表国家的故事，这个代表必然宣称自己凌驾于正义或者灾难之上。在重新讲述“9·11”事件的时候，两个主要的制片厂都选择了事件中同样的情节，既强化了遭受攻击的悲剧情景，又强化了英雄般的超越。彼得·马克尔导演的《93号航班》

(2006)和保罗·格林格拉斯导演的《联航 93 号航班》(2006)两部电影讲述的是几乎同样的故事:“9·11”被劫持飞机上的乘客英勇反击伊斯兰好战者的自杀性攻击。电影在政治上是不复杂的,提供了对攻击使命和乘客绝望悲剧的令人胆寒的戏剧化叙事。由于没有其他制片厂发行与“9·11”事件相关的电影,这两部电影的叙事特别重要,表达了美国文化及其声音对“9·11”制造的缝隙和真空的看法。在一定意义上,电影代表了对事件的关键表达,因为它成为对事件的重要记忆或者清晰展示,创造了一种回音,再一次力图确认民族主义和民族主义自我利益立足的美国神话。

当“9·11”演变为“反恐战争”时,特别是在主流媒介电视网和电影制片厂宣称它们是白宫政府和伊拉克入侵行动的热情支持者时,虚构、事实和劝服之间的界限便日益模糊。虽然新闻媒介和互联网上充斥着现场报道与分析,但对伊拉克入侵的虚构版本也大肆泛滥。从强大的军方影片系统中产生出一大堆电影规划,包括《没有真正的荣耀》(费卢杰之战)、《爱你如诗美丽》(喜剧)、《炮火下的宫殿》(纪录片)和或多或少有些奇特的杰瑞·布鲁克海默对“解救”一等兵林奇的影片计划《拯救大兵林奇》。然而,纵览所有这些制片计划,明显缺少的是批判的立场和艺术的怀疑精神,从而可能挑战批准入侵和占领伊拉克的政治和军事霸权。电视系列剧《那个地方:伊拉克》由史蒂文·鲍奇可执导,力求从猛烈的越战怀疑论中重振美军的军事豪情壮志,显示了一种艺术爱国主义的新情绪。鲍奇可的作品,如其早期的系列剧《纽约重案组》一样,聚焦于“普通美国人”艰苦然而坚忍的经验。在《那个地方:伊拉克》中,鲍奇可特别赞扬了身负“艰难任务”职责和严峻要求的驻伊拉克美国士兵。鲍奇可像一名嵌入战地的记者,引导其摄影机从美国士兵的视点出发,他们的个人故事一定要拔高,却不挑战美国外交政策奥妙而抽象的政治问题。士兵的工作是忍受艰苦,取得胜利,而不涉及(有些情况下是完全不顾)他们劳作的事业之上的巨大权力和文明。

当然,我们现在知道,这些虚构的视角不仅产生于对国家意识形态的尊重,它们也是政府干预的一种历史性和高度策略性效果。美国政府及其军事部门摆脱了越战中信息经验的失误,着手实施非常直接的媒介管理政策。虽然本书对新闻媒介的管理已经讨论了很多,但非常清楚的是,军方也直接参与了形成虚构再现文本的活动。军队不仅仅鼓励部队生产他们自己实际战斗过程的视频和照相记录,使其可供“新闻片”备用,发行到全美电影院,还直接为赞成国防部理念和政策的电影与电视节目提供内容。戴维·罗布(2002)曾在《华盛顿邮报》上指出,国防部的媒介联系处对电影和电视脚本进行评估,以判断它们的意识形态合格与否。那些进行劝服,有利于国防部利益的文本,如托尼·斯科特的电影《壮志凌云》,便得到了设备、车辆、船只、人员和炮火的支持——那些极端昂贵的装备可以渲染环境,使电影看起来“可信”。稿本在这样的情况下加以衡量,常常需做大量的编辑,以保证军方、军事人员、政府和全国都呈现出最好的形象。而那些可能对战争、军事或者美国有所批评的影片,例如《细细的红线》和《现代启示录》或者《风语者》则被国防部拒绝给予慷慨的资助。

在某个层面,这种做法或许很公平:军队不是一个公之于众经受艺术评判的行业。但

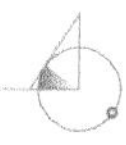

在“民主”和伊拉克被侵占的语境中，文化再一次被整饬，用以支持一种扩大的东方—西方裂痕。鲍奇可的系列剧《那个地方：伊拉克》是个例外，其特别之处在于，它是在战争还在进行时进入媒介领域，对这场战争进行再现的。政府参与的政治暴力被吸收到艺术的再现中，并给广播提供了进一步的民主空间。在此，缺失和呈现在一个符号无序的混乱逻辑中相互碰撞。就是说，在一个国内疑窦丛生的相会场所，真实遇到了它的虚构他者。虽然这种疑虑仍然强调东西方分裂的力量，但它却推动我们离开民主的理想和道德尊严。宣传、新闻报道与虚构再现的十字路口成为不信任的万花筒，电子城邦是通过这个万花筒来看自己的价值观、传媒和政治领袖的。

穆斯林、烈士和凶手：“伦敦爆炸案”

“9·11”袭击及其后的战争触发了早已存在的历史性紧张关系，这是与中东地区各种形式的教派、宗教仇恨和欧洲殖民主义的老问题交织在一起的(Ali,2002；Lewis,2005)。重要的是，“9·11”战争的暴力也刺激了西方国家自己社区的紧张。在巴厘岛、马德里和伦敦的伊斯兰军事攻击，大部分是由本地的或者说“家生的”伊斯兰好战者所为，这些人被战争和一种深深的经济和文化疏离感所激怒。甚至在巴厘岛，印度尼西亚的好战者都非常直接地说出了他们对旅游者和西方人占据这个岛的深深敌意(Lewis,J. and Lewis,B.,2007)。

“伦敦爆炸”(2005年7月7日)也与破坏者强烈的社会疏离感有关，特别表现在对英国参加伊拉克入侵和占领的不满。但是，一般而言，这些“家生的”恐怖主义者与日益增长的文化孤立有关，更与全球化的状况和国际暴力的复杂情结有关。当然，英国的恐怖主义经历一直受到爱尔兰—天主教民族主义和临时派爱尔兰共和军(IRA)的激进军事主义影响。如西班牙的埃塔组织(ETA)一样，相对平静的爱尔兰民族主义与正在上升的伊斯兰激进主义不期而遇；一种宗派主义(也如爱尔兰的经验)便直接与不列颠殖民主义历史的社会和经济回声联系起来。

巴萨姆·梯比(2001)曾认为，伊斯兰教在英国和其他发达世界的不和是传统价值观与现代性复杂混合的直接后果。伊斯兰的政治化不是一种内在的或不可避免的伊斯兰信仰的特质，而更可能与现代化的挤压效果相关；它不仅存在于伊斯兰国家的领土内，而且也表现在穆斯林移居的发达国家。正如塔里克·阿里(2002)也注意到的，伊斯兰教的政治激进主义及好战性，只是现代条件与社会变化、物质期望和文化分离相联系的表现。在这个意义上，欧洲伊斯兰教作为一种变迁的文化，也正经历同样的挣扎，但由于第二代移民疏离的出现，这种变化被极大地混杂化了。在英国160万穆斯林的社会中，存在一系列与转变有关的广泛争议，其中，与民主制度转变相关的问题并不是最小的。这种民主制度不像新家园所给予的物质繁荣，它与伊斯兰传统本身很少直接关系。

埃里克·威廉姆斯(2006)指出，英国的第一代伊斯兰移民大多数来自巴基斯坦和北非，因为可以直接摆脱与发展中国家生活紧密联系的贫困、健康风险和其他危险，他们对新的祖国大多是满意的。但是“伦敦爆炸案”的破坏者却体会到更高程度的不满和疏离感。他们的都市生活方式和民族种族经验刺激了他们对另类意识形态和文化政治模式的兴趣，强化了他们的伊斯兰身份感。伊斯兰的“全球社群”培育了一种归属感，为他们承诺安全感和避难所，以逃避“不列颠性”和围绕超个人主义和超物质主义培育的都市生活方式的实际困难。

对许多非穆斯林人来说，攻击代表了一种明显破坏信仰的行为，不仅因为移民是受他们欢迎来到这个国家的，而且事涉多元文化主义准则的问题(参见第 10 章)。不管在哪种情况下，显示在发达世界文化中的断层线不可能被修辞或者某种理想主义所缓和，而这种理想主义与疏离群体甚少相关。作为在世界上传播最快的一种宗教，穆斯林的信仰吸引着对资本主义西方的全球文化模式的动力和方式真正且深刻不满的人们。对伊拉克的侵占和问题丛生的占领，暴露出西方(特别是说英语的英美)霸权的极大弱点。对许多生活在穆斯林国家或者非穆斯林占多数的国家的穆斯林来说，“伊拉克战争”是奢侈傲慢的消费主义的罪行，它为了自己的利益和乐趣，张开大口狼吞虎咽，不为任何东西所动。以真主的名义前仆后继献身成为烈士的年轻人表达了一种心理上和情感上的困扰，这种困扰植根于很深的文化精神错乱。在全球媒介领域的疯狂中，当文化丧失其怜悯和谅解的能力时，这种精神病症成为一种怪胎。

关键术语词汇表

Agency (individual agency),能动(个人能动性):社会研究和文化研究经常争论个体能够支配他们自己命运的程度。这种自我决定的能力被称作“能动性”。它的对立概念是控制个体行为、态度和自由思考的社会权力。

Bricolage,拼装:对不同文化要素和风格的重新组合,目的是产生新的意义和风格。举例:粗斜纹棉布(劳动布)的重新开发使这种源自美国监狱系统的布料变为十几岁青少年时尚风格的代表;通过对非洲式韵律、加勒比音乐、韵律对句诗歌以及说唱蓝调音乐的再加工,形成饶舌说唱音乐(押韵加诗歌)。

Capitalism,资本主义:以交易和私人所有权为基础的经济体制,始于中世纪的欧洲,在现代历史阶段(自17世纪始)得到极大发展。

Class (social class),阶级(社会等级):资本主义不可避免地在权力和财富成功方面产生差别。卡尔·马克思指出:在现代工业社会,人们分为两大基本阶级——资产阶级(拥有资本和财产的中产阶级)和无产阶级(除了自己的劳动之外一无可售)。马克思描述的是19世纪的发达社会,而近来的评论员则认为,现在的阶级更分散、更复杂了。虽然如此,在大多数现代社会中,都有很小一部分人群极其富有,还有大得多的一部分人群则相当贫穷。在这两个极端中间,有一个广大的社会群体,通常被称为中产阶级。

Codes,符码:符码是一套基于语言、图像、颜色、声音、音乐等的意义系统。经过符号编码的意义可以是清晰的、被广泛分享和理解的、确切的(如一个英文的陈述句“我饿了”,或者交通信号中的红灯)。一个代编码也可以是微妙的、意义限定的、深奥的(如吉姆·贾木许的电影《离魂异客》中隐喻性的编码)。

Commodification,商品化：一种观点认为,资本主义占领了社会生活的所有方面,将任何事物都转化为商品的形式。这样,我们可以谈论关于爱情、女人或者“身体”的商品化,就像广告和其他商业符码将人类经验呈现为可出售商品的方式那样。

Cultural imperialism,文化帝国主义：强大的社会群体从历史上便一直侵犯并占据其他社会群体的领地。在现代阶段,这种一国对另一国的领土扩张形式一直被称作“殖民主义”和“帝国主义”(帝国的创建)。征服者通过一种象征性的征服方式支持其殖民管理,将其文化强加于被征服的群体。尽管这种对其他国家领土的直接殖民地化在政治上已经不再被视为合法(仍有某些例外),但是,对其他国家群体的文化消费行为进行象征性的“控制”,仍然被认为资本主义和文化贸易中合法的一部分。文化帝国主义的概念认为,类似美国这样的强权国家能够以其信息、新闻、传媒、时尚和风格支配全球文化市场。通过这些产品,文化帝国主义者能够极大地影响其他国家的思想、意识形态、信仰体系和全部文化。

Cultural materialism,文化唯物主义：一种文化理论,吸收了马克思主义和人类学的理论,解释社会的不平等。文化唯物主义特别指出,一个社会中文化材料(产品和人造物)的不均衡分配,与社会权力及获取意义生产资源的差别直接相关。文化唯物主义者力求了解社会中的权力集团(如传媒所有者和政府)利用和控制弱势群体的机制。这个理论常常联系到雷蒙德·威廉姆斯及其追随者。

Culture,文化：一种意义的集合体,由特定的社会群体产生并使用。

Deconstruction,解构主义：由法国哲学家雅克·德里达开创的一种分析策略,聚焦于那些渗透信仰体系及其话语(语言)的历史和文化假设。德里达和他的弟子们认为,每一种信仰体系的核心最终都是围绕着这些假设建构的。在西方文明中,这些假设形成于一种基本上二元结构的语言(如存在/缺席、真相/假象、文化/自然)。解构主义揭示并且拆解了这些二元结构及其相关假设,目的在于提出一种新的思维模式,解放一系列范围更广的社会“差别”。

Diaspora,散居、离散：原指犹太人遍布欧洲的离散,现指任何没有明确定义的祖国的人群。例如,当代的许多难民,可以被视为一种新的全球性散居的部分。

Digitopia,数字乌托邦：一种围绕数字技术形成的理想国。数字乌托邦主义者是一些相信数字和以计算机为基础的技术将为世界的政治和社会问题提供解答的个体与人群。

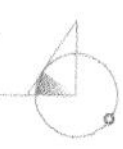

Discourse (discursive),话语(话语的)、论述: 米歇尔·福柯使这个术语得到普及。福柯用它来描述意义系统(如语言)、社会权力和知识之间的相互依赖关系。福柯指出,意义系统亦即"话语"与知识是相互塑造的。知识和意义系统都通过权力的关系形成。因此,话语这个术语通常被用来指出:意义总是形成于福柯所谓的权力/知识关系。

Emancipatory Politics (liberational politics),解放性政治(解放政治学): 从一开始,文化研究便一直对权力、等级制和社会不平等的争议问题感兴趣。在近来的具体案例中,一些文化研究领域一直聚焦于个人主体通过愉悦、创造和实现个体表达的新方式追求个人解放的潜能。这种解放的途径相信,只有个体从所有固定的结构化形式中解脱出来,自由才有可能。于是,一种"集体"自由的实现只能通过每个个体的解放,而不是由一个压迫性的体制(如 20 世纪的共产主义革命)取代另一个压迫性的体制。

Epistemology,认识论: 关于知识的研究——什么是知识,以及我们如何获得它。这是十八九世纪哲学研究的核心焦点。然而,从这个阶段开始,对认识论的研究一直被一种新的兴趣(即语言影响知识的方式)所补充。

Essentialism,实在论(本质主义): (参见下文的 Ontology: 本体论)

Globalization,全球化: 不同国家、不同文化背景的人们之间不断增加的相互接触过程。全球化通常被认为是一种现代化的过程,而在过去 50 年里,由于贸易量和全球传播新形式的增加,全球化的进程加快了。

Governmentality,治理: 米歇尔·福柯建立的一个概念,被后来的一些文化分析学者使用。治理描述现代社会为管理复杂的社会关系和物质条件而广泛采用的策略与技术。虽然新近的分析者经常在涉及政府与政策程序时使用这个术语,但福柯的术语指的却是一个社会中的官僚政治过程、物资管理和等级制度等更广泛得多的延伸现象。

Hegemony,霸权: 安东尼奥·葛兰西普及了这个词汇。它指的是渗透入政治、经济、教育、宗教等重要社会制度的某些形式的"领导权"。"霸权"一词一直被广泛地用于文化研究领域,指通过机构授权的意义系统表达的某种权威性。这种权威并非完全封闭的;在现代社会,人们有机会影响他们的领导及其机构。于是,意义或许是由权力集团(政府,大众传媒公司)产生的,但个体也能依据他们的个人生活环境,再加工或者"协商"这些意义的运用。

Hybridization (hybridity),混杂化(杂交): 全球化将不同的人群和文化要素带入更大范围的互动和接触。某些理论家认为,这个过程正在导致更大程度的全球同质化,尤其是当它被像美国这样的文化超级大国所支配的时候。然而,其他理论家则相信,这种接触改变了早先的文化要素,创造了各种新的文化杂交形式。在"本地"层面,个体和社会群体吸收并且改变了主导性的文化模式(音乐、电影、服装风格、食物连锁店),将它们按照自己的风俗习惯进行改造:内部和外部的混合创造出一种"杂交的"文化形式(如宝莱坞、亚洲说唱音乐、素食麦当劳店)。

Hyperreality,超真实:被安伯托·艾柯和让·鲍德里亚普及的概念。"超真实"概念认为,当代文化是围绕着一种媒介化现实的新形式形成的。就是说,当代文化中的媒介文本和竞争性意义如此密集,以至于现实本身已经被彻底改变了。特别是,在鲍德里亚看来,超真实以无意义为特征,或者至少在它刺激和推动的过程中,任何事物都只是其他事物的模仿(拟像)。

Identity,身份、认同:个体如何看待他/她自身,以及将自我投射到现实世界的方式。这个概念是当代文化研究中关键性辩论的一个标志。一个个体的"身份",由生理、社会和个人的要素构成。一些理论家相信,身份是根植于深层的历史、文化和种族之中的;另外一些人则相信,身份几乎完全由文化和话语构建而成。第一种看法属于实在论,认为"身份"是固定不变的特质。第二种看法认为,个体对他们是谁,以及他们希望调动哪些文化要素来表达自己的身份,有一定程度的选择权。事实上,我们的个体身份既受制于外部力量的制约,又取决于我们自己的选择和表达意愿。身份成为当代文化政治的关键组成部分——例如,有关"反恐战争"的观念,民众、政府以及学术的大部分争论,都围绕着"身为穆斯林"这个条件,以及在文化紧张关系中如何调动这个身份。

Ideology,意识形态:这是一个极为复杂的术语,经常会在文化研究中进行辩论。在最简单的层面上,它是指由特定的社会集团从政治角度出发形成的一整套信仰和态度体系。虽然是对卡尔·马克思主义思想的改编,但路易·阿尔都塞却认为,意识形态实际上是在特定社会中有权势的精英将他们的利益和信仰强加于大众的一种机制。它是人们相信的有关自己的事物与他们实际生活状况之间的区别。这些权势集团通过操控一套象征秩序,将它们的个人利益灌输给大众。媒介文本、政府话语、法律、教育、信息——所有这些都有助于支配性意识形态的形成。

Intertextuality,互文(性):根据雅克·德里达的理论,经过意义的延递过程,所有的文本都必然与其他文本相联系。也就是说,组成一个文本的词语依赖于先前的(和以后的)包含在其他词语中的意义来理解。为了理解某句陈述的意思,如"这只狗是黑色的",读者会回顾先

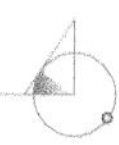

前对其中每个词语及其在语法中构成含义的解读。如果读者去查字典,他/她会发现一整套新的词语,它们的意义也必须追溯到其他文本和意义。因此,所有的意义都要服从一个“补充”的过程,即任何给定的词都会补充其他词语的意义。

Maxism(neo-Maxism),马克思主义(新马克思主义):这是源自19世纪德国哲学家和社会理论家卡尔·马克思的一整套思想。马克思主义理论集中于生产方式、历史唯物主义、政治经济学和各种形式的社会不平等。马克思研究聚焦于他本人,而不是他的理论。

Mediasphere,媒介领域:“公共领域”的观念指(从属于一个国家的)公民参与民主制度的过程。最初,公共领域被视为公民参与政治讨论、信息分享、决策和选举过程的物质与文化空间。它与个人利益或兴趣无关,而关乎公共责任与民主参与。随着大众传媒的出现,通过个人文化空间与公共文化空间的新融合,公共领域已经转型。现在,政治参与的形成与媒介化文本、娱乐和信息联系在一起。媒介领域代表了公共领域与新形式的大众媒介传播的合流。

Myth,神话:依据克劳德·列维-斯特劳斯的理论,神话是从文化中衍生出来的故事和传说,目的是解决潜在的社群紧张关系。虽然列维-斯特劳斯的研究集中于传统的部落社会,制造神话(正如制造意义)的过程在现代社会同样也显而易见。罗兰·巴特提出,神话是被现代社会“自然化”(形成天然的,或者说不容置疑的真实)的,目的在于理解事物,并且给其意义制造提供一种历史的厚重感。在这个层面,神话不一定是“不真实的”或者是虚假的叙述;它们是一个社会群体身份和归属感的重要部分。

Ontology(essentialism),本体论(实在主义、本质主义):这是关于事物真实和事物本质的哲学思想。这个概念经常被用来解释人性、人类精神、宇宙、自然界、身份或者历史的本质。文化研究经常被视为“反实在主义的”,因为它将文化视为结构化的意义,而不是某种神秘或者邪恶的本质。

Patriarchy,父权制:女性主义者争辩说,社会历史的一个明显标志就是性别等级,即男性一直在支配女性。父权体制的形成受物质分配,法律和女性比男性低贱的文化观念影响;整个世界一直是由这种基本的信仰体系,以及男性的利益和意识形态所塑造的。

Performativity,表演性:聚焦于社会表演,而这种行为一直由植根于话语和法律的文化所决定。例如,男人的行为举止要像个男人,因为他们要遵守特别的社会规则和期望,这些规则与期望会持续地通过一再出现的电影、体育节目、电视和社会互动得到巩固。

Phallocentrism,阳物崇拜主义：阳物是一种象征性的男性生殖器，它代表着围绕父权制和男性政治文化权力的信仰体系。阳物崇拜主义涉及潜意识的男性自我。

Political economy,政治经济学：这个概念源自卡尔·马克思，通常指社会研究的批判性思维框架。这种框架集中于政治和经济的相互依赖，并且这是社会关系以及不平等的核心。

Polysemy,多义性：这个概念从符号学(见下文)发展而来。它的意思是：一个符号(意义的单位)可能携带许多潜在的意义。然而，对支配性意义的选择，一般受支配性社会群体的影响。例如，“民主”一词在政治上可能引起全球不同国家、种族和宗教群体相当大的争论。然而，这种多元意义的潜在可能却要屈从于占支配地位的利益，如美国政府和它的文化权力。

Position (to),定位：一些文化研究学者争论说，文本和它的意识形态“定位”了读者以及他们的意义创造。因此，某些女性主义者可能争论说，时尚杂志定位了十几岁少女读者，使她们产生迫切的欲望，去模仿那些消瘦的、浓妆艳抹的、高消费的模特。依据特定的身份和意识形态(资本主义、父权主义)及行为方式(消费、化妆、节食)，文本将读者安置于某种地位。

Postcolonialism,后殖民主义：一种分析框架，它解释了前殖民地人们的文化和政治经历。这样的分析通常指向那些曾经被英国、美国、法国、西班牙和德国等殖民主义者直接统治的国家复杂的权力关系的演变。例如，他们会研究澳大利亚和加拿大等国家土著居民的当代经历。与殖民化相联系的民族、种族、政治的不和谐，非洲、印度和中东地区外国人的定居和去殖民化，也是后殖民主义分析的常见题材。

Post-Fordism,后福特主义：亨利·福特优化了使用流水线的大规模工业化生产体系(福特汽车的生产方式)。许多历史学家相信，我们已经进入了一个新的经济阶段，大规模生产已被灵活的小规模创意产业(典型的如旅游业、接待、媒介和信息产业)所取代。有争论说，后工业化社会以扁平式的管理风格和接受过较高训练的流动性劳动大军为特征。一些主要的经合组织国家被认为进入了后福特主义时代，而一些新兴经济体，如中国，仍处于典型的福特主义阶段。

Postmodernism (Postmodernity),后现代主义(后现代[性])：通常指一整套文本和思想，其特征是对意义和形式的多样性的自我挑战与反思。特别是，后现代主义挑战了完整、统一的现代主义绝对真理观念。在此，我们可能想到“后现代主义”电影，如戴维·林奇的《穆赫兰道》，文学作品，如约瑟夫·海勒的《第 22 条军规》，绘画作品，如安迪·沃霍尔的《绿色的可口可乐瓶》，建筑物，如悉尼歌剧院。后现代(性)描述了后现代的思想和文本非常突出的那

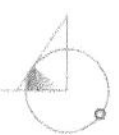

个历史阶段。一些学者争论说，我们已经进入了这样一个阶段：时间、空间已被压缩，并且在全球化的文化语境中，已经没有压倒一切的真理或者现实。

Poststructuralism，后结构主义：一种哲学思想，聚焦于语言塑造知识和权力的方式。被称作“后”结构主义，是因为它挑战了结构主义的思想，即语言、社会和历史是围绕持久的、固定的以及权力极大的“结构”形成的。后结构主义主张：意义是不断变化的、难以定义的、经常不稳定的。权力被当作各种关系之间的偶然接触，而不像马克思所主张的那样，是某种历史固定的东西。

Reflexive (reflexivity)，自我反射(自反性)：这个概念与后现代主义联系在一起。它一般指一种社会或者美学的观点，反思自身，并挑战自我。因此，在一种多重的反讽下，像电影《穆赫兰道》，故事的讲述反思了讲故事、叙事和制作电影的过程本身。

Representation，再现、表征：对话语和文本中的经验或者现象进行的再次表现。在文化研究中，“再现”不仅仅是对现实进行的文本复制或者镜像反映；而是说，再现的过程最终是在自我与所有其他文化元素之间的一种接合。现实(或更准确地说，意义)是通过再现创造的。这就是为什么许多文化研究学者把任何事物都看作一种潜在的文本，包括生活的经验、身体和自然，也包括电影、文学作品和电视中可辨认的媒介文本。

Semiotics (semiology)，符号学：符号学(Semiotics)是将“信号”作为意义系统的研究。符号(semiology)学更注重科学研究方法，并以法国学术为研究中心。

Signification (signifiers, signifieds)，含义、表意(能指、所指)：示意是通过信号系统创造意义的过程。信号可以从任何意义系统中组成，如语言、颜色设计(如交通信号灯)等。一个信号又可分为能指(物化的信号如一个单词或者交通信号灯)和所指(对所指物体的思维概念或者说可能意义)两个部分。因此，一个信号，如交通信号里的红灯，能指是灯泡和红颜色，所指则与停止的意义联系在一起。

Simulacra，拟像、仿像：字面上是指模拟或者仿制物。让·鲍德里亚用这个概念来解释他的超真实概念，其中任何事物都是其他事物的模拟。因此，在超真实的文化语境里没有清楚或有效的意义。

Society (social formation)，社会(社会构成)：社会是将人群集合在一起，形成一种大容量的组织单位，在现代历史上，通常围绕民族国家组成。一个“社会构成”也是一种人群的集合，带有清晰的组织和/或意识形态的目的(未必是组成民族国家)。因此,某多国公司的员工,全球的穆斯林,或者国内的一个民族社群,都可以被视为一个特殊的社会构成。

Structuralism,结构主义:这个概念最常指的思想是,无形的社会结构提供了一个社会的基本框架。这种结构通过持久的制度及其信仰体系、意识形态和固定的意义在历史上传承。最著名的是,卡尔·马克思指出,社会阶级是现代社会最主要的确定性社会结构。许多其他社会理论研究者也认为,社会是以社会结构(如父权制)和相关制度(如家庭)为基础的。一些语言理论家(如 C. S. 皮尔斯和费迪南德·索绪尔)都相信,社会在很大程度上是由内在于所有语言的结构和重复的模式决定的。

Subculture,亚文化:对于那些相信文化是附着于相对固定和稳定的社会群体的相对固定的意义体系的理论研究者来说,"亚文化"指一个脱离社会主流(亦即占主导地位的群体)及其"规范"(常态感和价值观)的社会亚群体。亚文化通常被视为与众不同、特立独行的群体,有自己的标准、信仰、规则、服饰风格和文化实践。因此,分析学者可能会给吸毒者群体、摩托帮、罪犯等贴上亚文化的概念标签。某些学者相信,"文化"这个概念包含了差异和不同的组成部分,因此,他们会倾向较少使用亚文化这个概念,因为它意味着存在一种固定的主流文化和脱轨的附属文化。

Subject (subjectivity),主体(主体性):一个社会群体中的一个个体成员被称作一个"主体"。主体与通过文化形成的"身份"或者"主体性"(对自己的感觉)有关,并对它们有一定程度的控制或者选择权。于是,主体性形成于话语和文化。正是这种对解放性政治的新关注鼓励主体性进行选择,并从社会既定的规则和确认的信条与实践中解放出来。

Televisualization (televisual culture),电视化(电视文化):作为意义产品,传播与消费是文化的核心过程,因此,不同的文化可以依据其占主导地位的传播技术来确定其特征。电视文化的观念指以图像为基础的大众媒介传播的盛行。电视化明显地影响了个体的意识,因此也影响了他们共享的意义创造和现实感。

Text,文本:在文化研究中,"文本"指任何一种组织化的话语(和意义)。一种文本可以和特定的媒介或者出版形式相联系,如电影、电视和文学作品。然而,我们还可能将"人的身体"当作文本,它承载了某些意义,可以被"阅读"或者解释。因此,一个身体可以根据特定的意义系统来穿衣和装扮,如朋克、企业家、妓女等;也可以根据生理决定的标志来解读,如年龄、"肤色"、性别等。风景、社会行为和建筑环境同样可以被当作文本来阅读和解释。

参考文献

Abbas, A. and Erni, J. (2005) *Internationalizing Cultural Studies: An Anthology*, Blackwell, Malden, MA.

Adams, M. and Motta, S. (1996) *Online Friendship, Chat Room Romance and Cybersex*, Health Communications Inc., Deerfield Beach, FL.

Adorno, T. (1994) 'On popular music' in J. Storey, ed., *Cultural Theory and Popular Culture: A Reader*, Harvester Wheatsheaf, Hemel Hempstead.

Afary, J., Anderson, K., Foucault, M. (2005) *Foucault and the Iranian Revolution: Gender and the Seductions of Islamicism*, University of Chicago Press, Chicago.

Alexander, J., ed. (1988) *Durkheimian Sociology: Cultural Studies*, Cambridge University Press, Cambridge.

Ali, T. (2002) *The Clash of Fundamentalisms: Crusades, Jihads and Modernity*, Verso, London.

Althusser, L. (1969) *For Marx*, Allen Lane, London.

Althusser, L. (1971a) 'Ideology and ideological state apparatuses' in L. Althusser, *Lenin and Philosophy and Other Essays*, New Left Books, London.

Althusser, L. (1971b) 'Letter on art' in L. Althusser, *Lenin and Philosophy*, trans. B. Brewster, New Left Books, London.

Anderson, B. (1991) *Imagined Communities: Reflections on the Origin and Spread of Nationalism*, rev. edn, Verso, London.

Ang, I. (1985) *Watching Dallas: Soap Opera and the Melodramatic Imagination*, Methuen, London.

Ang, I. (1996) *Living Room Wars: Rethinking Media Audiences for a Postmodern World*, Routledge, London.

Ang, I. and Stratton, J. (1996) 'Asianing Australia: notes toward a critical transnationalism in cultural studies', *Cultural Studies*, 10 (1).

Appadurai, A. (1990) 'Disjuncture and difference in the global cultural economy' in M. Featherstone, ed., *Global Culture: Nationalism, Globalization and Modernity*, Sage, London.

Appadurai, A. (1996) *Modernity at Large: The Cultural Dimensions of Globalization*, University of Minnesota Press, Minneapolis.

Appadurai, A. (2006) 'Disjuncture and Difference in the Global Cultural Economy' in M. Durham and D. Kellner, eds, *Media and Cultural Studies: Keywords*, Blackwell Publishing, London.

Arac, J., ed. (1988) *After Foucault: Humanistic Knowledge, Postmodern Challenges*, Rutgers University Press, New Brunswick, NJ.

Arnold, M. (1949) *Culture and Anarchy*, Everyman's Library, London.

Attive, Z., ed. (2002) *The New Generation of International Architecture*, Skira, Milan.

Bacchi, C. (1996) *The Politics of Affirmative Action: Women, Equality and the Politics of Category*, Sage, London.

Background Briefing (1999) 'Culture jamming: how to make trouble and influence people', ABC National Radio, 18 October.

Bakhtin, M. (1984) *Problems of Dostoevsky's Poetics*, trans. C. Emerson, Manchester University Press, Manchester.

Barney, D. (2000) *Prometheus Wired: The Hope for Democracy in the Age of Network Technology*, University of Chicago Press, Chicago.

Barry, K. (2003) *Citizen Sex: The Girl Next Door on the Adult Internet*, Trafford Publishing, Victoria, BC.

Barthes, R. (1967) *Elements of Semiology*, trans. A. Lavers and C. Smith, Jonathan Cape, London.

Barthes, R. (1973) *Mythologies*, trans. A. Lavers, Paladin, St Albans.

Barthes, R. (1975) *The Pleasure of the Text*, trans. R. Miller, Hill and Wang, New York.

Barthes, R. (1977) *Image–Music–Text*, trans. S. Heath, Fontana, London.

Barthes, B. (1990) *The Fashion System*, trans. M. Ward and R. Howard, University of California Press, Berkeley.

Baudrillard, J. (1975) *The Mirror of Production*, trans. M. Poster, Telos Press, St Louis.

Baudrillard, J. (1981) *For a Critique of the Political Economy of the Sign*, trans. C. Levin, Telos Press, St Louis.

Baudrillard, J. (1983a) *In the Shadow of the Silent Majorities*, trans. P. Foss, S. Johnson and P. Pallon, Semiotext(e), New York.

Baudrillard, J. (1983b) 'The ecstasy of communication' in H. Foster, ed., *The Anti-Aesthetic: Essays on Postmodern Culture*, Bay Press, Seattle.

Baudrillard, J. (1984a) *Simulations*, trans. P. Foss, Semiotext(e), New York.

Baudrillard, J. (1984b) 'The procession of simulacra' in H. Wallis, ed., *Art After Modernism: Rethinking Representation*, Museum of Modern Art, New York.

Baudrillard, J. (1987) *Forget Foucault*, Semiotext(e), New York.

Baudrillard, J. (1988) *The Ecstasy of Communication*, trans. B. Schutze and C. Schutze, Semiotext(e), New York.

Baudrillard, J. (1990) *Seduction*, trans. B. Singer, Culturetext, New York.

Baudrillard, J. (1993) *Symbolic Exchange and Death*, trans. I. Hamilton, Sage, London.

Baudrillard, J. (1994) *The Illusion of the End*, trans. C. Turner, Polity, Cambridge.

Baudrillard, J. (1995) *The Gulf War Did Not Take Place*, trans. P. Paron, Power Publications, New South Wales.

Baudrillard, J. (1996) *The System of Objects*, trans. J. Benedict, Verso, London.

Baudrillard, J. (1998) *The Consumer Society: Myths and Structures*, trans. C. Turner, Sage, London.

Baudrillard, J. (2002) *The Spirit of Terrorism and Requiem for the Twin Towers*, trans. C. Turner, Verso, London.

Bauman, Z. (2004) *Identity*, Polity, Oxford.

Becker, H. and McCall, M. (1990) *Symbolic Interaction and Cultural Studies*, University of Chicago Press, Chicago.

Bell, D. (1973) *The Coming of Post-Industrial Society*, Basic Books, New York.

Bell, D. (1976) *The Cultural Contradictions of Capitalism*, Basic Books, New York.

Benjamin, W. (1977) 'The work of art in the age of mechanical reproduction' in *Illuminations*, trans. M. Zohn, Fontana, London.

Bennett, T. (1985) 'The politics of the popular' in V. Beechey and J. Donald, eds, *Subjectivity and Social Relations*, Open University Press, Milton Keynes.

Bennett, T. (1986) 'Hegemony, ideology, pleasure: Blackpool' in T. Bennett, C. Mercer and J. Woollacott, eds, *Popular Culture and Social Relations*, Open University Press, Milton Keynes.

Bennett, T. (1997) 'Towards a pragmatics of cultural studies' in J. McGuigan, ed., *Cultural Methodologies*, Sage, London.

Bennett, T. (1999) 'Putting policy into cultural studies' in S. During, ed., *The Cultural Studies Reader*, 2nd edn, Routledge, London.

Bennett, T., Mercer, C. and Woollacott, J., eds (1986) *Popular Culture and Social Relations*, Open University Press, Milton Keynes.

Bennett, T., Frith, S., Grossberg, L., Shepherd, J. and Turner, G., eds (1993) *Rock and Popular Music: Politics, Policies, Institutions*, Routledge, London.

Berger, P. (1967) *The Sacred Canopy*, Doubleday, Garden City, NY.

Berger, P. and Luckmann, T. (1966) *The Social Construction of Reality*, Doubleday, Garden City, NY.

Berger, R. (2004) 'Digital media futures' in D. Gauntlett and R. Horsley, eds, *Web.Studies*.

Best, K. and Lewis, J. (2000) 'Hacking the democratic mainframe: (Dis)Organising transgressive computing', *Media International Australia*, 95, May.

Best, S. and Kellner, D. (1997) *The Postmodern Turn*, Guilford Press, New York.
Bhabha, H. (1987) 'Interrogating identity' in H. Bhabha, ed., *Identity: The Real Me*, ICA, London.
Bhabha, H. (1990) *Nation and Narration*, Routledge, London.
Bhabha, H. (1994) *The Location of Culture*, Routledge, London.
Bhabha, H. (1999) 'Liberalism's sacred cow' in S. Okin and J. Cohen, eds, *Is Multiculturalism Bad for Women?*, Princeton University Press, Princeton.
Bleitch, D. (1978) *Subjective Criticism*, Johns Hopkins University Press, Baltimore.
Blount, M. and Cunningham, G. (1996) *Representing Black Men*, Routledge, New York.
Blumer, H. (1933) *The Movies and Conduct*, Macmillan, New York.
Bok, S. (1999) *Mayhem: Violence as Public Entertainment*, Perseus, New York.
Boller, D. (1992) 'Literature in the electronic writing space' in M. Tuman, ed., *Literacy Online*, University of Pittsburgh Press, Pittsburgh.
Boller, D. (1993) 'The information superhighway: roadmap for renewed public purpose', *Tikkum*, 8 (4).
Bourdieu, P. (1977) *Outline of a Theory of Practice*, trans. R. Nice, Cambridge University Press, Cambridge.
Bourdieu, P. (1984) *Distinction: A Social Critique of the Judgement of Taste*, Routledge, London.
Bourdieu, P. (1990) *Language and Symbolic Power*, Polity, Cambridge.
Bourdieu, P. (1991) 'Sport and social class' in C. Mukerji and M. Schudson, eds, *Rethinking Popular Culture*, University of California Press, Berkeley.
Bradbury, M. and McFarlane, J., eds (1978) *Modernism*, Penguin, Harmondsworth.
Brown, G. (2004) 'Sites of public (home) sex and the carnivalesque spaces of reclaim the streets' in L. Lees, ed., *The Emancipatory City?*, Sage, London; Thousand Oaks, CA.
Bryman, A. (1995) *Disney and His Worlds*, Routledge, London.
Buchbinder, D. (1998) *Performance Anxieties: Reproducing Masculinity*, Allen & Unwin, Sydney.
Burchell, G., Gordon, C. and Miller, P., eds (1991) *The Foucault Effect: Studies in Governmentality*, University of Chicago Press, Chicago.
Burroughs, W. (1966) *Exterminator*, Viking, New York.
Butler, J. (1995) 'Melancholy gender/refused identification' in M. Berger, B. Wallis and S. Watson, eds, *Constructing Masculinity*, Routledge, London.
Carey, J. (1989) *Communication as Culture*, Unwin Hyman, Boston.
Carlyle, T. (1967) *Essays: English and Other Critical Essays*, Everyman's Library, London.
Castells, M. (1997) *The Power of Identity*, Blackwell, London.
Caygill, H. (1990) 'Architectural postmodernism: the retreat of an avant-garde?' in R. Boyne and A. Rattasnsi, eds, *Postmodernism and Society*, St Martin's Press, New York.
Chambers, I. (1988) *Popular Culture: The Metropolitan Experience*, Routledge, London.
Childs, K. (1991) 'Daimaru man defends his vision of the future', *The Age*, 28 October.

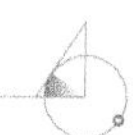

Chitty, N. (2003) 'Introduction: subjects of terrorism and media' in N. Chitty, R. Rush, and M. Semeti, *Studies in Terrorism: Media Scholarship and the Enigma of Terror*, Southbound, Penang.

Choi, P. (2000) *Femininity and the Physically Active Woman*, Routledge, London.

Chomsky, N. (2001) *September 11*, Unwin, Crows Nest.

Chomsky, N. (2003a) *Middle East Illusions*, Rowman and Littlefield, London.

Chomsky, N. (2003b) *Hegemony or Survival*, Metropolitan Books, New York.

Cixous, H. and Clément, C. (1986) *The Newly Born Woman*, trans. B. Wing, University of Minnesota Press, Minneapolis.

Clarke, D. (1993) '"With my body, I thee worship": the social construction of marital sexual problems' in S. Scott and D. Morgan, eds, *Body Matters: Essays on the Sociology of the Body*, Falmer Press London.

Collins, J. (1989) *Uncommon Cultures: Popular Culture and Post-modernism*, Routledge, New York.

Connor, S. (1989) *Postmodernist Culture: An Introduction to Theories of the Contemporary*, Blackwell, New York.

Cornell, D., ed. (2000) *Feminism and Pornography*, Oxford University Press, New York.

Cornell, R.W. (1990) 'An iron man: the body and some contradictions of hegemonic masculinity' in M. Messner and Donald Sabo, eds, *Sport, Men and the Gender Order*, Human Kinetics Books, Champaign.

Cowie, E. (1984) 'Fantasia', *m/f*, 9.

Crane, D. (2002) 'Culture and globalization: theoretical models and emerging trends' in D. Crane, N. Kawashima, and K. Kawasaki, eds, *Global Culture: Media, Arts, Policy and Globalization*, Routledge, New York.

Cregan, K. (2006) *The Sociology of the Body: Mapping the Abstraction of Embodiment*, Sage, London.

Darwin, C. (1859) *On the Origin of Species by Means of Natural Selection, or the Preservation of Favoured Races in the Struggle for Life*, John Murray, London.

Davies, J. (1999) *Diana: Constructing the People's Princess*, Macmillan, Melbourne.

Davies, P. (1983) *God and the New Physics*, Penguin, Harmondsworth.

Davies, P. (1987) *The Cosmic Blueprint*, Heinemann, London.

de Beauvoir, S. (1972) *The Second Sex*, trans. H.M. Parshley, Penguin, Harmondsworth.

de Certeau, M. (1984) *The Practice of Everyday Life*, trans. S. Rendall, University of California Press, Berkeley.

de Certeau, M. (1988) *The Writing of History*, trans. T. Conley, Columbia University Press, New York.

de Lauretis, T. (1987) *Technologies of Gender: Essays on Theory, Film and Fiction*, Macmillan, London.

de Saussure, F. (1974) *Course in General Linguistics*, Fontana, London.

Deleuze, G. (1977) 'Discussion with Michel Foucault' in M. Foucault, *Language, Counter-*

Memory and Practice: Selected Essays and Interviews, trans. D.F. Bouchard and S. Simon, Blackwell, Oxford.

Deleuze, G. and Guattari, F. (1983) *Anti-Oedipus: Capitalism and Schizophrenia*, trans. R. Hurley, M. Seem and H. Lane, University of Minnesota Press, Minneapolis.

Deleuze, G. and Guattari, F. (1987) *A Thousand Plateaus: Capitalism and Schizophrenia*, trans. B. Massumi, University of Minnesota Press, Minneapolis.

Denzin, N. (1992) *Symbolic Interactionism and Cultural Studies: The Politics of Interpretation*, Blackwell, Cambridge, MA.

Derrida, J. (1970) 'Discussion' in *The Structuralist Controversy: The Languages of Criticism and the Sciences of Man*, R. Macksey and E. Donato, eds, Johns Hopkins University Press, Baltimore.

Derrida, J. (1974) *Of Grammatology*, trans. G.C. Spivak, Johns Hopkins University Press, Baltimore.

Derrida, J. (1979) *Writing and Difference*, trans. A. Bass, Routledge and Kegan Paul, London.

Derrida, J. (1981) *Dissemination*, trans. B. Johnson, University of Chicago Press, Chicago.

Descombes, V. (1980) *Modern French Philosophy*, Cambridge University Press, Cambridge.

Desmond, C., ed. (1997) *Meanings in Motion: The Cultural Studies of Dance*, Duke University Press, Durham, NC.

Dews, P. (1984) *Logics of Disintegration: Post-structuralist Thought and the Claims of Critical Theory*, Verso, London.

Docker, J. (1994) *Postmodernism and Popular Culture: A Cultural History*, Cambridge University Press, Cambridge.

Docker, J. (1995) 'Rethinking postcolonialism and multiculturalism in the *fin de siècle*', *Cultural Studies*, 9 (3).

Docker, J. and Fischer, G. (2000) *Race, Colour and Identity in Australia and New Zealand*, UNSW Press, Sydney.

Douglas, M. (1978) *Implicit Meanings: Essays in Anthropology*, Routledge and Kegan Paul, London.

Drew, A. (1998) 'Elizabeth Tudor and Diana Spencer: Charming an image; Recovering a life' in A. Hall, ed., *Delights, Desires and Dilemmas: Essays on Women and the Media*, Praeger, Westport, CT.

Driscoll, C. (1995) 'Who needs a boyfriend? The homocentric virgin in adolescent women's magazines' in P. van Toorn and D. English, eds, *Speaking Positions: Aboriginality, Gender and Ethnicity in Australian Cultural Studies*, Victoria University of Technology, Melbourne.

Drummond, M. (1998a) 'When size matters: confusions and concerns over the ideal male body', *Body Image Research Forum* (Conference proceedings), Body Image and Health Inc., Melbourne.

Drummond, M. (1998b) 'Bodies: an emerging issue for boys and young men', *Everybody*,

2, August.
Duberman, M., ed. (1997) *A Queer World*, New York University Press, New York.
Durkheim, É. (1960) 'Preface to *L'Année sociologique 2*' in K. Wolff, ed., *Émile Durkheim et al. on Sociology and Philosophy*, Free Press, New York.
Durkheim, É. (1977) *The Evolution of Educational Thought*, Routledge and Kegan Paul, London.
Duvall, J. and Dworkin, J., eds (2001) *Productive Postmodernism: Consuming Histories and Cultural Studies*, Suny Press, New York.
Dyer, R. (1985) *Heavenly Bodies: Filmstars and Society*, Macmillan, Basingstoke.
Eagleton, T. (1978) *Criticism and Ideology*, Verso, London.
Eco, U. (1984) 'Postmodernism, irony and the enjoyable' in *Postscript to The Name of the Rose*, trans. W. Weapon, Harcourt Brace Jovanovich, New York.
Eden, D. (2006) *The Thrill of the Chaste: Finding Fulfilment while Keeping Your Clothes on*, Nelson, New York.
Edwards, T. (2006) *Cultures of Masculinity*, Routledge, London.
Ehrenreich, N. (2002) 'Masculinity and American militarism', *Tikkim*, 17 (6).
Elliott, G. (1994) *Louis Althusser: A Critical Reader*, Blackwell, Oxford.
Engels, F. (1994) 'Letter to Joseph Bloch' in J. Storey, ed., *Cultural Theory and Popular Culture: A Reader*, Harvester Wheatsheaf, Hemel Hempstead.
Ess, C. (1994) 'The political computer: hypertext, democracy and Habermas' in G. Landow, ed., *Hyper/Text/Theory*, Johns Hopkins University Press, Baltimore.
Everett, A. and Caldwell, J., eds (2003) *New Media: Theories and Practices of Digitextuality*, Routledge, New York.
Featherstone, M. (1990) *Consumer Culture and Postmodernism*, Sage, London.
Featherstone, M. (1996) 'Globalism, localism and cultural identity' in R. Wilson and W. Dissanayake, eds, *Global Local: Cultural Production and the Transnational Imaginary*, Duke University Press, London.
Featherstone, M. and Hepworth, M. (1991) 'The mask of ageing and the postmodern life course' in M. Featherstone, M. Hepworth and B. Turner, eds, *The Body: Social Process and Cultural Theory*, Sage, London.
Featherstone, M., Hepworth, M. and Turner, B., eds (1991) *The Body: Social Process and Cultural Theory*, Sage, London.
Fischilin, D., ed. (1994) *Negation, Critical Theory, and Postmodern Textuality*, Kluwer Academic, New York.
Fish, S. (2002) 'Don't blame relativism', *The Responsive Community*, The Communications Network Symposium, Published papers, University of Illinois, Chicago.
Fisk, R. (2003) 'Does the US military want to kill journalists?' *The Independent*, April 8.
Fiske, J. (1987) *Television Culture*, Methuen, London.
Fiske, J. (1989a) *Reading the Popular*, Unwin Hyman, Boston.
Fiske, J. (1989b) *Understanding Popular Culture*, Unwin Hyman, Boston.

Fiske, J., Hodge, B. and Turner, G. (1987) *Myths of Oz: Reading Australian Popular Culture*, Allen & Unwin, Sydney.

Forman, M. (2000) '"Represent": race, space and place in rap music', *Popular Music*, 19 (1).

Foucault, M. (1972) *The Archaeology of Knowledge and the Discourse on Language*, trans. A.M. Sheridan, Pantheon, New York.

Foucault, M. (1974) *The Order of Things: An Archaeology of the Human Sciences*, Tavistock, London.

Foucault, M. (1977) *Discipline and Punish: The Birth of the Prison*, trans. A.M. Sheridan, Penguin, New York.

Foucault, M. (1980) *Power/Knowledge: Selected Interviews and Other Writings*, Pantheon, New York.

Foucault, M. (1981) *The History of Sexuality, Volume One: An Introduction*, trans. R. Hurley, Penguin, New York.

Foucault, M. (1984) 'What is Enlightenment?' trans. C. Porter in P. Rabinow, ed., *The Foucault Reader*, Penguin, London.

Foucault, M. (1988) 'Technologies of the self' in L. Martin, H. Gutman and P. Hutton, eds, *Technologies of the Self*, University of Massachusetts Press, Amherst.

Foucault, M. (1991) 'Governmentality' in G. Burchell, C. Gordon and P. Miller, eds, *The Foucault Effect: Studies in Governmentality*, University of Chicago Press, Chicago.

Frampton, K. (1985) 'Towards a critical regionalism' in H. Foster, ed., *Postmodern Culture*, Pluto Press, London.

Frith, S. (1996) *Performing Rites: On the Value of Popular Music*, Harvard University Press, Cambridge, MA.

Frith, S. and Horn, D. (1987) *Art into Pop*, Methuen, London.

Frow, J. (1991) 'Michel de Certeau: the practice of representation', *Cultural Studies*, 5 (1).

Fukayama, F. (1992) *The End of History and the Last Man*, Free Press, Toronto.

Gans, H. (1973) *Popular Culture and High Culture*, Basic Books, New York.

Gauch, S. (2006) *Liberating Shahrazad: Feminism and Postcolonialism*, University of Minnesota Press, Minneapolis.

Gauntlett, D. and Horsley, R., eds (2004) *Web.Studies*, 2nd edn, Arnold, London.

Geertz, C. (1973) *The Interpretation of Cultures*, Basic Books, New York.

Geertz, C. (1976) 'Art as a cultural system', *MLN*, 91.

Geertz, C. (1988) *Works and Lives: Anthropologist as Author*, Stanford University Press, Stanford.

Geertz, C. (1991) 'Deep play: notes on the Balinese cockfight' in C. Mukerji and M. Schudson, eds, *Rethinking Popular Culture: Contemporary Perspectives in Cultural Studies*, University of California Press, Berkeley.

Giddens, A. (1990) *The Consequences of Modernity*, Polity, Cambridge.

Giddens, A. (1994) *Beyond Left and Right: The Future of Radical Politics*, Polity, Cambridge.

Gilbert, S. and Gubar, S. (1988) *No Man's Land: The Place of the Woman Writer in the Twentieth Century, Volume 1*, Yale University Press, New Haven.

Giles, J. and Middleton, T. (1999) *Studying Culture: A Practical Introduction*, Blackwell, Oxford.

Gilroy, P. (1998) *The Black Atlantic*, Verso, London.

Goffman, E. (1959) *The Presentation of Self in Everyday Life*, Doubleday, New York.

Goldstein, J. (2001) *War and Gender: How Gender Shapes the War System and Vice Versa*, Cambridge University Press, Cambridge.

Gouldner, A. (1976) *The Dialectic of Ideology and Technology*, Macmillan, London.

Gramsci, A. (1971) *Selections from the Prison Notebooks*, trans. Q. Hoare and G. Nowell-Smith, Lawrence and Wishart, London.

Greenwald, R. (2004) *Outfoxed: Rupert Murdoch's War on Journalism*, DVD.

Grossberg, L. (1997) *Bringing it All Back Home: Essays on Cultural Studies*, Duke University Press, Durham and London.

Grossberg, L., Fry, T. and Curthoys, A. (1988) *It's a Sin: Essays on Postmodernism, Politics and Culture*, Power Publications, Sydney.

Guattari, F. (1992) 'Regimes, pathways, subjects', trans. B. Masumi in J. Crary and S. Kwinter, eds, *Incorporations*, Zone Books, New York.

Gunew, S. (1993) 'Multicultural multiplicities: US, Canada, Australia', *Meanjin*, 32 (3).

Habermas, J. (1975) 'Towards a reconstruction of historical materialism', *Theory and Society*, 1 (3).

Habermas, J. (1981) 'Modernity versus postmodernity', *New German Critique*, 22, Winter.

Habermas, J. (1983) 'Modernity – an incomplete project' in H. Foster, ed., *The Anti-aesthetic: Essays on Postmodern Culture*, Bay Press, Seattle.

Habermas, J. (1984a) *The Theory of Communicative Action, Volume One*, trans. T. McCarthy, Beacon, Boston.

Habermas, J. (1984b) 'The French path to postmodernity: Bataille between eroticism and general economics', *New German Critique*, 33.

Habermas, J. (1987a) *The Theory of Communicative Action, Volume Two*, trans. T. McCarthy, Beacon, Boston.

Habermas, J. (1987b) *The Philosophical Discourse of Modernity*, trans. F. Lawrence, MIT Press, Cambridge, Mass.

Habermas, J. (1989) *The Structural Transformation of the Public Sphere: An Inquiry into a Category of Bourgeois Society*, MIT Press, Cambridge, MA.

Halberstam, J. (1998) *Female Masculinity*, Duke University Press, Durham, NC.

Halberstam, J. and Livingston, I. (1995) *Posthuman Bodies*, Indiana University Press, Bloomington.

Hall, S. (1980) 'Encoding/decoding' in S. Hall, D. Hobson, A. Lowe and P. Willis, eds, *Culture, Media, Language*, Hutchinson, London.

Hall, S. (1982) 'The rediscovery of ideology: the return of the repressed in media studies' in M. Gurevitch, T. Bennett, J. Curran and J. Woollocat, eds, *Culture, Society and the Media*, Methuen, London.

Hall, S. (1988) 'Recent developments in theories of language and ideology: a critical note' in S. Hall, D. Hobson, A. Lowe and P. Willis, eds, *Culture, Media, Language*, Hutchinson, London.

Hall, S. (1991a) 'The local and the global: globalization and ethnicity' in A. King, ed., *Culture, Globalization and the World-System*, State University of New York at Binghampton, Binghampton.

Hall, S. (1991b) 'Old and new identities, old and new ethnicities' in A. King, ed., *Culture, Globalization and the World-System,* State University of New York at Binghampton, Binghampton.

Hall, S. (1996) 'Cultural studies and its theoretical legacies' in D. Morley and K.H. Chen, eds, *Stuart Hall: Critical Dialogues in Cultural Studies*, Routledge, London.

Hall, S., Critcher, C., Jefferson, T., Clarke, J. and Roberts, B. (1978) *Policing the Crisis: Mugging, the State and Law and Order*, Macmillan, London.

Hall, S., Held, D. and McGraw, T. (1992) *Modernity and its Futures*, Open University Press, Milton Keynes.

Halle, R. (2004) *Queer Social Philosophy: Readings from Kant to Adorno,* University of Illinois Press, Illinois.

Haraway, D. (1991) *Simians, Cyborgs and Women: The Reinvention of Nature,* Free Association Books, London.

Haraway, D. (1997) *Modest_Witness@Second_Millennium.FemaleMan_Meets_Onco-Mouse: Feminism and Technoscience*, Routledge, New York.

Hardt, M. and Negri, A. (2000) *Empire,* Harvard University Press, Cambridge, MA.

Hardt, M. and Negri, A. (2004) *Multitudes,* Penguin, New York.

Hartley, J. (1992) *Tele-ology: Studies in Television*, Routledge, London.

Hartley, J. (1996) *Popular Reality: Journalism, Modernity, Popular Culture,* Arnold, London.

Harvey, D. (1989) *The Condition of Postmodernity: An Enquiry into the Origin of Cultural Change*, Blackwell, Oxford.

Hassan, I. (1982) *The Dismemberment of Orpheus: Towards a Postmodern Literature,* Oxford University Press, New York.

Hassan, I. (1985) 'The culture of post modernism', *Theory, Culture and Society*, 2 (3).

Hassan, I. (1987) *The Postmodern Turn: Essays in Postmodern Theory and Culture*, Ohio State University Press, Columbus.

Hassler, C. (2005) *20 Something, 20 Everything,* New World Library, New York.

Hebdige, D. (1979) *Sub-culture: The Meaning of Style*, Methuen, London.

Hebdige, D. (1988) *Hiding in the Light: On Images and Things*, Comedia, London.

Heidegger, M. (1952) *Being and Time*, trans. J. Macquarie and E. Robinson, Harper, New York.

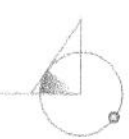

Heidegger, M. (1977) 'The age of the world picture' in *The Question Concerning Technology and Other Essays*, trans. William Lovitt, Garland Publishing, New York.

Hekman, S., ed. (1996) *Feminist Interpretations of Michel Foucault*, Pennsylvania University Press, University Park.

Held, D. (1987) *Prospects for Democracy*, Polity, Cambridge.

Held, D. (1992) 'Democracy: from a city state to a cosmopolitan order?' in D. Held, ed., *Prospects for Democracy, Political Studies Special Issue*, 40.

Held, D., McGrew, A., Goldblatt, D. and Perraton, J. (1999) *Global Transformations: Politics, Economics and Culture*, Polity, Cambridge.

Hellyer, P. (1999) *Stop: Think*, Chimo Media, Toronto.

Hersh, S. (2004) 'Torture at Abu Ghraib', *The New Yorker Fact*, May 10, <www.newyorker.com/fact>.

Hertlein, K. (2006) 'Internet infidelity: a review of the literature', *Journal of Family Studies*, 14 (4).

Hess, S. and Kalb, N., eds (2003) *The Media and the War on Terrorism*, Brookings Institution Press, New York.

Heywood, L. (1998) *Bodymakers: A Cultural Anatomy of Women's Body Building*, Rutgers University Press, New Brunswick, NJ.

Heywood, L. and Drake, J., eds (1997) *Third Wave Agenda: Being Feminist, Doing Feminism*, University of Minnesota Press, Minneapolis.

Hoggart, R. (1958) *The Uses of Literacy*, Penguin, London.

Horkheimer, M. and Adorno, T. (1972) 'The culture industry: Enlightenment as mass deception' in *Dialectic of Enlightenment*, Seabury Press, New York.

Hoy, D.C., ed. (1986) *Foucault: A Critical Reader*, Blackwell, Oxford.

Hoy, D.C. (1988) 'Foucault: modern or post- modern?' in J. Arac, ed., *After Foucault: Postmodern Challenges*, Rutgers University Press, New Brunswick, NJ.

Huffer, L. (2001) 'There is no Gomorrah: narrative ethics in feminist and queer theory', *Differences: Feminist Cultural Studies*, 12 (3).

Hume, M. (1998) *Televictims: Emotional Correctness in the Media AD (After Diana)*, Informinc, London.

Hutcheon, L. (1988) *A Politics of Postmodernism: History, Theory, Fiction*, Routledge, New York.

Hutcheon, L. (1995) *Metafiction*, Longman, New York.

Huyessen, A. (1986) *After the Great Divide: Modernism, Mass Culture, Postmodernism*, Indiana University Press, Minneapolis.

Iser, W. (1978) *The Act of Reading: A Theory of Aesthetic Response*, Johns Hopkins University Press, Baltimore.

Jacka, E. (1994) 'Researching audiences: a dialogue between cultural studies and social science', *Media International Australia*, 73, August.

Jackson, S. (1996) 'Ignorance is bliss: when you are *Just Seventeen*', *Trouble and Strife*, 33.

Jaffe, A. (2005) *Modernism and the Culture of Celebrity*, Cambridge University Press, London.

Jameson, F. (1981) *The Political Unconscious: Narrative as a Socially Symbolic Act*, Methuen, London.

Jameson, F. (1983) 'Postmodernism and consumer society' in H. Foster, ed., *The Anti-aesthetic: Essays on Postmodern Culture*, Bay Press, Seattle.

Jameson, F. (1984) 'Postmodernism, or, the cultural logic of late capitalism', *New Left Review*, 46.

Jameson, F. (1991) *Postmodernism, or, the Cultural Logic of Late Capitalism*, Verso, London.

Jameson, F. (1998) *The Cultural Turn*, Verso, London.

Jarrett, L. (1997) *Stripping in Time: A History of Erotic Dancing*, HarperCollins, London.

Jeffreys, S. (2004) *Unpacking Queer Politics: A Lesbian Feminist Perspective*, Polity Press, Cambridge.

Jeffreys, S. (2005) *Beauty and Misogyny: Harmful Cultural Practices in the West*, Routledge, London.

Jencks, C. (1986) *What is Postmodernism?* Academy Editions, London.

Jencks, C. (1987a) *Post-Modernism: The New Classicism in Art and Architecture*, Academy Editions, London.

Jencks, C. (1987b) *The Language of Post-Modern Architecture*, Academy Editions, London.

Jencks, C. (1995) *The Architecture of the Jumping Universe*, Academy Editions, London.

Jencks, C. (2005) *The Iconic Building*, Frances Lincoln, London.

Jenkins, H. (1992) *Textual Poachers: Television Fans and Participatory Culture*, Routledge, New York.

Jenkins, H. and Thorburn, D., eds (2003) *Democracy and New Media*, MIT Press, Cambridge, MA.

Jenkins, H., McPherson, T. and Shatruc, J. (2003) *The Hop and Pop: The Politics and Pleasure of Popular Culture*, Duke University Press, Durham, NC.

Jenkins, P. (2001) *Beyond tolerance: Child Pornography and the Internet*, NYI Press, New York.

Johnson, R. (1979) 'Elements of a theory of a theory of working class culture' in J. Clarke, ed., *Working Class Culture's Studies in History and Theory*, Hutchinson, London.

Katz, E. (1959) 'Mass communication research and the study of popular culture', *Studies in Public Communication*, 2.

Kellner, D. (1989) *Jean Baudrillard: From Marx-ism to Postmodernism and Beyond*, Polity, Cambridge.

Kellner, D. (1995) *Media Culture: Cultural Studies, Media and Politics between the Modern and the Postmodern*, Routledge, London.

Kellner, D. (2005) *Media Spectacle and the Crisis of Democracy*, Paradigm Publishing, New York.

Kerby, M. (1997) 'Babes on the web: sex, identity and the home page', *Media International*

Australia, 84 May.

Kinge, J. (2006) *China Shakes the World: The Rise of a Hungry Nation*, Weidenfeld and Nicholson, London.

Krane, P., Choi, P., Baird, S., Aimar, C. and Kauer, K. (2004) 'Living the paradox: female athletes negotiate femininity and muscularity', *Sex Roles: A Journal of Research*, 50 (5/6).

Kristeva, J. (1980) *Desire in Language: A Semiotic Approach to Literature and Art*, trans. T. Gora, Columbia University Press, New York.

Kroker, A. (2004) *The Will to Technology and the Culture of Nihilism: Heidegger, Nietzsche and Marx*, University of Toronto Press, Toronto.

Kroker, A. and Kroker, M. (1997) 'Code warriors' in *C. Theory* <http://www.ctheory.com/a36-code_warriors.html>, 19 September.

Kuhn, T. (1970) *The Structure of Scientific Revolutions*, Chicago University Press, Chicago.

Lacan, J. (1977) *Ecrits: A Selection*, Tavistock, London.

Laclau, E. (1996) *Emancipation(s)*, Verso, London.

Laclau, E. and Mouffe, C. (1985) *Hegemony and Socialist Strategy: Towards a Radical Democratic Politics*, Verso, London.

Laing, S. (1986) *Representations of Working-class Life*, Macmillan, London.

Landow, G. (1992) *Hypertext: The Convergence of Contemporary Critical Theory and Technology*, Johns Hopkins University Press, Baltimore.

Langley, E. (1997) *The Lusty Lady*, Scalo Zurich, New York.

Lanham, R. (1993) *The Electronic Word: Democracy, Technology and the Arts*, University of Chicago Press, Chicago.

Laqueur, W. (1987) *The Age of Terrorism*, George Weidenfeld and Nicolson, London.

Laqueur, W. (2003) *No End to War: Terrorism in the Twenty First Century*, Continuum, New York.

Lax, S. (2004) 'The internet and democracy' in H. Jenkins and D. Thorburn, eds, *Web.Studies*.

Lefebvre, H. (1991) *The Production of Space*, trans. D. Nicholson-Smith, Blackwell, Oxford.

Lefebvre, H. (1992) *Critique of Everyday Life*, trans. J. Moore, Verso, London.

Leonard, M. (1997) '"Rebel girl you are the queen of my world": feminism, subculture and grrrl power' in S. Whitely, ed., *Sexing the Groove: Popular Music and Gender*, Routledge, London.

Lewis, Bernard (2003) *The Crisis of Islam: Holy War and Unholy Terror*, The Modern Library, New York.

Lewis, J. (1997a) 'The inhuman state: nature, media, government', *Media International Australia*, 83, February.

Lewis, J. (1997b) 'Shot in the dark: Australia's industrial culture', *Cultural Studies*, 11 (3).

Lewis, J. (1998) 'Between the lines: surf texts, prosthetics and everyday theory', *Social Semiotics*, 8 (1).

Lewis, J. (2002a) 'From Culturalism to Transculturalism', *Iowa Journal of Cultural Studies,* 1 (1).

Lewis, J. (2002b) *Cultural Studies: The Basics,* 1st edn, Sage, London.

Lewis, J. (2002c) 'Propagating terror: 9/11 and the mediation of war', *Media International Australia,* August, 104.

Lewis, J. (2005) *Language Wars: The Role of Media and Culture in Global Terror and Political Violence,* Pluto Press, London.

Lewis, J. and Lewis, B. (2006) 'Trial by ordeal: *Abu Ghraib* and the global mediasphere', *Topia: The Canadian Journal of Cultural Studies,* Spring, 15.

Lewis, J. and Lewis, B. (2007) 'Transforming the *Bhuta Kala:* the Bali bombings and Indonesian civil society' in D. Staines, ed., *Interrogating the War on Terror,* Cambridge Scholars Press, Cambridge.

Lewis, Justin, and Miller, T. (2002) *Critical Cultural Policy Studies: A Reader,* Blackwell, Malden, MA.

Lull, J. (1980) 'The social uses of television', *Human Communication Research,* 6 (3).

Lyon, D. (2003) *Surveillance after September 11,* Polity, London.

Lyotard, J. (1984a) *The Postmodern Condition: A Report on Knowledge,* trans. G. Bennington and B. Massumi, University of Minnesota Press, Minneapolis.

Lyotard, J (1984b) 'Answering the question: what is postmodernity?' in *The Postmodern Condition: A Report on Knowledge,* trans. G. Bennington and B. Massumi, University of Minnesota, Minneapolis.

Lyotard, J. (1991) *The Inhuman: Reflections on Time,* trans. G. Bennington and R. Bowlby, Polity, Cambridge.

MacCabe, C. (1974) 'Realism and the cinema: notes on some Brechtian theses', *Screen,* 15 (2).

McChesney, R. (2004) *The Problem of the Media: US Communications Policy in the 21st Century,* Monthly Review Press, New York.

McChesney, R., Newman, R. and Scott, B. (2005) *The Future of the Media: Resistance and Reform in the 21st Century,* Seven Stones Press, New York.

McClintock, A., Mufti, A. and Shohat, E., eds (1997) *Dangerous Liaisons: Gender, Nation and Postcolonial Perspectives,* University of Minnesota Press, Minneapolis.

MacDonald, N. (2001) *The Graffiti Subculture: Masculinity, Youth, and Identity,* Palgrave, New York.

McElroy, W. (2003) 'Iraq War may kill feminism as we know it', Online essay, July 23, <http//www.wendymcelroy.com>.

McGuigan, J. (1992) *Cultural Populism,* Routledge, London.

McGuigan, J. (1996) *Culture and the Public Sphere,* Routledge, London.

McGuigan, J., ed. (1997) *Cultural Methodologies,* Sage, London.

McHale, B. (1987) *Postmodernist Fiction,* Methuen, London.

Macherey, P. (1978) *A Theory of Literary Production,* trans. G. Wall, Routledge and Kegan

Paul, London.
McLuhan, M. (1964) *Understanding Media*, Routledge and Kegan Paul, London.
McLuhan, M. (1969) *Counterblast*, Rapp and Whiting, London.
McNair, B. (2002) *Striptease Culture: Sex, Media and Democratization of Desire*, Routledge, London.
McRobbie, A. (1982) '*Jackie*: an ideology of adolescent femininity' in B. Waites, T. Bennet and G. Martin, eds, *Popular Culture: Past and Present*, Croom Helm. London.
McRobbie, A. (1989) *Zoot Suits and Second-hand Dresses*, Macmillan, London.
McRobbie, A. (1991) *Feminism and Youth Culture: from* Jackie *to* Just Seventeen, Macmillan, London.
McRobbie, A. (1994) *Postmodernism and Popular Culture*, Routledge, London.
McRobbie, A. (1997) '*More:* new sexualities in girl's and women's magazines' in A. McRobbie, ed., *Back to Reality: Social Experience and Cultural Studies*, University of Manchester Press, Manchester.
McRobbie, A. and Garber, J. (1991) 'Girls and subcultures' in A. McRobbie, *Feminism and Youth Culture*, Macmillan, London.
McRobbie, A., Cohen, P. and Nana, M. (1989) *Gender and Generation*, Macmillan, London.
Mailer, N. (2003) *Why Are We at War?* Random House, New York.
Marcuse, H. (1964) *One Dimensional Man: Studies in the Ideology of Advanced Industrial Society*, Beacon Press, Boston.
Marshall, P.D. (1997) *Celebrity and Power: Fame in Contemporary Culture*, University of Minnesota Press, Minneapolis.
Marvin, C. (1988) *When Old Technologies were New*, Oxford University Press, New York.
Marx, K. (1963) *Early Writings*, trans. T.B. Bottomore, McGraw-Hill, New York.
Marx, K. (1970) *Critique of Hegel's 'Philosophy of Right'*, trans. A.J. and J. O'Malley, Cambridge University Press, London.
Marx, K. (1976) *A Contribution to a Critique of the Political Economy*, Foreign Language Press, Peking.
Marx, K. and Engels, F. (1970) *The German Ideology*, Lawrence and Wishart, London.
Matthews, J., ed. (1997) *Sex in Public*, Allen & Unwin, Sydney.
Meem, D. and Gibson, M., eds (2002) *Femme/Butch: New Considerations in the Way We Want to Go*, Haworth Press, New York.
Messner, M. and Sabo, D. (1990) *Sport, Men and the Gender Order: Critical Feminist Perspectives*, Human Kinetics Books, Champaign, IL.
Meyrowitz, J. (1985) *No Sense of Place: The Impact of Electronic Media on Social Behaviour*, Oxford University Press, New York.
Meyerowitz, J. (2002) *How Sex Changed: A History of Transexuality in the United States*, Harvard University Press, Cambridge, MA.
Michaels, E. (1985) 'Constraints on knowledge in the economy of oral information',

Current Anthropology, 26 (4).

Mill, J.S. and Taylor Mill, H. (1970) *Essays on Sex Equality*, University of Chicago Press, Chicago.

Miller, A., Bobner, R. and Zereski, J. (2000) 'Sexual identity development: A base for same-sex couple partner abuse', *Contemporary Family Therapy*, 22 (2).

Miller, J. and Knudsen, D. (2006) *Family Abuse and Violence: A Social Problems Perspective*, Altamira Press, Lanham, MD.

Millett, K. (1971) *Sexual Politics*, Rupert Hart-Davis, London.

Milner, A. (2002) *Re-imagining Cultural Studies*, Sage, London.

Mitchell, J. (1984) *Women: The Longest Revolution. Essays in Feminism, Literature and Psychoanalysis*, Virago, London.

Modood, T., Triandofylidou, A. and Barrero, T. (2006) *Multiculturalism, Muslims and Citizenship: A European Approach*, Routledge, London.

Moe, K. ed. (2003) *Women Family, and Work: Writings on the Economics of Gender*, Blackwell, New York.

Moi, T. (1991) *What is a Woman? and Other Essays*, Oxford University Press, Oxford.

Moores, S. (1993) *Interpreting Audiences: The Ethnography of Media Consumption*, Sage, London.

Morley, D. (1980a) *The Nationwide Audience*, British Film Institute, London.

Morley, D. (1980b) 'Texts, readers, subjects' in S. Hall, D. Hobson, A. Lowe and P. Willis, eds, *Culture, Media, Language*, Hutchinson, London.

Morley, D. (1986) *Family Television: Cultural Power and Domestic Leisure*, Comedia, London.

Morley, D. and Silverstone, R. (1990) 'Domestic communication – technologies and meanings', *Media, Culture and Society*, 12 (1).

Morris, M. (1993) 'Panorama: The live, the dead, the living' in G. Turner, ed., *Nation, Culture, Text: Australian Cultural and Media Studies*, Routledge, London.

Morris, M. (1998) *Too Soon, Too Late: History in Popular Culture*, Indiana University Press, Bloomington.

Muggleton, D. (2002) *Inside Subculture: The Postmodern Meaning of Style*, Berg Publishing, Oxford.

Mulvey, L. (1975) 'Visual pleasure and narrative cinema', *Screen*, 16 (3), Autumn.

Nacos, B. (2002) *Mass Mediated Terrorism: The Central Role of the Media in Terrorism and Counter Terrorism*, Rowman and Littlefield, London.

Nairn, T. and James, P. (2005) *Global Matrix: Nationalism, Globalism and State Terrorism*, Pluto Press, London.

Neale, R.S. (1987) 'E.P. Thompson: a history of culture and culturalist history' in D.A. Broos, ed., *Creating Culture*, Allen & Unwin, London.

Negroponte, N. (1995) *Being Digital*, Hodder and Stoughton, Rydalmere, New South Wales.

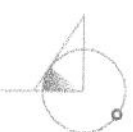

Nietzsche, F. (1956) *The Birth of Tragedy and the Genealogy of Morals*, trans. F. Golffing, Doubleday, Garden City, New York.

Norris, C. (1987) *Derrida*, Fontana, London.

Norris, C. (1990) 'Lost in the funhouse: Baudrillard and the politics of postmodernism' in R. Boyne and A. Rattansi, eds, *Postmodernism and Society*, St Martin's Press, New York.

Norris, P., Kern, N. and Just, M., eds (2003) *Framing Terrorism: The News Media, the Government and the Public*, Routledge, New York.

Numberg, G. (1996) 'Farewell to the information age' in G. Numberg, ed., *The Future of the Book*, University of California Press, Berkeley.

Olivero, A. (1998) *The State of Terror*, State University of New York Press, Albany.

Osterweil, A. (2004) Andy Warhol's *Blow Job*: toward the recognition of an avant-garde pornography' in L. Williams, ed., *Porn Studies*, Duke University Press, Durham, NC.

O'Toole, L. (1998) *Pornocopia: Porn, Sex, Technology and Desire*, Serpent's Tail, London.

Parsons, T. (1961) 'An outline of the social system' in T. Parsons, E. Shils, K. Naegele and J. Pitts, eds, *Theories of Society, Volume 1*, Free Press, Glencoe, IL.

Parsons, T. (1967) *Essays in Sociological Theory*, Free Press, New York.

Paxton, S. (1998) 'Do men get eating disorders?', *Everybody*, 2, August.

Pease, B. (2000) *Recreating Men: Postmodern Masculinity Politics*, Sage, London.

Perdue, L. (2002) *Eroticabiz: How Sex Shaped the Internet*, Universe, Lincoln, NE.

Pinder, D. (2004) 'Inventing new games: unitary urbanism and the politics of space' in L. Lees, ed., *The Emancipatory City?*, Sage, London; Thousand Oaks, CA.

Poster, M. (1989) *Critical Theory and Poststructuralism*, Cornell University Press, New York.

Poster, M. (1995) *The Second Media Age*, Polity, Cambridge.

Poster, M. (1997) 'Cyberdemocracy: internet and the public sphere' in D. Porter, ed., *Internet Cultures*, Routledge, New York.

Poster, M. (2006) *Information Please: Culture and Politics in the Age of Digital Machines*, Duke University Press, Durham, NC.

Postman, N. (1993) *Technopoly: The Surrender of Culture to Technology*, Vintage Books, New York.

Prendergast, C. and Knottnerus, J. (1990) 'The astructural bias and presuppositional form of symbolic interactionism: a noninteractionist evaluation of the new studies in social organization' in L. Reynolds, ed., *Interactionism: Exposition and Critique*, General Hall, New York.

Queeley, A. (2003) 'Hip hop and the aesthetics of criminalization', *Souls* 5 (1).

Rabinow, P., ed. (1991) *The Foucault Reader*, Penguin, London.

Radway, J. (1987) *Reading the Romance: Women, Patriarchy and Popular Literature*, Verso, London.

Rampton, S. and Stauber, J. (2003) *Weapons of Mass Deception: The Uses of Propaganda in Bush's War on Iraq*, Hodder, Sydney.

Rapoport, D. (2001) 'The fourth wave: September 11 in the history of terrorism' *Current History*, December.
Redhead, S., Wynne, D. and O'Connor, J., eds (1997) *The Clubcultures Reader: Readings in Popular Cultural Studies*, Blackwell, Oxford.
Reynolds, L., ed. (1990) *Interactionism: Exposition and Critique*, General Hall, New York.
Rheingold, H. (1993) *The Virtual Community: Homesteading on the Electronic Frontier*, Addison Wesley, Reading, MA.
Ricchiardi, S. (2004) 'Missed Signals', *American Journalism Review*, August/September.
Richards, J., Wilson, S. and Woodhead, L., eds (1999) *Diana: The Making of a Media Saint*, I.B. Tauris, London.
Robb, D. (2002) 'To the shores of Hollywood: Marine Corps fights to polish image in "Wiindtalkers"', *Washington Post*, June 15.
Robertson, R. (2000) *Globalization: Social Theory and Global Culture*, Sage, London.
Rojek, C. (2003) *Stuart Hall*, Polity Press, Cambridge.
Rose, G. (1988) 'Architecture to philosophy – the postmodern complicity', *Theory, Culture and Society*, 5 (2–3), June.
Roseman, J. (2003) *Distant Proximities: Dynamics Beyond Globalization*, Princeton University Press, Princeton.
Ross, A. (1991) *Strange Weather: Culture, Science and Technology in the Age of Limits*, Verso, London.
Said, E.W. (1978) *Orientalism*, Pantheon Books, New York.
Said, E.W. (1986) 'Foucault and the imagination of power' in D.C. Hoy, ed., *Foucault: A Critical Reader*, Blackwell, Oxford.
Said, E.W. (1993) *Culture and Imperialism*, Chatto and Windus, London.
Said, E. (1999) *Out of Place: A Memoir*, Knopf, New York.
Sawicki, J. (1991) *Disciplining Foucault: Feminism, Power and the Body*, Routledge, London.
Schatz, T. (1981) *Hollywood Genres: Formulas, Filmmaking and the Studio System*, Temple University Press, Philadelphia.
Schmid, A. P. (1983) *Political Terrorism: A Research Guide to Concepts, Theories, Data Bases and Literature*, Transaction Press, New Brunswick, NJ.
Scott, L. (2005) *Fresh Lipstick: Redressing Fashion and Feminism*, Palgrave Macmillan, New York.
Seidman, S., ed. (1996) *Queer Theory/Sociology*, Blackwell, Oxford.
Shaw, S. (2002) 'Shifting conversations on girls' and women's self-injury: an analysis of the cultural literature in historical context', *Feminism and Psychology*, 12 (2).
Sherman, W. and Craig, A. (2003) *Understanding Virtual Reality: Interface, Application and Design*, Morgan Kaufmann, New York.
Shilling, C. (1993) *The Body and Social Theory*, Sage, London.
Shilling, C. (2005) *The Body in Culture, Technology and Society*, Sage, London.

Silberstein S. (2002) *War of Words: Language, Politics and 9/11*, Routledge, London.

Silverstone, R. (1990) 'Television and everyday life: toward an anthropology of the television audience' in M. Ferguson, ed., *Public Communication: The New Imperatives*, Sage, London.

Skelton, T. and Valentine, G., eds (1998) *Cool Places: Geographies of Youth Culture*, Routledge, London.

Sklair, L. (2002) *Globalization: Capitalism and its Alternatives*, Oxford University Press, Oxford.

Slavin, J. (2000) *The Internet and Society*, Polity, Cambridge.

Smith, J. (2004) 'The Gnostic Baudrillard: a philosophy of terrorism seeking pure appearance', *International Journal of Baudrillard Studies*, July, 1(2).

Smith, N. (1997) 'The Satanic geographies of globalization: uneven development in the 1990s', *Public Culture*, 10 (1), Fall.

Snyder, I. (1996) *Hypertext: The Electronic Labyrinth*, Melbourne University Press, Melbourne.

Soja, E. (1989) *Postmodern Geographies: The Reassertion of Space in Critical Social Theory*, Verso, London.

Soja, E. (1996) *ThirdSpace: Journeys to Los Angeles and other Real-and-Imagined Places*, Blackwell, Cambridge.

Soja, E. (2000) *Postmetropolis: Critical Studies of Cities and Regions*, Blackwell, Oxford.

Sontag, S. (1966) *Against Interpretation*, Deli, New York.

Sontag, S. (1978) 'The double standard of ageing' in V. Carver and P. Liddiard, eds, *An Ageing Population*, Hodder and Stoughton, London.

Sontag, S. (2001) 'On the cowardice of the 9/11 attackers', *The New Yorker*, September 21.

Spender, D. (1995) *Nattering on the Net: Women, Power and Cyberspace*, Spinifex, Melbourne.

Spivak, G.C. (1987) *In Other Worlds*, Methuen, London.

Spivak, G.C. (1988) 'Can the subaltern speak?' in G. Nelson and L. Grossberg, eds, *Marxism and the Interpretation of Culture*, Macmillan, London.

Spivak, G.C. (1992) 'Teaching for the times', *MMLA Journal for the Mid-West Modern Language Association*, 25 (1), Spring.

Stuart, E. (1984) *All Consuming Images: The Politics of Style in Contemporary Culture*, MIT Press, Cambridge, MA.

Taylor, J. (2000) *Diana, Self-interest and British National Identity*, Praeger, Westport, CT.

Taylor, P. M. (1992) *War and the Media: Propaganda and Persuasion in the Gulf War*, Manchester University Press, Manchester.

Thade, D. (1991) 'Text and the new hermeneutics' in D. Wood, ed., *On Paul Ricoeur: Narrative and Interpretation*, Routledge, London.

Thomas, H. (2003) *The Body, Dance and Cultural Theory*, Palgrave, London.

Thompson, E.P. (1976) 'Interview', *Radical History Review*, 3.
Thompson, E.P. (1980) *The Making of the English Working Class*, Penguin, Harmondsworth.
Tibi, B. (2001) *Islam: Between Culture and Politics*, Palgrave, New York.
Tomlinson, J. (1997) 'Cultural globalisation: placing and displacing the west' in H. Mackay and T. O'Sullivan, eds, *The Media Reader: Continuity and Transformation*, Sage, London.
Tomlinson, J. (1999) *Globalization and Culture*, Polity, Cambridge.
Tompkins, J., ed. (1980) *Reader Response Criticism: From Formalism to Poststructuralism*, Johns Hopkins University Press, Baltimore.
Tulloch, J. (2006) *One Day in July: Experiencing 7-7*, Brown, London.
Tuman, J. (2003) *Communicating Terror: The Rhetorical Dimensions of Terrorism*, Sage, Thousand Oaks, CA.
Turkle, S. (1999) 'Identity in the age of the Internet' in H. Mackay and T. O'Sullivan, eds, *The Media Reader: Continuity and Transformation*, Sage, London.
Turner, B. (1996) *The Body and Society: Explorations in Social Theory*, 2nd edn, Sage, London.
Turner, G. (1996) *British Cultural Studies: An Introduction*, 2nd edn, Routledge, London.
Turner, G. (2004) *Understanding Celebrity*, Sage, London.
Turnock, R. (2000) *Interpreting Diana: Television Audiences and the Death of a Princess*, British Film Institute, London.
UNICEF (2007) 'Women and children: the double dividend of gender equality', *The State of the World's Children Annual Report.*<www.unicef.org/sowc07>. November 2007.
United States Department of Defense (1986) DOD directive, 2000.12, 'Protection of DOD resources against terrorist acts', June 16.
United States Government (2004) *The 9/11 Commission Report.*
Updike, J. (2001) Untitled contribution to *The New Yorker*, 24 September, p. 28.
Urry, J. (2003) *Global Complexity*, Polity, Cambridge.
van Zoonen, L. (1994) *Feminist Media Studies*, Sage, London.
Vertinsky, P. (1998) 'Run, Jane, run: central issues in the current debate about enhancing women's health through exercise', *Women and Health*, 27 (4).
Virilio, P. (1994) *The Vision Machine*, British Film Institute, London.
Virilio, P. (2002) *Ground Zero*, trans. C. Turner, Verso, New York.
Wade, R. (2004) 'Is globalization reducing poverty and inequality?' *Journal of Health Services*, 34 (3).
Walch, J. (1999) *In the Net: An Internet Guide for Activists*, Zed Books, London.
Walter, N. (1999) *The New Feminism*, Virago, London.
Weber, M. (1930) *The Protestant Ethic and the Spirit of Capitalism*, trans. T. Parsons, Unwin, London.
Weber, M. (1946) *From Max Weber: Essays in Sociology*, Oxford University Press,

New York.
Weber, M. (1949) *The Methodology of the Social Sciences*, Free Press, New York.
White, M. and Schwoch, J. (2006) *Questions of Method in Cultural Studies*, Blackwell, Malden, MA.
Williams, E. (2006) *The Puzzle of 7/7: An In-depth Analysis of the London Bombings and Government Sponsored Terrorism*, Lulu Press, London.
Williams, L. (1989) *Hard Core: Power, Pleasure and the Frenzy of the Visible*, University of California Press, Berkeley.
Williams, L. (1992) 'When the woman looks' in G. Mast, M. Cohen and L. Braudy, eds, *Film Theory and Criticism*, Oxford University Press, New York.
Williams, L. (2004) 'Porn studies: proliferating pornographies on/scene' in L. Williams, ed., *Porn Studies*, Duke University Press, Durham, NC.
Williams, R. (1958) *Culture and Society*, Chatto and Windus, London.
Williams, R. (1965) *The Long Revolution*, Penguin, London.
Williams, R. (1968) *Communications*, Penguin, Hammondsworth.
Williams, R. (1974) *Television, Technology and Cultural Form*, Fontana, London.
Williams, R. (1976) *Keywords*, Fontana, London.
Williams, R. (1981) *Culture*, Fontana, London.
Williamson, J. (1978) *Decoding Advertising*, Marion Boyars, London.
Wilson, T. (1993) *Watching Television: Hermeneutics, Reception and Popular Culture*, Polity, Cambridge.
Wilson, T. (1995) 'Horizons of meaning: the breadth of television narrowcasting', *Media International Australia*, 75, February.
Wilson, T. (2004) *The Playful Audiences: From Talk Show Viewers to Internet Users*, Hampton Press, New Jersey.
Winship, J. (1987) *Inside Women's Magazines*, Pandora, London.
Wittgenstein, L. (1922) *Tractatus Logico-Philosophicus*, trans. C.K. Ogden, Routledge and Kegan Paul, London.
Wolf, N. (1991) *The Beauty Myth: How Images of Beauty are used against Women*, Vintage, London.
Wolff, J. (1990) 'Feminism and modernism' in A.. Milner and C. Worth, eds, *Discourse and Difference*, Monash University Press, Clayton.
Wood, A. and Thompson, P. (2003) 'An interesting day: President Bush's movements and actions on 9/11', The Center for Co-operative Research, <www.cooperativeresearch.org/timeline/main/essayaninterestiongday.html>.
Woolf, V. (1978) *A Room of One's Own*, Hogarth Press, London.
Woolf, V. (1979) 'Dorothy Richardson' in M. Barrett, ed., *Virginia Woolf: Women and Writing*, The Women's Press, London.
World Bank (2001) *World Development Indicators 2001*, World Bank, New York.

Wright, W. (1975) *Sixguns and Society: A Structural Study of the Western*, University of California Press, Berkeley.

Yodice, G. (1995) 'What's a straight white man to do?' in M. Berger, B. Wallis and S. Watson, eds, *Constructing Masculinity*, Routledge, New York.

Zizek, S. (2004) *Iraq: The Borrowed Kettle*, Verso, London.

人名及专用词索引(A-Z)

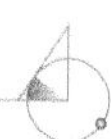

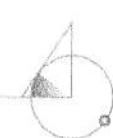

译　后　记

经过两年多的辛劳，这本《文化研究基础理论》的译稿终于可以交出了。我心中一块沉甸甸的石头也终于落了地。

几年前，我在给博士生讲授"传播历史、理论和研究"课时，想系统了解一下文化研究的学术领域，需要一些参考书。恰好相关书商陆续推荐了一些教材，其中就有这一本《文化研究基础理论》(第二版)。看过原著后，我认为它很适合译介给国内的同行和学生，于是向清华大学出版社推荐，并得到认可。此后，接受了翻译的委托。

我觉得这本书有两个我喜欢的特点。第一个特点是突出了媒介与传播的话题。过去，我也读过几本介绍文化理论及其研究的专著、教材，但都是面向更宽泛的人文与社会科学领域，特别是文学领域的，范围更宽，内容更多，讨论的视角和重点与新闻传播学特别是大众传媒的问题和关系，似乎不那么紧密。而我想要的教材，应该是为新闻传播学的师生服务的。就密切结合传媒实践而言，就观点的概括性和包容性而言，此书都非常适合新闻传播学界使用，相信它对希望拓宽学术视野的传播学人，特别是年轻学子会有帮助！

第二个特点是本书的全球化和当代视野。在这本教材中讨论了很多当代各国与大众传媒相关的事件和现象；虽然时间已经过去了几年，但历史的沉淀却印证了作者的许多观点和论断，恰恰证明了本书的价值。

作为教材，本书内容似乎相对浅显，因为结合大量实例，不似文学理论(特别是外国文学理论)那般艰深。最初我猜想，本书的翻译应该不难。然而，这个印象看来并不完全准确。翻译的过程中我发现，真正要弄懂弄通相关的理论观点，特别是要搞清许多事件的细节，也殊非易事；而要准确清晰地表述概念、观点和关系，常常也需绞尽脑汁，实在是耗时费力的活儿。直到现在，尽管下了极大的工夫，我也不敢说，自己对这本教材的内容已经完全消化。况且，英国人的句子很长，结构叠床架屋；学术性写作又讲究概念严谨，力求滴水不漏，因此，逐字照译便失之简洁。而我最初的想法，是"信、达、雅"以"信"为首，应力求准确。

译名可能是比较大的翻译困难。除了约定俗成的人名之外，我们的依据主要是新华通讯社编写、商务印书馆出版的《英语姓名译名手册》(2004)。互联网帮了我们大忙；尽管要核对一个事实，弄清一个概念，也需要查找许多来源，互相比对，才能得出比较可靠的结论。为了减轻读者的负担，我们把重要译名全部列于书后，尽量不在原文中出现阻碍流畅阅读的英文原文。

本书是由几位师生共同合作完成的。最初，是我过去的合作者(《传播理论：起源、方法与应用》一书的译者)之一郑宇虹做了不少初期的铺垫工作。清华大学硕士秦洁目前在香港攻读博士学位，她在我们人手不够的情况下被拉来救急。秦洁对英文的理解深入，翻译得既快又好。而对我帮助最大、在这个项目中出力最多的要算我指导的研究生、现在已是硕士的任丛了。任丛才思敏捷，文笔优美，她独自翻译了本书近一半的章节。人名索引和名词解释等技术部分则是大家共同完成的。最后，在众人初译的基础上，我对全部中英文进行了校对，并做了文字的改写、修饰，力求内容准确、名词统一和风格一致。

《文化研究基础理论》全书共 12 章，具体的分工如下：

郑宇虹翻译了第 1 章和第 2 章的一部分；

秦洁翻译了第 3 章、第 4 章；

任丛翻译了第 2 章的一部分和第 7 章、第 8 章、第 9 章、第 10 章、第 11 章；

郭镇之翻译了第 5 章、第 6 章、第 12 章，并对全书进行了校译、统稿。

总之，这本译作是四位译者群策群力的结果。我们也力求达到翻译的高质量；但是，翻译书籍的细节太多，每阅读一遍，都会发现不少新的问题，包括理解不够准确、表达不够晓畅，甚至名词不够统一的问题，虽然及时修改，一一订正，难免顾此失彼，挂一漏万(我甚至还发现了若干原著中的细节失误)。因此，尽管殚精竭虑，又拖了很长的时间；但交稿时分，我的心情仍然忐忑。

感谢作者提供了一本给人启迪的好书。感谢清华大学出版社将此教材出版，特别要感谢纪海虹编辑的耐心等候。我们也要衷心感谢读者的关注，并等待接受读者的批评指正。

郭镇之

2012 年 6 月 20 日